rowohlt

JÜRGEN DEHMERS

«WIE LAUT SOLL ICH DENN NOCH SCHREIEN?»

Die Odenwaldschule und der sexuelle Missbrauch

Rowohlt

Aus juristischen Gründen wurden die Namen
der handelnden Personen teilweise pseudonymisiert.

1. Auflage September 2011
Copyright © 2011 by Rowohlt Verlag GmbH,
Reinbek bei Hamburg
Alle Rechte vorbehalten
Lektorat Uwe Naumann
Satz Minion PostScript, InDesign,
bei Pinkuin Satz und Datentechnik, Berlin
Druck und Bindung CPI – Clausen & Bosse, Leck
Printed in Germany
ISBN 978 3 498 01332 5

INHALT

Meinen Geschwistern
denen die sprechen und denen die schweigen
den Lebenden und den Toten

Das Telefon klingelte, ich meldete mich wie gewohnt.

«Jürgen Dehmers.»

Es war relativ spät, normalerweise rief kaum jemand am fortgeschrittenen Abend bei mir an. Ich stand im Wohnzimmer und ging eher reflexartig ans Telefon, als dass ich wirklich mit jemandem hätte reden wollen. Es war der Übergang vom Frühling zum Sommer, die Saison hatte begonnen, und ich war müde vom Training. Das war 1998, ich war zu diesem Zeitpunkt 29 Jahre alt.

«Hallo, hier ist Thorsten, Gerold ist wieder an der OSO. Wir müssen was machen.»

Thorsten ist mein Freund, mein Bruder. Wir haben gelacht, gestritten, gefeiert, uns nach der Schulzeit aus den Augen verloren, wiedergefunden, und nun sind aus den zwölfjährigen Jungs, die sich damals, als sie sich das erste Mal im Sommer 1981 an der Odenwaldschule begegneten, gegenseitig für Mädchen hielten, weil sie beide süß waren und lange Haare hatten, Männer geworden. Thorsten war einen Monat jünger als ich, also fast ein Zwillingsbruder. Gerold Becker war von 1972 bis 1985 Schulleiter der Odenwaldschule. Bereits seit 1969 war er dort Lehrer.

Über die sexualisierte Gewalt, die uns von Gerold Ummo Becker angetan wurde, hatten wir nie gesprochen. Es gab keine Andeutungen, keine zotigen Witze, keine Hinweise zwischen uns beiden. Es gab nichts. 16 Jahre lang. Thorsten brauchte keine Erklärungen. Es war alles klar. Glasklar. Wir brauchten nicht viele Worte. Ich erwiderte:

«Ja. Wir müssen was machen. Das ist klar.»

Mein gesamter Körper war in Alarmbereitschaft. Mein Puls schlug höher, ich begann zu schwitzen, Adrenalin schoss durch meine Adern. Ich hatte sofort wieder ein Gespür für die Gefahr, die von Becker ausging. Ich hatte sofort wieder Bilder in meinem Kopf von meinen Erlebnissen mit ihm. Ich war wach. Hellwach. Doch statt der Starre und der Angst, die ich als Kind empfand, wenn Becker mir zu nahe trat, war ich nun bereit zu handeln, ohne auch nur eine Sekunde darüber nachzudenken, was diese Entscheidung für Konsequenzen haben würde.

Was wir damals nicht wussten, was Becker nicht wusste, was niemand wusste: An diesem Abend haben wir damit begonnen, die Geschichte der Odenwaldschule neu zu schreiben. Unsere Geschichte mit der Odenwaldschule neu zu schreiben. Unsere Lebensgeschichte neu zu schreiben. Inzwischen haben unzählige Menschen ihre Biographien neu schreiben müssen.

Becker, der pädokriminelle Schulleiter, der über fast zwei Jahrzehnte lang Schüler der Odenwaldschule systematisch und in inflationärem Ausmaß sexuell misshandelt hatte und der nach seinem Abschied aus der Odenwaldschule seine Karriere als einer der bedeutendsten Pädagogen der Bundesrepublik fortsetzte, hatte nicht mit uns gerechnet. Man sieht sich immer zweimal. Aber Becker war kein einsam handelnder Pädokrimineller. Und wir nicht die «beiden bedauerlichen Einzelfälle», zu denen uns die Verantwortlichen der Schule immer machen wollten.

Im Abspann von Christoph Röhls Film «Und wir sind nicht die Einzigen», der im Frühjahr 2011 fertiggestellt wurde, ist über die Odenwaldschule zu lesen:

«Zwischen Mitte der 60er Jahre und Ende der 90er Jahre gab es dort 18 Täter. Bis zum Januar 2011 haben 132 Schüler der Odenwaldschule gemeldet, dass sie sexuell missbraucht wurden.»

Das hätte damals unsere Vorstellungskraft überstiegen. Rechne ich diese Zahlen heute hoch – die Dunkelziffer ist bei sexuellem Missbrauch enorm –, komme ich auf eine vierstellige Anzahl schwer beschädigter Biographien. «Der Dehmers spinnt», höre ich die Unkenrufe. So wie seit zig Jahren immer wieder. Wie gern würde ich einmal danebenliegen.

Zum Zeitpunkt von Thorstens Anruf hatten wir mit dem Puzzle «Odenwaldschule und sexueller Missbrauch» erst begonnen. Von manchen wurden bis dahin die Puzzleteilchen nicht als solche erkannt, weil sie die Erlebnisse verdrängt hatten oder nicht zuordnen konnten. Von denen, die sie erkannten, versteckten sie viele, weil sie sich schämten oder die Erinnerung so schmerzhaft war oder sie nicht wussten, wohin damit. Einige erkannten sie und wussten auch, wohin damit. Die wurden vom Schulgelände gejagt oder in Gesprächen von den Verantwortlichen belogen, beschwichtigt und bedroht. Rechtsanwälte rieten ihnen ab, die Täter anzuzeigen, Therapeuten wiesen auf die Risiken der Retraumatisierung hin, die gerichtliche Auseinandersetzungen zwangsläufig mit sich bringen würden. Und so schlummerten die Puzzleteilchen verstreut in den Erinnerungen der einzelnen Beteiligten vor sich hin und stifteten im schlimmsten Falle als eingekapselte Traumata ihr Unheil. Ich bin weit davon entfernt, alle Puzzleteilchen zu sehen, aber das Bild ist klar erkennbar. Das Bild des Horrors. Schaue ich genau hin, höre ich Kinderstimmen schreien und tote Seelen wandeln, die keine Ruhe finden können.

Drei Jahre zuvor, im Sommer 1995, war ich bei einem Ironman-Triathlon über die Distanzen 3,8 Kilometer Schwimmen, 180 Kilometer Radfahren und 42 Kilometer Laufen am Start. Es wurde einer der schwierigsten Wettkämpfe für mich. Beim abschließenden Marathon bekam ich einen Krampf im Oberschenkel. Durch einen Ernährungsfehler hatte ich sehr viel Flüssigkeit verloren und war bei 32 Grad im Schatten ziemlich dehydriert. Ich wusste, dass sich ein Krampf irgendwann auch wieder auflöst. Ich wusste nur nicht, wann. Ich war entschieden, dieses Rennen zu finishen, und hoffte, dass der Krampf und damit die höllischen Schmerzen im Bein endlich verschwinden würden und ich ohne Gehumpel den Marathon fortsetzen könnte. Ich spürte jeden Schritt. Ich zählte jeden Kilometer. Nach 22 langen Kilometern war es so weit, mein Bein entspannte sich – und ich lief die letzten Schritte mit einem entspannten Gesicht ins Ziel.

Seit diesem Wettkampf hatten meine mentale Klarheit und meine Fähigkeit, Entscheidungen zu treffen und aufrechtzuerhalten, zugenommen. Ich war entschieden, meine Wahrheit über mein Leben auf der Odenwaldschule laut und unmissverständlich zu sagen.

Ich erinnerte mich an meinen Zieleinlauf bei diesem Wettkampf und das Gefühl der Stärke, das sich im Anschluss an dieses Rennen in mir ausbreitete. Ich hatte die Gewissheit, dass ich wusste, was ich tat – und dass ich es tun würde.

Heute wissen alle: An der Odenwaldschule gab es viel mehr Täter, es gab viel mehr Opfer, es gab ein System von Menschen, die diesen ganzen Wahnsinn erst möglich gemacht haben. Die beste Schule Deutschlands war eine Hölle für Kinder, dazu verkommen, um die perversen Bedürfnisse von Erwachsenen zu befriedigen. Ideologisch. Sexuell. Gehirnwäsche plus Folter. Two in one. Vom Bundespräsidenten Johannes Rau im Jahr 2005 als «Besonderer Ort» gewürdigt. Die Urkunde hing im Jahr 2010 noch groß im Bürohaus der Schule.

Während ich diese Zeilen schreibe, sehe ich in meinem Zimmer überall auf dem Boden Zeitungsausschnitte aus den letzten Wochen und Monaten liegen. Ich kann nicht mehr alles lesen, was geschrieben wird. Die Menge ist zu groß. Nach dem öffentlichen Hearing im Juli 2010 an der Odenwaldschule, der «Wahrheitskommission» nach dem Vorbild der Veranstaltungen in Südafrika nach dem Ende der Apartheid, bei denen Opfer und Täter das Wort erheben konnten, gab ich am nächsten Tag «Odenwaldschule» und «News» in eine Internet-Suchmaschine ein und erhielt 330 Zeitungsartikel allein zu dieser Veranstaltung. Weitere folgten in den kommenden Tagen. Vieles finde ich gut und denke an die Worte von Thorsten im Januar 2010: «Wir kriegen die Wichser!»

Ich lache. Das ist nicht neu. Ich lebe gern, ich lache öfter. Ich lache bei dem Thema Odenwaldschule. Das ist neu. Ohne meinen Humor und meine Lebensfreude wäre ich tot. So viel ist sicher.

Hunderte Male sah ich meine Worte dieses Abends zitiert. «Hört auf, euch etwas vorzustellen, hört uns endlich zu», habe ich noch meine eigene Stimme im Ohr. «Wie laut hätten wir denn noch schreien sollen?», platzte es an diesem Abend aus mir heraus und übertönte den Redner mit dem Mikrofon in der Hand, der in aller Seelenruhe über die Chronologie von 1999 sprach. Viele der über zweihundert Zuhörer zuckten zusammen, als meine zornigen Worte ihre Ohren erreichten, wie ich später von ihnen hörte. Einer meiner Freunde sagte mir Tage danach, dass er die Halle verlassen musste, als er mich schreien hörte. Er hatte es nicht ausgehalten. Diese Geschichte ist auch nicht zum Aushalten.

Manchmal fällt mir etwas auf, meistens dann, wenn ich leicht gelangweilt irgendeiner Alltagsbeschäftigung nachgehe, so wie in dem Moment, in dem ich die Entscheidung traf, diesen Text zu schreiben. Ich saß im Garten und versuchte, meine Kaffeetasse so auf dem Campingtisch abzustellen, dass der Kaffee nicht überschwappte. Ich hatte die Tasse viel zu voll gemacht, so wie immer, es war fast zehn Uhr, die Sonne würde gleich über das Dach klettern, so wie an jedem Sommertag.

Wozu noch ein Buch über die Odenwaldschule? Es haben alle berichtet. Alle? Alle! Ich denke an die Frage Cäsars an seinen Gesandten nach der Besetzung ganz Galliens, wie in Asterix eindeutig belegt. Ja. Alle. *Focus*, *Stern*, *Frankfurter Rundschau*, *taz*, *Spiegel*, *Die Zeit*, *Frankfurter Allgemeine Zeitung*, die *Süddeutsche*, überall war die skandalöse und für viele Menschen immer noch unvorstellbare Geschichte der Odenwaldschule auf den Titelblättern. *Tagesschau*, *Tagesthemen* und *Heute Journal* brachten die Neuigkeiten aus Ober-Hambach als Topmeldungen. *Spiegel-TV* und *Mona Lisa* berichteten wiederholt über den Stand der Dinge. Die *Frankfurter Rundschau* berichtete fast täglich über einen Zeitraum von mehreren Wochen. Sie hatte natürlich, bedingt durch den ersten Aufklärungsversuch und die damit verbundene Publikation 1999, einen Vorsprung an Informationen und Kontakten, aber sie hatte es eben auch gemacht. Wer macht, hat Macht, habe ich immer meiner Mitstreiterin Kathrin Heres erwidert, wenn sie in der ihr eigenen Bescheidenheit ihre Wichtigkeit in diesem Prozess herunterspielte und anmerkte, dass die Friedhöfe voll seien von Leuten, die sich für unersetzlich hielten. Aber davon später mehr.

Das Bild des Goethe-Hauses, des zentralen Wohngebäudes der Odenwaldschule, war im März 2010 das am häufigsten gezeigte Motiv in den deutschen Medien.

Es ist also alles gesagt, alles geschrieben, alles gesendet. Im Jahr 2011 wird die A R D eine 90-minütige Dokumentation von den Dokumentarfilmerinnen Regina Schilling und Luzia Schmid ausstrahlen, das Team des Regisseurs Christoph Röhl ist bei 3sat am Start. Alles Nachrichten von gestern! Alles Nachrichten von gestern?

Die Idee, ein Buch über die Causa Odenwaldschule zu schreiben, hatte ich schon lange, ich will die Geschichte aufgeschrieben haben.

Wirklichkeitskonstruktion via Schrift auf Papier. Es ist mir wichtig, die Definitionsmacht über meine Erlebnisse zu behalten. Was geschrieben steht, existiert. Außerdem muss der ganze Wahnsinn mal raus aus meinem Kopf.

Je besser die Leute, mit denen ich Gespräche über die Odenwaldschule führe, über den Prozess der Aufklärung des Missbrauchsskandals Bescheid wissen, desto interessierter zeigten sie sich an meiner Idee, die ganze Geschichte aufzuschreiben.

Die Geschichte aus meiner persönlichen Perspektive. Diese Geschichte ist ziemlich unbekannt, genau genommen kennen sie eine gute Handvoll Personen.

Diese Geschichte ist die Verbindung zweier paralleler Prozesse. Die Verbindung der äußeren Ereignisse, kommuniziert durch die Massenmedien und fast jedem Bundesbürger inzwischen hinlänglich bekannt, sozusagen aus Funk und Fernsehen, verbunden mit den vielen Puzzleteilchen eines weitgehend unbekannten Prozesses der Auseinandersetzungen und Gespräche, die zu einem großen Teil von mir am Telefon geführt wurden, weil meine Gesprächspartner in der ganzen Republik verstreut sind.

Die beiden wichtigsten Personen für mich in diesem Kontext leben in Berlin und Hannover, Thorsten Wiest und Kathrin Heres. Meine Freunde. Meine Kombattanten. Meine Diskussionspartner. Zum Glück habe ich zwei Telefone. Die Akkulaufzeiten dieser Geräte sind einfach zu kurz. Eins war immer auf der Ladestation, das andere an meinem Ohr. Und es müssen schnurlose sein, ich laufe beim Telefonieren immer durch die Wohnung. Ungezählte Kilometer.

Für mich gab es in der Auseinandersetzung mit der Odenwaldschule zwei Extreme zu erleben. Zum einen, wie die Öffentlichkeit 1999 auf die Bekanntmachung des Missbrauchsskandals in der *Frankfurter Rundschau* und in wenigen anderen Medien reagierte, nämlich gar nicht. Zum anderen die Riesenwelle, die im März 2010 losbrach, als ich am Tag nach Erscheinen der Samstagsausgabe der *Frankfurter Rundschau* nach Hause kam und mein Anrufbeantworter mir mitteilte: «Sie haben 17 neue Anrufe.»

Irgendjemand hatte unser letztes Positionspapier zum Thema Aufklärung und Verantwortungsübernahme, das wir an die Gremien der

Odenwaldschule mit Ultimatum zur Stellungnahme geschickt hatten, an den größeren Teil der deutschen Journalisten weitergegeben. Von nun an blinkte jeden Tag, wenn ich nach Hause kam, mein Anrufbeantworter, zum Zeichen, dass er keine neuen Nachrichten mehr aufnehmen konnte. Ich habe nur ein Gerät für meinen Privathaushalt, Speicherzeit 15 Minuten. Das Interesse sollte für Tage, Wochen und Monate kaum nachlassen. Meine ausgedruckten E-Mails füllen Aktenordner. Die aufeinandergelegten Zeitungen mit Artikeln zur Odenwaldschule sind ein respektabler Stapel.

Jörg Schindler, der Journalist, der 1999 den ersten Artikel zum Thema schrieb, formulierte für diese Ereignisse die Metapher, dass er 1999 dachte, wir hätten einen riesigen Stein ins Wasser geworfen, der aber zu unserem Erstaunen keine Wellen schlug. Das Wasser blieb glatt wie ein Spiegel. Als wir 2010 wieder einen Stein ins Wasser warfen, hielten wir die Wellen für möglich, manche hielten sie sogar für wahrscheinlich, aber mit diesem Tsunami hatte niemand gerechnet. Jetzt hieß es, das Surfbrett schnappen und zusehen, dass man auf dem Brett ist, wenn die Woge herantost.

Nehme ich mich zu wichtig? Gesichert ist, dass ich gemeinsam mit Thorsten der Erste war, der die Odenwaldschule mit ihrer Geschichte konfrontierte und nicht lockerließ, als die Verantwortlichen in der Schule eigentlich nichts mit dem zu tun haben wollten, was wir zu erzählen hatten. Ebenso war ich es gewesen, der im April 2008 die neue Schulleiterin, Frau Kaufmann, anschrieb und sie fragte, wie die Odenwaldschule eigentlich gedenke, mit ihrer Geschichte rund um den sexuellen Missbrauch anlässlich des 100-jährigen Jubiläums im Jahr 2010 umzugehen. Von ihrer Antwort, man werde die Vergangenheit «eher kursiv» behandeln, ließ ich mich nicht verscheuchen. Dass zu diesem Zeitpunkt Becker längst Thema des Vertrauensrats der Schule war, erfuhr ich erst später. Dass die Odenwaldschule sich dafür entschieden hatte, das Thema weiter unter dem Deckel zu halten, auch.

Ob es so ist, dass ich die Schlüsselfigur in dem Prozess der Aufklärung des sexuellen Missbrauchs an der Odenwaldschule bin? Ob meine Beharrlichkeit und Unbeirrbarkeit dazu geführt haben, dass die sogenannten Pädagogen Gerold Becker und Hartmut von Hentig gestürzt sind und mit ihnen viele weitere Mittäter, Mitwisser, Handlanger und Profiteure dessen, was ich das «System Becker» genannt habe? Bin ich verantwortlich dafür, dass die Odenwaldschule, das bedeutende deutsche Internat, in die schwerste Krise ihres nun 100-jährigen Bestehens geraten ist? Vielleicht ein bisschen dick aufgetragen? Soll jeder selbst urteilen.

Vielleicht wäre auch ohne mich nun alles ans Licht gekommen, all diese Verbrechen gegen die Menschlichkeit, aber es wäre anders gelaufen. Niemand kann heute mehr sagen, er habe nichts gewusst. Vor zwölf Jahren haben wir es laut und deutlich gesagt und geschrieben, es hat bloß niemand verstehen wollen, worum es ging. Von denen, die es verstanden haben und versucht hatten, die Geschehnisse zu verdrängen, uns zu behindern und die Aufklärung zu sabotieren, spreche ich später.

In dieser ganzen Zeit hatte das Thema natürlich in mir und an mir gearbeitet. Nachdem die Publikation der Geschichte 1999 in der *Frankfurter Rundschau* für die Täter und die Odenwaldschule weitgehend ohne Konsequenzen blieb, sind wir erneut mit dem Gefühl zurückgeblieben, dass sich einfach kein Mensch für uns, unsere Geschichte und das uns widerfahrene Leid interessiert.

Ich denke, es ist leicht nachzuvollziehen, dass ich mich seit März 2010 immer wieder gefragt habe, was hier eigentlich läuft. Über ein Jahrzehnt lang schreiendes Schweigen – und jetzt will plötzlich jeder über alles reden, und zwar sofort. Dass das Interesse so lange anhalten würde, ahnte ich nicht! Jetzt treffe ich die Entscheidung, dass ich die Geschichte aufschreibe, meine Geschichte. Backstage sozusagen. Der Prozess der Aufklärung ist zwar nicht abgeschlossen, und der Prozess der Entschädigung hat noch nicht begonnen, aber ich finde es einen guten Zeitpunkt für ein «Was bisher geschah!». Und vor allem, was ich darüber denke.

Als mir Dr. Uwe Naumann vom Rowohlt Verlag bei unserem ersten Gespräch seine Visitenkarte gab, fiel mir eine Zeile darauf auf. «Programmdirektor Non-Fiction». Ich musste lachen. Diese Geschichte ist allerdings «Non-Fiction». 100 Pro.

TEIL 1

DAS WASSER

Als ich das Licht der Welt erblickte, sah ich außer der gleißenden Beleuchtung des Kreißsaals einer Kleinstadt noch etwas, das mich eigentlich erst mal optimistisch stimmte. Zwei Teenager. Offensichtlich ein Paar. Offensichtlich ziemlich jung. Offensichtlich meine Eltern.

Meine Mutter nahm mich dann mit nach Hause, also in das Zuhause ihrer Eltern, das sie außerdem mit einer älteren und einer jüngeren Schwester teilte. Das war Ende der 60er Jahre nicht ungewöhnlich, also nicht, wenn man Schülerin der zehnten Klasse war und sich auf seinen sechzehnten Geburtstag freute. Mein Vater wohnte ebenso bei seinen Eltern, einen Ort weiter, befand sich auf der Zielgeraden zur Volljährigkeit und in der vorletzten Runde zum Abitur, besuchte also die zwölfte Klasse des ortsansässigen Gymnasiums. Die beiden bedeutungslosen Orte in der hessischen Rheinebene trennten einige Kilometer und eine Schienenbusfahrt von einer Viertelstunde. So kam mein Vater häufig nach der Schule zu uns zu Besuch. Übernachten durfte er dort nicht. Schließlich waren meine Eltern nicht verheiratet. Noch nicht.

Die Mutter meiner Mutter drehte Zigarren in einer Fabrik. Akkord. Das war besser bezahlt. War auch nötig. Der Vater meiner Mutter war pensioniert. Mit 38 Jahren. Alkoholismus. Sechs seiner sieben Geschwister starben am Suff, ein Bruder sitzt mit Schizophrenie in der Psychiatrie. Geschlossene. Zwei Teenager und ein Baby, mit zwei Wohnsitzen in ihren Elternhäusern. Mehrgenerationenmodell der späten sechziger Jahre sozusagen. Als meine Mutter wenige Wochen nach meiner Geburt anfing zu arbeiten, betreute mich ihre Mutter, die zwischenzeitlich auf Heimarbeit umgestiegen war. «Wenn du dir ein Kind anschaffst, dann sieh auch zu, wie du es durchbekommst», waren die Worte mütterlicher Zuwendung, die sie ihrer Tochter zukommen ließ. Mein Großvater war völlig vernarrt in mich, hatte er doch keinen Sohn, dafür aber einen vom Suff bereits ziemlich zerstörten Verstand. Adoptieren wollte er mich. So packte er mich häufiger in den Kinderwagen und ließ seine Frau wissen: «Ich gehe mal mit dem Jürgen ein wenig spazieren.» Meine Großmutter fand ihn dann nach Stunden der Sorge, wie er mit seinen Kumpanen soff und die Welt vergessen hatte, und ich stand im Kinderwagen daneben.

Nach einem Jahr reichte es meiner Mutter. Sie heiratete meinen Vater und zog mit ihm in das Dachgeschoss seines Elternhauses. Die Eltern meines Vaters betrieben einen Vivo-Laden, einen Mix aus Lebensmittelgeschäft und was man sonst so braucht. Die Geschichte hatte ihnen einen Strich durch die Rechnung vom sozialen Aufstieg und einem friedlichen Leben im Post-Nazi-Deutschland gemacht. Mein Großvater kam als körperlich verletzter und schwer traumatisierter Veteran aus dem Russlandfeldzug zurück und lernte im Lazarett seine spätere Frau kennen, seinen Beruf als Metzger konnte er wegen seiner Kriegsverletzungen nicht mehr ausüben. Meine Großmutter wäre gern Lehrerin geworden und verschwendete ihre Zeit während der Naziherrschaft unfreiwillig mit dem Nähen von Wehrmachtsuniformen. Reichsarbeitsdienst. Die Ankündigung meiner Geburt gefährdete die elterlichen Träume vom sozialen Aufstieg des Sohnes, in persona meines Vaters, schon dessen vier Jahre älterer Bruder scheiterte am Erklimmen der sozialen Leiter und wurde – Soldat. Hatte der eigentlich nie mit seinem Vater gesprochen? Mein Vater und mein Großvater konnten nicht miteinander sprechen. Zur Entladung der schwelenden Konflikte schrien sie sich regelmäßig an. Psychohygiene. Ob die beiden sich je gehört haben?

Nachdem mein Vater das Abitur gemacht hatte, reichte ein Kind nicht mehr aus für die Freistellung vom Wehrdienst, es mussten jetzt schon zwei sein, sodass mein Vater zur Hessischen Polizei ging, um der Bürgerpflicht zu entkommen, die ihn auch wirtschaftlich weiterhin nicht von der Abhängigkeit von seinen Eltern befreit hätte. Ein zweites Kind hätten meine Eltern nun nicht so schnell vorweisen können, um dieser Formalie zu genügen, und sie wollten auch nicht. Meine Mutter fand dieses Leben langweilig. Lediglich ein Kleinkind zu versorgen entsprach ganz und gar nicht ihren Vorstellungen eines erfüllenden Lebens. Manchmal brachte sie mich abends zu Bett, fütterte mich vorher mit einer extragroßen Portion, damit ich auch ja durchschlief, und schlich sich leise aus dem Haus, die Deutsche Bahn brachte sie mit dem Zug in die nahe gelegene Großstadt, dort tauchte sie in die

Glitzerwelt der Discotheken ein. Das war spannend. Schließlich war sie schon fast siebzehn. Mein Vater war währenddessen in der Polizeischule kaserniert.

Nach der Ausbildung reichte sein Gehalt für eine eigene Wohnung, und wir zogen um. Polizeimeister. Hin zum Dienstort meines Vaters, weg von den kontrollierenden Augen meiner Großmutter.

Jetzt begann die schönste Zeit meiner Kindheit. Wir wohnten in Feldrandlage in einem noch kleineren Ort als zuvor, ich hatte ein eigenes Zimmer, einen Kindergartenplatz und ganz schnell neue Freunde. In meinem Reich von zwölf Quadratmetern stand nicht nur ein Kinderbett, sondern es lag auch eine ausrangierte Doppelmatratze als Spielwiese unter dem Fenster der Dachschräge. Wenn es abends regnete, legte ich mich mit meinem Bettzeug auf diese große Matratze und schaute zu, wie der Regen auf die Scheibe trommelte. Ich liebe dieses Geräusch bis heute. Im Arm hatte ich zwei Stofftiere, die an einen Maulwurf erinnerten, aber eigentlich Phantasiegeschöpfe waren. Eine Bekannte meiner Eltern stellte diese Wesen in Eigenproduktion her. Für mich waren die beiden, die eine unterschiedliche Fellfarbe hatten, vollwertige Familienmitglieder. Wenn ich heute unruhig bin, nicht schlafen kann, mich Albträume quälen, dann stelle ich mir vor, wie ich auf dieser Matratze liege, den Regen trommeln höre und meine Kuscheltiere im Arm habe. Selbsthypnose. Das beruhigt mich.

Zum Einschlafen hörte ich Märchen von einem tragbaren Plattenspieler, bei dem sich der Lautsprecher im Deckel des Geräts befand. Mit meinem kleinen Fahrrad konnte ich ohne meine Eltern über die Wiesen und Felder oder auch im nahe gelegenen Wald herumradeln. Der sozialen Kontrolle der Erwachsenen entzogen wir Kinder aus der Nachbarschaft uns so ganz schnell durch ein paar Pedaltritte. Im Sommer fuhren wir an den nahe gelegenen Baggersee, sammelten Brombeeren in den Hecken am Waldrand und schauten den Reitern auf dem gegenüberliegenden Reiterhof bei ihrem Hobby zu. Alljährlich bewunderten wir den Wagemut der Teilnehmer beim Moto-Cross-Rennen. Gegend gab's genug. Der Umweltschutz war noch nicht erfunden.

Im Winter spielte ich mit meiner Märklin-Eisenbahn, las Kinderbücher und verbrachte unbeschwerte Stunden in meinem Zimmer. Wenn es richtig gut lief, gab es abends Brathähnchen oder Spaghetti mit Tomatensoße. Meine Leibspeisen. Durch die zermatschten Kartoffeln mit Spinat baute ich mit meiner Gabel Straßen und liebte weiße Zitronenlimonade.

Dann wurde die Stimmung schlechter. Meine Eltern stritten sich, mein Vater brüllte, meine Mutter weinte, meine kleine Welt war in Gefahr. Die ersten beiden Jahre der Grundschule hatte ich ohne nennenswerte Ereignisse überstanden, das Lernen fiel mir leicht, und mir war total unklar, warum eigentlich alles in der Schule immer wiederholt werden musste, bis es mich überhaupt nicht mehr interessierte. Die meiste Zeit schaute ich aus dem Fenster. Das war ein schöner Ausblick. Als wäre es gestern, sehe ich die große Wiese vor dem Schulgebäude vor meinem inneren Auge.

Als ich sieben Jahre alt war, verreiste mein Vater ohne uns in die Sommerferien. Mit einem Freund flog er für vier Wochen nach Griechenland. Meine Mutter und ich blieben im Hessischen und damit am Baggersee. Ich genoss die Zeit ohne die Streitereien meiner Eltern und vermisste meinen Vater. Als sich nach dem Sommer die Stimmung zwischen meinen Eltern auf dem Tiefpunkt befand, fiel ein Schatten auf unsere kleine Familie. Ich ahnte nicht, dass die schönen Momente zu dritt nie wieder aufleben würden, was ich als Kind natürlich inständig hoffte. Irgendwann hörte ich etwas von Umzug, von Trennung, von der Berufstätigkeit meiner Mutter, von neuer Schule, von Kinderhort. Es gab keinen Abschied, nicht in der Schule und nicht von meinen Freunden. Ich war einfach weg.

Praktisch über Nacht fand ich mich in der nächsten Großstadt wieder, blickte aus meinem Zimmer auf eine vielbefahrene Straße und musste nun mit der Straßenbahn zur Schule fahren, anstatt mit meinem Rädchen. Mit diesem Umzug verlor ich beide Eltern. Zunächst schaute ich stundenlang aus meinem Kinderzimmerfenster auf die vorbeifahrenden Straßenbahnen. Nach ein paar Tagen kaufte ich mir eine Fahrkarte und fuhr bis zur Endstation. Und wieder zurück. Und zur anderen Endstation. Nach und nach fuhr ich nach der Schule das gesamte Streckennetz des Verkehrsverbunds ab. Das war mein Orientierungsversuch in meiner unübersichtlich gewordenen Welt. Die Fahrkarten klebte ich in ein Schulheft. Ganz ordentlich.

Meinen Vater sah ich in unregelmäßigen Abständen, meine Mutter arbeitete als Bürokraft und ging Schritt für Schritt in die innere Emigration. Ärzte diagnostizierten bei ihr eine Depression. Wem hat das genutzt? Mit meiner Mutter teilte ich von nun an eine 2-Zimmer-Sozialwohnung mit Kachelofen. Wenn ich von der Schule kam, holte ich zuerst im Keller die Kohlen, meine Mutter war ja noch auf der Arbeit. Zum Fußballspielen diente ein asphaltierter Platz in Fußnähe zu unserer Wohnung, bevölkert von Jugendlichen, die man heute «sozial benachteiligt» nennen würde. Mich machten diese Nachmittage oft traurig. Ich wollte kicken, nicht streiten und prügeln. Freunde fand ich dort keine.

Mein erster Schultag war ernüchternd. Als Neuer wollte mich ein Junge meiner Klasse verprügeln, am Ende saß ich auf ihm und traktierte sein Gesicht mit Fausthieben. Angst hatte ich keine, den Respekt meiner Mitschüler von da an schon. Von wegen Landei. Meine neue Klassenlehrerin war sehr religiös, ich vom Religionsunterricht befreit. So bildete ich mit Mohammed, dem einzigen Moslem der Klasse, und Tom, dem anderen Kind einer alleinerziehenden Mutter und ebenfalls von religiösen Verpflichtungen erlöst, eine Schicksalsgemeinschaft. Beim Elterngespräch ließ die Lehrerin meine Mutter wissen, dass die Schule nicht alles richten könne. Danke fürs Gespräch. Mohammeds Eltern hatten eine Änderungsschneiderei. Wenn wir früher aus der Schule kamen, bekam ich dort auch ein Mittagessen. Tom wohnte ein paar Busstationen weiter, bei ihm hatten wir ebenso sturmfreie Bude wie bei mir.

Irgendwann während des vierten Schuljahrs wurde meine Mutter in einer Psychiatrie einquartiert. Suizidgefahr. Mein Vater machte ein bedrücktes Gesicht, ich übernachtete mal bei diesen, mal bei jenen Freunden, die Struktur in meinem Leben reduzierte sich auf die 14-tägigen Heimspiele des Fußballclubs der Stadt. Irgendwann war meine Mutter wieder da. «Wenn die Mama wieder gesund ist, kommt sie nach Hause», hatte mich mein Vater immer wieder getröstet. Ich verstand schon damals unter gesund etwas anderes als das, was ich bei der Heimkehr meiner Mutter in ihren Augen sehen konnte. Am Ende der vierten Klasse teilte sie mir mit, dass ich aufs Gymnasium gehen würde. Ich wusste nicht, was das war, ich erfuhr nur kurz darauf, dass

Tom und ich von nun an in den Pausen ohne Mohammed Fußball spielen würden.

Gymnasium wurde nach kürzester Zeit das Synonym für Langeweile. Dazu kam, dass die Schule umgebaut wurde und wir im Schichtbetrieb beschult wurden. So streiften Tom und ich morgens durch die Stadt und fanden heraus, wie wir etwas Spannung in unser tristes Leben bringen konnten. Zunächst klauten wir alles, was nicht niet- und nagelfest war. Als uns dieser Rausch nicht mehr ausreichte, um laut lachend auf irgendeinem Garagendach die Beute zu teilen, klauten wir alles, was durchaus fest genietet und genagelt war, brachen Autos auf und schossen mit dem Luftgewehr von Tom auf Passanten. Der spontane Zorn dieser großen Menschen hatte eine elektrisierende Wirkung auf uns. Inzwischen waren wir elf Jahre alt, in Englisch hatte ich eine Eins.

Bis dahin dachte ich, dass die Stimmung zu Hause nicht mehr sinken könnte. Weit gefehlt. Meine Eltern, die nicht miteinander und nicht ohne einander konnten, stritten immer häufiger und immer heftiger. Mal wohnte mein Vater wieder bei uns, mal lebte er in einer Wohngemeinschaft. Ich konnte keine Regelmäßigkeit in der Beziehung meiner Eltern erkennen. Außer, dass alles immer anders war als gestern. Wer kümmerte sich eigentlich um mich? Richtig. Ich selbst. Das klappte nur immer schlechter. Ich wollte nicht mehr zur Schule gehen. Ich wollte nicht mehr zum Fußball. Ich wollte nichts mehr.

Meine Eltern versuchten, mich in der neu eröffneten Waldorfschule unterzubringen, die lehnten aber ab. Vielleicht hatte ihnen das Bild, das ich beim Aufnahmegespräch gemalt habe, nicht gefallen. Keine Ahnung, was ich damals gemalt hatte. Ich hasste malen. Das Halbjahreszeugnis der sechsten Klasse kannte dann auch überwiegend nur noch eine Note. Es wurde ernst. Meine Eltern schauten immer verzweifelter aus der Wäsche.

Dann war die Lösung geboren. Odenwaldschule. Das bedeutete Abschied. Gerade hatte ich mich mit einem Mädchen aus meiner Klasse angefreundet, das ich allerdings schon aus der Grundschule kannte. Bereits damals brauchte ich ziemlich lange, bis ich mich traute, jemandem ein Stück näherzukommen. Nachdem wir wochenlang nebeneinander auf meinem Bett gelegen und Musik gehört hatten, nahm ich all meinen Mut zusammen und legte ihr meine Hand auf den Bauch. Für Tage hatte ich Herzklopfen. Von meinem Weggang sagte ich ihr nichts, wie auch sonst niemandem. Ich war einfach plötzlich nicht mehr da. Zwei Jahrzehnte später erfuhr ich, dass auch ihr Herz an diesem Nachmittag geklopft hatte.

EINS PLUS EINS

Im Sommer 1981 kam ich auf die Odenwaldschule. Für mich war es die zweite Fahrt nach Ober-Hambach, als meine Eltern mich nach den Sommerferien dorthin brachten. Zuvor waren wir schon einmal für ein Vorgespräch bei Marianne Senn, der zuständigen Mitarbeiterin für die Neuaufnahmen, nach Ober-Hambach gereist. Ich fand die Odenwaldschule bei diesem Besuch weder noch. Meine Eltern waren begeistert oder taten wenigstens so. Noch heute spricht ein anderer Ex-Schüler sehr leidenschaftlich über seine sexuelle Beziehung zu Marianne Senn. Ich fand sie nett.

Auf der Fahrt nach Ober-Hambach verlässt man in Heppenheim die Bundesstraße. Ab da geht es nur noch bergauf. Die Kreisstraße schlängelt sich durch Unter-Hambach, und seit die Umgehung gebaut wurde, bleibt sie durchgängig zweispurig. Durch den Ortskern führt die einspurige Dorfstraße, die wegen der Häuser nicht zu verbreitern ist. Wenn sich ein langsames landwirtschaftliches Fahrzeug vor dem Auto meiner Lehrer befand und diese wegen der Unübersichtlichkeit der Straßenführung nicht überholen konnten, nutzten manche die alte Dorfstraße als Abkürzung, um am Ende des alten Dorfkerns, wo Umgehung und Dorfstraße wieder zusammengeführt wurden, vor dem Traktor zu sein. Hase und Igel. Die vorgeschriebene Höchstgeschwindigkeit im Dorf von 30 Stundenkilometern musste dabei allerdings locker verdoppelt werden. Spielende Kinder durften in diesem Szenario nicht die Straße betreten.

Verlässt man Unter-Hambach nach circa zwei Kilometern, verläuft die Straße durch das Hambachtal, links die Bäume des Odenwalds, rechts die Wiesen und der Bach. Dieser Abschnitt trennt Ober-Hambach von dem Rest der Welt ab. Am Dorfeingang nach Ober-Hambach ist eine scharfe Rechtskurve zu nehmen, der Fahrt geradeaus steht das Gasthaus des Dorfes im Weg, der «Felsenkeller», betrieben vom Gastwirt Hübner, seines Zeichens in vergangenen Jahren bester Kunde der Schankwirtschaft. In den Achtzigern ließ Herr Hübner seinen Hof außen neu renovieren, von da ab sprachen die Schüler der Odenwaldschule wegen der sehr knalligen gelben Farbe des Anstrichs von der Ober-Hambacher Hauptpost.

Wenige hundert Meter weiter befindet sich auf der rechten Seite des inzwischen nur noch mit viel gutem Willen als zweispurige Straße zu bezeichnenden Fahrwegs die erste Einfahrt zur Odenwaldschule, genau über der Hambach. Auf dem grünen Geländer, das den Sturz in den Bach verhindern soll, sitzen die Schüler, wenn sie auf ein Auto warten, dem sie per hochgehaltenem Daumen signalisieren, dass sie gern nach Heppenheim mitgenommen werden würden. Die fünf Kilometer sind den meisten zu weit für einen Fußmarsch. Nichts deutet darauf hin, dass hier ein Privatgelände beginnt oder ein abgeschlossener Bereich, geschweige denn ein Internat. Es könnte auch einfach ein Dorf im Odenwald sein.

Bleibt man auf der Straße, welche jetzt an Steigung noch zulegt, kommt man nach einem weiteren kurzen Stück an die Einfahrt zur Odenwaldschule. Auch hier kein Tor, kein Zaun, lediglich ein Schild bescheidener Größe weist dem Unkundigen den Weg zur Schule. Fährt man auf das Gelände, liegt zur Linken das Bürogebäude, geschätzte siebziger Jahre, vor einem liegt der Goethe-Platz, das geographische Zentrum der Odenwaldschule, mit dem Goethe-Haus, einem ehemaligen Hotel, das zur Schulgründung von Paul Geheeb gekauft wurde. Hinter dem Bürogebäude liegt das Geheeb-Haus, ein schnörkelloser Bau aus der gleichen Zeit wie das Bürogebäude. Quadratisch. Praktisch. Gut. Der Bauplan war ein Sonderangebot, der Architekt war der Schule wohlgesonnen, der Entwurf wurde eigentlich für ein Schwesternwohnheim angefertigt und fand nun keine andere Verwendung mehr. Geheeb würde sich im Grabe herumdrehen. Schön geht anders. Zwischen Geheeb-Haus und Bürogebäude liegt der Speisesaal, auch in funktionalem Stil, die Betonträger wurden absichtlich nicht verputzt. Man sollte sehen, welches Material verbaut wurde, es sollte keine architektonische Kosmetik zu sehen sein. Ungewöhnlich.

Von diesem Zentrum ausgehend verteilen sich die kleinen Häuser der Odenwaldschule über das weitläufige Gelände. Hier könnte man problemlos eine amerikanische oder japanische Touristengruppe durchführen. Mit feuchten Augen würden sie die «real old houses» bewundern. Auch bei näherer Betrachtung findet man kaum Hinweise auf eine Schule, von den einsehbaren Klassenräumen einmal abgesehen. Man geht durch die Schule und denkt: «Wie schön.» Wahlweise auch: «Wie idyllisch.»

Das Gelände der Odenwaldschule ist am Abend beleuchtet; sobald man jedoch das unmittelbare Gelände verlässt, wird es duster. Und im Herbst oft auch neblig. Ein Kunstlehrer der Schule nahm einmal am Abend eine Abkürzung über die Geheeb-Wiese und wurde im Nebel von einem Keiler umgerannt. Gipsbett. Sechs Wochen lang.

Ich bezog ein Zimmer im Goethe-Haus, dem großen, alten Haus im Herzen der Odenwaldschule. Meine Sachen passten bequem in eine große Reisetasche, ich brauchte nicht viel, als Zwölfjähriger, der in die siebte Klasse kam. Das Wichtigste hatte ich ohnehin in der Hand: meinen Fußball. Einen Tango, den offiziellen WM-Ball der Fußballweltmeisterschaft in Argentinien 1978. Ich hatte mein ganzes Geburtstagsgeld auf einen Sitz zum Sportgeschäft gebracht, diesen Ball wollte ich damals unbedingt haben. Obwohl ich immer gut auf ihn aufgepasst habe und ihn regelmäßig mit Ballfett behandelte, waren die Gebrauchsspuren nach drei Jahren täglicher Traktion unübersehbar. Trotzdem war er mein ganzer Stolz. Dass hier Schüler zum Abitur Sportwagen aus Stuttgart-Zuffenhausen geschenkt bekamen, wusste ich damals nicht, und wenn ich es gewusst hätte, hätte es mich wahrscheinlich kaum berührt. Familie Porsche ließ ja auch in Ober-Hambach beschulen. Passt doch. Meine Welt war nach wie vor klein und fand überwiegend auf dem Sportplatz statt.

An meinem ersten Tag bekam ich mit, wie zwei Zimmer weiter offensichtlich ein Junge und ein Mädchen zusammen in einem Zimmer lebten. Darüber war ich überrascht. Darüber war ich richtig irritiert. Kurz darauf kam ich mit den beiden ins Gespräch, und bald saßen wir auf deren Fensterbank zusammen in der Sonne und schauten über den Goethe-Platz. Es waren natürlich zwei Jungs, einer halt mit ziemlich langen Haaren.

Von unten rief jemand: «Hey, Thorsten, ist das neben dir eigentlich ein Mädchen oder ein Junge?» Gemeint war ich. «Bist du ein Mädchen oder ein Junge?», fragte mich Thorsten, von dem ich bis zu dieser Sekunde annahm, dass er das Mädchen dieses Duos sei. «Ein Junge», rief Thorsten meine Antwort hinunter auf den Platz. «Schade», rief es zurück von dem schlaksigen Geschöpf, der wegen seiner langen Haare und seiner zarten Gesichtszüge genauso gut ein Mädchen hätte sein können. Es handelte sich um Phil Scharlenz, für den Gerold Becker der Vormund war. Es war der damaligen Mode geschuldet, dass Jungs häufig lange Haare trugen. Außerdem waren wir hübsch und kamen mit einem nicht ganz einfachen sozialen Hintergrund auf die Internatsschule. Mit der Betonung auf Hintergrund. Nicht auf sozial. Beide Komponenten sollten zu unserem Verhängnis beitragen, aber das wussten wir damals noch nicht.

Das war also Thorsten. Ich fragte noch ein paar Mal nach, ob er auch wirklich ein Junge war, ich konnte es nicht glauben. Thorsten war bereits seit einem Jahr auf der Odenwaldschule, seine Eltern waren beide Schauspieler, zogen von hier nach da. Einen dauerhaften Wohnsitz konnten sie ihrem Sohn nicht bieten. Als das Paar sich trennte, brach die Familie auseinander, und Thorsten wurde Osoianer.

Damals waren gerade Streifenhosen angesagt. Thorsten hatte Hosen mit breiten Streifen, ich mit schmalen. Wir hörten Neue Deutsche Welle und das aktuelle Album von David Bowie, «Scary Monsters». Wir hatten viele gemeinsame Vorlieben. Die Salamibrötchen bei Frau Schmitt zum Beispiel, der Betreiberin des kleinen Lädchens vis-à-vis des Schulgeländes, die wir mit Scheiblette, Gurke, Ei und Tomatenmark so dick belegten, dass beim ersten Biss der Gurkensaft an der Seite herauslief. Eine Tasse Kaffee kostete siebzig Pfennig. Nach dem Mittagessen spielten wir oft auf dem Kiesplatz im Wald Fußball. Thorsten war Torwart, ich derjenige, der versuchte, besser zu sein als der Torwart. Das waren die Unterschiede.

So ging es über die Jahre weiter. Wir tranken lieber Pils als Export, rauchten lieber pur als Joint, hörten englischen Ska und deutschen Punk, hatten bei drei Mädchen und später jungen Frauen echte Interessenkonflikte, ich glaube, es ging irgendwie unentschieden aus. Jedes Schuljahr beschlossen wir, das nächste Jahr gemeinsam ein Zimmer zu bewohnen, jedes Jahr hatten wir in der Phase der Zimmer- und Familiensuche Differenzen, sodass wir mit jemand anders zusammenzogen. Irgendwann hatte Thorsten auch gespürt, dass die Becker-Familie kein guter Platz war. Gerettet hat es ihn nicht.

Zu Beginn der Oberstufe sollte es dann klappen, dass wir zusammen ein Zimmer bezogen. Es war das erste Jahr, in dem Becker nicht mehr an der Schule war. Das heißt, er war nicht mehr Schulleiter und somit kein leitender Angestellter der Odenwaldschule mehr. Er war allerdings regelmäßig auf der Odenwaldschule, flanierte übers Gelände und leitete die Teekonferenz. Mein Deutschlehrer Herrmann Deef überreichte ihm dann zu Beginn der täglich um 11 Uhr stattfindenden Veranstaltung lachend die Klingel, das Zepter der Konferenz. Natürlich kam Becker auf die Odenwaldschule, um weiter Beute zu machen, aber dazu später mehr.

Wir zogen zu einem Lehrer in das Geheeb-Haus, für mich war es der Beginn einer neuen Epoche auf der Odenwaldschule. Wir begannen gemeinsam die Ausbildung zum Chemisch-Technischen Assistenten und brachen sie auch gemeinsam nach einem Jahr wieder ab. Unser Abitur bestanden wir unter «ferner liefen».

Nach der Schulzeit besuchten wir uns, ich war Zivildienstleistender, Thorsten jobbte sich durch sein Leben; wir fingen an zu studieren und hatten mal mehr, mal weniger Kontakt. Recht bald nach der Schule lebten wir nur 200 Kilometer auseinander, wodurch es recht einfach war, dass wir uns besuchten.

Ohne Thorsten wäre dieser Prozess der Aufklärung anders gelaufen, wäre dieses Buch ein anderes – und ich hätte vermutlich mehr Falten im Gesicht und ein noch stärker zerrüttetes Nervensystem, als ich es ohnehin schon habe. Thorsten hatte sich Ende 2010 weitgehend aus dem öffentlichen Teil der Auseinandersetzung ausgeklinkt. «Wir haben den Leuten mitgeteilt, dass Scheiße stinkt», sagte er mit müder Stimme. «Jetzt sind die anderen mal dran, etwas zu tun», setzte er lakonisch fort.

Wir sind eher ein Team, das sich ergänzt, dachte ich zu diesem Statement und fügte hinzu: «Und den einen oder anderen will ich noch dran riechen lassen.» Damit war alles zwischen uns besprochen. Keine Schnörkel, keine Umwege. Falls ich Thorstens Unterstützung nochmal brauchen sollte, weiß ich, er wird da sein. Meine Agenda von Aufklärung und Entschädigung wird noch einige Zeit und Nerven in Anspruch nehmen.

Wir wissen, wie der andere tickt, wir wissen, dass wir uns auf den anderen verlassen können. Wir wissen, eins plus eins ist mehr als zwei.

SIEBEN JAHRE ZAUBERBERG

Die Odenwaldschule Ober-Hambach – Eingeweihte nannten sie einfach die OSO –, Projektionsfläche für pädagogische Sehnsüchte und Größenwahnphantasien, Flaggschiff der deutschen Reformpädagogik, bedeutendes deutsches Internat und UNESCO-Modellschule. Wenn man weitersuchen würde, kämen einem sicherlich noch ein paar vermeintliche Qualitätssiegel in den Sinn. Superlative waren als Begrifflichkeiten für die Ziele und die Konzeption der reformpädagogischen Einrichtung gerade gut genug. Reinhold Miller, als gelernter Hauptschullehrer mit beiden Beinen auf dem Boden stehend, in der Lehrerfortbildung engagiert und als Publizist in schulischen und pädagogischen Fragen für konkrete Positionen bekannt, stellt lediglich lapidar fest: «Von den Reformpädagogen werden keine Angaben gemacht, wie die Erzieher/Lehrer von den idealistischen Sichtweisen zu entsprechenden Verhaltensweisen kommen können. Diese werden (naiv) vorausgesetzt. Hinweise auf ein ‹Beziehungslernen› (also eine Beziehungsdidaktik i.w.S.) und darauf, was es konkret heißt, ein ‹Kind wirklich tief zu lieben›, sind bei den Autorinnen und Autoren der Reformpädagogik vergeblich zu suchen.»* Vor 100 Jahren war die Odenwaldschule am Start, um eine Alternative zu den staatlichen Drillanstalten anzubieten, in denen Kinder geprügelt wurden und Lernen aus geistigem Exerzieren bestand. Zu dieser Zeit wurde der Sportunterricht von den nicht mehr fronttauglichen Unteroffizieren geleitet. Nun haben die öffentlichen Schulen bereits vor Jahrzehnten den Überholvorgang eingeleitet. Und abgeschlossen.

* Miller, Reinhold: Beziehungsdidaktik, Beltz Verlag, Weinheim 1997, S. 41

Die Odenwaldschule wurde in den siebziger Jahren eine Integrierte Gesamtschule, eine inzwischen in vielen Bundesländern gängige Schulform. Alle Schüler eines Jahrgangs saßen in einer Klasse, Unterscheidungen nach Haupt-, Real- und Gymnasialschüler gab es offiziell nicht. Lediglich Stütz- und Ergänzungskurse bildeten die Struktur der äußeren Differenzierung. Die Lerngruppen waren klein, zehn, zwölf Schüler waren die Regel; einmal hatte ich einen Englisch-Leistungskurs, der aus zwei Schülern und dem Lehrer bestand. Die äußeren Bedingungen waren der reinste Luxus. In der Mittelstufe war ein ganzer Schultag dem Lernen in einer der Werkstätten gewidmet. In der siebten Klasse rotierten die Schüler quartalsweise durch die Schlosserei, Schreinerei, Design-Werkstatt und Töpferei. Nach der siebten Klasse entschied sich jeder Schüler für eine Werkstatt, in der er dann konstant bis zum Ende der zehnten Klasse arbeitete und lernte. In unserem Jahrgang entschied sich Jürgen Kahle, wieder eine Werkstattgruppe im Elektronik-Labor zu betreuen, ich war dabei. Fünf Jungs bildeten diese Gruppe, traumhafte Arbeitsbedingungen für einen Lehrer und die Schüler. In der Schlosserei und der Schreinerei konnte ein Gesellenbrief erworben werden. Dieses Programm konnte sogar parallel zur gymnasialen Oberstufe absolviert werden. Für weniger Ambitionierte auch nacheinander. Erst Fachoberschule plus Gesellenbrief, dann gymnasiale Oberstufe. Die noch weniger Ambitionierten wie Thorsten oder ich wurden zum Ausbildungsgang zum Chemisch-Technischen Assistenten getragen, welcher parallel zur gymnasialen Oberstufe belegt werden konnte, um nach einem Jahr die Fahne zu heben. Wir hatten damals andere Themen als die berufliche Qualifikation.

Ein weiteres Erkennungsmerkmal der Odenwaldschule war die Verkursung und Epochalisierung des Unterrichts. In den Klassen elf bis dreizehn nahmen die Schüler in den Fächern Religion, Sport, Gemeinschaftskunde und ein paar weiteren gemeinsam am Unterricht teil. Heute versteht diese Besonderheiten von Unterricht eigentlich jeder, da es sie an vielen Schulen gibt. Was als Unterschied zu anderen Schulen bis heute geblieben ist, ist der Lehrer-Schüler-Schlüssel der Odenwaldschule. Das sind strukturelle Vorteile, die gern als besondere pädagogische Brillanz angepriesen werden. It's the money, that makes the world go round. Ich höre von Mitarbeitern, die den Dienst in der

Odenwaldschule quittiert haben und sagen: «Ja, es war endlich Zeit zu gehen, aber die Arbeitsbelastung an einer staatlichen Schule ...» Dann folgt eine Mimik, die große Belastungen erahnen lässt. Lehrersanatorium Odenwaldschule? Unterrichtlich betrachtet: ja.

Aber da war noch was. Fast jeder Lehrer der Odenwaldschule hatte eine Heimfamilie.

Familie? Nein, wir wurden nicht adoptiert. Eine Heimfamilie bestand aus einer Mitarbeiterin oder einem Mitarbeiter oder auch einem Ehepaar und einigen Internatskindern. Manche Mitarbeiter hatten eigene Kinder, manche nicht. Diese «Familienoberhäupter», wie sie genannt wurden, hatten eine private kleine Wohnung, in der Regel mit Bad und Toilette, in der sie mit ihren eigenen Familien lebten. Die Familienmitglieder der Heimfamilie waren, denkt man diese Konstruktion konsequent zu Ende, zueinander die Geschwister. Becker hatte kein eigenes Bad und keine eigene Toilette. Vor der Eingangstür der Privatwohnungen begann der Flur der Schüler, circa sechs bis zwölf Zehn- bis Zwanzigjährige wohnten in Doppelzimmern auf einem solchen Flur. Meist gab es auch noch ein Einzelzimmer für den Schüler aus der 12. oder 13. Klasse. Bei dieser großen Anzahl von Personen fiel es gar nicht sofort auf, wenn jemand beim Essen fehlte. Für diese Schüler war das Familienoberhaupt zuständig. Immer. Für alles. 24/7. 38 Wochen im Jahr. Durchbrochen von den Ferien oder den Heimfahrwochenenden, die alle drei Wochen stattfanden.

Mit einem der Mitarbeiter sprach ich im vergangenen Jahr. Er erzählte mir, dass er seine Gitarrenstunde während des Abendessens nahm, da er sonst am Tag keine Zeit dafür hatte. Laut Arbeitsvertrag muss er allerdings auch an den Mahlzeiten teilnehmen. Strukturelle Versklavung, strukturelle Überforderung. Welchen Profit hat jemand, der sich das antut?

Je nach Größe eines Hauses – die Häuser der Odenwaldschule waren ja über den oberen Teil des Hambacher Tals hingewürfelt – wurde es von ein bis vier Familien bewohnt. Im Keller befanden sich die Duschräume für die Schüler, die Toiletten waren auf den Treppenabsätzen.

Was die Schulentwicklung in Deutschland in den letzten Jahrzehnten veränderte, bemerkte in Ober-Hambach offensichtlich niemand. Was bleibt, ist die Odenwaldschule als pädagogischer Veteranenverein, dessen Vertreter den verklärten Blick in die Vergangenheit richten. Aber selbst dieser Blick ist stark getrübt und erhascht lediglich die Lichtspiegelungen pädagogischen Schaffens.

Ob es dem reformpädagogischen Ansatz immanent ist, dass Grenzen unscharf bis unkenntlich werden, dass die Pioniere dieser pädagogischen Ideologie mit Hilfe selbiger die Grundlagen für eine institutionalisierte sexualisierte Gewalt legten, dass viele von ihnen Jünger des Dichters Stefan George waren, der von Thomas Mann als eine «steile, krasse, im edelsten und neusten Sinn groteske Erscheinung» beschrieben wurde? Vieles spricht dafür. Die hierarchische Struktur des George-Kreises war bekannt, ebenso das prophetische Sehertum und dessen Hybris, im Konfliktfall die absolute Unterwerfung zu fordern. Kommt mir irgendwie bekannt vor. Das Nachrichtenmagazin *Spiegel* dokumentierte im Sommer 2010 die 100 Jahre sexuellen Missbrauchs an der Odenwaldschule.

Bis zum Frühjahr 2010 war im Internetauftritt der Odenwaldschule unter der Rubrik «Über die Odenwaldschule» das Konterfei Hartmut von Hentigs zu sehen, garniert mit den Worten: «Endlich die Schule, die Rousseau gefordert hat. […] Sie guckt auf die Kinder, sieht, was die brauchen, und sieht auch die Folgen dessen, was sie selbst tut.» Das sollte Werbung sein. Das meinten die ernst. Eine prominente Ex-Schülerin stellte bis dahin ihr Porträt der Odenwaldschule zur Verfügung, ließ es aber infolge des jämmerlichen Versagens der Institution während des Aufklärungsprozesses im Jahr 2010 entfernen. Von den verbliebenen Prominenten auf der Homepage der Schule sind die meisten tot. Ist das fair? Wehrlose tote Prominente zu Werbezwecken zu benutzen?

Sprach eigentlich jemand über die toten Missbrauchsopfer? Ja.

Auf der 100-Jahr-Feier wurden sie von der Schulleiterin Margarita Kaufmann in ihrer Begrüßungsrede anlässlich der Feierlichkeiten erwähnt. Ansonsten halten sich die Verantwortlichen der Odenwaldschule in dieser Frage sehr bedeckt.

Ob ich grundsätzlich etwas gegen Reformpädagogik hätte, bin ich im «Misalla Blog», den ich als Plattform zum Gedankenaustausch zeitgleich zum ersten Zeitungsartikel im März 2010 eingerichtet habe, einmal von einem Mitarbeiterkind der Odenwaldschule gefragt worden.

Das Kind ist inzwischen Mitte dreißig. Also, nochmal für alle: Nein, habe ich nicht. Aber auch nichts dafür. Ideologie kotzt mich an.

Häufig werde ich aufgrund meiner Positionen zur professionellen Arbeit mit Kindern mit provokativen Statements konfrontiert.

«Du denkst doch auch bei all deinen Überlegungen von der Individualität des Kindes aus, das ist doch originäre Reformpädagogik.» Ich höre mir das dann an und denke: «Ja, von wem aus denn sonst?» Stupid! Ohne hier den Begriff der Kundenorientierung überstrapazieren zu wollen, ist die Frage nach dem Profit des Kindes vom pädagogischen Handeln natürlich schon zielführend. Ich erwidere dann, dass die Forschungsergebnisse der Psychologie, der Neurophysiologie, der Kommunikationswissenschaften, der Soziologie und zahlreicher anderer Disziplinen die Grundlagen für meine Positionen bilden und es ja eben nicht zu verhindern ist, dass das Etikett Reformpädagogik auf alles aufgeklebt wird, was für die Ziele der Vertreter dieser Richtung instrumentalisiert werden kann. Liebe Leute, selber denken macht schlau! Sich der parteipolitischen Verhaftung entziehen macht frei! Wenn mein Gegenüber dann immer noch Kapazitäten hat, diskutiere ich gern über die verzwackte Auftragslage von Schule. Ein Auftraggeber ist das Land, der andere das Kind, stellvertretend die Eltern; bei der Odenwaldschule kommt dann in zahlreichen Fällen noch das Jugendamt dazu. So werden der Lehrer und die Schule zum Diener mindestens zweier Herren.

Die «tiefe Liebe zum Kind», wie es reformpädagogisch empfohlen wird, bleibt methodisch unerklärt. «Wie soll denn das gehen?», ist in meinen Augen eine zulässige Frage. Wer die Kinder, mit denen er arbeitet, liebt wie seine eigenen – was da auch immer mit «Liebe» gemeint ist –, der hat etwas nicht verstanden oder lässt fahrlässig oder vorsätzlich jede Professionalität vermissen, ist meine Antwort. Gefragt sind Beziehungsarbeiter, Beziehungsdidaktiker, Methodiker und Fachwissenschaftler.

Klingt nach Arbeit? Richtig! Das Streben nach Ruhm und Ehre ist hier deplatziert. Die angemessene Balance aus Nähe und Distanz? Eine ewige Gratwanderung, voller Tretminen und Unsicherheiten.

Es bleibt eigentlich nur, die Kundschaft des eigenen Handelns zu befragen, und die gibt häufig erst Jahre nach dem Erwachsenwerden darüber ehrliche Auskunft. Kein sehr fehlerfreundliches System. Korrekturen bedürfen vieler Jahre.

Ob die Misshandlung von Jungs durch eine Reihe meiner Lehrer und Lehrerinnen die eindimensionalisierte Übersetzung der Verehrung der Hellenen war? Von den Sportwettkämpfen dieser Epoche war nie die Rede. Oder ob Becker und sein Netzwerk, von mir das «System Becker» genannt, eine Gruppe von Männern war, die gezielt in pädagogische Institutionen gingen, unter anderem in die Odenwaldschule, um diese dort von innen heraus zu infiltrieren und sowohl die Kinder als auch die Institutionen für ihre perversen Bedürfnisse zu benutzen? Vieles spricht dafür. Niemand vermag im Moment zu sagen, was in der Zukunft noch ans Licht kommen wird. Meine Informationsmenge wächst wöchentlich. Diese Fragen sind wichtig und interessant, Mutige vor! Es gibt sicher nicht das eine entscheidende Kriterium, das die Situation an der Odenwaldschule geschaffen hat. Unterm Strich sind es viele Elemente, die nahezu alle über eine Gemeinsamkeit verfügen. Sie dienen den Interessen der Erwachsenen und nicht denen der Kinder.

Wer war denn eigentlich die Kontrollinstanz dieses pädagogischen Freiluftexperiments? Wer waren die Kunden dieser Privatschule? Als Endverbraucher die Kinder und Jugendlichen, ja klar. Und wer hat's bezahlt? Die reichen Eltern und die Jugendämter. Die Odenwaldschule war ja kein Spiegel der Gesellschaft. Es kamen die von ganz oben und die von ziemlich weit unten. Die Mitte fehlte weitgehend. Von ein paar Eltern, die sich das Schulgeld abgespart hatten, mal abgesehen. Wie diese Differenzen von der Institution gesteuert und mit den Schülern kommuniziert wurden? Ich kann mich an kein einziges Gespräch erinnern, das die sozialen Kasten zum Thema hatte.

In meiner Jugendamtsakte steht, dass die Odenwaldschule über zweifellos hervorragende Qualitäten verfüge, aber dass es eine schwierige Situation für die Behörde sei, Gerold Becker nun zum achten Mal anmahnen zu müssen, den Bericht über meine Entwicklung zu schreiben. Hätte sich das eine andere Jugendhilfeeinrichtung leisten können? Ich fürchte, ja. Von den Jugendämtern anderer Städte oder Landkreise wurden auch Kinder geschickt. Ist den Leuten vom Jugendamt irgendetwas aufgefallen? Laut meiner Schülerakte kamen sie dann ja schließlich persönlich in die Odenwaldschule, um mit Becker zu sprechen. Der beeindruckte und charmierte, die Mitarbeiterinnen des Jugendamts rollten mit ihrem Auto verzaubert den Berg hinunter.

Die Jugendämter waren und sind wichtige Vertragspartner der Odenwaldschule. Nicht nur, um das Internat möglichst komplett zu belegen, sondern auch, weil die Jugendämter einen höheren Gebührensatz bezahlen als die Selbstzahler. Die Odenwaldschule ist für die öffentliche Hand günstiger als ein Platz in einem Kinderheim. Mitarbeiter eines Kinderheims haben geregelte Arbeitszeiten und dadurch einen günstigeren Personalschlüssel, während die Mitarbeiter der Odenwaldschule praktisch immer im Dienst sind, außer in den Ferien. Selbstausbeutung. Wem nützt das? Und die Eltern? Die gaben ihre Kinder ab. Wird schon gutgehen. Ist ja schließlich teuer genug. Dass sich spätestens seit den 70er Jahren unter dem Etikett der Odenwaldschule keine nennenswert einmalige pädagogische Substanz befand, die im engeren oder weiteren Sinne mit den Kernaufgaben von Schule in Verbindung stand, hat niemand bemerkt oder bemerken wollen.

Der Schulleiter Becker hatte bald nach Beginn seiner Amtszeit mitgeteilt: «So, jetzt ist mal Schluss mit der Schulreformiererei, jetzt wird nur noch Pädagogik gemacht!» Genügend Kinder erzählten trotzdem von ihren Erlebnissen, die eigentlich jeden normal denkenden Menschen hellhörig hätten machen müssen. Machten sie aber nicht. Standen doch mal einzelne Eltern bei Becker auf der Matte, wurde beschwichtigt, gelogen und, wenn gar nichts mehr half, das Kind, das Opfer war, mit fadenscheinigen Begründungen von der Schule verwiesen. Hatte einer der von Becker besonders begehrten Jungs eine Liebesbeziehung oder einfach nur eine intensive Freundschaft mit einer Mitschülerin, lud Becker auch mal die Eltern des betreffenden Mädchens ein und empfahl ein Auslandsjahr in Frankreich oder gleich das Verlassen der Schule. Wegen schwacher schulischer Leistungen.

Wie ist dieses System zu erklären, von dem offensichtlich die Erwachsenen auf sehr unterschiedliche Art profitierten und die Kinder und Jugendlichen, die eigentlich im Zentrum der Bemühungen stehen sollten, auf ebenso unterschiedliche Weise ausgebeutet wurden? Keiner hat was gewusst. Keiner hat was gesehen. Keiner hat was gehört. Keiner wurde angesprochen. Keiner wurde um Hilfe gebeten. Niemand ist für nichts verantwortlich! Und mitten in diesem System spielt sich das Grauen ab. Wieso sind Vierzehnjährige eigentlich dauernd besoffen? Wieso verschwindet ein schwangeres Mädchen? Wieso fangen Jugendliche plötzlich an, sich über die Maßen deviant zu verhalten? Beobachtbare Kriterien, die von den Akteuren und den außenstehenden Beobachtern des Systems ignoriert wurden, verdrängt wurden, bagatellisiert wurden und die keine Konsequenzen hatten, mit denen die Kinder und Jugendlichen geschützt worden wären. Die Betroffenen des kollektiven Versagens ließ man einfach verrecken.

In Ober-Hambach wurde die Spitze des Zynismus erreicht. Dieses System behauptete nämlich von sich, für die Kinder, die zu ihm geschickt wurden, ganz besonders wertvoll und förderlich zu sein. Und der öffentliche Diskurs im Jahr 2010? Egal, mit welchem Journalisten ich gesprochen habe, die Meinung ist einhellig. Mit keinem anderen Thema konnte in diesem Jahr so viel Empörung erzeugt werden wie mit der Berichterstattung über die sexualisierte Gewalt, die an Kindern begangen wurde. Jetzt wissen wir aber alle, dass dies kein exklusives Problem von Internaten und kirchlichen Einrichtungen ist, sondern dass unsere Gesellschaft von sexualisierter Gewalt durchdrungen ist. Die Familien seien hier zuallererst genannt. Wer applaudiert eigentlich? Wer schaut weg? Wer ist in der Verantwortung, handelt aber nicht? Haltet den Dieb? Oder doch ein Riss in unserer Gesellschaft, der die Täter von den Unwissenden trennt?

Von alldem hatte ich bei unserer Fahrt nach den Sommerferien nach Ober-Hambach noch keine Ahnung. Die Lebensrealität eines Jungen, der in den 80er Jahren die Odenwaldschule besuchte, war erst mal eine ganz andere.

Ich kam zu Dietrich Dreher in die Familie, der genauso neu auf der Odenwaldschule war wie ich und auch nur dieses eine Jahr bleiben sollte.

Am Morgen nach der Aufnahme folgte das alljährliche Ritual. Die gesamte Schulgemeinde strömte hinter das Laborgebäude zur Freilichtbühne, die etablierte Schulgemeinschaft saß auf den Rängen, die Neuen unten auf den Stühlen. Becker hielt eine Rede, rief die Schülerinnen und Schüler namentlich auf und zum Handschlag zu sich. An der Schule waren Mädchen kontinuierlich in der Minderheit, jedes wurde bei seinem Gang nach vorn zum Schulleiter von Pfiffen begleitet. Mal mehr, mal weniger. Einige Jahre zuvor beendete Becker seine Begrüßungsrede mit den Worten: «Ihr seid jetzt auf der Odenwaldschule. Hier ist alles erlaubt.» Zumindest die besorgten Familienoberhäupter der jüngeren Neuankömmlinge versuchten im späteren Gespräch mit ihren neuen Schützlingen, diese Aussage zu relativieren. Einige Schüler mit verminderter Sehkraft pfiffen auch bei mir.

Dass ein Schüler aus der Becker-Familie seiner Freundin in Beckers Schlafzimmer die Vaseline-Dose mit den Kotspuren zeigte, weil jene seinen Erzählungen über seine Erlebnisse mit Becker keinen Glauben schenken wollte, erfuhr ich erst viel später. Das verstand Becker demnach unter «alles».

Dietrich Dreher war jetzt also mein Familienoberhaupt für mein erstes Schuljahr. Ich erinnere mich an ein Gespräch beim Abendessen. «Sagt mal, warum schreit der Klaus eigentlich immer so?», wollte er von uns wissen und stellte seine Frage in die Runde. Wir saßen beim Abendessen zu acht um den Tisch herum. «Na ja», sagte einer aus der Familie, «wir quälen den halt immer, um 17 Uhr ist Klaus-Quälzeit.» Betretenes Schweigen? Eher eine gelangweilte Reaktion auf eine blöde Lehrerfrage. Pause. Später wird ein Ex-Schüler der Odenwaldschule im Fernsehen den umstrittenen, weil von manchen als sensationsheischend empfundenen Satz von den «gellenden Schreien im Hambachtal» sagen. Ich habe sie auch gehört, die Schreie. «Kann ich da mal kommen und mir das anschauen?», fragte Dietrich Dreher. Niemand sagte etwas, manche nickten. So kam Dietrich Dreher, Punkt 17 Uhr, in Klaus' Zimmer und schaute, wie der zwölfjährige Junge von mehreren Mitschülern, gleichaltrigen und älteren, gequält wurde.

Ich weiß von einem, der ihm bis heute, fast dreißig Jahre nach diesen Ereignissen, nicht in die Augen schauen kann. Dabei war der nicht einmal eine der treibenden Kräfte, sondern per Zufall sein Zimmerkamerad, der Klaus einmal zu Hilfe eilte, was ihm nicht gut bekam, denn danach quälten die anderen ihn. Wer die Mechanismen dieser Szene verstand, hatte den Grundstein für sein Überleben auf der Odenwaldschule gelegt.

Um ihrem Familienoberhaupt ein eindrucksvolles Erlebnis zu verschaffen, wurde Klaus an diesem Tag besonders heftig gequält, die Schreie des Schülers müssen im ganzen Haus zu hören gewesen sein. Plötzlich wurde die Tür aufgerissen, die Lehrerin, die im Nachbartrakt wohnte, platzte, ohne anzuklopfen, in das Zimmer, offensichtlich ließen die Schreie große Not erkennen. Dietrich Dreher sprang noch in einen Schrank, bekam die Tür aber nicht mehr von innen zu, sodass die Lehrerin ihn sah. Sie schaute den Lehrer an, sie schaute die Schüler an, sie sah den gequälten Klaus, dessen Gesicht von Tränen überströmt war. Sie schwieg. Sie verließ das Zimmer, ohne ein Wort zu sagen. Konsequenzen? Wir waren in Ober-Hambach! Ob Dietrich Dreher wegen dieser Ereignisse gehen musste? Ich konnte es nicht herausfinden. Jedenfalls war er nach diesem einen Jahr wieder weg.

Schläge, Kniffe, Ohrenziehen, in den Schwitzkasten nehmen, an den Brustwarzen ziehen und immer wieder alle auf ihn drauf, bis er Angst hatte, zu ersticken oder zerquetscht zu werden. Klaus bekam regelmäßig Fresspakete von seinen Eltern geschickt. Diese packte er in seinen Schrank und dachte nicht daran, sie mit anderen zu teilen. Viele bekamen keine Fresspakete. Nicht alle Eltern hatten ein schlechtes Gewissen, dass sie ihre Kinder auf ein Internat entsorgten. Die anderen Jungs aus Klaus' Familie bekamen das natürlich mit und sagten zu Klaus: «Du willst dein Fresspaket nicht mit uns teilen? Dann iss es mal schön auf.» Die ganze Mannschaft saß in Klaus' Zimmer um Klaus herum, der vor dem Paket saß, das die Jungs aus dem Schrank geholt und ihm vor die Nase gestellt hatten. Klaus weinte. Die Jungs schlugen ihn. Klaus fing an zu essen. Flips, Schokolade, Gummibärchen, Chips. Klaus konnte nicht mehr. Er erstickte fast an dem trockenen Zeug. Klaus' Mutter packte in die Fresspakete immer eine Flasche Lebertran. Das soll gesund sein. Klaus bettelte um etwas zu trinken. Die Jungs grinsten und hielten ihm die Flasche Lebertran hin. Irgendwann erbrach sich Klaus. Ich kann mich nicht erinnern, wie dieser Nachmittag endete. Am nächsten Tag stand die leere Flasche Lebertran auf Klaus' Fensterbank.

Mein Zimmer teilte ich in diesem ersten Jahr mit einem Jungen aus meiner Klasse, dessen Vater in Saudi-Arabien Meerwasser entsalzte und der nicht nur wegen seiner deutschen Mutter und seines arabischen Vaters aus einer anderen Kultur kam, sondern auch wegen seiner bisherigen Lebensrealität, in der Geld eine nie versiegende Ressource zu sein schien. Es ging nicht lange gut zwischen uns. Dann lebt man zusammen, wie man als Zwölfjährige halt auf acht Quadratmetern zusammenlebt. Wir hatten nicht mal Schreibtische in unserem Zimmer. Zu klein. Dafür brachte er Hunderte illegal produzierter Musikkassetten aus Saudi-Arabien mit, die ich nach und nach mit Thorsten an unsere Mitschüler verkaufte. Umverteilung von oben nach unten oder schlicht total entgrenztes Verhalten zweier Teenies? Beides.

Später planten Thorsten und ich, dem Künstler Joseph Beuys den Hut vom Kopf zu fischen und ein Foto davon zu machen, wenn dieser einmal seinen Sohn auf der Odenwaldschule besuchte. Beuys wollte nicht, dass es ein Foto von ihm ohne Hut gab, und es gab meines Wissens auch keins. Wir haben uns dann aber doch nicht getraut.

Auf groteskere Weise konnten Kinder und Jugendliche aus sozial sehr unterschiedlichen Zusammenhängen nicht gemeinsam zur Schule gehen. Während unsere Mitschüler, die aus deutschen Industriedynastien stammten, von Ferienerlebnissen in St. Moritz oder der Karibik berichteten und mit der S-Klasse vom Chauffeur nach den Ferien ins Internat kutschiert wurden, verbrachten Thorsten und ich unsere schulfreie Zeit mit unseren Müttern in Sozialwohnungen deutscher Großstädte.

Schüler der Odenwaldschule zu sein bedeutete, von heute auf morgen kein Privatleben mehr zu haben. Wir bewohnten unsere Zimmer mit einem Zimmerkameraden, im ersten Jahr eben mit einem, den wir uns nicht aussuchen konnten. Ein Jahr mit einem wildfremden Menschen in einem Hasenkäfig. Fremd war man sich anschließend nicht mehr. Gesprochen haben wir danach allerdings auch nicht mehr miteinander. Also, Adil und ich. Adil war ein Chaot und tägliche Hygiene für ihn ein Fremdwort. Fern von Riad, den Hausangestellten und der strengen Hand des Vaters kam Adil mit der Struktur- und Regellosigkeit in der Odenwaldschule überhaupt nicht klar. Sein Bruder und er flogen später wegen ihres Drogenkonsums von der Schule, zu Beginn hatte ich erst einmal den Verwahrlosungsprozess des kleinen, stämmigen Jungen auszuhalten.

Der schulische Teil der Odenwaldschule war erträglich, die Klassen waren klein, nicht so vollgestopft wie in einem staatlichen Gymnasium. Der Unterrichtsstoff war für mich ein Kinderspiel. War ich bis dahin faul und an Schule weitgehend uninteressiert, weil mich meine familiären Schwierigkeiten emotional voll in Anspruch nahmen, stellte ich nun das Arbeiten vollends ein. Das war auch kein Problem. Ich wurschtelte halt so im Unterricht mit, und das war's. Meine Noten waren deutlich besser als in der staatlichen Bildungsanstalt. Mein Klassenlehrer war Jürgen Kahle. Zunächst mochte ich seine derbe Art, Witze zu machen. Als er mir in meinen ersten Kursbericht schrieb, ich säße in seinem Unterricht «wie ein Zentner Hackfleisch», ließ die Sympathie etwas nach. Bei genauerem Nachfühlen an damals stellt sich Enttäuschung und Verletzung ein. Noch spürte ich die Hiebe. Das würde sich bald ändern. An der Odenwaldschule bekamen wir nicht nur Noten, sondern auch schriftlich ausformulierte Leistungsbeurteilungen und von den Familienoberhäuptern sogenannte «Familienberichte». Formulierungen wie die von Kahle über mich waren auch bei anderen Schülern eher die Regel als die Ausnahme. Offensichtlich störte sich niemand daran. Mitarbeiter, Jugendamt, Eltern? Who cares? Der Deutschlehrer Herrmann Deef nannte Phil in einem Kursbericht der elften Klasse einen «labilen, unzuverlässigen Zeitgenossen», dem er empfahl, sich von der schlechten Angewohnheit zu trennen, mit «Charme zu blenden». Phil würde in seinen Klausuren «nicht selten dilettantische bis kindliche ‹Gedanken› ausbreiten».

Phils Mutter reichte es, und sie kommentierte ihrerseits den unverschämten Bericht des Lehrers und schickte diesen an ihn zurück. In ihrem Kommentar verbat sie sich die unprofessionelle Herabwürdigung ihres Sohnes. «Sollten Sie allerdings mit Phil über den Unterricht hinausgehende Probleme haben, bitte ich Sie, diese mit ihm direkt zu klären, sodass uns allen unsachliche und diffamierende Schlenker erspart bleiben.» Darüber konnte Herrmann Deef nur lachen.

Der Nachmittag war im Sommer der siebten Klasse sehr schnell ritualisiert. Ab in die Sportklamotten und hoch auf den Platz, Fußball, bis die Zunge staubig war, und dann zum Bäcker Schmitt, kalte Cola trinken bis zum Abwinken. Die Rülpswettbewerbe waren dann wohl dem Alter von uns Pubertierenden geschuldet. Durch den Sport hatte ich sofort Anschluss gefunden. Wer hier mit wem genau befreundet war? Schwierig zu sagen, wir waren halt alle viel zusammen, saßen irgendwo draußen herum und ließen die Zeit vergehen. Das Leben mit meinem Zimmerkameraden war super nervig, ich war es überhaupt nicht gewohnt, dass ich nur noch auf dem Klo allein sein konnte. Und selbst da trommelte immer schon nach kurzer Zeit jemand an die Tür, der auch mal musste. Wir hatten nicht besonders viele Klos.

Zur Begrüßung wurden die Neuen von den Alten «geduscht», das heißt, irgendwann in den ersten Tagen stürmte ein Trupp aller Altersklassen das Zimmer und zerrte einen unter die Dusche, wo man dann, von der grölenden Meute umringt, in voller Bekleidung wie ein begossener Hund versuchte, gute Miene zum bösen Spiel zu machen. Ich fand das nicht besonders schlimm. Ich fand es aber auch nicht besonders einfallsreich. Das Duschen wurde allerdings auch zur Abstrafung genutzt, wenn sich jemand gegen die unausgesprochenen Regeln der Gemeinschaft gewandt hatte. Dann wurde die Person in einen unserer Spinde gesperrt, die an der Oberseite zur Belüftung fünfmarkstückgroße Löcher hatten und die man zum Schutz vor Diebstahl mit einem Vorhängeschloss abschließen konnte. Also, Schüler rein (ich kann mich an keine Strafaktionen gegenüber Schülerinnen erinnern), Schrank zu, dann das ganze Ding die Treppe runter zum Duschraum, unter die Dusche gestellt und Hahn auf. Der Wasserdruck der Duschen, besonders im Goethe-Haus, war enorm, die Temperatur auch. Das Kaltwasser kam direkt aus einer schuleigenen Quelle, das Warmwasser aus einem Superboiler, kochend heiß. Den Umweltpreis hätte die Schule damals nie gewinnen können. Kleine Strafe: Kaltwasser, große Strafe: Heißwasser. Markerschütternde Schreie garantiert. Verbrennungsspuren beim großen Programm auch. Wurden die Schreie zu heftig, rannten die Verursacher häufig einfach weg. Sanktionen müssen spürbar sein, sagt der Pädagoge. Ob er das damit gemeint hat? Ich erlebte nur einmal, wie ein Lehrer in dieses Ritual eingriff. Mir wurde ziemlich schnell klar, dass ich in einer archaischen Urgesellschaft gelandet war, in der sich die Erwachsenen hauptsächlich mit sich selbst beschäftigten. War okay. War ja nix Neues. War alles im grünen Bereich.

Dann wurde es Herbst. Nicht nur in der Odenwaldschule, sondern auch bei mir. Die Fußballsaison war zu Ende, es war nass und kalt geworden, und das Mädchen, das ich gern geküsst hätte, war nun unzertrennlich mit Thorsten Arm in Arm auf dem OSO-Gelände zu sehen. Ich hatte ihr nie mein Interesse an ihr gezeigt, mein Vertrauen in Menschen war schon damals schwer erschüttert, die Angst vor Zurückweisung war einfach zu groß. Thorsten und ich machten eine Freundschaftspause. Das Mädchen, Tochter eines Mitarbeiters, der nur kurze Zeit an der Schule unterrichtete, verließ mit ihrem Vater zum Ende des Schuljahrs die Odenwaldschule. Ich mochte ihren Vater, er hatte mit uns im Unterricht Musikinstrumente gebaut. Eines davon existiert heute noch. Es ist eine einsaitige Fiedel, wie sie in Westafrika gebaut und gespielt wird, im Original mit einem Korpus aus einer fellbespannten Kalebassen-Halbschale. Ich höhlte damals schlicht ein Stück Holz aus einem kleinen Baumstamm aus, das erfüllte völlig seinen Zweck. Jeder aus dem Kurs durfte ein Instrument seiner Wahl bauen. Der vollbärtige Mann, der in seinen Holzclogs, die er für gewöhnlich barfuß trug, noch größer erschien, als er natürlicherweise ohnehin schon war, verfügte als einer der wenigen Mitarbeiter an der Odenwaldschule über die natürliche Autorität, die notwendig war, dass diese offene Arbeitsweise nicht im Chaos endete.

So freundete ich mich mit Phil an, der eine Klasse über mir war und im Fichte-Haus in einer Kameradenfamilie wohnte. Die Kameradenfamilie war ein Konstrukt, bei dem ein Schüler oder eine Schülerin der zwölften oder dreizehnten Klasse zwei jüngere Schüler betreute, also deren Familienoberhaupt und damit quasi weisungsbefugter Erzieher war. Räumlich wohnten die Kameradenfamilien in den gleichen Häusern wie die regulären Familien, also gab es in jedem Haus ein bis vier reguläre Heimfamilien und zwischendurch ab und an mal eine Kameradenfamilie, die aber hinsichtlich ihres Tuns autonom war und auch im Speisesaal einen eigenen Tisch hatte. Phils Kameradenfamilienoberhaupt war eine ältere Schülerin, die meistens in ihrem Zimmer saß und rauchte. Ich habe sie bei Phil praktisch nie gesehen, sie kontrollierte weder die Arbeitsstunde, die von 17 bis 18 Uhr arbeitend auf dem Zimmer verbracht werden sollte, noch die Zubettgehzeiten um 22 Uhr.

Phil war schon lange auf der Odenwaldschule, ungewöhnlich lange. Die Odenwaldschule nahm eigentlich keine so jungen Kinder auf. Mit acht Jahren wurde Phil zum Pestalozzi-Haus-Bewohner, in dem Haus, das eigentlich für die Fünft- und Sechstklässler zur Verfügung stand. Als Phil geboren wurde, war sein Vater bereits Mitte dreißig, reiste als Journalist kreuz und quer durch die Welt, soff, nahm Drogen und sammelte sexuelle Erlebnisse. Als Ethnologe war er eben auch Forscher. Man könnte auch sagen: Lebemann. Halt nicht familienkompatibel.

Phils Mutter, 15 Jahre jünger als sein Erzeuger, war weitgehend allein für den Jungen verantwortlich. Als Phil vier Jahre alt war, erkrankte seine Mutter an Krebs. Nun konnte sie den Sohn immer weniger angemessen versorgen. Grauenhafte Angstzustände machten ihr das Leben zur Hölle, sie reagierte mit Medikamenten und Alkohol, wer könnte das besser nachfühlen als ich? Die Therapieversuche im Alleingang hatten natürlich ihren Preis, Phils Mutter fiel auf, wurde von ihrer Umwelt stigmatisiert – wer nicht nach den Werten der Gesellschaft funktioniert, bekommt Stress. Phils Vater hatte bereits seine drei älteren Söhne, die zwei andere Frauen als Mutter hatten, auf der Odenwaldschule untergebracht, so sollte also auch Phil dort beschult und versorgt werden.

Gesagt, getan. Ab der dritten Klasse war Phil ein Osoianer. Die Eltern stritten sich um die Zuständigkeiten für ihr Kind, schrieben sich hin und her, zuerst persönlich, dann über ihre Anwälte. Irgendwann war auch das Jugendamt auf dem Plan. Dann kam der Erlöser. Becker bot an, die Vormundschaft für Phil zu übernehmen, schrieb einen langen Brief an das zuständige Jugendamt und machte schließlich Nägel mit Köpfen. Wer sollte etwas dagegen haben, dass der Schulleiter der Odenwaldschule, der angesehene Pädagoge Becker, einer Familie in ihrer schwierigen Situation hilft, indem er das Sorgerecht für deren Sohn übertragen bekommt?

Becker forderte in seinem Schreiben an die Behörde, «dass das Jugendamt hier von sich aus zum Schutze des kleinen Phil Scharlenz tätig wird».

Becker wurde zum Kriegsgewinner des Konflikts von Phils Eltern, die keinen Anlass hatten, daran zu zweifeln, dass Phil auf der Odenwaldschule mit Becker als gesetzlichem Vormund gut untergebracht war. Ich nenne das Ressourcensicherung. Phil war schon als ganz Kleiner ziemlich süß. Phil berichtete mir noch als Erwachsener fassungslos, wie er es als Kind nie zusammengebracht hatte, dass Becker beim Wecken an ihm herumgefummelt hatte, um dann wenige Minuten später als Everybodys Darling in der Tür zum Speisesaal zu stehen und alle Lehrer und Schüler mit einem Lachen zu begrüßen.

Später erfuhr ich, dass Becker die Gefügigkeit alkoholabhängiger Schüler dadurch erhielt, indem er ihnen Hinweise auf seine Alkoholdepots gab. Und auf die Verwahrungsorte konfiszierter Drogen. Auch das ist Ressourcensicherung.

Da wir auf der Odenwaldschule keine Aufenthaltsräume oder sonstigen Gemeinschaftsräume zur dauernden Verfügung hatten, waren wir darauf angewiesen, uns auf unseren Zimmern aufzuhalten. Dabei wurde recht schnell klar, wer von den beiden Zimmerbewohnern den Ton angab und das Zimmer für sich und seine Peers nutzen konnte. Der andere hatte dann mehr oder weniger zu verschwinden, oder er wurde widerwillig im eigenen Zimmer geduldet. Zwischen meinem Zimmerkameraden und mir wurde es so schwierig, dass dieser zu einem anderen, älteren Jungen in der gleichen Familie aufs Zimmer verlegt wurde, der bis dato ein Einzelzimmer hatte, obwohl er erst die neunte Klasse besuchte. Das war eine ziemlich schräge Type. Ich erinnere nur noch, dass er sich die Augenbrauen rasierte und wie er von seinen Besuchen bei Prostituierten berichtete. «Die lässt dich mal kurz rein, macht dich dann aber mit der Hand fertig.» Ich fand es eine gelungene Auslagerung von Adil, sollten die zwei Kerle sich doch die Köpfe einhauen. So hatte ich dann erst mal ein Einzelzimmer.

In diesem Jahr ging ich auch das erste Mal «über den Berg». «Über den Berg gehen» funktioniert folgendermaßen: Eine Gruppe von Schülerinnen und Schülern trifft sich, meist nach Anbruch der Dunkelheit, um gemeinsam die Geheeb-Wiese hoch- und dann über Forstwege in eine Kneipe im Nachbartal zu stapfen. Gute vierzig Minuten dauert der Hinweg. Die Dauer des Rückwegs steht in unmittelbarem Zusammenhang mit der Menge der dort eingenommenen Alkoholika. Das Jugendschutzgesetz war in diesem Tal noch nicht angekommen, also, hoch die Tassen.

Bei meiner ersten Teilnahme an dieser rituellen Wanderung waren Schüler verschiedener Altersgruppen beteiligt, ich war mit meinen zwölf Jahren einer der Jüngsten. Wir nahmen eine krude Mischung aus Bier und Apfelwein zu uns, manche tranken Laternchen, ein Maß Bier, auf dessen Grund ein kleineres Glas mit Kirschlikör steht. Likör ist schwerer als Bier, und so mischen sich die beiden Flüssigkeiten erst beim Trinken. Ich trank kein Laternchen, war aber dennoch ziemlich strack, als der Wirt gegen 23 Uhr mitteilte, er wolle jetzt schließen und wir sollten zahlen. Strack, aber nicht strack genug, fanden ein älterer Mitschüler und ich. Ja, wir könnten eine Flasche Wein auch außer Haus mitnehmen, erwiderte der Wirt. Gesagt, getan – so torkelten wir zurück nach Ober-Hambach.

Kurz vor dem Ziel komme ich auf der herbstlich feuchten Geheeb-Wiese ins Rutschen, stürze und falle mit der Weinflasche in der Hand hin. Ein kurzes Knacken des Glases, ein etwas längerer, unterdrückter Aufschrei von mir. Es roch nach Wein. Meine Hand war warm. Ich blutete aus einer Schnittwunde wie Hölle. Wir bekamen die Blutung durch Fingerdruck nicht zum Stillstand. Was tun? Ich bekam Angst. «Wir gehen zur Krankenstation», hörte ich Manfreds Stimme sagen. «Was, bist du wahnsinnig?», erwiderte ich. Mir war klar: Das gibt Ärger. Ich war zwölf. Ich war erst kurz auf der Schule. Ich war hackevoll. Meine Hand schmerzte trotz des Alkohols, den ich intus hatte. «Ich regele das», versprach Manfred. Manfred war vier Jahre älter und schon eine Weile auf der Odenwaldschule. Ich gab nach.

Auf der Krankenstation wurde uns nach insistierendem Klingeln geöffnet. Die verschlafene Krankenschwester stand vor uns und machte auf mich keinen besonders überraschten Eindruck. Manfred palaverte mit ihr. Ich verstand nichts. Ich war voll. Meine Hand pochte. Die Krankenschwester ging mit uns in das Behandlungszimmer, und während sie mir die Wunde reinigte, bekniete Manfred sie, den Vorfall für sich zu behalten. Viel konnte ich von dem Gespräch nicht aufnehmen, da ich damit beschäftigt war, nicht ohnmächtig zu werden. «Ein Schmerzmittel kann ich dir in deinem Zustand nicht geben», sagte die Krankenschwester, bevor sie mich entließ. Ich torkelte in mein Bett und schlief sofort ein. «Hingefallen», beantwortete ich die Fragen am nächsten Tag mit Blick auf meine Hand. Mehr wollte niemand wissen.

Wenige Tage später tauchte Manfred abends in meinem Zimmer auf. Es war spät, auf dem Flur war es leise, mein Familienoberhaupt hatte schon die Runde gemacht. Manfred war wie immer ziemlich angesoffen. Er hatte Pornohefte dabei. In den 80ern waren das DIN-A5-Hefte mit Hochglanzfotogeschichten. Postbote klingelt, Frau im Bademantel macht auf, und so weiter. Ich konnte mit den Abbildungen und Vorgängen nichts anfangen. Ich fand die Frauen irre alt. Wahrscheinlich waren sie so achtzehn bis Mitte zwanzig. Ich war zwölf. Manfred bestand darauf, dass wir gemeinsam die Bilder anschauten und masturbierten. Ich hatte nicht das Gefühl, eine Wahl zu haben. Zunächst schüttelte ich den Kopf, ich war müde, ich fand das langweilig. Manfred wurde immer hektischer. Irgendwann gab ich auf. So hockten wir gemeinsam auf meinem Bett, die Jeans bis zur Hälfte der Oberschenkel heruntergezogen, schauten auf die zwischen uns liegenden Pornomagazine und manipulierten unsere Geschlechtsteile. Jeder seins. Manfred besoffen, ich gelangweilt. Manfred blätterte um. Ich hörte irgendwann auf und gab durch das Hochziehen meiner Hose zu verstehen, dass ich auch nicht wieder anfangen würde. Manfred meckerte herum und nannte mich «impotent».

Wenige Wochen darauf begann Manfred das Szenario in seinem Zimmer zu wiederholen. Es war schon spät, sein Zimmerkamerad war nicht da. Ich fand das wieder uninteressant. Auch diesmal bestand Manfred auf der Durchführung des Vorhabens. Die Langeweile wiederholte sich. Ich brach den Versuch ab und ging ins Goethe-Haus auf mein Zimmer. Ich hatte die Schnauze voll von Manfred. In den folgenden Jahren sah ich ihn immer wieder mit viel jüngeren Jungs herumhängen.

Zu dieser Zeit wurde angefangen, den seit den 1960er Jahren geplanten Ausbau des Frankfurter Flughafens zu realisieren. Heftige Widerstände von Bürgerinitiativen und Demonstranten hatten die Rodung eines Waldgebiets bereits verzögert. Aus Sicht der Flughafenbetreiber war der Bau der Startbahn-West dringend notwendig. Aus Sicht der Flughafenausbaugegner bedeutete der Ausbau die Vernichtung eines ökologisch wertvollen Waldgebiets und eine zusätzliche Belastung der Flughafenanwohner durch Lärm und Abgase. Auf der Odenwaldschule wurde die Startbahn-West so leidenschaftlich diskutiert, als ginge es darum, die zweite Französische Revolution zu beginnen. «Die tun uns Gewalt an, jetzt wehren wir uns eben auch mal», rechtfertigte einer meiner Lehrer die gewaltsamen Aktionen von Startbahn-Gegnern bei der Besetzung des zu rodenden Waldgebiets. Auf der späteren Startbahn hatten die Startbahn-Gegner ein Hüttendorf gebaut, in dem sich die Demonstranten in Baumhäusern verschanzten, bei denen sie die Strickleitern nach oben ziehen konnten, wenn die Einheiten der Polizei zur Räumung anrückten. Im November 1981 trampte ich mit zwei älteren Schülern zur Startbahn, um für die richtige Sache zu demonstrieren. Es war der Nachmittag, der in der Verbarrikadierung der sechsspurigen A 3 endete, der wichtigen Ost-West-Tangente von Köln nach München, die am Frankfurter Kreuz auf die A 5 traf, die Verbindung von Norden nach Süden.

Die Demonstranten hatten Baumstämme auf die Autobahn manövriert und dadurch den Verkehr vollständig zum Erliegen gebracht. Die Bereitschaftspolizei bekam den Befehl, den Räumfahrzeugen den Weg zu den Barrikaden frei zu machen und deren Aufräumarbeiten zu sichern. Der Nachmittag endete in einer Schlacht zwischen Uniformierten und mit Motorradhelmen geschützten und Palästinensertüchern vermummten Zivilisten. Zur Räumung der Autobahn setzte die Polizei per Hubschrauber abgesetzte Bundesgrenzschutz-Einheiten ein. Ich hatte Angst inmitten dieser Auseinandersetzung und wollte zurück nach Heppenheim trampen. Meine beiden Begleiter fanden das eine gute Idee. In der Odenwaldschule angekommen, war ich befremdet über die Erlebnisse des Nachmittags. Von meinen politischen Lehrern hatte ich am Flughafen keinen gesehen. Gesprächsbedarf hatte ich mit den Erwachsenen keinen.

Über zwanzig Jahre später lernte ich in einem privaten Zusammenhang einen Polizisten der Offenbacher Kriminalpolizei kennen, der als siebzehnjähriger Bereitschaftspolizist an diesem Tag im November 1981 auf der anderen Seite der Barrikade auf der A 3 stand. Auch er hatte damals Angst.

Ab und an bekam ich nun für ein paar Tage Schüler einquartiert, die sich die Schule anschauen wollten. Immer nur einen. Probewohnen sozusagen. Der erste war Dirk Karnow, Frankfurter mit immer guter Laune. Wir verstanden uns auf Anhieb. Dirk würde später auch bei Becker die Erfahrung der allmorgendlichen Übergriffe machen und darüber mit dem Mädchen sprechen, mit dem er dann, gerade fünfzehnjährig, eine sexuelle Beziehung hatte. Sein Zimmerkamerad bei Becker in der neunten Klasse, Frank Burger, hatte mit demselben Mädchen wie Dirk zur selben Zeit eine sexuelle Beziehung und berichtete ihr ebenso, wie sehr ihn die Übergriffe Beckers störten. Frank kann sich allerdings heute an diese Erzählungen genauso wenig erinnern wie an die Übergriffe selbst. Aber zurück. Mit genau diesem Frank freundete ich mich in der siebten Klasse an, und wir beschlossen, im achten Schuljahr ein Zimmer zu teilen. Aber in welche Familie sollten wir gehen? Weil wir mit zwei Jungs in der Ortenberg-Familie befreundet waren, fragten wir dort als Erstes nach. Gefragt. Verabredet. Es war alles besprochen. Für mich war das rund.

Ohne besonderen Anlass sagte Frank kurz vor den Sommerferien zu mir: «Wollen wir mal beim Gerold fragen, ob wir in seine Familie können? Da ist immer was los.» Das stimmte, die Becker-Familie war dafür bekannt, dass da immer Party war, dass immer was los war, sozusagen off limits. Und das im Odenwald! Wer wollte sich das entgehen lassen? So gingen wir nach dem Abendessen zu Becker an den Tisch und trugen schüchtern unser Anliegen vor. Becker sagte sofort zu. «Aber geht zu Sabine und sagt ihr Bescheid», fügte er hinzu.

Er wusste längst, dass wir uns eigentlich bei Sabine Ortenberg eingebucht hatten. Wir wussten eigentlich nichts. Das war unser Verhängnis. Vor den Sommerferien war der große Umzug. Die technischen Mitarbeiter fuhren mit Traktor und Anhänger durch das Gelände der Schule, wer mit seinem Krempel am Weg stand, wurde mitgenommen und an seinem zukünftigen Wohnhaus abgesetzt. Das war lustig. Besonders jüngere Schüler wie wir hatten daran richtig Spaß! Ich freute mich auf das Leben in der Becker-Familie nach den Sommerferien. Wir würden eine reine Jungs-Familie sein, in der Frank und ich als Achtklässler die Jüngsten sein würden. Mit in der Familie war Oliver Berendt, der als Schüler der dreizehnten Klasse das Einzelzimmer bewohnte.

Der Beginn des neuen Schuljahrs war von der Leichtigkeit des Bergsträßer Sommers geprägt. Frank und ich verstanden uns gut in unserem kleinen Zimmer, spielten Fußball, lungerten herum und taten das, was Dreizehnjährige so tun, wenn ihnen die Sonne des Lebens ins Gesicht scheint. Frank war fanatischer Rolling-Stones-Fan. Er sammelte alles von den Fünfen aus GB, bald waren die legal produzierten Platten alle in seiner Sammlung vorhanden, woraufhin er damit begann, bei Bootleg-Verkäufern auf der ganzen Welt illegal gepresste Schallplatten zu ordern. Die nahm er dann immer bei der kleinen Poststation neben dem Bäcker Schmitt in Empfang, die von Herrn Schmitt geführt wurde. Wenn die Post geschlossen war, was meistens der Fall war, verkaufte Herr Schmitt gebrauchte Autos, die er lediglich dadurch aufwertete, dass er sie auf Hochglanz polierte. Kein unriskantes Vorhaben, wenn im selben Hof, in dem die Fahrzeuge auf einen Verkäufer warteten, eine ganze Meute biertrinkender OSO-Schüler saß, die sich manchmal schon am Nachmittag in ganzer Körperlänge dem Phänomen der Schwerkraft ausgesetzt sah. Ich hörte in meiner Zeit auf der Schule Herrn Schmitt mehr als einmal über den Hof brüllen, weil irgendein zum Verkauf aufpoliertes Auto einer Bierspritzorgie zum Opfer gefallen war.

Der Bäcker Schmitt war eine Institution, Frau Schmitt eine Autorität. Ich bin in den sieben Jahren meiner OSO-Zeit vielleicht fünfmal das Zielobjekt einer pädagogischen Intervention geworden. Viermal davon von Frau Schmitt. Ich erinnere einen Sommertag, wir saßen schon den ganzen Mittag auf dem Hof der Schmitts herum, tranken Bier, rauchten, schnipsten die Bierdeckel, zwischen Zeigefinger und Daumen gelegt, so weit wir konnten. Es sah aus wie bei den Lagerplätzen der Obdachlosen an der Frankfurter Hauptwache, als plötzlich Leutnant Schmitt neben mir stand, mir den Besen in die Hand drückte und sagte: «Jürgen, du kehrst jetzt den Hof!» Ich widersprach nicht. Ich kehrte. «Ay ay, Käpt'n», war alles, was ich sagen konnte und womit ich versuchte, mein Gesicht vor den anderen Jugendlichen zu wahren, die feixend weitersoffen, froh darüber, dass es nicht sie getroffen hatte. Frau Schmitt widersprach man nicht. Wir waren ja nicht lebensmüde.

Dass Frau Schmitt an uns Geld verdiente, unser Suff und unser Konsum an Zigaretten, Tabak und Salamibrötchen ihre Lebensgrundlage bildeten, verhindert nicht, dass Ex-Schüler bis heute voller Sympathie und Achtung von ihr sprechen. Frau Schmitt war eine Institution. Eine Autorität. Davon gab es nicht viele in Ober-Hambach. Frau Schmitt war Hauptdealerin und Bezugsperson in einem.

Ging uns abends unerwarteterweise das Bier aus, stand ich auch mal rufend oder besser lallend unter Frau Schmitts Fenster und forderte Nachschub. Frau Schmitt riss dann das Fenster auf, fluchte, was das Zeug hielt, wir sollten leise sein, und kam dann im Hausmantel die Treppe herunter. Gemeinsam gingen wir zum Lager, tüteten die gewünschte Anzahl Flaschen ein und versprachen, am nächsten Tag zu zahlen.

Frank und ich fingen beide an, Gitarrespielen zu lernen. Wenn mal nicht das Original aus Franks Kassettenrecorder schallte, hatte ich ihn als Keith-Richards-Kopie im Ohr. Alles halb so wild. Im Frühherbst stand dann die Wanderwoche auf dem Plan. Wir beschlossen, nach Holland aufs Ijsselmeer zum Segeln zu fahren. Die Wanderwoche ist auf der Odenwaldschule das, was auf anderen Schulen als Klassenfahrt bekannt ist. Nur dass man halt nicht als Klasse wegfährt, sondern als Heimfamilie. Also dieselbe Gruppe, die auch im Internat zusammenlebt. Becker hatte einen silbernen VW-Bus, den er in Anlehnung an die Rennwagen aus Stuttgart «meinen Silberpfeil» nannte. Die Kiste war von der Firma Oettinger getuned und ging ab wie Schmidts Katze. Die Woche war super! Segeln. Um mich herum lauter große Jungs und ein Familienoberhaupt, das uns machen ließ, was wir wollten. Abends gab es Heineken und Grolsch, zum Kiffen gingen wir lieber außer Beckers Sichtweite mal an Land: Man konnte es ja auch übertreiben. Oliver Berendt hatte eine Pur-Pfeife dabei. Den Übervater Becker himmelte ich an. Bedingungslos.

Zurück in Ober-Hambach, neigte sich mein zweiter Sommer an der Odenwaldschule zur Neige. Es wurde nass und kalt, und die Tage waren bereits kürzer. Beim Fußballspielen stürzte ich, riss mir auf dem Kiesplatz die ganze Hand auf, sodass ich auf der Krankenstation verbunden werden musste. Mein Unterarm war nun bis zur Hälfte weiß umwickelt, an manchen Stellen konnte man das Blut durchschimmern sehen. Alles halb so wild. Noch in Sportkleidung, ging ich zurück zum Herder-Haus, beschloss, die dreckigen Sachen gleich im Duschraum auszuziehen, ich hatte es ja als Bewohner einer der drei Kellerzimmer nachher nicht weit. Irgendwie schaffte ich es noch, mich einhändig auszuziehen und den Duschstrahl auf Wohlfühltemperatur einzustellen, als ich merkte, dass es als Einhändiger mit der Shampooflasche mit Drehverschluss schon schwieriger wurde. Da stand plötzlich Becker vor mir. Nackt. Wo kam der denn her?

«Soll ich dir helfen?», fragte er freundschaftlich, wie es so seine Art war. Becker war ein richtig klasse Familienoberhaupt, dachte ich bis zu diesem Zeitpunkt. Mama und Papa in Personalunion. Genau das, wonach sich mein Jungenherz sehnte. «Ja, gern», erwiderte ich spontan und ohne eine Ahnung, was jetzt wohl gleich passieren würde. Becker schraubte meine Shampooflasche auf, drückte sich so, wie es die Gebrauchsanweisung empfahl, eine haselnussgroße Menge in die Hand und fing an, mir das Haupthaar zu waschen. Langsam. Gründlich. Sorgsam. Ich war an dem Tag wohl sehr vom Staub des Fußballplatzes verschmutzt. Plötzlich begann er mir die Genitalien einzuseifen. Noch langsamer. Noch gründlicher, dafür etwas weniger sorgsam. Mir war die zunehmende sexuelle Erregung dieses Erwachsenen zuwider. Ich erstarrte, ich bekam einen Adrenalinausstoß, der sich wie ein Stromschlag im ganzen Körper verteilte. Ich dachte nichts und alles gleichzeitig. Wollte ich weglaufen? Wollte ich mich wehren? Ich hatte kein Gefühl dazu, was jetzt für mich richtig gewesen wäre. Das Prozedere wurde von unserem Schweigen begleitet. Die Nähe zu Becker war unerträglich. Seine Erregung, sein Geruch, seine Hand an meinem Geschlecht, die sich nur mühsam beherrschen konnte, nicht immer fester zuzupacken. Ein Moment unerträglicher, schmerzhafter Intensität. Er dauerte ewig. Plötzlich war es vorbei. Becker zog seinen Bademantel an, stieg in seine Schlappen und ging. Grußlos. Wortlos. Schamlos.

Ich ging in mein Zimmer und war – verstört. Frank kam nun auch vom Fußballplatz, dreckig und gut gelaunt. «Hey, wir haben auch ohne dich noch gewonnen», rief er mir zu.

Von diesem Tag an setzte sich Becker jeden Morgen zu mir an mein Bett und manipulierte meinen Penis. Mal grob. Mal sanft. Mal lange. Mal kurz. Drehte ich mich weg, manipulierte er meinen Anus. Mal grob. Mal sanft. Mal lang. Mal kurz. Es gab kein Entkommen. Wenn er fertig war, setzte er sich zu Frank ans Bett. Was er da tat? Ich weiß es nicht. Ich lag wie tot in meinem Bett, zog die Decke unters Kinn und starrte gegen die Wand. Dann ging ich duschen. Vom Ritual des morgendlichen Duschens war Becker regelrecht besessen. Er drängte uns

50

dazu ganz vehement, verkündete beim Wecken, dass er uns im Duschraum erwarten würde, und überschüttete diejenigen beim Frühstücken mit Spott und scharfen Bemerkungen, die nicht erschienen waren. Er stand immer rechts außen, rasierte sich und glotzte. «Er sah sich satt», kommentierte später ein Mitschüler Beckers Morgen-Event. Wir duschten, schnell, manche verschämt, und tauschten ein paar Worte mit den anderen Jungs. Die Dusche war ein offener Raum ohne Sichtblenden, der vollständig mit alten, gelben Kacheln versiegelt war. Lediglich am oberen Ende des Raumes konnte sich ein wenig Tageslicht durch die wenigen Glasbausteine zwängen. War Becker fertig, drehte er den Kaltwasserstrahl so stark auf, dass der harte Strahl, der seinen Kopf traf, das kalte Wasser im ganzen Duschraum verteilte. Alle noch verbliebenen Jungs in der Dusche sprangen nun zur Seite oder markierten Gleichgültigkeit. Je nach Fasson.

Becker hatte kein eigenes Badezimmer, das heißt, es gab einen Raum neben den Jungen- und Mädchenduschen, der als sein Badezimmer vorgesehen war, sogar mit Platz für eine Badewanne. Andere Mitarbeiter hätten sich darüber gefreut. Dieser Raum war bis unter die Decke voll mit Gerümpel. Recht nah am Eingang standen Waschmaschine und Trockner, die wir mitbenutzen durften. Das war praktischer, als die Sachen im Waschhaus abzugeben und auf deren Reinigung zu warten. Außerdem konnten wir so darauf verzichten, Namensschilder in unsere Kleider zu nähen. Inmitten dieses Gerümpels fanden ein Freund und ich zwei Unterwasserharpunen. Eine lange und eine kurze. Was für ein Fund für zwei abenteuerlustige Dreizehnjährige. Nach draußen trauten wir uns damit nicht, so schossen wir mit den Harpunen auf die Türen der Duschräume. Nachdem unser Sportsgeist geweckt war, malten wir uns Zielscheiben und hängten sie an die Türen. Das war ein großer Spaß. Nicht für die Türen.

Abends lag ich im Bett und fragte mich, ob Becker am nächsten Morgen wiederkommen würde, ob er mich wieder attackieren würde, und nach einer Weile hatte ich die Gewissheit. Ja, er würde wiederkommen, ja, die Übergriffe würden sich wiederholen, ja, sie würden Teil meines Lebens werden. Und ich konnte keine Möglichkeit erkennen, das abzustellen. Ich konnte mich betäuben, mehr nicht.

Bevor Becker ein Schülerzimmer betrat, klopfte er sein Ho-Ho-Ho-Chi-Minh-Klopfen an die Tür. Lang-lang-kurz-kurz-lang. Es war kein Klopfen, das um Einlass bat, es war ein Klopfen, das den Eintritt ankündigte. Politische Folklore, verbunden mit der Machtdemonstration Beckers. So wie die überdimensionierten «Atomkraft? Nein danke»-Aufkleber an den Toilettentüren des Kinderhorts, den ich als Grundschüler besuchte.

Thorsten und ich trampten an einem Nachmittag in diesem Herbst nach Heppenheim. Wir wollten Schnaps kaufen. Beim Bäcker Schmitt gab es zwar auch welchen, und wir hätten sicherlich auch einen Oberstufenschüler fragen können, ob er welchen für uns kauft, aber der war teuer. In Heppenheim angekommen, gingen wir gleich in den ersten Discounter in der Heppenheimer Fußgängerzone, griffen zwei Flaschen mit klarem Schnaps von der Palette zu 5,99 DM der Dreiviertelliter und stellten sie auf das Band an der Kasse. «Spirituosenverkauf erst ab achtzehn», raunzte uns die schlechtgelaunte Kassiererin an. Egal wie alt man uns schätzen mochte, wie achtzehn sahen wir mit unseren dreizehn Jahren ganz gewiss nicht aus. So standen wir dann draußen vor der Tür und berieten uns. Da kam einer unserer älteren Mitschüler in die Fußgängerzone eingebogen und hob lässig die Hand zum Gruß. Wir grüßten zurück. Ich eröffnete das Gespräch: «Ey, die Tante da drin will uns keinen Alk verkaufen, kannst du uns nicht zwei Flaschen Schnaps holen?» Unser Mitschüler war zwar auch noch weit von der Volljährigkeit entfernt, sah aber schon deutlich älter aus als wir. Er grinste. Er ließ uns einen Moment zappeln, sagte dann aber ohne Umschweife: «Kein Problem.» Ich hielt ihm einen Schein hin, er nahm ihn und verschwand im Laden. Keine zwei Minuten später kam er wieder heraus, drückte uns die beiden Flaschen und das Wechselgeld in die Hand und zog weiter. Wir waren zufrieden und liefen zur Tramp-Stelle in Heppenheim zurück, jeder von uns eine Flasche Schnaps in der Jacke.

In der Odenwaldschule angekommen, setzten wir uns in mein Zimmer, machten die Musik an und legten los. Nach zwei Stunden waren die Flaschen bis auf einen Spuckrest geleert und wir sternhagelvoll. Irgendwann zogen wir torkelnd und lallend durch die Schule, landeten bei Thorsten im Platon-Haus und fanden uns irgendwann unter der Dusche wieder. Da riss mein Faden.

Das Nächste, woran ich mich erinnern kann, ist, dass ich aufwachte und einen Riesendurst hatte. Mein Mund war so trocken, dass ich ihn kaum öffnen konnte. Ich schaute aus meinen verquollenen Augen auf den Wecker neben meinem Bett. Es war später Vormittag, mein Zimmerkamerad war nicht da, es war ruhig im Haus, alle waren im Unterricht. Der Keller des Herder-Hauses war wie ausgestorben. Becker hatte mich wohl schlafen lassen und würde mich dann hoffentlich auch in der Tee-Konferenz krankmelden. Ich ging zum Wasserhahn im Duschraum und trank in großen Schlucken. Während ich das Wasser noch laufen ließ, pisste ich in das Waschbecken und versuchte mich an den gestrigen Tag zu erinnern. Bis zu der Szene mit dem Duschen ging das auch ganz gut. Dann wurde es dunkel.

Ich ging zurück in mein Zimmer und drehte mich nochmal auf die andere Seite. Sofort schlief ich wieder ein. «Steh auf, du faule Sau», hörte ich die Stimme meines Zimmerkameraden mit einem belustigten Unterton aus dem Nirgendwo zu mir sagen. Ich rührte mich nicht. «Es gibt Mittagessen», fuhr er fort und trat zur Unterstützung seiner Worte kräftig gegen meinen Bettkasten, was ziemliche Schmerzen in meinem Kopf verursachte. Ich stand auf.

Beim Mittagessen traf ich Thorsten, dessen Gesicht so gar keine Farbe hatte. Ziemlich müde berichtete er mir von seiner Nacht, dass die Krankenschwester kommen musste, weil sein Familienoberhaupt über seinen Zustand besorgt war, dass sein Familienoberhaupt ihn zum Frühstück aus dem Bett warf und ihn wissen ließ: «Wer saufen kann, kann auch zur Schule gehen.» Bei der Deutsch-Klausur im Frühkurs kotzte Thorsten ins Waschbecken. Glück im Unglück. Die meisten Klassenräume in der Odenwaldschule hatten keine Waschbecken. Notdürftig beseitigte er die Reste seines Rausches. Ich hingegen war inzwischen eigentlich ganz fit, schließlich hatte ich ja über zwölf Stunden geschlafen. Becker hatte mich tatsächlich krankgemeldet. Beim Mittagessen fragte er mich nicht einmal, was eigentlich los gewesen sei. Hunger hatte ich keinen.

Im Sommer des beginnenden neunten Schuljahrs gab es noch ein anderes Thema, das Teile der OSO-Gemeinde sehr beschäftigte, ja fast euphorisierte: David Bowie kam auf Deutschland-Tournee. Frank und ich hatten schon Karten für das Konzert in der Frankfurter Festhalle, das bald ausverkauft sein sollte. Der Run auf die Tickets ließ nicht nach, Schülergruppen planten, wie sie zu Konzerten nach Köln und München kommen könnten. Der Besuch bekam etwas von einer quasireligiösen Ersatzhandlung, einer Pilgerfahrt zum Pop-Idol, einer initiatorischen Handlung für Jugendliche, die aus dem Hambacher Tal hinaus in die laute, grelle Welt wollten, aber noch nicht so richtig wussten, wie. Manche planten zu trampen, andere organisierten das Geld für eine Zugfahrt verbotenerweise über ihre Eltern. Und wohin nach dem Konzert? Wie kam man nachts von München nach Heppenheim? Frank und ich hatten das ganz langweilig, aber komfortabel gelöst. Sein Vater wohnte in Frankfurt, wir gingen nach dem Konzert zu ihm, schliefen dort, er stellte mir sein Bett zur Verfügung und übernachtete selbst auf dem Sofa. Am Morgen standen wir früh auf und fuhren die sechzig Kilometer mit dem Zug nach Heppenheim. Wir waren sogar pünktlich im Unterricht und hatten also wirklich nur von dem Konzert zu erzählen. Keine richtigen Abenteuer.

In der Aufregung um diese Konzertreisen gab es einen Jungen, der still dabeisaß, wenn es um die Reisepläne der Schülergruppen ging oder wenn Schüler von den bereits erlebten Konzerten mit leuchtenden Augen berichteten. Carlos. Er hatte weder die 42 Deutsche Mark für das Konzertticket noch das Geld für die Bahnfahrt zum Veranstaltungsort. Offiziell hatten wir ja alle gleich viel Taschengeld. Es war verboten, zusätzliches Geld von den Eltern oder sonst wem mit auf die Schule zu bringen, sogenanntes Schwarzgeld. Wir waren ja alle gleich. Hielt sich jemand daran? Richtig. Eltern mit einem schlechten Gewissen, weil sie sich nicht um ihre Kinder kümmerten, waren sehr spendabel. Auch eine Art Ablasshandel. Viele hatten Geld wie Heu. Manche hatten gar nichts. Komische Gleichheit. Carlos hatte jedenfalls gar nichts außer seinem Taschengeld, das nicht besonders großzügig bemessen war. Seine Mutter war alleinerziehend und musste jede Mark umdrehen.

Carlos war mit mir befreundet und somit auch des Öfteren mit Becker in Kontakt, der so von Carlos' Problem Wind bekam. Er machte ihm einen Vorschlag: «Ich habe mir für meine Bücher Zettelchen drucken lassen, auf denen steht: ‹Exlibris Gerold Becker›, die müssten in die Bücher eingeklebt werden, damit die Leute, denen ich meine

Bücher leihe, nicht vergessen, mir die Bücher wiederzugeben. Wie wäre es denn, wenn du das machst, und ich zahle dir fünf Mark die Stunde? Dann kannst du dir davon eine Konzertkarte kaufen.» Carlos machte große Augen. Gerundete acht Stunden Zettelchen kleben, um den großen Meister live auf der Bühne zu sehen? Das war die Chance! Der Erlöser war gekommen. «Danke», sagte Carlos. Damit waren die beiden im Geschäft. So ging Carlos nachmittags in Beckers Wohnung, um dort, mit einer großen Flasche Klebstoff bewaffnet, an einem von Beckers kleinen Tischchen zu sitzen und in Beckers Bücher die besagten Zettelchen zu kleben. Becker tauchte an diesen Nachmittagen in seiner Wohnung auf, obwohl er sonst zu dieser Zeit eigentlich immer in seinem Büro war. Was erlebte Carlos an diesen Nachmittagen? Was wohl! Später gingen die beiden mal gemeinsam ins Kino. Carlos war noch auf der Toilette, sodass Becker vor ihm im Kinosaal war. Während sich Carlos' Augen beim Betreten des Kinosaals erst an die veränderten Lichtverhältnisse gewöhnen mussten, hatte ihn Becker bereits im Visier und zog ihn an der Hand auf seinen Schoß und schob ihm seine Hand unter die Kleidung.

Der Schulleiter Becker verstand es auf perfide Weise, eine Mannschaft von Mitarbeitern anzuheuern, die entweder von ihm abhängig waren oder deren eigene Integrität bereits beschädigt war. In den 70er Jahren stellte Becker einen Lehrer ein, der als Mitglied des Kommunistischen Bundes Westdeutschlands Berufsverbot für den Dienst beim Staat hatte und der aus der damaligen Perspektive heraus nie eine Anstellung als Lehrer im öffentlichen Schulwesen bekommen hätte, von einer Verbeamtung ganz zu schweigen. Becker bot ihm eine Chance. Der Lehrer ergriff den Strohhalm. So unterrichtete ein Mitglied des KBW unter anderem den Geldadel der alten Bundesrepublik, quasi als kommunistischer Hauslehrer der Reichen. Geschichte kann auch lustig sein. Begegneten dem Mitarbeiter die Sprösslinge der Familien Bosch und Daimler auf dem Gelände, die zur selben Zeit in Ober-Hambach beschulen ließen, spuckte er aus und schimpfte, hoffentlich zur Hälfte im Scherz: «Pfui, die Industrieprinzen!» Andere Mitarbeiter hatten kein Staatsexamen, keine Lehrerausbildung oder ideologische Verblendungen, die ihnen die Tätigkeit an staatlichen Einrichtungen unmöglich machten. Mit ihren bescheidenen Kompetenzen und feh-

lender pädagogischer Qualifikation hätten sie an anderen Bildungs-
einrichtungen ein Dasein am Rande der Berufsgruppe der Lehrerinnen und Lehrer geführt. Als Mitarbeiter der Odenwaldschule hingegen
erhielten sie von Becker den reformpädagogischen Ritterschlag. Jetzt
waren sie jemand. Von Status. Von Geltung. Von Ansehen.

Spätestens seit dem Ende der 70er Jahre, als die Bundesländer praktisch keine Lehrer mehr einstellten, war jedem pädagogischen Mitarbeiter klar, dass der Ausstieg aus der Odenwaldschule den Ausstieg aus dem Beruf bedeutete. Lediglich auf die Mitarbeitergruppe
der beurlaubten Beamten traf dies nicht zu. Die zahlreichen Mitarbeiterinnen und Mitarbeiter, die sexuelle Kontakte zu ihren Schützlingen hatten, regelrechte Partnerschaftsbeziehungen pflegten und einige Eheschließungen zwischen Lehrern und Schülerinnen zustande
brachten, hatten natürlich Ladehemmung, wenn es darum ging, Beckers grenzenlosen Führungsstil zu kritisieren, von den Hinweisen auf
die sexuellen Übergriffe ganz abgesehen. Eine Lehrerin heiratete auch
ihren Schüler.

Zwei weitere Mitarbeiter der Odenwaldschule erfuhren im Jahr
2010 mindestens ebenso viel Aufmerksamkeit wie Becker. Wolfgang
Held und Jürgen Kahle. Beide waren viele Jahre an der Odenwaldschule. Beide misshandelten, ebenso wie Becker, unzählige Kinder. Becker und Held sind tot, Jürgen Kahle wird von den Verjährungsfristen
gut geschützt. Gegenwärtig hat ein Opfer, das sexualisierte Gewalt als
Kind erfuhr, ab dem 18. Lebensjahr zehn Jahre Zeit, den Täter anzuzeigen und damit eine strafrechtliche Verfolgung einzuleiten. Mit dem
28. Geburtstag ist Schluss. Bei schwerem sexuellen Missbrauch verlän-
gert sich die Verjährungsfrist ab dem 18. Lebensjahr auf zwanzig Jahre.
Schwerer sexueller Missbrauch wird nur selten als Straftatbestand von
Staatsanwälten und Richtern diagnostiziert. Dann muss auch der Körper bereits halb tot sein. Im Jahr 2011 sollte der hessische Justizminister
Jörg-Uwe Hahn den «Rechtsfrieden» als Argument für die bestehen-
den Verjährungsfristen anführen. Ich entgegnete ihm mit dem Argument meines «Seelenfriedens», dem geholfen worden wäre, hätte die
Staatsanwaltschaft das Verfahren gegen Becker nicht wegen Verjährung eingestellt und mich einen Strafprozess gegen ihn führen lassen.

Ein Schüler wachte nachts von Geräuschen in seinem Zimmer auf, rieb sich den Schlaf aus den Augen und sah seinen Zimmerkameraden auf dem Rücken in seinem Bett liegend. Auf ihm sitzend erkannte er eine Mitarbeiterin, die sich rhythmisch auf dem Jungen auf und ab bewegte. Ein anderer Lehrer erzählte einem meiner Mitschüler, mit welchen Schülerinnen er bereits geschlafen hatte und welche er noch «auf seinem Zettel» habe. Eine weitere Lehrerin ging wie selbstverständlich mit dem Schüler der 13. Klasse aus ihrer Familie ins Bett und am Morgen danach mit ihm zum Frühstück. Mitschüler beklagten während der Verliebtheitsphasen ihrer Familienoberhäupter, dass diese sie vernachlässigten. Die waren mit ihrer Aufmerksamkeit halt eben gerade woanders.

Sie waren erpressbar, sie hatten, wie es einmal ein betroffener Mitarbeiter formulierte, «selbst Dreck am Stecken». Wem das alles nicht passte, dem wurde nahegelegt, die Schule zu verlassen, oder er wurde gegangen.

Die Odenwaldschule als das «Totenschiff» der Pädagogik? Becker schenkte mir den Roman von B. Traven, in dem der Protagonist, der ohne gültige Ausweisdokumente formal ein Staatenloser ist, als illegaler Seemann von Schiff zu Schiff tingelt, um unter unwürdigen Arbeits- und Lebensbedingungen sein Dasein zu fristen. Nach außen erweckten diese Schiffe den Schein regulärer Seefahrerei. B. Travens Identität wurde nie vollständig geklärt. Ist die Begeisterung für dieses Buch ein Becker'scher Versprecher?

Die Sommerferien nahten. Becker erzählte etwas von einem Bekannten, der eine einwöchige Bootstour auf einer irischen Seenplatte in einem Preisausschreiben gewonnen habe. Aus beruflichen Gründen könne er sie nicht selbst antreten, sodass er Becker diese Reise geschenkt habe. Sagte Becker. Es wäre doch toll, wenn ich ihn begleiten würde. Eine Woche Irland gegen eine Woche Langeweile in der Wohnung meiner Mutter zu tauschen war keine schwierige Entscheidung.

So kam es dazu, dass ich das erste Mal in einem Flugzeug saß. Meine Eltern hatten nie Geld für Flugreisen gehabt. Die Reise mit Becker hatte etwas Groteskes. Wir saßen abends in Pubs, tranken Bier in großen Portionen, in Irland «Pints» genannt, führten Gespräche über Gott und die Welt; und aus heutiger Sicht betrachtet, kommt es mir vor wie ein Urlaub zweier Erwachsener, zweier Gleichberechtigter. Ein dreizehnjähriger Junge mit einem Mann Mitte vierzig, einem Jungen, dem alle Grenzen durch die Begleitung dieses Erwachsenen genommen wurden. Der sich benehmen konnte, als wäre er groß. Obwohl er klein war und sich meistens auch so fühlte. Ich hasste Grenzen. Becker beseitigte sie für mich. Alles, was ich wollte, bekam ich. Alles, was ich tun wollte, konnte ich tun. Das war wie Zaubertrank trinken.

Was zwischen Becker und mir passierte, war mir damals zum Teil gar nicht bewusst. Das menschliche Gehirn spaltet Erlebnisse traumatischer Qualität einfach ab. Dissoziation. Überlebensmechanismus. Hätte mich jemand danach gefragt, wäre ich die Antwort schuldig geblieben. Weder konnte mein Gedächtnis die Information zur Verfügung stellen noch mein Sprachzentrum auf die dissoziierten Erlebnisse zugreifen. Die Anteile, die ich erinnern konnte, waren aufgrund meiner Lebensrealität und Lebenserfahrung von mir als normal eingestuft worden. Ich kannte es ja nicht anders. Oder, wie es ein Mann heute formuliert: «Ich wurde dahin erzogen, als Neunjähriger mit erwachsenen Männern ins Bett zu gehen.» Ich sagte Becker zu. Meine Mutter brachte mich zum Bahnhof. Becker stand bereits in der Tür des einfahrenden Zuges, der uns zum Flughafen brachte. Er strahlte über das ganze Gesicht. Wir flogen ab Frankfurt nach Irland und wurden vom Service des Bootsunternehmens nach Nordirland chauffiert.

Von den Grenzkontrollen der schwerbewaffneten Soldaten war ich beeindruckt. So hatten wir also unser Boot für zwei Personen, tuckerten damit herum, Becker nannte mich ein «Arschloch», weil ich sein teures Nikon-Kameraobjektiv mit dem dreckigen Geschirrtuch reinigte, ich angelte, durfte das Steuer des Bootes führen, und wir tranken irisches Bier. Becker war erschrocken darüber, dass meine Angelei erfolgreich war, und schaute die zappelnden Fische angewidert an. Wie immer rauchte er seine selbstgedrehten Zigaretten.

Auf der Rückreise mussten wir eine Nacht in Dublin verbringen und nahmen uns ein Hotelzimmer. Der Mann an der Rezeption gab uns natürlich ein Zimmer mit zwei Einzelbetten. Als wir schlafen gingen, wollte Becker nach Löschen des Lichts zu mir ins Bett. Ich sagte, ich wolle das nicht. Er schmollte und schlappte verletzt zurück zu seinem Bett. Wortlos. Ein erfolgloser Versuch von ihm, mich emotional unter Druck zu setzen. Ich revidierte meinen Wunsch, allein zu schlafen, nicht. Ich kann keinen Übergriff in dieser Woche erinnern. Hat es keinen gegeben? Ich habe noch ein Foto von dieser Reise. Da sitzt ein kleiner Kerl in der Hocke auf dem Boot und fummelt einen Regenwurm an den Angelhaken. Süß.

Zu diesem Zeitpunkt war ich in ein Mädchen aus meiner Klasse verliebt. Wir trafen uns und turtelten. In einem mutigen Moment küsste ich sie. Ganz vorsichtig. Erst auf die Wange, dann auf den Mund. Mein Herz raste vor Glück und Erregung. Tagelang flog ich auf einer Wolke durch mein Leben. Später traute ich mich in die Nähe ihres Geschlechts. Aus Angst, ohnmächtig zu werden, zog ich die Hand wieder zurück. Ich brauchte Zeit.

Im neunten Schuljahr war es in der Odenwaldschule üblich, dass alle Schülerinnen und Schüler für ein Tertial ein englisches Internat besuchten. Die Plätze in den englischen Internaten wurden von der Odenwaldschule dauerhaft gebucht. Das heißt, drei Schüler finden sich für ein Jahr als Zimmergemeinschaft zusammen, und einer von den dreien ist in England, ergo teilen sich die beiden anderen das Zimmer in der Odenwaldschule. Da Frank und ich eine gute Zeit miteinander hatten, beschlossen wir, uns eben noch einen Dritten für dieses Englandjahr zu suchen, und wir fanden Rolf.

Rolf war als Erstes weg, was für mich und Frank bedeutete, dass wir unsere Zimmergemeinschaft erst einmal so fortsetzten, wie wir sie vor den Sommerferien beendet hatten. Die morgendlichen Übergriffe Beckers hielten an, und zusätzlich hatte er irgendwann damit begonnen, immer, wenn er mich irgendwo allein erwischte, mich festzuhalten und mir seine Zunge in den Mund zu stecken. Wehrte ich mich oder versuchte ich den Kopf beiseitezudrehen, hielt er mich am Kopf und am Kiefer fest und drückte zu. Er steigerte den Druck auf mein Kiefergelenk so lange, bis sich mein Kiefer zu öffnen begann und er mich – ich spüre beim Schreiben heftige Widerstände, das Wort küssen zu verwenden, mit Küssen hat das nichts gemein. Also, bis er mir seine Zunge in den Mund schieben konnte. So tief er wollte. So lange er wollte. Mit der anderen Hand hielt er mich am Körper fest. War es vorbei, konnte ich gehen. Grußlos. Wortlos. Schamlos. War er. Beschämt war ich.

Neu in der Familie war Natascha. Ein Mädchen in der Becker-Familie? Ab und an gab es das.

Sehr schnell war ich in Natascha verliebt. Sehr verliebt. Wie viele damals. Schüler. Lehrer. Die Schuhe eines Mitarbeiters standen manchmal sehr lange am Abend bei ihr vor der Tür. Ich war 14, sie Jahre älter. Kann man schlechtere Karten haben? Wir kamen miteinander in Kontakt, erst ziemlich ruckelig, dann etwas fließender. Irgendwann schlief ich bei ihr. Natascha gab mir deutlich Auskunft. Sex ja, Liebe nein. Wegen meines Alkohol- und Drogenkonsums machte mein Körper, was er wollte – dass er an Liebesspielen kein Interesse hatte, machte er mir unmissverständlich deutlich. So teilten wir für eine Weile manchmal ihre eine Decke und das einen Meter breite Bett ihres Einzelzimmers und warteten vergeblich auf eine hitzige Welle. Plötzlich, ohne erkennbaren Anlass, sagte sie zu mir: «Dem Gerold gefällt das bestimmt nicht, wenn du bei mir schläfst. Das verletzt ihn bestimmt.» Es traf mich wie ein Blitz. Ich verstand nichts. Ich verstand nur, dass ihr Bett von da an für mich kein Ort meiner teilerfüllten Sehnsüchte und auch kein Ort der Zuflucht mehr sein würde. Das war für mich der totale Hammer! Dass Natascha Beckers Gefühlsleben schützte! Ich empfand das als Verrat.

Mit Frank wurde es auch immer schwieriger. Er war genervt von mir. Die gemeinsamen Interessen verschwanden allmählich. «Du bist eigentlich nur noch besoffen», motzte er mich eines Nachmittags an, wohl in Sorge um mich, aber auch aus der Enttäuschung heraus, allmählich einen Freund zu verlieren. Zum Glück stand bald die Abreise nach England bevor. Ich kann nicht sagen, dass ich mich freute. Es hatte vielleicht gar nichts mit dem England-Aufenthalt zu tun, ich freute mich einfach nicht mehr. Nach scheiße kommt scheißer!

Meinen Eltern blieb es nicht völlig verborgen, dass irgendetwas mit mir los war. Ich hatte Kontakte zur Darmstädter Drogenszene geknüpft und mich mit Leuten eingelassen, die in einer anderen Liga der Bereiche Import/Export spielten als ich mit meinen 14 Jahren, der versuchte, seinen Eigenkonsum zu finanzieren. Meine Eltern bekamen Wind davon und fuhren gemeinsam in die Odenwaldschule, um mit Becker zu reden. Der schaltete gleich auf Angriff um und erzählte meinen Eltern etwas über die großen Probleme von Scheidungskindern.

Meine Eltern legten die Ohren an. Becker munitionierte nach, es sei ja alles kein Problem, meine Eltern sollten froh sein, dass es ihn gäbe. Gruselig? Ich finde schon.

Irgendwann während der Woche war ich mit Natascha, ihrer Freundin Sonja und Becker am Abend bei ihm in seiner Wohnung verabredet, um Cocktails zu trinken. Natascha hatte eine Vorliebe für Cocktails. Ich war bereits am frühen Abend so besoffen, dass ich, nachdem ich noch kurz in Beckers Schlafzimmer telefoniert hatte, dort eingeschlafen sein musste.

Ich wache auf. Ich bin noch ziemlich besoffen. Ich bin nackt. Wo bin ich? Jemand lutscht an meinem Penis. Ziemlich heftig. Will der mir meinen Penis abbeißen? Es ist total ätzend. Ich will das nicht. Wer ist das? Becker! Was macht der da? Der ist ja nackt! Scheiße, scheiße, scheiße, wie komm ich hier weg? Ich kotz gleich. Mir rauschen die Ohren. Ich habe einen total trockenen Mund. Ich komme nicht aus meinem Körper heraus. Der Mann lutscht immer heftiger. Mehr ein Saugen, ein Reiben, es ist schmerzhaft, es ist ekelhaft. Ich hasse seinen Geruch, seine Geräusche. Es ist, als ob ich durch einen tiefen Schacht falle. Ich kann nichts tun. Ich kann mich nicht wehren, nicht schreien, meine Hände frieren ein, meine Füße und Beine fangen an zu krampfen. Mein ganzer Körper ist angespannt, ich beiße die Zähne aufeinander. Mein Körper fühlt sich an, als würde ich brennen. Ich will schreien. Ich kann nicht. Der Schmerz ist unerträglich. Ich empfinde keine Lust, nur Ekel. Mein Penis schmerzt durch die heftige Manipulation. Ich bin müde, und mir ist schlecht. Ich muss hier raus. Ich muss das überleben. Die Anspannung in meinem Körper nimmt zu, obwohl ich schon bis zum Äußersten angespannt bin. Ich verbrenne innerlich. Er hört nicht auf. Er macht weiter. Meine Seele stirbt. Hört das nie auf? Irgendwann hören meine Ohren die Worte: «War's schön?»

Ich zog mich an. Ich fühlte mich tot. Ich ging aus seinem Schlafzimmer hinaus. Die Szene, die ich eben erlebt hatte, ging mit mir. Sie würde mich von nun an begleiten. Ständig. Er blieb wortlos. Ich blieb wortlos. Draußen wurde es hell.

Kurze Zeit später wurde ich wach, weil Frank sich fürs Frühstück fertig machte. Ich stand ebenso auf, und wir gingen gemeinsam die zwei Minuten zum Speisesaal. In der Eingangstür stand Becker. Er begrüßte jeden Einzelnen, war freundlich, witzig, nahbar. Ich war noch unter Schock. Motzig. Schlecht gelaunt. Unfreundlich. Distanziert.

Der England-Aufenthalt kam näher. Zeit für Abschied. Dokumentiert als Foto. Thorsten, Dragan und ich sitzen in Beckers Wohnzimmer, jeder mit einer Flasche Bier lässig in einem der kleinen Ledersessel, auf den Tischchen steht eine Kiste Pfungstädter Pils, zwanzig mal ein halber Liter. Die eingeblendete Datumsanzeige von Beckers Kleinbildkamera auf dem Foto gibt präzise Auskunft über den Zeitpunkt, zu dem der Auslöser gedrückt wurde. Ein weiteres gelungenes Foto könnte die Gesichter der Schulaufsichtsbeamten zeigen, wie sie das Besäufnis der Pubertierenden in der Dienstwohnung des Schulleiters entdecken. Dieses Foto gibt es nicht. Das Hessische Kultusministerium hielt seinen schützenden Flügel über das Hambacher Experiment. Becker prahlte damit, wie Hinweise des staatlichen Schulamts in Heppenheim auf Einhaltung der Schulgesetze vom Kultusminister abgebügelt wurden.

Am Tag vor der Abreise nach England übernachteten zwei Klassenkameraden bei mir. Am nächsten Abend fuhr unser Zug in Richtung Oostende, kurz nach Verlassen des Bahnhofs knallten die Korken. In London trennten sich unsere Wege, ich setzte von der Victoria Station aus die Weiterreise allein fort.

Die Zeit in England ging nur langsam vorüber. Lediglich einen Brief erhielt ich von Natascha. Na ja. Dass die Liebe zu mir nicht groß war, wusste ich ja. Ich freute mich total über diese Post.

In England wollte niemand etwas von mir. Ich hatte einen guten, wenn auch recht distanzierten Kontakt zu meinen Mitschülern, machte viel Sport, fotografierte und kam schon bald mit Chloe, einer französischen Austauschschülerin aus Paris, in Kontakt, die mir vor allem wegen ihrer Lebensfreude und Frühreife auffiel. Mehr Frau als Mädchen. Mit 15. Super!

Es war die beste Zeit meiner Jugend. Hätte ich damals mehr Mut gehabt, wäre ich einfallsreicher gewesen, hätte ich vielleicht dafür sorgen können, dass ich den Rest meiner Schulzeit in England bliebe.

Hatte ich aber nicht. Meine größte Sorge in dieser Zeit war, dass Chloe und ich den Housemaster auf den Plan rufen könnten, der regelmäßig auf der anderen Seite meiner Zimmertür patrouillierte und auf dem Flur die Geräusche aus meinem Zimmer hören konnte, die, nachdem Chloe sich in mein Zimmer geschlichen hatte, nicht vollständig zu verhindern waren. Teenagergekicher. In England hatten wir alle Einzelzimmer. Dem Herrn sei es getrommelt und gepriesen. So fühlte sich Freiheit an.

Während dieser Zeit in England – es waren knapp drei Monate – erhielt ich in etwa 60 Briefe von Becker (in Worten: sechzig). Der Inhalt beschränkte sich weitgehend auf Erzählungen aus dem Alltag der Odenwaldschule, manchmal legte er Geld bei, so in Größenordnungen von 100 Deutsche Mark. Er schrieb nie etwas Verfängliches, nie etwas, was man hätte anders verstehen können denn als väterliche Zuwendung. Ich hob die Briefe knapp zwanzig Jahre lang in einem Extrakarton in der hintersten Ecke meines Kellers auf, bevor ich sie allesamt auf einmal verbrannte.

Mein Aufenthalt in England war unterbrochen von den Half-Term-Ferien, so einer Art langen Ferienwochenende. Becker schickte mir einen Brief, in dem er erklärte, dass er für ihn und mich einen London-Trip für dieses lange Wochenende geplant und gebucht habe. Ich hatte kein Gefühl dazu, als ich den Brief las. Wir streiften durch London, ich erinnere mich an große Mengen Alkohol, die ich trank, und ein Gefühl großer Interesselosigkeit. «Wenn du immer nur schlecht gelaunt bist, wirst du nie viel Freude am Reisen haben», meckerte mich Becker schroff an.

In den Straßen Londons trafen wir zwei ältere Schüler der Odenwaldschule. Die zeigten sich nicht besonders verwundert darüber, den Schulleiter mit einem Neuntklässler anzutreffen.

England hatte mich verändert, ich war ein ganz klein wenig bei mir selbst angekommen.

Das Hambacher Tal präsentierte sich nach meiner Rückkehr wie gewohnt. Das war ernüchternd. Alles war wie immer. Becker war wie immer. Es war zum Kotzen. Wir soffen, was wir in die Hände und in den Hals bekommen konnten, streckten unser Taschengeld mit allerlei Verstößen gegen das Betäubungsmittelgesetz und durch den Handel mit Illegalem und forderten Becker immer wieder mal auf, unseren Alkoholkonsum zu sponsern, ließen uns auch von ihm sonntags zum Bierholen an den Bahnhof in Bensheim fahren oder zum größten Biermarkt der Welt nach Darmstadt-Eberstadt. Becker zahlte natürlich alles. War doch klar.

Irgendwann im Lauf dieses Jahres ging ich tagsüber in Beckers Schlafzimmer, um zu telefonieren. Das war eine relativ ungefährliche Zeit für einen Aufenthalt in seiner Wohnung, da er zu dieser Zeit im Büro war. Becker bewohnte eine 3-Zimmer-Wohnung, von der zwei Zimmer praktisch eins waren und deren Wände bis auf den letzten Quadratzentimeter aus Bücherregalen bestanden. Beide Zimmer waren mit flachen Ledersesseln mit Holzgestell und kleinen Tischchen bestückt, circa 14 an der Zahl, die je nach Anlass auch zusammengeschoben werden konnten, sodass die ganze Heimfamilie daran Platz nehmen konnte. Die meisten der Tischchen waren mit Stapel aus Büchern, Zeitungen und allem, was bedruckbar war, vollgepackt. Das dritte Zimmer war Beckers Schlafzimmer, dort stand außer einer Schlafzimmerschrankwand und einem großen Bett noch das Telefon. Festnetz mit einem kurzen Kabel.

Als ich um die Ecke zum Schlafzimmer bog, schaute ich nicht schlecht, als ich dort den völlig entspannten Sebastian Barne, einen älteren Mitschüler aus der Becker-Familie, vorfand, der es sich auf dem Boden gemütlich gemacht hatte und sich mit der Super-8-Ausrüstung, also Leinwand und Projektor, Beckers Kinderpornos ansah. Sebastian erschrak weder, noch machte er Anstalten, irgendetwas zu erklären. Ich schaute wohl ziemlich verdutzt, denn dann sagte er doch: «Ich hab den Zweitschlüssel für die Schränke gefunden.» Angst, von Becker erwischt zu werden, hatte er wohl nicht. War er einer von denen, die Becker erpressten? Ich weiß es nicht. Dass es Erpressungen gab, wusste ich, wusste eigentlich jeder. Becker hat mir selbst davon erzählt. Genauso wie die Geschichte mit seinem VW-Bus, der von einem der Jungs zu Schrott gefahren wurde. Natürlich hatte der Junge keinen Führerschein. Natürlich übernahm Becker den Schaden.

In diesem Jahr hatte ich bei Becker Religionsunterricht. In der Odenwaldschule gab es zwei Religionslehrer, beide protestantisch – die Einwände des staatlichen Schulamts in Heppenheim dagegen, das Hessische Schulgesetz sieht Religionsunterricht für Protestanten und Katholiken vor, beseitigte Becker mit einem Anruf in Wiesbaden. Der zweite Religionslehrer war Siegfried Helmer, Ehemann und Vater mehrerer Kinder. Die Liste der Vorwürfe gegen ihn wegen diverser Grenzüberschreitungen ist recht lang. Zurück zum Religionsunterricht. Alle Schüler nahmen an der Odenwaldschule, unabhängig von ihrer Konfession, am Religionsunterricht teil. Auch die Ungläubigen wie ich. Der Unterricht fand für uns in diesem Schuljahr im Keller des Werkstättenhauses statt, in einem Raum, der eigentlich zu groß war für diese Handvoll Schüler. So krümelte sich die Schülergruppe in den hinteren Reihen auf die Stühle, manche saßen auf den flachen Heizkörpern. Becker stand vorn und erzählte. Ich kann mich nicht mehr erinnern, wovon. Wir saßen hinten, unterhielten uns, zeichneten auf den Tischen, machten Hausaufgaben, was auch immer. Des Öfteren kamen wir in eine richtig entspannte Partystimmung, dann wurde es lauter, und die Stimme des Sprechers vor der Tafel wurde zum Hintergrundrauschen. Dann unterbrach Becker seine Reden, legte den Finger auf die Lippen und machte so lange «Psst», bis der Geräuschpegel so weit absank, dass er seine eigene Stimme wieder hören konnte. Dieses Prozedere wiederholte sich 45 Minuten lang in Wellen. Klassenarbeiten? Mündliche Leistungsüberprüfungen? Kritische Diskurse? Für die schriftlichen Beurteilungen sog sich Becker irgendetwas aus den Fingern und schrieb eine Note zwischen Eins und Drei darunter.

Die Nachmittage im Keller des Herder-Hauses waren oft öde. Tagelang spielten wir «Risiko», das militärstrategische Brettspiel. Wir kifften. Wir soffen. Die individuellen Interpretationen der Spielregeln wurden im Lauf dieser Nachmittage zunehmend waghalsiger. Mehr als einmal flog im Streit das ganze Spiel quer durch eines unserer Schülerzimmer. Eines Nachmittags sprach mich ein Junge an, der in einer anderen Heimfamilie im selben Haus wie die Becker-Familie lebte, und berichtete mir, wie er am Tag zuvor bei Becker in der Wohnung war, um sich einen Tee zu kochen. Während er im Bademantel in Beckers Wohnzimmer saß und der Wasserkessel auf dem Herd stand, setzte Becker sich zu ihm auf die Lehne des flachen Sessels und legte seine Hand auf das Knie des Jungen, dann auf den Oberschenkel, dann versuchte er, den Jungen an den Genitalien anzufassen. Der Junge sprang auf und flüchtete aus der Wohnung. Ich hörte seinen Erzählungen zu, wir waren nicht direkt befreundet, aber ich mochte ihn. Als er geendet hatte, sah er mich fragend an. Was hätte ich sagen sollen? Einer Freundin berichtete er ebenso über sein Erlebnis. Auch sie war offensichtlich ratlos. Während seines England-Aufenthalts bekam er von Becker Geld und Turnschuhe mit der Post in die Ferne geschickt. Auch andere Jungs aus Beckers Familie beklagten sich bei Mitschülern, sprachen darüber, dass sie die morgendlichen Übergriffe nicht mehr ertrugen. Was sollten die anderen schon dazu sagen?

Thorsten sagte später, er habe mich zu dieser Zeit so aggressiv erlebt, dass er Angst vor mir hatte und es für möglich hielt, dass ich einmal auf ihn losgehen würde. Ich war darüber sehr bestürzt. Wir waren doch Freunde. «Trotzdem», sagte Thorsten.

Als ich in die zehnte Klasse kam, wurden zwei neue Jungs, siebtes Schuljahr, bei uns im Keller des Herder-Hauses einquartiert. Einer der beiden war später bei mir in der Kameradenfamilie. Sein Vater war ein verstorbener dänischer Künstler, der andere Junge kam aus einer bayerischen Unternehmerfamilie. Nette Jungs. Kleine Jungs. Beute? Im Rahmen unserer Recherche 1998 hatte ich mit beiden Kontakt.

Einer sprach mit mir, der andere mailte aus den USA. Beide sprachen Thorsten und mir ihr Bedauern über unsere Erlebnisse mit Becker aus und sagten, sie könnten unsere Erfahrungen nicht bestätigen. Das ist das, was sie damals sagten. Heute sagen sie etwas anderes. Jeder braucht seine Zeit. So wie die anderen auch, die 1999 von unserer Öffentlichmachung erfuhren. Becker war noch oft genug auf der Odenwaldschule gewesen, hatte später auch die besagte Veranstaltung auf der Burg Waldeck als Gastlehrer geleitet und somit ausreichend Möglichkeiten zum Zugriff gehabt. Den Jungs mache ich keinen Vorwurf, der Staatsanwaltschaft wegen ihrer Schlampereien schon. Aber dazu später mehr.

Es war ein Abend wie immer. Wir saßen in meinem Zimmer im Keller des Herder-Hauses, hörten Musik, tranken Bier, rauchten selbstgedrehte Zigaretten und spielten Skat. Thorsten war schlecht drauf. Er war selten offen aggressiv. Wenn ihm irgendwas quersteckte, machte sich das an seiner schlechten Laune bemerkbar. An diesem Abend war Thorsten ziemlich schlecht gelaunt. Ich war genervt. Den ganzen

Abend über fing Thorsten immer wieder mit der gleichen Leier an. Er hatte gesehen, wie im Keller des Goethe-Hauses Wein eingelagert wurde. Ganz viel Wein. Der Weinkeller war mit einer Tür verschlossen, die für tatkräftige Jugendliche kein wirkliches Hindernis darstellte. Thorsten wohnte im Goethe-Haus bei Wolfgang Harder in der Familie. Balduin und ich versuchten ihm diese Idee auszureden. Nicht, weil wir keinen Wein mochten, auch nicht, weil wir zu faul gewesen wären, den Keller aufzubrechen. Nein, wir hatten irgendwie das Gefühl, das würde nicht gutgehen. Das Goethe-Haus war zu gut von allen Seiten einsehbar, der Kellereingang lag direkt unter der beleuchteten Treppe. Die Sache sah nicht gut aus, das würde Stress geben, Stress hatte ich genug. Ich wollte nicht.

Wie gesagt, Thorsten hatte schlechte Laune, beschimpfte uns als Langweiler und verkündete, er werde sich jetzt auf den Weg machen und wir würden ja sehen, was wir davon hätten, er würde den Wein jedenfalls nicht mit uns teilen. Weg war er.

Wir spielten weiter Skat und ließen den Abend ausklingen. Thorsten konnte auf seinem Weg zum Goethe-Haus noch zwei Jungs für seinen Plan gewinnen. Die Kellertür war schnell offen, der Abtransport konnte beginnen. Plötzlich stand Harder im Keller. Die drei hatten einen ziemlichen Lärm gemacht, der den designierten Schulleiter geweckt hatte. Der empfand den Einbruch keineswegs als Kavaliersdelikt. Es folgte das ganze Programm. Thorsten musste ein ausgedehntes pädagogisches Gespräch mit Harder über sich ergehen lassen, bei dem dieser ihm den Schulverweis androhte. Thorsten bekam Schiss. Von der Schule zu fliegen war das Letzte, was er gebrauchen konnte. Wo sollte er denn hin? Es gab eine Konferenz, bei der über die drei Jungs beratschlagt wurde und die mit dem Beschluss endete, dass die drei für eine Woche nach Hause fahren sollten, um über ihre Tat nachzudenken. Uff. Glück gehabt. Der Konferenzbeschluss erhielt Thorsten den Schulplatz und mir meinen Freund.

Ich versuchte von der Odenwaldschule Abstand zu bekommen, wann immer es mir möglich war. Inzwischen spielte ich in einer Band in Darmstadt, die nicht so ganz meine Richtung war, aber das war egal. Jede Minute außerhalb Ober-Hambachs war eine gute Minute. In diesem Schuljahr war ein Junge in die Becker-Familie gekommen, der seit Jahren auf der Odenwaldschule war, aber bisher in einer anderen Heimfamilie gewohnt hatte. Kurz nach Beginn des Schuljahrs erlebte er den ersten Versuch eines Übergriffs. Er sagte zu Becker: «Wenn deine Hand da nochmal hingreift, brech ich sie dir.» Das war absolut glaubwürdig. Der Junge hatte bereits einem Klassenkameraden bei einem Streit so heftig zwischen die Beine getreten, dass diesem die Reste seines einen Hodens operativ entfernt werden mussten.

Auch andere wiesen Becker ab. Die Konsequenz war, dass Becker diesen Jungs seine Zuwendung entzog und sie in den Familienberichten, die jährlich von den Familienoberhäuptern geschrieben wurden und die Entwicklung der Persönlichkeit des Schülers beschreiben sollten, als «asozial» brandmarkte. Einer dieser Berichte war neun Seiten lang! Neun Seiten Diffamierung eines Jugendlichen, der für die Verhältnisse auf der Odenwaldschule nicht einmal besonders auffällig war und der gegenüber Becker lediglich ein falsches Wort gesagt hatte: «Nein.»

Die Odenwaldschule wurde von Jungen und Mädchen besucht. Koedukation war ja ein Merkmal der Reformpädagogik. Auf der Odenwaldschule waren jedoch deutlich mehr Jungs; manche behaupten, Becker sei an der Auswahl der neuen Schülerinnen und Schüler persönlich beteiligt gewesen. Naheliegend. Er war der Schulleiter. Becker erklärte dazu lapidar: «Es ist halt immer noch so, dass Eltern für die Ausbildung ihrer Söhne eher bereit sind, Geld auszugeben, als für die ihrer Töchter.»

Als einmal eine junge Frau – sie war zu diesem Zeitpunkt bereits volljährig – nach dem Heimfahrwochenende bei ihren Eltern nicht zur Odenwaldschule anreiste, wurden die Eltern am nächsten Tag über das Ausbleiben ihrer Tochter von einer Mitarbeiterin der Schule informiert. Diese waren in Sorge um ihr Kind, und die Mutter rief tags darauf beim Schulleiter Becker an, um ihm mitzuteilen, dass ihre Tochter Kleidungsstücke mitgenommen hatte, die gewöhnlicherweise «reifere Damen bei sexuellen Handlungen tragen». Die Mutter war darüber verstört und konnte die Tat ihrer Tochter nicht einordnen. Ich schaute Becker wohl ziemlich fragend an, als er mir diese Geschichte halb lachend, halb befremdet am Abend erzählte, da sich der Inhalt des Gesprächs mit der Mutter des Mädchens von meinem jugendlichen Geist nicht erschließen ließ. «Die hat die Reizwäsche von der Mutter mitgenommen», fügte Becker erklärend hinzu. Dann führte er aus, dass in der Schule schon länger der Verdacht bestand, dass das Mädchen Kontakt zum Rotlichtmilieu hatte und sich prostituierte. Ein paar Tage später kam sie auch prompt mit einem deutlich älteren Mann in dessen Jaguar mit Breitbereifung auf den Goethe-Platz gefahren, um ihre Sachen abzuholen. «Schön ist sie ja nicht», war alles, was Becker in Anspielung auf die Körperfülle der jungen Frau zu diesem Vorfall zu sagen hatte. «Aber solange die jung sind, läuft das», ergänzte er noch und machte eine abgeklärt abwinkende Handbewegung. Der Fall war damit für ihn erledigt.

Zu diesem Zeitpunkt brachte Becker einen Jungen der neunten Klasse persönlich für einen geplanten Aufenthalt nach England. Die Familie des Jungen war kurze Zeit davor aus der Hauptstadt eines südamerikanischen Landes nach Deutschland geflüchtet. Der Vater war ein hoher Beamter und wurde während politischer Unruhen verfolgt. Sein Sohn, ein intelligenter Junge, fand einen Schulplatz an der Odenwaldschule. Auf die ungewöhnliche Begleitung durch den Schulleiter für den Weg nach England von einer Mitschülerin angesprochen, die sich darüber wunderte, dass der Junge nach eigenen Erzählungen mit Becker das Hotelzimmer teilte, erhielt sie die Antwort: «Der Gerold war immer ganz lieb.»

Es muss so nach Ostern gewesen sein, ich stand in meinem Zimmer und zog mich am Morgen an. Becker kam herein, kam auf mich zu, versuchte mich zu packen, versuchte, das zu tun, was er über Jahre getan hatte. Es reichte. Ich konnte nicht mehr. Ich wollte nicht mehr. Ich war total zornig. Ich war voller Hass. Ich war bereit zu kämpfen. Ich stieß ihn weg. Er strauchelte nach hinten, lachte sein verschämtes Lachen, hielt sich auf den Beinen, knotete seinen Bademantel verlegen erneut zu und ging aus dem Zimmer. Grußlos. Wortlos. Geschlagen.

Warum ich nicht früher «nein» gesagt habe? Weil ich nicht konnte. Warum ich die Becker-Familie nicht früher verlassen habe? Weil ich nicht konnte. Jetzt konnte ich.

Ich war mit Becker eine Bindung eingegangen, es gab keine bessere Alternative, meine Eltern konnten schon lange kein Angebot mehr machen. Ich wendete mich Becker zu, da ich Aufmerksamkeit und Fürsorge dringend benötigte. Es gab über Jahre für mich keinen Ausweg, den ich als solchen erkennen konnte. Es war eine tödliche Bindung. Irgendwann war ich stark oder verzweifelt genug, um allein zu überleben.

Nachdem ich ihn weggestoßen hatte, war ich auf mich selbst gestellt. Das war nicht einfach, aber das war jetzt zu bewältigen. Es sollte nach diesem Vorfall viele Jahre dauern, bis ich mich wieder auf eine Bindung einlassen konnte. Okay, Jahrzehnte.

Der Alkoholkonsum der Schülerschaft wurde inzwischen auch von den Mitarbeitern bemerkt und problematisiert. Es fand eine Konferenz zum Thema statt. Thorsten und Balduin, in völliger Unkenntnis über die laufende Sitzung im Konferenzraum der Odenwaldschule, kamen just in diesem Moment mit einer Kiste Bier vom Bäcker Schmitt am ebenerdigen Konferenzraum der Schule vorbei, um die Getränke für den Tag in Thorstens Zimmer im Geheeb-Haus zu deponieren. Der Weg ins Geheeb-Haus, vom Bäcker Schmitt kommend, führte genau am Bürogebäude vorbei. Es war Sommer, die Mitarbeiter schwitzten also nicht nur wegen des Themas, sodass die Fenster des Konferenzraums weit offen standen und die Gardinen beiseitegeschoben waren. Manche Leute sagen, es gibt keine Realsatire. Ich bin mir da nicht sicher. Konsequenzen für die beiden Mittelstufenschüler? Keine.

Regelmäßig fuhr ich mit Kumpels zu Konzerten nach Heidelberg, Mannheim oder Darmstadt. Laut und schräg mussten diese Abende und Nächte sein. Fadenriss als Zielformulierung. Diese Welt, in der das Einreißen der Fassade und die Negation aller Werte die äußere Form und das Programm gleichermaßen waren und die als Punk in die Annalen der Musikgeschichte einging, zog mich als Gegengift zur Odenwaldschule magisch an. Die Heimreise fand dann oft weit nach Mitternacht statt. Ich weiß nicht, wie oft ich die fünf Kilometer nach Ober-Hambach zu Fuß ging, weil mitten in der Nacht kein Auto mehr vorbeikam, das mich hätte mitnehmen können.

Einmal fand ich mich nachts um drei in Wiesbaden am Hauptbahnhof wieder. Der Ernüchterungsprozess hatte gerade eingesetzt. Ich war hundemüde, ich hatte Hunger, für Essen aber kein Geld mehr, und einen Zug, mit dem ich hätte schwarz nach Heppenheim fahren können, gab es laut Fahrplan auch nicht mehr. Ich schnorrte mir zwanzig Pfennig, rief Becker an und sagte: «Kannst du mich in Wiesbaden am Bahnhof abholen?», und hörte das Piepgeräusch aus dem Hörer. Mein Geld war alle. Eine Stunde später sah ich schon von weitem den Silberpfeil. Auf der Fahrt nach Ober-Hambach wechselten wir kein Wort. Nach zwei Stunden Schlaf saß ich beim Frühstück. Becker war fit wie immer.

Es waren nicht nur Übergriffe des Lehrpersonals auf Schüler Alltag in der Odenwaldschule, auch Übergriffe von Schülern auf Schüler gehörten zu dieser seltsamen Normalität.

Martin war als Schüler Opfer eines Übergriffs geworden, allerdings nicht von einem Lehrer, sondern von einem älteren Schüler aus seiner Familie. Der ältere Schüler verwaltete das Taschengeld der Familienmitglieder. Als Martin einmal etwas von seinem Taschengeld abholen wollte und das Zimmer des älteren Schülers betrat, schloss dieser hinter ihm die Tür ab, steckte den Schlüssel weg und attackierte Martin. «Auf die harte Tour», wie Martin heute sagt. Nach einer gefühlten Endlosigkeit war es vorbei. Der ältere Mitschüler wischte sich ab. Martin zog sich die Hose hoch. Nach Martins Erinnerung war für beide klar: Hier war nichts wie sonst. Wie in Trance ließ sich Martin das Taschengeld auszahlen. Er hat den Mitschüler als brutalen Triebtäter im Gedächtnis behalten. Der ältere Mitschüler kam später als Ex-Schüler öfters an die Odenwaldschule und hat Klassenkameraden von Martin oder andere jüngere Schüler beim Bäcker Schmitt aufgegabelt. Der Köder war ein Kasten Bier. Wenn er ein paar Jungs zusammenhatte, ging es mit seinem Kleinbus in den Wald.

In den 90er Jahren war Martin einmal auf einem Altschülertreffen. Dort traf er auch den besagten Mitschüler. Der erzählte von seiner beruflichen Tätigkeit, die ihn nach Südostasien führen würde, und machte anzügliche Bemerkungen über die vielfältigen Urlaubsmöglichkeiten in dieser Region, wobei er sich fett die Lippen leckte und die Augen verdrehte. Ein Bild der lüsternen Wonne. Martin wurde bei den Erzählungen schlecht.

Von dem Übergriff an bat Martin einen Freund, ihn beim Abholen des Taschengelds zu begleiten. Der Freund wurde zunehmend von anderen Schülern gemobbt und lief irgendwann von der Odenwaldschule weg. Er kam nur noch einmal gemeinsam mit seiner Mutter in die Schule, um seine Sachen abzuholen. Als andere Schüler ihn auf dem Flur entdeckten, sagten sie zu ihm: «Hey, du hast doch lange nicht geduscht, oder?» Sie wollten ihn packen, um ihn unter die Dusche zu zerren. Die Mutter stellte sich vor ihren Sohn. «Dann du zuerst», johlten die beiden Achtklässler, packten die Mutter an den Armen und schleiften sie in Richtung Duschraum. Die Frau schrie aus Leibeskräften. Die Tür einer Lehrerin flog auf. «Was ist denn hier los?», rief sie. Die beiden Jungs rannten weg. Die Lehrerin half der verstörten Frau auf die Beine. Ein Nachspiel hatte dieser Vorfall nicht.

Gegen Ende der zehnten Klasse freundete ich mich mit Ikarus an, einem zwei Jahre älteren Mitschüler, der aus der Jugendpsychiatrie direkt in die Odenwaldschule angeliefert worden war. Sein Leben zu Hause muss die Hölle gewesen sein, er hatte versucht, sich umzubringen. Ikarus war schwul. Das wusste jeder. Das sollte auch jeder wissen. Schwulsein als dominantes Identifikationsmerkmal und Flucht-nach-vorne-Taktik während des Coming-out-Prozesses eines Jugendlichen. Ich mochte ihn, er war irgendwie anders, hörte Chopin und Bach, hatte ein gepflegtes Zimmer und wurde manchmal von seinem Liebhaber aus Frankfurt in einem richtig großen amerikanischen Schlitten nach Ober-Hambach gebracht. Da war Ikarus so etwa siebzehn.

An Wochenenden fuhr er öfter nach Frankfurt in die «Sub», wie er die Schwulenszene nannte, hatte mit unzähligen unbekannten Männern Sex in der Sauna und tat so, als wäre es das Normalste auf der Welt, so seine Freizeit am Samstagabend zu gestalten. Becker fungierte immer wieder als Chauffeur für diese Ausflüge und transportierte Ikarus in seinem Silberpfeil bis vor die Tür des gewünschten Etablissements. Seine dauerhafte Einnahme von Psychopharmaka stellte für ihn nur scheinbar kein Problem dar – wenn er dann Alkohol trank oder kiffte, geriet er in Zustände, die man niemandem wünscht.

Eines Tages kam ich ihn in seinem Zimmer besuchen, und er war ganz bedrückt. Ich umarmte ihn lange, setzte mich neben ihn auf den Boden, drehte mir eine Zigarette und wartete. Ich kannte diese Zustände von ihm schon. «Ich hab mit Gerold die Nacht verbracht», fing er plötzlich an zu sprechen. Ich schaute ihn an. Auf seinem Gesicht konnte ich keine wirkliche emotionale Regung erkennen, was unge-

wöhnlich war, weil er ein sehr gefühlvoller Typ war, für meinen Geschmack manchmal zu gefühlvoll, mit einem Hang zum Drama. «Was
heißt das?», fragte ich. «Wir haben halt miteinander geschlafen», sagte
er unwirsch. Ich war fassungslos. Becker war nun wirklich nicht der
erotische Traum von Ikarus, ich wusste ziemlich genau, auf welche Typen Ikarus stand. Becker war eher am anderen Ende des Spektrums.
Mit diesem kurzen Wortwechsel war das Thema erledigt. Wir sprachen
nie wieder darüber. Bei mir hinterließ dieses Gespräch eine Irritation.
Ikarus berichtete Barbara Bastian von seinem Erlebnis mit Becker.
Barbara Bastian war die Nachfolgerin von Marianne Senn. Sie war neu
an der Odenwaldschule und führte zu dieser Zeit die Aufnahmegesprä-
che für die neuen Schüler, später schrieb sie auch die Verlängerungs-
anträge für die Jugendamtskinder. Ikarus und Barbara Bastian hatten
Kontakt miteinander, weil Ikarus Geld für gemeinnützige Zwecke ein-
sammelte, das Bastian verwaltete. Ikarus berichtete Bastian fahrig und
gehetzt von seinem Erlebnis mit Becker, erzählte, wie er mit Becker
Geschlechtsverkehr gehabt und dafür neue Turnschuhe und eine Ste-
reoanlage bekommen hatte. Barbara Bastian war schockiert, besprach
sich darüber zunächst mit ihrem Kollegen Peter Dehnert und gab die
Information anschließend an den Schulleiter Wolfgang Harder weiter, in der Annahme, der würde sich schon darum kümmern. «Zur
weiteren Veranlassung» sozusagen. Für Bastian war es atmosphärisch
deutlich, dass Dehnert sie zu diesem Gespräch nicht begleiten würde.
Barbara Bastian holte tief Luft und berichtete Harder von dem Vorfall.
Sie erinnert sich bis heute an Harders Erschrecken, das aber nicht zum
Dialog einlud oder aufforderte, sondern eine Wand aufbaute, die Bastian signalisierte, dass sie sich unter allen Umständen aus der Angelegenheit heraushalten sollte. Erleichtert über die gemachte Meldung,
verließ Bastian das Zimmer des Chefs.

Vor ihrer Einstellung an der Odenwaldschule war sie als Lehrerin mit
beiden Examina arbeitslos gewesen. Der Job war für sie sehr wichtig.

Barbara Bastian fragte nie bei Harder nach, was aus der Geschichte
geworden war, obwohl ihr aufgefallen sein müsste, dass nach der Weitergabe der Informationen Becker irgendwie hätte Thema werden
müssen. Der Chef wird schon wissen, was er tut. Der kann sich heute
an das Gespräch mit seiner Mitarbeiterin nicht mehr erinnern.

Es war für Barbara Bastian nach eigener Aussage offensichtlich gewesen, dass dem Jungen der sexuelle Kontakt mit Becker nicht gut bekommen war.

Sie legte über die Mitteilung an den Schulleiter im Jahr 2010 eine eidesstattliche Erklärung bei der Staatsanwaltschaft ab. Nachgefragt hatte sie bei Harder in den Jahren nach 1985 allerdings nie.

Zu Kathrin Heres sagte Ikarus zwei Jahre später wehmütig: «Hier habe ich mit Gerold viele schöne Stunden verbracht», und zeigte mit der Hand auf die ehemalige Wohnung von Becker.

Nach dem Abitur zog Ikarus nach Berlin, jobbte, fing an zu studieren, lebte in der Schwulenszene, schmiss das Studium und hatte irgendwann die Diagnose Aids.

Anfang der 90er Jahre waren die therapeutischen Möglichkeiten bezüglich dieser Immunschwächekrankheit sehr begrenzt. Ikarus verfiel körperlich rapide, ich besuchte ihn ein letztes Mal kurz vor seinem Tod. Wir sprachen über Banales. Unsere Verbindung war nicht mehr sehr tief. Einige Zeit später rief mich Becker an. «Der Knabe Ikarus ist gestorben», teilte er mir mit. Wir telefonierten kürzer als eine Minute. Er wusste von unserer Freundschaft – er hatte mir einmal das Geld für einen Flug von Frankfurt nach Berlin gegeben, als Ikarus und ich uns unbedingt in den Ferien treffen wollten und ich zur damaligen DDR-Zeit nicht mit dem Zug fahren konnte, weil mein Reisepass in meinem Chaos versunken war und ich so die innerdeutsche Grenze nicht passieren konnte. Zum Fliegen reichte der Personalausweis. Ikarus beichtete später, dass er Becker angerufen hatte, um ihm zu sagen, wie wichtig es ihm sei, dass wir uns sehen könnten.

Die Tage in Berlin rasten dahin. Ikarus und ich durchstreiften seine Welt, die mir bis dahin unbekannt war und die mit ihm auch wieder aus meinem Leben verschwinden würde. Beckers Geld war der Treibstoff unserer nächtlichen Ausflüge. Tagsüber besuchten wir den Osten der Stadt und waren irgendwann so besoffen, dass wir den Grenzübergang nicht mehr fanden, über den wir eingereist waren und den wir auch zur Ausreise wieder passieren mussten. Eine halbe Stunde vor Mitternacht hatten wir es geschafft. Die letzten Meter waren wir gerannt. Bereits bei der Einreise hatte Ikarus entgegen seiner Gewohnheit das Dope aus seinem Tabaksbeutel genommen. Der Grenzbeamte des anderen deutschen Staates kontrollierte prompt an diesem Tag auch den Tabak. War wohl ein Glückstag. Ich war berauscht. Vom Leben. Bei meinem Abflug in Tegel hatte ich gerade noch ein paar Münzen übrig, mit denen ich mir Zigaretten kaufte. Kurze Zeit später sah ich die DDR von oben.

Im Jahr 1985 verließ Becker die Odenwaldschule. Er brabbelte etwas von Entwicklungshilfe, es wurde aber nichts. Von irgendwoher hörte ich: Becker bekam von der Entwicklungshilfeorganisation ausgerichtet, «man wisse um seine Bedürfnisse». Ende der Durchsage.

So ging er, der große Becker, in die Arbeitslosigkeit. Wer steckte hinter diesem Abgang? Meine Intuition sagt mir, dass das kein freiwilliger Abschied aus dem irdischen Paradies für Pädokriminelle war. Beweise habe ich keine. Noch nicht. Zeugenaussagen gibt es nicht. Noch nicht.

1985 war für die Odenwaldschule ein großes Jahr gewesen. Die Schule feierte ihr 75. Jubiläum. Bundespräsident Richard von Weizsäcker stattete der Schule einen Besuch ab und gratulierte persönlich. Ein beeindruckendes Zeugnis dieser Feier ist ein Film des Hessischen Rundfunks, der anlässlich des Jubiläums gedreht und am 18. September 1985 ausgestrahlt wurde. «Schule auf dem Zauberberg» nannten die Filmschaffenden Inge Hammelmann und Rosemarie Lenders ihr Werk.

Der Film beginnt mit einer Kamerafahrt hinauf ins Hambacher Tal. Unterlegt von leichter, fröhlicher Musik. Es folgt eine Luftaufnahme vom Goethe-Haus, vor dem sich die ganze Schulgemeinschaft zum Gruppenfoto versammelt hat. Kann «wir» stärker visualisiert werden? Es folgt der Bundespräsident im Interview. «Lehrer und Schüler, Erwachsene und Kinder leben hier zusammen. Und eigentlich ist ja Lehren und Lernen zusammen leben.» Klingt gut, oder? Für seinen Sohn Andreas sei der Besuch der Schule «ein absolut prägendes Moment in seinem Heranwachsen gewesen», so der Bundespräsident. Es folgt Daniel Cohn-Bendit, ehemaliger Studentenführer in Paris und heute Abgeordneter der Grünen in Straßburg, mit einer Lobrede über die Odenwaldschule. Er sitzt im gleichen Sessel wie zuvor Weizsäcker und hat das Polo-Shirt locker aufgeknöpft. Er spricht von Freiheit und

Spaß an der Odenwaldschule. Karin Sitte, Lehrerin der Schule, sagt, dass sie «das eigene Leben und die pädagogische Aufgabe gar nicht trennen kann». Schnitt. Podiumsdiskussion in einem großen Bierzelt auf dem Goethe-Platz. Amelie Fried, heute Fernsehmoderatorin und Buchautorin, versucht sich an einer Erklärung der «Denkweise», die einen Odenwaldschüler prägt, und führt aus: «Das ist diese Menschenliebe, die hier gelehrt wird.»

Last but not least: Im bereits angewärmten Sessel sitzt Hartmut von Hentig, Professor und Direktor des Pädagogischen Seminars der Georg-August-Universität Göttingen und Gründer der Laborschule Bielefeld. Von Hentig ist außerdem Mitglied im Beirat der Humanistischen Union und offizieller Unterstützer der überwachungskritischen Datenschutzorganisation «Freiheit statt Angst». Er ist der Pädagogik-Gott der Deutschen links der Mitte und Freund und Partner Beckers. Über die Odenwaldschule sagt er: «Sie guckt auf die Kinder, sieht, was die brauchen, und sieht auch die Folgen dessen, was sie selbst tut.» Von Hartmut von Hentig stammt der Satz: «Die Menschen stärken – die Sachen klären.»

Nächste Szene, anderer Sessel. Neue Person. Das Verhältnis von Schülern «beruht auf gegenseitiger Achtung und Vertrauen», höre ich einen alten Mann sagen, der 1923 zum ersten Mal die Schule besuchte und «sehr freudig überrascht» war. «Keine Schule», sagt er, als wäre damit alles erklärt. «Sondern?», fragt die Interviewerin nach, die locker seine Enkelin sein könnte. «Nichts», antwortet der alte Mann. «Jedenfalls keine Schule, sehr schön. Dass sie keine Schule war, das war die Hauptsache», ergänzt er. «Wenig Grenzen zwischen Erwachsenen und Kindern», legt er nach. Es folgen schwarzweiße Bilder von einer Theateraufführung, in der Schulgründer Paul Geheeb den Gottvater spielt. Paulus, wie sie ihn wohl damals liebevoll nannten.

Der historische Exkurs des Films beginnt mit der Gründungsurkunde der Odenwaldschule. Am 13. November 1909 genehmigte der hessische Großherzog Herrn Paul Geheeb die Gründung einer Schule, die «die fortgeschrittensten pädagogischen Überlegungen durch die Tat beweisen will, was Erziehungskunst unter den günstigsten Bedingungen und mit dem besten Schülermaterial zu leisten vermag».

Der Film berichtet von der Freien Schulgemeinde Wickersdorf, die

Geheeb 1906 mit Gustav Wyneken gegründet hatte. Beide waren zuvor Mitarbeiter beim Vater der deutschen Landerziehungsheime, Hermann Lietz, in Haubinda gewesen und wollten nun dessen Ideen weiterentwickeln. Geheeb und Wyneken fanden heraus, «dass sie nur im Ansatz übereinstimmten, aber nicht im Weg». Geheeb verließ Wickersdorf und gründete die Odenwaldschule. Wovon der Film nicht berichtet, ist die Tatsache, dass Wyneken, 1919 Leiter von Wickersdorf, eine einjährige Haftstrafe verbüßen musste, nachdem ihm sexueller Missbrauch vorgeworfen worden war. 1931 kam es zu erneuten Vorwürfen. Wyneken musste Wickersdorf verlassen. Hatten die beiden Filmemacherinnen schlecht recherchiert? Wyneken starb 1964 in Göttingen. Die Spatzen pfeifen es von den Dächern, dass Becker und Wyneken sich persönlich kannten.

Bei mir entsteht in diesem Kontext manchmal der Eindruck, dass Göttingen über die einzige pädagogische Fakultät des Landes verfügt und Heimstatt bietet für das Netzwerk, in dem Becker organisiert war.

Es existieren Dokumente, die Geheeb eindeutig als grenzüberschreitende Person erkennbar werden lassen. Denen zufolge rief Geheeb abends junge Mädchen zu sich. Von feuchten Küssen ist die Rede. In Briefen an ihre Eltern beklagen sich die jungen Mädchen über den Schulleiter. Die Briefe muss es 1985 ja auch schon gegeben haben.

In Christl Starks seit 1998 geschriebener und im Jahr 2010 veröffentlicher Doktorarbeit* wurden Dokumente ausgewertet, die belegen, dass Eltern von Geheeb Auskunft über die sexuellen Beziehungen ihrer Töchter zu Mitarbeitern der Odenwaldschule forderten. Eltern schickten Briefe an die Schule. Liebesbriefe. Von Lehrern an Schülerinnen. Die Eltern fischten diese Briefe in den Ferien aus dem Briefkasten. In Schreiben an die Schulleitung beschwerten sich Eltern auch über sexuelle Übergriffe von älteren Schülern. Von Starks Doktorarbeit erfuhr ich erst im Jahr 2010.

Frau Stark beschriftete 518 Seiten Papier. Weder Jörg Schindler von

---

* Stark, Christl: Idee und Gestalt einer Schule im Urteil des Elternhauses: eine Dokumentation über die Odenwaldschule zur Zeit ihres Gründers und Leiters Paul Geheeb (1910–1934), Dumont Verlag, Köln 2011

der *Frankfurter Rundschau* noch ich hörten je etwas von ihr. Alles ist mit allem vernetzt. Oder auch nicht.

Ein Erzählstrang des Films «Schule auf dem Zauberberg» skizziert die Heimfamilie von Dr. Wolfgang Harder. Der designierte Schulleiter, hier noch als Lehrer in der Phase der Einarbeitung, spricht über seine Zöglinge, als würde er sie kennen. Persönlich. Freundschaftlich. Er sieht die Fortschritte, die sie in ihrer Entwicklung machen, spricht über sie, als wären es seine Kinder. Seine Begeisterung für seine eigenen Worte ist so groß, dass die sonst so geduldige Interviewerin ihn unterbricht. Harder, der Geige spielen konnte wie ein Kaffeehausmusiker, der verheiratet war, der so unauffällig war, dass ich vergeblich in meinen Erinnerungen nach erzählenswerten Erlebnissen mit ihm suchen muss. Der im Alltag wenig falsch machte und noch weniger richtig. Ein Schulverwalter. Wenn es darauf ankam, bekannte er niemals Farbe. Das bewies sich in der Causa Ikarus und wiederholte sich bis zu seinem Abgang 1999. Aber dazu später mehr.

In der letzten Einstellung des Films stehen Harder und Becker nebeneinander auf den Treppen des Goethe-Hauses. Vor ihnen die versammelte Schulgemeinschaft von Erwachsenen, Kindern und Jugendlichen.

Abends saß ich öfter mit Becker in seiner Wohnung, und wir unterhielten uns über Gott und die Welt. Er erklärte mir seine Sicht auf den Vietnamkrieg, seinen Hass auf die Nazis, lachte verachtend über «die Beamten auf dem Schulamt in Heppenheim» und wurde wütend, wenn er darüber sprach, dass er es nicht mochte, wenn Jungs ihren Vater «meinen alten Herrn» nannten. Gern erinnerte er sich an die Konzerte mit Franz-Josef Degenhardt und sang, je nach Alkoholpegel, ein paar Takte aus seinen Liedern. «Manchmal gab's ein Mikrofon, manchmal auch nicht», erinnerte sich Becker an die Abende mit Degenhardt. Wir saßen oft lange beisammen, nach 22 Uhr beruhigte sich das Leben im Herder-Haus, ich trank meistens Bier, Becker saß in seinem Schwingsessel, in der Hand ein Glas und auf der Armlehne absturzgefährdet eine Flasche Mariacron, Weinbrand aus Deutschland, von Becker «Mariakorn» genannt. «Nach dem Genuss von Mariakorn bin ich morgens glasklar», begründete Becker die Einnahme dieses eher preiswerten Getränks.

Wenn er richtig voll war, kamen Sätze aus seinem Mund, die ich damals schon seltsam fand. Ich kann mich allerdings nur an die Gespräche erinnern, bei denen ich nicht so sehr betrunken war. «Demokratie ist die Herrschaft der untersten Kaste», hörte ich dann Becker schon leicht lallend sagen. «Man muss Einzelnen die Möglichkeit geben, im Licht zu glänzen», fuhr er fort. Dass Becker die «demokratischen Strukturen» der Odenwaldschule belächelte, war mir intuitiv klar gewesen. So offen ausgesprochen, machte es mich dann doch etwas nachdenklich.

Vertrat ein Mitarbeiter eine Becker unliebsame Position, schnaufte dieser genervt, zog die Augenbrauen hoch, lachte angespannt und sagte: «Der redet, wie er es versteht, und das ist nicht viel.»

Manchmal beklagte er sich auch bei mir über eine Lehrerin der Odenwaldschule, die ihn sehr verehrte und liebte und ihn heiraten wollte. Dann lachte er verzweifelt, rieb sich das angesoffene Gesicht, drehte eine neue Zigarette und steckte sie sich an. Die Feuerzeug-Zigarette-Handhabung war wegen des Alkoholpegels schon deutlich eingeschränkt, sodass dieser Vorgang ein paar Anläufe brauchte. An solchen Abenden landete oft mehr Zigarettenasche auf seinem Jackett als in dem Aschenbecher, der oft auch noch auf der Armlehne stand und mit der Mariacron-Flasche um die Wette balancierte. Es gab wenige Unfälle, Becker war ein routinierter Trinker. Ich schaute ihn mit meinen Kinderaugen an und fand ihn so menschlich. Wie erwehrt man sich einer Verehrerin? Zwischendurch torkelten wir abwechselnd auf die Toilette, die sich außerhalb von Beckers Wohnung auf dem Flur befand und allen Bewohnern des Erdgeschosses und des Kellers diente. Die Jungs im Keller pinkelten allerdings, zumindest am Abend beim Biertrinken, meistens in die Waschbecken des Mädchenduschraums. Deren Proteste führten aber nicht zur Verhaltensänderung der Pinkler.

Irgendwann einmal kam ein siebzehnjähriges Mädchen in die Wohnung seines Familienoberhaupts Siegfried Helmer. Die Türen waren ja immer offen. Helmer saß wie gewöhnlich mit dem Rücken zur Tür am Tisch. Ihm gegenüber sah sie den weinenden Hartmut von Hentig, in einen hellen Sommeranzug gekleidet, wie gewöhnlich mit Fliege, auf dem Sofa ihres Lehrers sitzen, nahm neben Helmer Platz und schaute beide erstaunt an. «Es ist wegen Gerold», sagte Helmer

79

erklärend, dabei auf Hentig deutend. Das Mädchen legte den Rückwärtsgang ein.

Die Schülerin bekam von Helmer, während sie auf den Stufen des Schweitzer-Hauses saß, einmal einen Antrag. Sie reagierte darauf lapidar mit den Worten: «Siggi, wirklich nicht», und schob den Arm, der schon um ihre Schultern lag, beiseite. Sie hatte später von ihren Mitschülern gehört, dass Helmer ziemlich hinter ihr her gewesen war.

Siegfried Helmer war bekannt dafür, dass er immer dann im Duschraum auftauchte, wenn die Mädchen dort unter der Dusche standen. Einer Schülerin schlabberte er am Ohr herum, sie wies ihn ab, Helmer wurde immer aufdringlicher und forderte «einen richtigen Kuss» von ihr, sie solle sich «nicht so zieren». Die Schülerin ekelte sich vor diesem Mann. Infolge dieses Vorfalls suchte Helmer sie immer wieder auf. Das Mädchen brach abrupt den engen Kontakt zur Heimfamilie ab und begann sich zu schützen. Sie fühlte sich nicht mehr sicher. Sie hatte sich den Schlüssel für ihre Zimmertür besorgt, denn Helmer stand immer wieder vor ihrer Tür. Wenn sie auf sein Klopfen am späten Abend nicht reagierte, hörte sie, wie Helmer die Türklinke herunterdrückte, um ungebeten in ihr Zimmer zu kommen. Es brauchte die verschlossene Tür als Grenze. Als Helmer die Herausgabe des Schlüssels verlangte, verweigerte sie dies. Helmer nannte sie «mein scheues Reh», so leise, dass es die anderen nicht mitbekamen. Dazu machte Helmer sein süffisantes Lächeln. In den Augen des Mädchens spielte Helmer die Rolle des armen Mannes, der doch nur ein wenig Zuneigung suchte. Seine Frau war zu dieser Zeit nicht in Ober-Hambach. Für Helmer war das offensichtlich der Startschuss, die Zügel völlig loszulassen. Bei Familienabenden wollte Helmer immer «knuddeln». Den süßlich ungewaschenen Geruch von Helmer hat die Frau heute noch in der Nase. Sie schüttelt sich, wenn sie diese Geschichte erzählt. Irgendwann wandte sich das Mädchen in seiner Not an einen anderen Erwachsenen und bekam von diesem lediglich zu hören: «Nimm's doch nicht so ernst, du kennst doch unsern Siggi.» Das Mädchen wurde zur Frau, heiratete und hatte viele Jahre eine körperliche Abneigung gegen ihren Schwiegervater, die so heftig war, dass sie vor den Besuchen bei den Schwiegereltern starke Kopfschmerzen bekam und sich übergeben musste. Sie verstand ihre körperlichen Reaktio-

nen nicht, da sie ihren Schwiegervater mochte. Ausgelöst durch die Ereignisse im Jahr 2010 konnte sie die Puzzleteilchen zusammenfügen.
Der Geruch ihres Schwiegervaters erinnerte sie an Helmer.

Phils Mutter war einmal nach Ober-Hambach gereist, um der Abi-
feier ihres Sohnes beizuwohnen. Zur Begrüßung umarmte sie Helmer,
wie es durchaus üblich war. Und plötzlich? Phils Mutter hatte für sie
sehr unerwartet und ungebeten die Zunge des Pädagogen in ihrem
Mund, während die anderen Gäste des Nachmittags um die beiden
herumstanden. Sie hat die Szene in Erinnerung, als wäre es gestern
passiert.

Die zehnte Klasse war überstanden, ich war in die gymnasiale
Oberstufe versetzt und trampte mit einem Klassenkameraden durch
Irland.

Das folgende Jahr verbrachte ich bei einem jungen Sportlehrer im
Geheeb-Haus. Es war das erste Jahr mit Thorsten auf dem Zimmer,
der später sagen wird, dass er intuitiv nie in die Becker-Familie wollte,
auch nicht zu einer Zeit, in der er noch keinen Übergriff von ihm erlebt hatte. Der Spuk im Außen war zu Ende. Der Spuk im Inneren ging
weiter. Albträume und eine zunehmende Paranoia wurden zu meinen
ständigen Begleitern. Wenn ich mit Freunden in Heppenheim oder
Bensheim durch den Ort streifte, hatte ich häufiger das Gefühl, verfolgt zu werden. Ich war davon überzeugt, verfolgt zu werden. Wenn
ich es nicht mehr aushielt, meine Angst zu verbergen, sprach ich das
gegenüber meinen Begleitern auch an. «Der Typ dahinten verfolgt uns,
ich glaub, der will was von uns», sagte ich dann, woraufhin die anderen
nur verständnislos den Kopf schüttelten und erwiderten: «Jürgen, du
kiffst zu viel.» Meine Aggressivität nahm zu, ich fühlte mich von allem
und jedem angegriffen und bedroht. Zu regulieren versuchte ich diese
ständige Anspannung mit kontinuierlicher Zufuhr von Alkohol und
permanenter Aktivität. Ich konnte nicht stillsitzen. Das ging erst ab einem bestimmten Promillepegel ganz gut. Ständige Unruhe bestimmte
mein Körpergefühl. «Hyper-Arousel» nennen das die Trauma-Profis.

Becker streifte nach den Sommerferien weiterhin durch die Odenwaldschule. Einer dieser Streifzüge endete damit, dass er den Kontakt zu Raoul festigen konnte, mit dem Ergebnis, dass dieser ihn in
den Ferien in Berlin besuchte. Becker machte Beute. Raoul verbrachte

die Jahre vor der Odenwaldschule in einer Pflegefamilie, sein Schulbesuch wurde vom Jugendamt finanziert. Wo sollte er in den Ferien hin? In Berlin erlebte Raoul Übergriffe von Becker, sprach später gegenüber Freunden auch davon, erpresste Becker in den 90ern erfolgreich, kam nie wirklich auf die Füße und starb Anfang 2011 an den Folgen eines Cocktails aus Sedativen. Einen Tag bevor er sich in stationäre Behandlung begeben wollte. Noch einmal Party machen. Er wachte nicht mehr auf.

Und das Familienoberhaupt von Raoul wusste nichts davon, wo Raoul seine Ferien verbrachte? Bei wem Raoul seine Ferien verbrachte? Und was mit Becker los war? Geglaubt wird in der Kirche!

Becker trifft bei seinen Besuchen in der Odenwaldschule alte Bekannte, so auch Jürgen Kahle.

Becker erzählte mir oft, wie Kahle und er in den Sommerferien mit einem VW-Bus voller Jungs in den Süden abdüsten. Vorzugsweise nach Griechenland oder in die Türkei. Bei den Erzählungen von diesen Reisen bekam ich große Augen und heiße Ohren. Abenteuerurlaub pur. Ich nehme an, Becker erzählte mir nicht von allen Ereignissen auf diesen Reisen. Kahle war einer derjenigen, die Becker nicht aus seiner Zeit in Göttingen vom Lehrstuhl Hentigs kannte. Kahle hatte keine abgeschlossene Hochschulausbildung und war gelernter Radio- und Fernsehtechniker. Er kam zwar aus einem humanistisch geprägten Elternhaus, aber ob er der Versager der Familie oder nur das schwarze Schaf war, weiß ich nicht. Becker und Kahle verständigten sich wohl schnell auf die Schnittmenge ihrer Bedürfnisse.

Jürgen Kahle. Mein ehemaliger Klassenlehrer. Mein Elektroniklehrer. Ich erinnere mich gut daran, wie die kleine Schülergruppe des Elektronik-Labors – wir waren fünf Jungs im achten Schuljahr – in den Hunsrück zur Burg Waldeck fuhr, um in der «Wiesbadener Hütte», die der Odenwaldschule gehört, die Elektrik neu zu installieren. Die Hütte, in der Becker 1998 ein Blockseminar mit Schülern leitete. Das Seminar, das unser Fass zum Überlaufen brachte. Doch zunächst zurück in die 80er. Wir verbrachten dort eine Woche, meine Kumpels und ich schliefen in Schlafsäcken unter einer Pergola mit Rauchabzug, so konnten wir ein Feuer machen, es war Frühling, und die Nächte waren noch kalt. Ein paar Meter weiter saß Jürgen Kahle an einem anderen Feuer und unterhielt sich mit einem Bekannten, den er auf der Burg Waldeck wiedergetroffen hatte. In der Annahme, dass wir schliefen, erzählte Kahle von seinen Reisen als junger Mann. «Wir waren damals alle schwul», hörte ich ihn sagen. Ich verstand das als Dreizehnjähriger nicht. Kahle war doch mit seiner ehemaligen Schülerin Astrid verheiratet und hatte mit ihr drei Töchter. Dass Kahle und seine Frau Astrid Kinder missbrauchten, wusste ich damals nicht. Dass Kahle ein Sadist war, schon. Bereits in der siebten Klasse erzählte mir ein Mitschüler, wie Kahle verschlafene Schüler mit einem «Ei-Batzi» weckte, wenn diese nicht sofort beim Wecken aufstanden. Ein Ei-Batzi geht so: Man spannt den Zeigefinger am Daumen, so als ob man eine Murmel oder einen Krümel schnicken möchte. Gegebenenfalls zieht man dem Jungen noch die Unterhose herunter und legt sein Glied beiseite, damit das zielgerechte Treffen des Hodens möglich ist. Dann lässt man den Zeigefinger schnalzen. So fest es geht. Der Junge ist dann wach. Ob Sadismus im Lauf eines Lebens immer schlimmer wird? Ich weiß es nicht.

Um unsere Volljährigkeit herum wurde es Thorsten zunehmend mulmiger bei dem Gedanken, mit mir am Abend auf Tour zu gehen. Meine Paranoia und meine Aggressivität waren in ihrer zerstörerischen Entwicklung weit fortgeschritten, und ich fühlte mich von allem und jedem bedroht. Eine Folge der jahrelangen Übergriffe. Der Unterschied war zu dieser Zeit nur: Ich konnte mich wehren und tat das auch. Allerdings nicht immer nur gegen tatsächliche Angreifer, manchmal auch gegen Gespenster. Paranoia und Suff sind in Kombination zwei schwer zu bändigende Geschwister. Manchmal habe ich einfach die Nerven verloren, wenn mir jemand zu nahe kam. Einmal schlug ich in einer Discothek einer Frau – fast noch ein Mädchen –, die mich irgendwie genervt hatte, mit der Faust ins Gesicht. Ich traf sie wenige Jahre später bei meinem Klinikaufenthalt, nachdem ich clean geworden war. Ich entschuldigte mich bei ihr. Ich meinte die Entschuldigung ernst. Sie nahm mich in den Arm.

Immer wieder hörte ich, wie Schüler aus Kahles Familie zum «Abschuss» freigegeben wurden, wenn sie gegen seine unausgesprochenen Regeln der Gemeinschaft verstießen. Der Familienrat entschied darüber. Lehrer und Schüler gemeinsam. Basisdemokratie à la Ober-

Hambach. Ist das gemeint, wenn Vertreter der Institution heute von den «demokratischen Strukturen» sprechen? Zurück zum Prozedere. War ein Schüler zum Abschuss freigegeben, versuchten die anderen Schüler, seiner Herr zu werden und ihn zu «pflocken». Das bedeutete, man band den Schüler an einem Holzpflock fest, zog ihm die Hose herunter und manipulierte sein Geschlechtsteil in der Absicht, eine Ejakulation herbeizuführen. Die gesamte Heimfamilie schaute zu. Jungs. Mädchen. Und natürlich das Familienoberhaupt dieser Horde. Wie ein Priester segnete dieser das Ritual und demonstrierte durch seine Präsenz wortlos seine Auffassung von Recht und Ordnung. Die Berichte überraschten mich nicht. Wir waren in Ober-Hambach. Ich selbst war nie Zeuge dieser Strafaktionen gewesen. Perversionen haben zahllose Varianten. Wie hatte Becker gesagt? «Hier ist alles erlaubt!»

Während einer Wanderwoche fesselte seine Heimfamilie im Beisein ihres Familienoberhaupts einem Schüler die Hände auf dem Rücken, wuchtete ihn über das Geländer einer Brücke, die über einen Fluss führte, und band das andere Seilende an der Brücke fest. So hing der Junge mit auf dem Rücken gefesselten Armen über dem Fluss an der Brücke, während die feixende Bande einfach wegging. Ohne zu sagen, wann sie wiederkommen würde. Ohne zu sagen, was dann passieren würde. Wie sich der Junge wohl gefühlt hat?

Das elfte Schuljahr brachte Veränderungen mit sich. Mit meinem neuen Familienoberhaupt verstand ich mich gut. Uli Stegner war Schwabe, was in meinen hessischen Ohren ziemlich lustige Töne erzeugte, Sportler, Musiker und ziemlich normal. Wir spielten öfter zusammen Gitarre. Entweder im Musikraum der Schule oder im Duschraum des Geheeb-Hauses. Dort war der Sound total super. Der gekachelte Raum von circa 30 Quadratmeter Größe gab den beiden Instrumenten Fülle. Die Gitarrensaiten mochten die feuchte Luft allerdings nicht so besonders. Zweimal in der Woche fuhr Uli nach Heppenheim. Dort hatte er einen Volleyballverein gefunden, der zu ihm passte.

Andere Mitarbeiter griffen ihn deswegen an, weil er in ihren Augen seine Arbeit vernachlässigte. Der gemeine Reformpädagoge als solcher ist immer im Dienst!

Uli Stegner war durch die Lehrerarbeitslosigkeit in den 80ern an die Odenwaldschule gespült worden und wirkte auf mich häufig sehr staunend, wenn wir beim Mittagessen die Ereignisse in Ober-Hambach debattierten. Er blieb nicht lange. Nach seinem Weggang von der Odenwaldschule trafen wir uns noch einmal zum Essen. Er wirkte erleichtert. Seine anschließende Karriere als Unternehmensberater verlief erfolgreich.

Und da war noch jemand, der die Aufmerksamkeit unserer Jungs-Clique erregte. Kathrin. Kathrin kam erst in der elften Klasse an die Odenwaldschule. Sie war vorher Schülerin der Schwesterschule der Odenwaldschule gewesen, der École d'Humanité in der Schweiz. Paul Geheeb, der Gründer der Odenwaldschule, hatte 1933 Deutschland gemeinsam mit seiner jüdischen Frau Edith und einigen seiner Schüler verlassen, um sich dem Zugriff der Nazis zu entziehen, war in die Schweiz gegangen und hatte dort eine neue Internatsschule gegründet. Geheeb reloaded sozusagen. Da die École, wie die Schule unter Insidern genannt wurde, als Abschluss lediglich die Schweizer Matura anbot, gingen die deutschen École-Schülerinnen und -Schüler häufig nach der Mittelstufe für drei Jahre auf die Odenwaldschule, um dort die gymnasiale Oberstufe zu besuchen und das Abitur abzulegen. Die ehemaligen École-Schüler bildeten auf der Odenwaldschule eine Subgruppe, deren Mitglieder auf ihre Art miteinander verbunden waren. Die Odenwaldschule war sehr anders als die École, war in Ober-Hambach doch bekanntermaßen alles möglich. Die École war zu dieser Zeit noch ein von einem autoritären Lehrerehepaar geführtes Institut mit klaren Regeln und Grenzen.

Kathrin kam also in unsere elfte Klasse und wurde von einer Gruppe von Jungs, darunter auch Thorsten und ich, quasi adoptiert. Für sie war in der Odenwaldschule alles neu, für uns war es irgendwie so, als wäre sie schon immer da gewesen. Nein, erklären kann ich das nicht. Die Zeit der ganz lauten und krachigen Punk-Musik war damals für uns vorbei, wir hörten The Clash, als letzten Ausläufer dieser Phase, Talking Heads und leierten nun die auditiven Antiquitäten von The Doors durch unsere Tape-Decks.

In der elften Klasse versuchten wir uns als Cliquen-Kollektiv neben der gymnasialen Oberstufe auch an der Ausbildung zum Chemisch-Technischen Assistenten, was den Umfang unserer wöchentlichen

Unterrichtsstunden ziemlich in die Höhe schnellen ließ. Vormittags Schule und an zwei Nachmittagen Laborarbeit. Nachmittagsunterricht war auch in anderen Fächern die Regel. Duales Ausbildungssystem sozusagen. Kopf der Arbeitsgruppe oder Titrierknecht, das waren dann die Fragen, mit denen wir uns im Rahmen dieser Berufsausbildung im Labor beschäftigen mussten. Dadurch wurde unsere Zeit zum Saufen ziemlich stark verkürzt, was sich aber nicht auf die Menge des konsumierten Alkohols auswirkte. Druckbetankung war die Lösung. Das hielten wir ein Jahr lang durch. Kathrin konnte, glaube ich, sogar den Inhalten der Ausbildung folgen. Worüber sie sich schon damals immer wieder wunderte, war, dass Thorsten nie über Becker sprechen wollte, ich hingegen immer. Seltsam, oder?

Auf der Odenwaldschule war der Rechtsanwalt eines zu fünfmal lebenslänglich und fünfzehn Jahren Haft verurteilten Terroristen der «Roten Armee Fraktion» zu einer Podiumsdiskussion eingeladen. Diskussion würde ich das allerdings aus heutiger Sicht kaum nennen wollen. Die Diskutanten spielten sich die Bälle zu. Christian Klar, der Mörder, war in die Hände des brutalen und unmenschlichen Staates geraten. Aus einem Täter wurde ein Opfer stilisiert. Als einer meiner Mitschüler, einer von denen, die wenig anerkannt waren in der Gemeinschaft der Odenwaldschule, das Wort erhob und äußerte, dass hier seiner Meinung nach «ein Krimineller zum Märtyrer» gemacht werde, war es für einen Moment mucksmäuschenstill im Konferenzraum der Schule, in dem die Podiumsdiskussion stattfand. Nach einem kurzen Moment verlief der Abend so, wie er vor der Äußerung des Jungen stattgefunden hatte. Man bestätigte sich gegenseitig, im Recht zu sein mit seinen Ansichten vom «Schweinesystem». Als der Junge merkte, dass sein Beitrag keine Resonanz fand, stand er auf und verließ den Raum.

Ich finde es absolut legitim, jeder Vision von gesellschaftlichen Veränderungen Raum zu geben und diese zu diskutieren. In der Schule sogar in besonderem Maße. Aber die Empathielosigkeit gegenüber den Opfern und den Hinterbliebenen der Morde der «Roten Armee Fraktion», die ich an diesem Abend empfand, haben mich erschüttert.

Das Jahr mit Thorsten war okay, aber ich hatte es leid, mein Zimmer mit einer anderen Person zu teilen. Ich wollte einfach auch mal allein sein. Nicht nur auf dem Klo. Oder eben zu zweit, aber halt nicht mit meinem Zimmerkameraden. Der Ausweg war, in der zwölften Klasse eine Kameradenfamilie zu führen. Als Kameradenfamilienoberhaupt hatte man schließlich ein Einzelzimmer. Aber wie wurde man Kameradenfamilienoberhaupt? Man musste einen Antrag stellen und wurde dann zu einem Gespräch mit dem Schulleiter und anderen Lehrern eingeladen, bei dem man seine Vorstellungen des Kameradenfamilienlebens darstellen sollte. Schulleiter war seit 1985 als Nachfolger Beckers Wolfgang Harder. Nun machte ich aus meinem Lebensstil ja keinen Hehl, war Stammkunde bei Bäcker Schmitt und nahm kein Blatt vor den Mund. Also ging ich mit diesen Überlegungen zu einem älteren Schüler, der zu diesem Zeitpunkt eine Kameradenfamilie hatte und von dem ich wusste, dass er auch soff wie ein Loch, und fragte ihn, was ich tun sollte. «Mach dir keinen Kopp», sagte der. «Drink on!» Gesagt, getan. Das Gespräch mit Schulleitung und Sekundanten war eine Farce, mit jüngeren Schülern, die ich gern in meiner Familie haben wollte, hatte ich bereits wegen meines Plans gesprochen. Eingetütet. Ab in die Sommerferien.

Nach der Elften trampte ich mit Kathrin zunächst durch Südfrankreich, wegen der Hitze aber sehr bald durch den Norden des Landes. So war ich zu Beginn des zwölften Schuljahrs Kameradenfamilienoberhaupt im Fichte-Haus, gemeinsam auf dem Flur mit der Familie von Korni, wie Günther Korn von uns genannt wurde. Gegenüber wohnte Thorsten mit unserem Klassenkameraden Balduin, nebenan die Jungs meiner Kameradenfamilie, von denen einer zwei Jahre zuvor als Jüngster zu Becker in die Familie gekommen war und sich nun darüber freute, mit mir zusammenzuwohnen. Zu dieser Zeit wurde es zwischen Kathrin und mir schwierig, das heißt, es wurde eigentlich gar nicht. Sie sagt über dieses Jahr heute: «Du warst damals einfach immer besoffen. Du warst überhaupt nicht mehr präsent.» Ab Klasse zwölf besuchten wir dann nur noch die gymnasiale Oberstufe. Ich war mit dem Programm auch total bedient.

Als die Wanderwoche nahte, beschlossen Kathrin, Phil und ich – die beiden waren auch Kameradenfamilienoberhäupter –, gemeinsam wegzufahren. Ein Lehrer, der keine Heimfamilie hatte, weil er der Organisator des Freizeitsports war, begleitete uns. So fuhren wir zu zehnt mit dem Firmenbus des väterlichen Betriebs eines der Jungs aus meiner Familie in Richtung Allgäu. Dort zelteten wir, gingen klettern, Wasserski fahren, machten Bergtouren und hatten rundum eine gute Woche, die lediglich von einem Zwischenfall getrübt war. Die Jungs aus Phils Familie knackten nachts den Kondomautomaten auf der Herrentoilette des Campingplatzes und ließen die Kondome, aufgeblasen wie Luftballons, durch die Luft surren. Leider genau auf unserem Stellplatz. Wie blöd geht's eigentlich? Als ich am nächsten Morgen aus dem Zelt schaute, weil ich Phil herumbrüllen hörte, sah ich einen ganzen Schwarm erschöpfter, rosa glänzender Kondome auf dem saftigen Grün der Wiese herumliegen. Zum Glück mussten Phil und seine Jungs das Gespräch mit dem Campingwart führen und nicht ich.

Zurück in Ober-Hambach, lag ich eines Nachts in meinem Bett und war bereits eingeschlafen, als ich merkte, dass meine Zimmertür ganz vorsichtig geöffnet wurde. Ich war sofort wach. Meine innere Alarmanlage sprang augenblicklich an, was mir damals allerdings gar nicht bewusst war. In meinem Zimmer war es dunkel, und durch das Deckenlicht des immer beleuchteten Flurs konnte ich im Gegenlicht die Silhouette der Person sehen, die sich weit nach Mitternacht in mein Zimmer schlich und ganz leise die Tür hinter sich schloss. Der kurze beleuchtete Moment hatte ausgereicht, dass ich erkennen konnte, wer es war. Nun stand sie in meinem Zimmer, schwieg und näherte sich langsam meinem Bett. Der einzige Lichtschalter war neben der Zimmertür am anderen Ende des Raumes. Keiner sagte ein Wort, sie konnte nicht wissen, ob ich schlief oder wach war. Ich war überrascht. Bisher hatten wir nur gelegentlich miteinander zu tun gehabt, gingen nicht in dieselbe Klasse und wohnten auch nicht im selben Haus und sprachen so nur bei zufälligen Begegnungen im OSO-Alltag miteinander. Ich glaube kaum, dass jemand unseren Kontakt wirklich registriert hatte. Ich fand sie hübsch. Ich fand sie sexy. Ich mochte sie. Ich mochte sie ein wenig mehr als andere. Aber was machte sie in meinem Zimmer?

Ganz sachte kam sie zu mir, bis ich sie riechen konnte und ihren leisen Atem hörte. Sie streifte ihre Turnschuhe ab und schlüpfte aus ihrer Jeans. Einen Pulli oder eine Jacke hatte sie nicht an, nur ein T-Shirt, obwohl es draußen nachts bereits ziemlich kalt war. Ihre Augen hatten sich wohl inzwischen an das Dämmerlicht gewöhnt, denn sie erschrak fast ein wenig, als sie mit ihrem Gesicht ganz nah an meines kam und wir uns in die Augen schauten. Ihre langen Haare fielen auf mein Gesicht. Ich mochte das. Es war die erste Berührung in dieser Begegnung. Der erste physische Kontakt. Ein Streifen ihrer Haare auf meiner Wange. Sie hob langsam und behutsam meine Decke etwas an und schlüpfte darunter. Gerade angekommen, setzte sie sich nach einem Moment der Entspannung und ein paar Atemzügen abrupt wieder auf, sodass ich ein wenig erschrak, zog sich ihr T-Shirt über den Kopf und den Slip über die Füße und warf beides auf den Teppich neben dem Bett. Zurück unter der Decke, lagen wir ganz nah beieinander und schauten uns an. Mir wurde warm.

Ich war an diesem Abend nur mittelmäßig sediert, wir hatten in meinem Zimmer gesessen und Musik gehört und ein paar Pils getrunken. Nichts Wildes. So war ich halbwegs klar im Kopf. Ich fasste mit der Hand nach ihren Haaren. Es war eine zärtliche Berührung und gleichzeitig meine Einverständniserklärung mit ihrem unangekündigten Besuch. Ich mochte ihre Haare und befreite sie vom Haargummi. Sie entspannte ihren Körper, kam mit ihrem Gesicht ganz nah an meines und küsste mich kaum spürbar auf den Mund. Mein Herz schlug schneller, und ich drückte mich ein wenig an ihren Körper, sodass ich ihre Brüste an meiner Brust und ihr Schamhaar an meinem Bauch spüren konnte. Sie schlang ihre Arme um mich und zog mich fester an sich. Ich gab dem Zug gern nach und erwiderte die Umarmung. So lagen wir eine Weile da, die Küsse wurden heißer, mein Körper wurde heißer, wir hatten alle Zeit der Welt, ich hatte keine Ahnung, wie das hier weitergehen würde, und wollte auch keine bekommen. Zwei Körper, die sich liebten, und eine gefühlte Endlosigkeit, die vor uns lag. Ich genoss. Jeden Atemzug, der nach ihr roch, jeden Kuss, jede kleine Bewegung, die sie durch ihre Atmung verursachte. Jede Berührung. Im Dämmerlicht konnte ich sehen, dass sie mich anlächelte.

Mit einer ebenso abrupten Bewegung, wie sie sich zu Beginn ihres Besuchs vollständig entkleidet hatte, verließ sie jetzt die Umarmung und verschwand mit dem Kopf unter der Decke. Ich war überrascht, reagierte jedoch nicht, da ich sehr entspannt war. Als sie mit ihrem Kopf bei meiner Körpermitte angekommen war, traf mich der Blitz. Mein Körper schüttete Adrenalin aus, meine Atmung beschleunigte sich, mein Herz raste, vor meinem inneren Auge sah ich Becker. Wo kam der denn her? Ich roch ihn. Ich hörte ihn atmen. Ich spürte seinen Körper. Ich hatte Angst. «Ist alles okay?», hörte ich ihre Stimme. Meine Körperreaktionen waren ihr nicht verborgen geblieben. «Alles okay», sagte ich, nachdem ich schnell und tief Luft geholt hatte. «Das war nur ein bisschen plötzlich.» Das war nicht gelogen. Das war die Antwort, die ich damals hatte. Diesen konkreten Übergriff von Becker konnte ich ja gar nicht bewusst erinnern. Das Erlebnis mit ihm war abgespalten und eingekapselt. Ich hatte keine Ahnung, was mit mir los war. Sie war verunsichert. «Möchtest du, dass ich weitermache?», fragte sie, ihren Kopf inzwischen wieder in der Nähe von meinem. «Ja», war alles, was ich sagen konnte und wollte. Nachdem mir jetzt deutlich geworden war, wer mit mir in einem Zimmer war, und nachdem ich wieder vollständig in der Gegenwart angekommen war, konnte ich die Begegnung genießen. Irgendwann schliefen wir als zwei blonde Löffel ein. Wenn ich heute die Augen schließe, kann ich immer noch ihren Rücken an meiner Brust spüren. Das ist ein schönes Gefühl. Gegen Morgen schlich sie aus meinem Zimmer. Als mein Wecker klingelte, sah ich ihr Haargummi neben meinem Bett liegen.

Nach der zwölften Klasse hatte ich von der Odenwaldschule genug. Ich beschloss, keine Kameradenfamilie mehr zu führen, jetzt hatte ich ja die Möglichkeit, auch so ein Einzelzimmer zu bewohnen. Ich zog zu Werner Mapper, dem Lehrer, bei dem Ikarus seine letzten beiden Jahre verbracht hatte. Das Mapper-Haus lag eigentlich nicht mehr auf dem Gelände der Odenwaldschule. Es war damals von der Schule angemietet worden, um dort eine weitere Heimfamilie unterzubringen. Lediglich drei Schüler wohnten in dem eigens angebauten Schülertrakt. Im eigentlichen Haus wohnte Werner Mapper mit seiner Frau und den drei Kindern des Ehepaars. Auch Paula war eine der von der Schulbank weg geheirateten Gattinnen eines Mitarbeiters. Mapper hatte Geschichte, Latein, Politikwissenschaft und Pädagogik in Tübingen und Göttingen studiert und wurde Mitarbeiter von Hartmut von Hentig an den Universitäten Göttingen und Bielefeld. Daneben war er seit 1981 Fachleiter für Pädagogik am Studienseminar für das Lehramt an Gymnasien in Bensheim. An der Odenwaldschule war er für die Ausbildung der Referendare verantwortlich. Besoldungsgruppe A 15.

Als Oliver Berendt in die siebte Klasse kam, war er in Werner Mappers Familie. Er hatte schon in vielen Gesprächen gehört, dass Becker schwul sei oder auf kleine Jungen stehen sollte. In dieser Zeit bekam er eine erste Ahnung davon, dass es sich hier um mehr als nur Gerüchte handeln musste. Als er eines Abends in das Herder-Haus ging und dort vom Haupteingang aus die Kellertreppe hinabstieg, hörte er von unten das laute Prasseln der Duschen, denn die Duschköpfe waren in der Odenwaldschule meistens abgeschraubt und der Duschstrahl prasselte laut auf die Fliesen. Fast unten angekommen, sah er eine Person vornübergebeugt durch das Schlüsselloch spicken. So banal und unglaublich es klingt, es war der Schulleiter Becker.

So leise wie Oliver Berendt gekommen war, so schnell war er auch wieder verschwunden, ohne Aufmerksamkeit zu erregen. Er erinnert sich noch heute an ein Gefühl der Peinlichkeit. Nach diesem Erlebnis sprach er sein Familienoberhaupt Werner Mapper an. Er wollte von ihm wissen, was er darüber dachte, dass Becker angeblich auf Jungen stehen sollte. Die Antwort war für ihn sehr unerwartet: Bei den Griechen in der Antike sei das Verhältnis von einem erwachsenen Mann zu einem Jungen eine ganz natürliche Angelegenheit gewesen, und es sei eine Frage des Standpunktes, wie er darüber dächte, ließ ihn Werner Mapper wissen. Das Gespräch ging nicht in Details dieser «natürlichen Angelegenheit», aber von da an war Oliver Berendt sehr vorsichtig.

Jahre später gab es an der Odenwaldschule einen Lehrer für Mathe und Biologie, der mit seiner Frau und seinem kleinen Kind in der Schule lebte, seine Frau erwartete hochschwanger das zweite Kind. Dieser Mitarbeiter hatte eine sexuelle Beziehung zu Susanne, Schülerin der 13. Klasse. Zu diesem Zeitpunkt war Oliver Berendt, inzwischen sechzehnjährig, noch einmal für zwei Jahre in Werner Mappers Familie und wohnte mit Susanne auf demselben Flur, da sie auch in Mappers Familie war. Auf einmal war Susanne weg. Wenige Monate vor dem Abitur. Oliver Berendt fand das seltsam. Zu diesem Zeitpunkt wusste er aber noch nichts von dem Verhältnis zwischen der Schülerin und ihrem Lehrer, das fand er durch Nachfragen erst heraus. Oliver Berendt war verstört. Er fragte Werner Mapper, was der denn von der sexuellen Beziehung Susannes zu dem werdenden Vater und Lehrer hielte. Ein anderer Ex-Schüler berichtete mir, dass die beiden Verliebten manchmal sogar nach Heidelberg in die Wohnung eines ehemaligen Schülers fuhren, um dort die körperliche Liebe ungestörter leben zu können. Werner Mapper antwortete umgehend. «Das finde ich unmöglich», sagte er dem Jungen aufgeregt, «dass die Susanne diese Situation so ausnutzt.» Oliver Berendt erinnert sich heute genau daran, wie er in diesem Moment jeglichen Respekt vor Mapper verlor. Als Mann, als Pädagoge, als Vorbild. Was Mapper als Ausbilder den jungen Lehrern wohl beibrachte? Oliver Berendt hat Susanne auf der Odenwaldschule nie wieder gesehen.

Im Jahr 2010 verschickte Mapper an alle möglichen Leute CDs. Im Anschreiben an seine «Freunde» weist Mapper auf die 60. Lindauer Psychotherapiewochen im Jahr 2010 und einen Vortrag von Harald Welzer hin, in dem es ums Erinnern ging. «Gedächtnis und soziale Identität». «Der Vortrag enthält interessante Hinweise auf die Vorgänge des ‹Erinnerns›, die mir in der Sache Missbrauch in der Odenwaldschule und die große Zahl derer, die sich inzwischen alle ‹als Missbrauchte outen›, sehr interessant zu sein scheinen», schreibt Mapper. «Sehr interessant zu sein scheinen», las ich mir selbst vor. Das ist ja an manipulativer Herrschaftsrhetorik und Pseudoobjektivität kaum noch zu überbieten. Im Vortrag auf der CD bezieht sich der Redner unter anderem auf das Thema «False Memory Syndrome». Das False Memory Syndrome unterstellt, dass sich Menschen mit oder ohne Hilfe von Therapeuten Erinnerungen einreden und einbilden und diese dann als tatsächliche Erlebnisse präsentieren. «Induzieren von Ereignissen» nennen das die Profis. Das ist eine ziemlich billige, aber wirkungsvolle Methode, den Berichten von Missbrauchsopfern keinen Glauben zu schenken, weil die unhaltbaren pseudowissenschaftlichen Aussagen der Anhänger der False-Memory-Syndrome-Theorie von Laien in der Regel nicht durchschaut werden. Zur Geschichte ganz knapp: Die «False Memory Syndrome Foundation» (FMSF) wurde 1992 von Pamela und Peter Freyd gegründet, nachdem ihre erwachsene Tochter, eine Psychologin, ihre Eltern über wiedergefundene Erinnerungen an innerfamiliären sexuellen Missbrauch informiert hatte. Nochmals: Die Tochter zeigte die Eltern nicht an, sie ging nicht an die Öffentlichkeit. Sie beschloss aber, sich zu outen. Die Eltern wehrten sich. Und zwar mit einer derartigen Wucht, dass ein anderer Autor die

Freyd-Familie als «einflussreichste dysfunktionale Familie Amerikas» bezeichnete. In wenigen Jahren verfügte die FMSF über ein Jahresbudget von 750 000 Dollar und 3000 Mitglieder, die meisten von ihnen Eltern oder sonstige Verwandte, die glauben/behaupten, zu Unrecht des sexuellen Missbrauchs beschuldigt zu werden.

Im Vortrag wird detailliert erläutert, wie es durch geschickte Befragung von Menschen möglich ist, Erinnerungen zu implantieren. Als Beispiel dient unter anderem ein Amoklauf an einer Schule. «Homogenisiertes Inventar von Erinnerungen» nennt das der Experte dann. Genau das ist es ja, was bei den Berichten der Ex-Odenwaldschüler fehlt. Die Erlebnisberichte sind voll individueller Details. Der Hinweis Mappers ist eine weitere Schädigung der Betroffenen.

Das False Memory Syndrome sollte uns in diesem Kontext immer wieder beschäftigen. Meistens wussten die Akteure, die diesen Kampfbegriff ins Spiel brachten, allerdings nicht so genau, wovon sie sprachen. Es handelt sich nicht um «induzierte Erinnerungen», wenn jemand Ereignisse durcheinanderwirft, weil er wegen seiner Traumatisierung völlig verunsichert ist, oder Jahreszahlen verwechselt, weil die für ihn als Kind keine Bedeutung hatten. Die triftige Erinnerung ist der Missbrauch und nicht, ob es ein Montag oder ein Mittwoch war. Erinnern und Vergessen gehen nicht im Dual von Wahrheit und Lüge auf. So stand es knapp und knackig in der *Süddeutschen* im Frühsommer 2011, als die weitgehend substanzlose Diskussion ihren aufgeregten Höhepunkt erreicht hatte.

Nach der zwölften Klasse war ich noch mit Kathrin, Thorsten, Balduin und einigen anderen OSOs gemeinsam in Spanien und Portugal unterwegs; als es Richtung Abitur ging, wurden die Bande zwischen uns etwas loser, es gab Querelen und Eifersüchteleien, Kathrin war inzwischen lieber ein Paar mit einem unserer Klassenkameraden, ich war mit einer anderen jungen Frau zusammen. Ober-Hambach wurde irgendwann einfach zu eng für unsere Bedürfnisse.

Ein Highlight der Woche in Ober-Hambach war der Samstagabend im Blockhaus. Disco. Das Blockhaus bestand aus einem Raum, der in Tanz- und Abhängfläche unterteilt war. In den Ecken hingen große Boxen, aus denen die von den Schülern aufgelegte Musik schallte. Es galt das Alkoholverbot, wie auch in dem Film «Schule auf dem Zauberberg» gesagt wurde. In der nächsten Kameraeinstellung sah man einen jungen Mann in einer Ecke des Blockhauses stehen. Mit der Bierflasche in der Hand. Manchmal tauchte hier auch ein Mitarbeiter auf, meistens jedoch nicht. An einem Abend war Wolfgang Harder zu Gast. Kommentiert wurde das von der Schülerschaft mit «Harder raus»-Rufen. Der großgewachsene Schulleiter, der sich selbst durch seinen gebückten Gang etwas von seiner physischen Länge nahm, reagierte auf die Rufe nicht. Es setzte Knuffe in die Rippen und Tritte vors Schienbein. Endlich verstand er. Harder verließ das Blockhaus und rannte. Wolfgang Harder rannte weg. Die Schüler, die vor dem Blockhaus standen, quatschten und rauchten, trauten ihren Augen nicht. Von der Szene im Blockhaus hatten sie nichts mitbekommen. Der Vorfall wurde mit der Schülerschaft nicht kommuniziert.

Im September 1987 erschien die Erstausgabe des «Pflasterstein», einer Schülerzeitung, die von Stefan Heuer und Freunden ins Leben gerufen worden war. Stefan war neu an der Odenwaldschule und brachte einen Kessel Buntes an Ideen aus der sogenannten «linken Szene» mit, die er bald nach seiner Ankunft in Ober-Hambach zu verbreiten begann. Zu diesem Zeitpunkt gab es bereits eine Schülerzeitung in der Odenwaldschule, die «SZ», herausgegeben von einer anderen Schülergruppe, die mit Stefan und seinen Freunden nichts zu tun hatte.

Der «Pflasterstein» Nummer eins startete mit dem Abdruck eines Briefes an Pro Familia, in dem um die Zustellung von einhundert Kondomen gebeten wurde, da die Herausgeber beabsichtigten, ihrem Artikel «Präser her» jeweils ein Kondom beizulegen. Der «Pflasterstein» erschien in einer Auflage von 100 Stück. Da haben die Jungs sauber gerechnet. Pro Familia verwies allerdings an die Hersteller der kleinen Gummitüten. Auf Seite zwei befand sich neben dem Impressum, «verantwortlich im Sinne des Urheberschmutzgesetzes», ein Artikel, der, nachdem er erklärt hatte, warum der «Pflasterstein» 20 Pfennig kostete, in das Thema Pädophilie einstieg:

«Wir verstehen uns weniger als Schülerzeitung als einfach als Zine [Fan-Magazin]. Also schreiben wir auch ab, was Nichtschüler geschrieben ham, und was wir wichtig finden. Man könnte sagen Gastschreiber. Noch ein paar Worte, weils einfach sein muss: Die SZ spiegelt die allgemeine OSO-Meinung wieder. Grünes Demokratiegelalle und rotgrüne Friedensangebote an die schwarzbraunen Herrscher. Solange die Grünen, wie in Berlin, zu faschistischen Methoden greifen (wie sexuelle Denunziation), können sie uns gestohlen bleiben. In Berlin versuchten sie, einen CDU-Politiker fertig zu machen, weil dieser pädophil ist. (Pädophilie: Liebe/Sex zu Kindern). Pädophile werden heute, und auch von der Linken, als gerade so pervers hingestellt, wie Schwule im Dritten Reich. Die sog. Heterosexuellen können nicht verstehen, wenn jemand Kinder liebt und mit ihnen schlafen will (auf gewaltfreier Zuneigungsbasis, jawohl, die gibt es). Und das was diese Heteros nicht verstehen können/wollen ist schlecht, pervers, gehört verboten. Solange sich Grüne an brisanten Themen vorbeilügen, solange sie labern ohne was zu tun, solange pfeifen wir auf sie.»

Dem Artikel folgt auf der nächsten Seite die Aufforderung zum homosexuellen Coming-out, garniert mit Fotos von Leder-Schwulen, die aneinander oralen Verkehr ausüben, und einem Herrn, mit Lederkäppi, Lederweste und Leder-String-Tanga bekleidet, der von hinten abgelichtet ist und mit dem verdrehten Kopf über die Schulter blickt. «Schwul» stand als Überschrift darüber.

Es folgen «Für den Staat ist der Mensch Material» und «Die Kapitalisten rufen, und die Bildungspolitiker stehen stramm», der Song-Text der Band Ton, Steine, Scherben: «Keine Macht für Niemand», unterlegt mit Bildern von gewalttätigen Auseinandersetzungen bei einer Demonstration zwischen Zivilisten und Uniformierten.

Auf Seite zehn meldet sich «Frank S.» zu Wort. «Blinde Gefolgschaft auf dieser Anstalt» nennt er seinen Beitrag. Er beginnt mit einem historischen Diskurs über das preußische Militär, die durch harte Kinderarbeit wehrdienstuntauglichen Rekruten und die Funktion der Schule zu dieser Zeit. Er verweist auf gegenwärtig 600 Selbstmorde von Schülern aus Angst vor schlechten Noten und die restriktive Internatsschule Salem. Frank S. hat sich warmgeschrieben.

«Manche denken, die OSO sei schon fast revolutionär. Auch Ex-Kämpfer Cohn-Bendit, heute Realo-Grüner, fährt drauf ab. Seid ihr blind? Als ich in Frankfurt zwei Schulen verlassen musste, weil ich nicht so spurte, wie die konservativen Ärsche wollten, empfahl mir das Jugendamt die OSO. Das Jugendamt, das sonst die Aufgabe hat, Ausreißer einzufangen, ‹schwer erziehbare› in Heime zu weisen. Wie man sieht, die Methode klappt: Wenn dann unser SV-Präsi Benjamin, wie neulich zu Christian (11. Klasse), sagt: ‹Bedenke, der Lehrer ist hier nicht dein Feind, sondern dein Freund›, können wir nur sagen: Unsere Freunde suchen wir uns selber aus. Woanders. Es geht mir nicht darum, jetzt den Lehrer als Feind hinzustellen. Wirklich nicht, dafür sind hier zu viele Lehrer wirklich in Ordnung. Aber ich will auch nicht, dass die Schülervertretung dahingehend arbeitet, aus uns OSO-Schülern eine blinde Gefolgschaft zu machen. Blinde Gefolgschaften sind das Fußvolk des Faschismus. Egal, wo und wie sie zu blinden Gefolgschaften werden. Ich finde es zum Beispiel nur mäßig freundschaftlich, wenn xxxxx xxxxx [hier steht im Originaltext der Klarname der Mitarbeiterin, der von der Redaktion mit xxx überschrieben wurde, jedoch weiterhin lesbar ist] vom Blockhaus als ‹Kiffer- und Säuferhöhle› spricht, obwohl sie doch gar keine Ahnung hat. Preisfrage: Wer hat xxxxx längere Zeit im Blockhaus gesehen? Sie stützt sich auf Aussagen von Denunzianten und jugendlichen Frühspießern. Und wie wahnsinnig diese Denunzianten sind, verdeutlicht die Story von Hubi v. Xxxxx. Er fragte die Leute einzeln, wer ihm was zu rauchen besorgen könne, um dann die Liste unserem verordneten Freund, dem Schulleiter zu übergeben, und sagt allen Ernstes zu einem Mitschüler: ‹Ich räume hier auf – mein Freund ist an Crack gestorben.› Aufräumer brauchen wir nicht, und Lehrer, die sich auf solche oder ähnliche Wahnideen stützen, auch nicht! Aber zurück zum eigentlichen Thema (man wirft mir ja manchmal vor, in einem Artikel dreimal das Thema zu wechseln). Es ist gefährlich, seine Skepsis völlig wegzulegen, nur weil die Lehrer Jeans anhaben und geduzt werden. Und gerade die OSO ist eine Schule mit Schülern, die von sich selbst glauben, links, aufmerksam und revolutionär zu sein. STIMMT ABER NICHT. Frank S.»

Abgerundet wurde das 18-seitige Blatt durch Artikel über Rudolph Heß und die Richtigkeit seiner lebenslangen Inhaftierung, das grausame B des ABC-Alarms, das Polizei-Recht am eigenen Bild, die Instrumentalisierung der Sexualität und die Methoden der Polizei, bei Demonstrationen Provokateure einzusetzen.

Unter dem Inhaltsverzeichnis stand auf Seite zwei: «Leserbriefe, ehrlich gemeinte Kritiken und Denkanstöße willkommen!»

Und schon war der Denkanstoß unterwegs. In der nächsten Ausgabe des «Pflasterstein» vom Oktober 1987 war ein «Leserinnenbrief» abgedruckt. Von einer Mitarbeiterin. Von Evi Breuer.

Evi Breuer gibt zunächst ihrer Langeweile zu diesem «ganzen ziemlich dick aufgetragenen ‹Anti-Staat-Scheißbullen-und-überhaupt-Heldenpathos›» Ausdruck, um sich dann dem Artikel «Schwul» etwas ausführlicher zu widmen. Vor allem den Fotos der sich in der sexuellen Interaktion befindenden Männer. «Wenn ich mir diese ‹Menschen› (sic!) genauer ansehe, kann ich zum Beispiel keinerlei Brutalität erkennen, im Gegenteil, der Gesichtsausdruck (wer also hat da nur auf den Penis geschaut) ist bei den beiden Großaufnahmen ausgesprochen zärtlich. Wie er liebevoll sein Geschlecht betrachtet und an dem seines Partners ‹lutscht›.»

Evi Breuer navigiert die Schülerschaft durch die pornographischen Abbildungen. Reizend.

«Also für mich stellen diese Fotos eine ganz natürliche, unverkrampfte und bejahende Haltung zur eigenen Sexualität dar und zu der des Partners – auch ohne Weichzeichner.»

«Bei vielen wiederum scheint auch das schwarze Leder und der Gürtel Ausdruck von menschenverachtendem Sado-Maso-Sex angekommen zu sein. Ich kann mir nicht helfen, aber ich kann an schwarzer Reizwäsche allein noch nichts Verwerfliches finden – solange keiner dabei mit 'ner Peitsche rumfuchtelt und statt geschmust gequält wird. Und auf dem letzten Bild: Pobacken sind einfach mal was ‹geiles› (erotisches) – Na und? … die vielen Zirkus- und Kabarett-Damen motzen damit schon lange das Programm erotisch auf … Eines wurmt mich mit der Ablehnung dieser für mich einfach erotischen Bilder ganz besonders, nämlich da, wo sie ‹pädagogisch› mit dem besorgten Jugendschutz begründet wird.»

Jetzt wusste die Schülerschaft, woran sie mit Evi Breuer war. Gut, dass wir darüber geredet haben, war eine Floskel dieser Zeit.

Über den Artikel zur Pädophilie verlor sie kein Wort.

Der Rest des Blattes war thematisch eine Fortsetzung der ersten Ausgabe. «10 Jahre Stammheimer Morde – Nichts wird vergessen», titelten die Macher.

Schüler der Odenwaldschule verteidigten in ihrer Schülerzeitung eine Straftat – Sex mit Kindern –, garnierten das Ganze mit fotografischer Pornographie, verteilten das Heftchen in der Schule, und als Leserbrief erhielten sie: den Brief einer Lehrerin, in dem diese ihren Schülern mitteilt, was sie erotisch findet. Die Verteidigung einer Straftat wurde mit einer Grenzüberschreitung beantwortet.

Im Winter 1987 besuchte ich Ikarus in Berlin, wir wollten zusammen Weihnachten feiern, doch wir verstanden uns nicht mehr. Am Heiligen Abend saßen wir gelangweilt in seiner Wohnung herum und tranken eine Dose Bier nach der anderen. Wir gingen uns auf die Nerven. Irgendwann eskalierte ein Streit zwischen uns, und Ikarus verließ türenknallend die Wohnung. So saß ich da, in Berlin, angesoffen, frustriert, traurig und hatte genug. Ich schnappte meine Sachen, warf sie ins Auto und fuhr nach Frankfurt. «Frohe Weihnachten», wünschte mir der Grenzbeamte der DDR bei der Ausreise aus West-Berlin. Dass ich bei dieser Fahrt mit zwei Händen voll Dosenbier im Kopf mehr riskierte als meinen Führerschein, war mir nicht so richtig bewusst. In den Kasseler Bergen war die Fahrt zu Ende. Schneegestöber. Ich rutschte gerade noch auf die Raststätte und rollte mich auf dem Rücksitz in meinen Schlafsack. «Wenigstens keine geheuchelte Weihnachtsstimmung», sagte ich zu mir selbst. Ich war müde von diesem Leben.

Mit Werner Mapper kam ich gut aus. Mit seiner Frau allerdings nicht. Ich weiß nicht, was da schiefgegangen ist, sie warf mir vor, dass ich sie ausnutzen würde. Wir hatten keine gemeinsame Sprache und anscheinend auch nicht das Bedürfnis, eine solche zu entwickeln. Besuch bekam ich dort oben wenig. Es war ein einsames Jahr. Unsere Clique verlief sich. Ich hatte oft für Tage Schwierigkeiten, meinen depressiven Stimmungen nicht vollständig das Feld zu überlassen. Ich kämpfte manchmal um jede Stunde. Wie sollte es eigentlich im nächsten Sommer weitergehen? An einem bestimmten Tag im Juni würde die Entlassung der Abiturienten anstehen. Dann wäre das Zimmer zu räumen. Dann würde ich ein letztes Mal als entschlossener Schüler das Hambacher Tal hinunterrollen. Und dann? Wohin? Wovon leben? Mit wem? Was tun?

Ich bekam Entscheidungshilfe. Bei einem kurzen Aufenthalt bei meiner Mutter fand ich auf meinem Bett den Musterungsbescheid. Auf die Eskorte der Feldjäger konnte ich verzichten und ging zum Termin. Die Ärztin fragte mich nach meinem Zigaretten-, Drogen- und

Alkoholkonsum. Ich antwortete wahrheitsgemäß. Mir war damals so ziemlich alles egal. Sie schaute mich an. Sollte sie doch denken, was sie wollte. Sie glaubte meinen Angaben nicht. Das konnte sie sich nicht vorstellen. War nicht mein Problem. «Tauglichkeitsstufe 2» lautete das Ergebnis. Aha.

Ich quälte mich durch meine Begründung, um als Kriegsdienstverweigerer anerkannt zu werden, und war heilfroh, als ich den Brief endlich abschicken konnte. Zehn Tage später war die Anerkennung zugestellt. Jetzt galt es eine Zivildienststelle zu finden. Wer sich nicht selbst um eine Stelle kümmerte, wurde eingezogen. Das bedeutete Pflegedienst in einem Altenheim im tiefsten Bayerischen Wald oder etwas Vergleichbares. Das wollte ich nicht. Aber wo sollte ich suchen? Ich wusste ja noch nicht einmal, in welche Stadt ich ziehen sollte. Was ist in einer solchen Situation zu tun? Ich trank damals ziemlich viel. Als Nächstes kaufte ich mir ein Auto. So war zumindest klar, wie ich dorthin kommen würde, von dem ich noch nicht wusste, was und wo es war. 75 Deutsche Mark investierte ich in ein Modell, das mich für einige Monate quer durch Europa transportieren sollte, auf der Suche nach einem anschlussfähigen Leben.

Bei unserer Abitursrede sprach Harder über den Roman «Die Welle».

Ausgangspunkt des Romans ist ein Film über den Holocaust, den der Geschichtslehrer Ben Ross in seiner Klasse im Rahmen des Unterrichtsblocks «Zweiter Weltkrieg» vorführt. Der Film stößt in der Klasse neben Betroffenheit einerseits auf Unverständnis, wie sich ein derartiges Regime etablieren konnte bzw. viele Deutsche vom Holocaust nichts gewusst hätten, andererseits sind die Schüler der Überzeugung, dass sich eine derartige Manipulation der Massen nicht wiederholen könne. So entschließt sich der Lehrer, ein Experiment durchzuführen: «Die Welle». Das Experiment soll zeigen, wie Menschen durch einfache Methoden manipuliert werden können. «Die Welle», eine autoritäre Gemeinschaft, für die der Geschichtslehrer seine Klasse zu überzeugen beginnt, stützt sich auf drei in aufeinanderfolgenden Unterrichtsstunden aufgestellte Prinzipien: Die erste Stufe, «Macht durch Disziplin!», besteht nur aus der Einübung von Disziplin und einer straffen, auf die sich autoritär verhaltende Person des Lehrers fixierte Unterrichtsform, wie sie bis in die 50er und frühen 60er Jahre in Schulen alltäglich war. In der zweiten Unterrichtseinheit, «Macht durch Gemeinschaft!», wird die Klasse auf ein unbedingtes, überindividuelles Gemeinschaftsgefühl eingeschworen und erhält vom Lehrer das gemeinsame, identitätsstiftende Symbol der Welle samt dem dazugehörigen Gruß.

«Es ist das Gefühl, Teil eines Ganzen zu sein, das wichtiger ist als man selbst», erklärt Mr. Ross. «Man gehört zu einer Bewegung, einer Gruppe, einer Überzeugung. Man ist einer Sache ganz ergeben …»

In der dritten Einheit, «Macht durch Handeln!», verpflichtet er die Schüler auf geschlossenes Handeln der Gruppe, auf Egalität innerhalb der Gruppe und die Pflicht, neue Mitglieder anzuwerben. Dennoch werden mit der Verteilung von unterschiedlichen Mitgliedskarten für einfache Mitglieder und Führungspersonen, die die Pflicht zur Meldung abweichenden Verhaltens haben, eine hierarchische Struktur und ein Überwachungssystem geschaffen. «Die Welle» verfügt trotz der eingeführten autoritären und totalitären Strukturen über keine inhaltlichen Grundsätze, Ziele oder eine Ideologie, wie sie totalitären Systemen und Gruppierungen oder religiösen Sekten eigen sind.

Harder zitierte eine Stelle aus dem Buch: «Einstein hat einmal gesagt, die Welt wird nicht bedroht von Menschen, die böse sind, sondern von denen, die das Böse zulassen. Ich glaube, irgendjemand hätte, gleich als ich mit ‹Der Welle› begann, aufstehen und sagen sollen: Mr. Jones, ich folge Ihnen nicht, ich sage Ihnen, das ist schlecht, was Sie machen. Dann hätten wir anfangen können, darüber zu reden. Aber während des ganzen Experiments hat sich niemand dagegen gewehrt, kein Schüler, kein Lehrer, von den Eltern niemand und niemand von den Geistlichen – und das ist es, was mich erschreckt.»

Dann kehrte Harder wieder nach Ober-Hambach zurück und reflektierte das Zusammenleben der Gemeinschaft in der Odenwaldschule. Er zählte die von ihm beobachteten Gegenbeispiele des «Nichts-Hörens, Nichts-Sehens, Nichts-Sagens» auf und sprach über die Schüler, die sich niemandem anvertrauen. Harder bezog sich hier auf den Drogen- und Alkoholmissbrauch an der Schule. Er skizzierte die Situation derer, die mit ihren Problemen allein sind und die «auch von euch im Stich gelassen werden». Diese Worte galten der Schülerschaft. Harder setzte in seiner Rede fort: «Da ist er wieder (…) der Nährboden für unheilvolle Bewegungen nach dem Muster des Experiments von Ben Ross alias Ron Jones. Und die besonders gefährlichen Nährstoffe an dieser Stelle heißen: ungerührte Gleichgültigkeit, beflissenes Wegsehen und Weghören, stummes Achselzucken; oder mit anderen Worten: die Unbereitschaft oder vielleicht sogar Unfähigkeit, Verantwortung zu übernehmen, verbindlich und mit Zähigkeit und Phantasie sich einzulassen auf einen einzelnen Menschen, sich einzusetzen für eine Gruppe, eine größere Gemeinschaft, eine Institution.»

Harder dankte den Schülern des Abiturjahrgangs und nannte als Kriterium dafür, dass wir zu den Guten gehörten, unsere «Bemerkungen» im Abiturzeugnis. Jeder Zweite von uns war in einem Ausschuss, dem Schülerparlament, der Feuerwehr oder so.

Jeder Abiturient wurde nach vorn gerufen und per Handschlag von Wolfgang Harder und unserem Klassenlehrer Henner Müller-Holtz verabschiedet. Als ich Harder die Hand gab, ging ein Gelächter durch den Saal. Meine Klassenkameraden erkannten intuitiv die groteske Situation. Es gibt sogar ein Foto von Harder und mir beim Handschlag.

Die Abiturfeier langweilte mich. Der Schulleiter hielt eine Rede. Der Klassenlehrer hielt eine Rede. Die Schülervertreter hielten eine Rede. Reden kannte ich ja schon. Odenwaldschule at its best. Als ich mit einem geliehenen VW-Bus meine Habseligkeiten den Berg hinunterkutschierte, war ich auf eine erschöpfte Art erleichtert.

JUNI 1992: POINT OF NO RETURN

Die Sonne scheint durchs Fenster, also ist es Tag. Ich liege auf dem Holzfußboden meines Zimmers in meiner Wohngemeinschaft und bin völlig betrunken. Mit völlig betrunken meine ich so betrunken, dass ich mich nicht mehr ausziehen und ins Bett legen konnte. Ich versuche den gestrigen Abend zu rekonstruieren: keine Chance. Offensichtlich habe ich aber nach Hause und in mein Zimmer gefunden. Ich bin körperlich immer noch in einem total betäubten Zustand und beschließe, den Versuch, aufzustehen, auf später zu verschieben, und bleibe einfach liegen. Plötzlich wird mir klar, dass die Bilder, die in meinem Kopf unterwegs sind, keine Einbildungen, Träume oder Phantasien sind, sondern Erinnerungen. Er-

innerungen an den jahrelangen sexuellen Missbrauch durch Becker. Hun-
derte von ekelhaften Bildern, die ungefragt wie auf einer Großleinwand
vor meinem inneren Auge sichtbar werden, verbunden mit dem Gefühl,
dass mich jemand mit Benzin übergossen und angezündet hat. Plötzlich
wird mir klar, dass die ständige Betäubung mit Alkohol in großen Men-
gen nicht mehr dazu dient, die Bilder von mir fernzuhalten. Plötzlich
wird mir klar: Ich habe ein Problem. In diesem ganzen Schmerz und die-
sem ganzen Wahnsinn gibt es auch ein Moment der Erleichterung. Intui-
tiv spüre ich, dass nichts mehr so sein wird wie vorher, dass ab jetzt mein
Leben ein anderes sein wird. Ich weiß nur noch nicht, welches.

Einige Stunden später schreit mein Körper nach Nachschub, längst
bin ich chronisch alkoholabhängig, und mir wird bewusst, dass Alkohol
nicht mehr ausreicht, die Bilder aus meinem Kopf zu verjagen. Was tun?
Härtere Mittel einsetzen? Oder soll ich mich der ganzen Scheiße stel-
len? So liege ich in meinem Zimmer auf meinem Bett, und aus Sekun-
den werden Minuten, werden Stunden. Seele, Geist und Körper haben
ihr synchrones Zeitempfinden verloren. Mein Gehirn versucht Gedanken
zu formen. Es entstehen lediglich Missbildungen. Ich kann in diesem Mo-
ment nicht sicher sagen, ob es eine Realität gibt und wie diese aussehen
könnte. Ich bin völlig verunsichert und verängstigt. Die einzige spürbare
innere Motivation sind die körperlichen Entzugserscheinungen.

Ich rief eine Freundin an und redete ein bisschen um den heißen Brei
herum, kam aber irgendwann zu dem Punkt, ihr zu gestehen, dass ich
ein Problem mit dem Trinken hatte.

«Wenn du ein Problem mit Alkohol hast, dann geh doch zu den
Anonymen Alkoholikern!» So kam es, wie aus der Pistole geschossen,
aus der Telefonleitung in mein Ohr. Mmh, eigentlich eine gute Idee,
dachte ich, aber ich setze mich doch nicht mit lauter obdachlosen Pen-
nern zusammen. Das war damals meine Vorstellung von den Teilneh-
mern dieser Selbsthilfegruppe. Wozu soll das denn gut sein?

Blöderweise wurden die Entzugserscheinungen immer schlimmer.
Ich zitterte, bekam kalte Schweißausbrüche und konnte meine Gedanken immer schlechter auf eine Überlegung konzentrieren. Es war inzwischen Montagnachmittag, ich hatte noch nichts essen können, und
mir war hundeelend. Das Fieberthermometer lieferte Hinweise dar-

auf, dass ich ziemlich krank war. Also gut. Ich nahm den Hörer in die Hand und wählte.

«Anonyme Alkoholiker, Bernd am Apparat.»

«Äh», räusperte ich mich, «ich rufe an, weil, ja, ich glaube, ich habe ein Problem mit dem Trinken, können Sie mir da irgendwie weiterhelfen?»

«Kommen Sie am besten in eines unserer Meetings, da können Sie für sich klären, ob AA für Sie hilfreich sein könnte.»

«Ähm, ja, das ist eine gute Idee, findet denn diese Woche noch so ein Treffen statt?»

«Warten Sie, ich gebe Ihnen die Daten und Adressen unserer heutigen Meetings schnell durch.»

Halt. Stopp. Das ging mir jetzt ein wenig zu schnell. So schlimm war es ja vielleicht doch nicht, als dass ich gleich sofort irgendwohin gehen wollte, um mit fremden Menschen über etwas zu sprechen, wovon ich selber noch nicht wusste, was es eigentlich genau war.

«Geben Sie mir am besten auch die Termine für die folgenden Tage», entgegnete ich dem ruhigen und freundlichen Mann am Telefon.

«Gerne, haben Sie was zum Schreiben?»

Als ich auflegte, hatte ich ein ganzes Blatt mit Terminen der AA vollgekritzelt und war nun völlig ratlos. Irgendwie wusste ich intuitiv: Wenn ich da jetzt hineingehe, würde dieser Schritt nicht mehr rückgängig zu machen sein. Wollte ich das? Die Sache war, dass ich gar nichts mehr wusste. Ich blieb erst mal, wo ich war, in meinem Zimmer.

Nachts wachte ich auf, im ganzen Zimmer verteilt standen etwa dreißig leere Bierflaschen herum, was war hier los? Ich hatte schlecht geträumt, musste pinkeln und ging zur Toilette. Als ich aufstand und das Licht anknipste, war ich überrascht. Die Flaschen waren weg. Wow! Das waren dann wohl Halluzinationen.

Ich hatte Albträume gehabt. Jemand ist in diesem Traum in mein Zimmer gekommen und hat an meinem Bett gestanden. Ich habe mich von dieser Person existenziell bedroht gefühlt, hatte das Empfinden, diese Person war gekommen, um mich zu töten, um mir die Seele zu rauben.

Gut, dass ich zu diesem Zeitpunkt noch nicht wusste, wie lange mich diese Albträume verfolgen würden, das hätte mich nur unnötig belastet, denn ich hatte jetzt erst mal andere Probleme. Später, als diese Person für mich greifbarer und beschreibbarer wurde, nannte ich sie «den Jäger». Ich träumte immer wieder den gleichen Albtraum. Der Jäger verfolgte mich über eine hügelige Landschaft. Ich rannte. Ich floh. Keuchend. So schnell ich konnte. Ich stürzte. Der Jäger kam näher. Wenn er ganz nah war, setzte er an, mich zu töten. Dann wachte ich auf. Schweißgebadet. Erschöpft. Erleichtert, dass es nur ein Traum war. Aber was für einer.

Am Mittwoch war ich dann so weit, mir ging es total beschissen, ich konnte nicht richtig schlafen, ich konnte nichts essen, mir war schlecht, und ich war hochgradig aggressiv gegen alles und jeden. Ich nahm mir den Zettel, auf dem ich die Termine notiert hatte, und suchte mir ein AA-Meeting heraus, das in der Nähe meiner Wohnung stattfand. Ich wollte in diesem Zustand so wenige Außenkontakte wie möglich. Bloß nicht U-Bahn fahren oder so was. Auf keinen Fall konnte ich an Orte gehen, an denen sich viele Menschen aufhielten oder an denen Lärm war. Ich hatte massive klaustrophobische Beklemmungen. Auch diese würden für lange Zeit anhalten. Für sehr lange Zeit.

Bei dem AA-Meeting angekommen, interessierte sich zunächst niemand so richtig für mich, ich könnte auch sagen, man ließ mich zunächst in Ruhe, also setzte ich mich auf einen freien Platz und schaute, wo ich so gelandet war. Was mir sofort auffiel: Alle hier waren sehr gepflegt gekleidet und machten einen entspannten Eindruck. Gepflegter und entspannter als ich jedenfalls. Als ich dann die Lebensgeschichten der Männer und Frauen hörte, wurde mir klar: Die haben Ahnung vom Saufen. Und mir wurde auch klar: Sie haben auch eine Ahnung davon, wie es weitergehen kann, wenn man in einem Zustand ist, wie ich es war. Die einzige heruntergekommene Type in diesem Kreis war ich, von wegen obdachlose Penner und so.

Nachdem den anderen offensichtlich klargeworden war, dass ich im Moment nicht mehr richtig durchblickte in meinem Leben, teilte mir jemand am Ende des Meetings mit, ich solle einfach gar nichts machen, außer am nächsten Tag in das nächste Meeting zu gehen und bis dahin keinen Alkohol zu trinken, irgendwann würde es besser werden. Offensichtlich schaute ich ziemlich schräg aus der Wäsche, denn die Frau gab mir ihre Visitenkarte und meinte: «Wenn du merkst, dass du es nicht schaffst, nicht zu trinken bis zum nächsten Meeting, ruf mich einfach an, dann können wir reden.»

Eine gute Stunde nachdem ich wieder zu Hause angekommen war, hatte ich das Gefühl, gleich total auszurasten. Die Entzugserscheinungen fühlten sich schrecklich an, ich hatte überall Schmerzen und konnte keinen klaren Gedanken mehr fassen. Ich hatte das Gefühl, dass ich nichts mehr zu verlieren hatte. Also wählte ich die Nummer auf der Visitenkarte. Kurze Zeit später saßen wir in einem Café, und ich redete kreuz und quer, ich habe heute keine Ahnung mehr, worüber. Irgendwann war ich erleichtert, konnte wieder ruhig atmen und auch eine Minute lang zuhören.

«Meinst du, du überstehst die Nacht?»

«Na ja, ich werde mich nicht in Luft auflösen», erwiderte ich. Selbst in diesem Zustand blieb ich bei meinem rotzig-aggressiven Ton anderen gegenüber.

«Na ja, ich meine, überstehst du die Nacht, ohne dass du trinken wirst?», fragte mich mein Gegenüber freundlich.

Ich saß da und glotzte. Was weiß denn ich? Von den Bildern in meinem Kopf habe ich nichts erzählt, konnte ich nichts erzählen, mein Sprachzentrum hatte darauf keinen Zugriff. Ich wusste damals auch nicht, dass ich ein Sprachzentrum habe und was eine Posttraumatische Belastungsstörung ist. Ich wusste damals nur: Saufen geht nicht mehr, aber Nicht-Saufen geht auch noch nicht. Ich sagte nichts.

«Ich möchte jetzt gerne gehen, ich bin müde. Falls du merkst, dass du es nicht schaffst, nicht zu trinken, ruf mich an, jederzeit. Ruf mich an, bevor du trinkst, nachher ist es zu spät», waren die Worte der Frau zum Abschied.

Das war einfach. Das hatte ich verstanden. Mit jemandem sprechen, bevor man sich die Lichter ausschießt. Diese Mitteilung war sogar in meinem Zustand bis in mein Bewusstsein vorgedrungen.

Ich habe ziemlich oft angerufen. Ich war ziemlich oft in AA-Meetings in ganz Europa, je nachdem, wo ich mich gerade aufhielt. Ich bin seit dem 1. Juni 1992 lückenlos trocken. Bill und Bob (die Gründer der Anonymen Alkoholiker, Anm. d. Verf.), liebe Freunde von AA, vielen Dank.

Von diesem Tag an war ich zunächst pausenlos krank. Husten, Mandelentzündung, Grippe und so weiter, immer in Verbindung mit hohem Fieber. Wochenlang. Meine Hausärztin hatte mir versprochen: «Ihr Fieber hat eine Ursache, und die werden wir finden.» Also einmal das ganze diagnostische Programm bitte. Nichts wurde gefunden. Gar nichts. Fieber hatte ich immer noch. Ich hatte die Idee, dass es gut für mich wäre, eine Weile weg zu sein. Vor meinem Absturz hatte ich mir vorgestellt, mal nach Neuseeland zu gehen. Mit den Albträumen und Halluzinationen, die mich jede Nacht plagten, fand ich das jetzt keine so gute Idee mehr. Das Ende vom Lied war, dass ich mich in eine psychosomatische Klinik einweisen ließ. Dort war ich einige Monate lang unter Süchtigen, die gerade mal nicht drauf, sprich: abstinent, waren. Das war gut. Eine längere Phase der Abstinenz war die Voraussetzung für die Aufnahme in die Klinik.

«So sieht also die Welt aus, wenn man nicht zugeknallt ist», dachte ich damals oft. Ich konnte mich der vielen Reize kaum erwehren, habe mich von allem um mich herum völlig überflutet gefühlt. Ich konnte damals sagen: «Ich bin als Kind in der Schule missbraucht worden.» Ich konnte auch die Person benennen, die mir das angetan hatte. Aber ich konnte nicht sagen, was passiert war. Ich konnte es einfach nicht. Ich hatte auch kein Gefühl dazu. Ich hatte immer wieder Gefühle von schwerer Depressivität, also eigentlich ein Nicht-Gefühl, aber keinen Zorn, keine Trauer, keine Verzweiflung, nichts. Nur Leere. Eine Leere, die sich anfühlte wie Sterben ohne Tod. Denn es hörte ja nicht auf.

Nach meiner Entlassung suchte ich mir eine Therapeutin zur Nachsorge. Mein Hauptthema war dann für lange Zeit das Leben und Überleben in dieser Welt im nicht betäubten Zustand. Ich bekam weiterhin zu den Missbrauchserlebnissen kein Gefühl und konnte auch weiterhin nicht darüber sprechen. Das ist für Jahre so geblieben. Weiterhin träumte ich vom Jäger. Das empfand ich als sehr belastend. Am Tag nach solchen Albträumen war ich total gerädert und brauchte viele

Stunden zur Erholung. In den Wochen, in denen ich jede Nacht davon träumte, bekam ich demnach fast nichts auf die Reihe. Dann erschien es mir sehr verlockend, mich zu betrinken, um einfach mal wieder schlafen zu können. Ich wusste jedoch, wohin das führen würde. Da wollte ich nicht wieder hin. So viel war klar. Also hielt ich durch.

Seit meiner Jugend litt ich unter paranoiden Vorstellungen. Ich hatte diese Gefühle von Verfolgtwerden allerdings immer mit meinem Alkohol- und Drogenkonsum in Verbindung gebracht. Jetzt war ich clean, und diese Zustände wurden häufiger und nahmen in ihrer Heftigkeit zu.

Der Jäger war mein ständiger Begleiter geworden. Kathrin Heres wird mich später fragen: «So ein Mann mit Knickerbocker und einem Hut mit Gamsbart?» Nein, eher so eine abgerissene Person, an der alles darauf hinweist, dass sie sowohl entschlossen ist als auch nichts mehr zu verlieren hat. Also am ehesten so eine Figur wie ein Desperado in einem Western.

Irgendwann musste ich sogar das abendliche Laufen am Fluss einstellen, weil das Gefühl, es liefe jemand hinter mir her, so unerträglich und beängstigend war, dass ich es nicht mehr steuern oder mich selbst beruhigen konnte. Es war kein Gedanke. Mein Körper hatte Angst, mir schlotterten buchstäblich die Knie. Existenzielle Angst. Wenn ich mich in solchen Zuständen nicht beeilte, in beleuchtetes Gebiet zu kommen, wurde der Jäger real, ich sah ihn, er stand vor mir, er wollte mich töten. Andere Personen konnten ihn nicht sehen. Was ist Realität? Ich erzählte damals niemandem davon. Ich hatte Angst, dass man mich für verrückt erklärt hätte.

Wenn man aufhört zu saufen, hat man plötzlich Zeit. Viel Zeit. Und mehr Geld. Das Leben wird billiger. Aber man hat auch den Berg von Zuständen, derentwegen Alkohol einmal als Lösung angewendet wurde. Nicht ganz einfach. Seit dem Tag meiner Abstinenz stand ich unter Strom. 24 Stunden am Tag. 7 Tage die Woche.

Ich fing an zu studieren, arbeitete und trieb viel Sport. Das half mir, mit den Unruhe- und Überspannungszuständen umzugehen, deren Ursache ich weder erkannte, noch dass ich sie als solche identifizierte. Ohne Suff ist die Welt eine andere, daran musste ich mich erst gewöhnen. Für alles andere hatte ich keine Kapazitäten. Wenn ich täglich

Sport machen konnte, hatte ich meinen Körper so weit beruhigt, dass ich meinen anderen Alltagstätigkeiten nachgehen konnte.

Von Traumaschäden wusste ich damals noch nichts, was unter einer Dissoziation zu verstehen ist, hatte ich allerdings am eigenen Leib erfahren. Nur wusste ich darüber nichts. Lag ich nachts in meinem Bett, hörte ich, wie der Schlüssel im Schloss herumgedreht wurde, wie jemand meine Wohnung betrat, wie die Schritte zu meinem Schlafzimmer näher kamen, die Tür geöffnet wurde und die Person an meinem Bett stehen blieb. Ich hatte Angst, mich zu bewegen, Angst, das Licht anzumachen, Angst, dass die Person mich gleich attackierte, ich hatte Todesangst. Wenn dann irgendwann nach einer Ewigkeit Zweifel in mir aufkamen, dass da tatsächlich jemand stand, und ich mich bis zum Lichtschalter vorgewagt hatte, traute ich meinen Augen kaum, als ich feststellte, dass da weder jemand in meinem Zimmer stand noch die Wohnungstür geöffnet worden war. Diesen Zustand verdrängte ich sogleich wieder, wer sollte mir diese Geschichte glauben?

Mit Anfang zwanzig zeltete ich mit meiner Freundin inmitten der wunderschönen Landschaft Madeiras, fernab von bewohntem Gebiet, auf einem Berg. Nachts regnete es in Strömen, und ich hörte die ganze Nacht eine Person unser Zelt umkreisen. Es war die Hölle. Ich fühlte mich gefangen. An Schlaf war nicht zu denken. Meine Begleiterin hörte nichts, machte aber ein besorgtes Gesicht. Allerdings nicht wegen der Schritte, die hörte sie ja nicht.

In dieser Zeit war ich wieder häufig krank. Infekte, Spannungen, Gelenkprobleme, Gliederschmerzen und immer wieder Panikattacken und Ängste ohne fassbare Ursache. Ohnmächtig registrierte ich meine innere Unruhe. Selbst in Zuständen völliger Erschöpfung konnte ich mich kaum entspannen. Ich kannte bald die meisten Ärzte in meiner Umgebung. Ihre Gesichter wurden von Besuch zu Besuch ratloser. Es sollte noch 15 Jahre dauern, bis ich all diese Symptome als Traumaschäden erfassen konnte.

Im Sommer 1993 entschloss ich mich, an einem Triathlon über die olympische Distanz teilzunehmen. Das waren 1,5 Kilometer Schwimmen, 40 Kilometer Radfahren und abschließende 10 Kilometer Laufen. Kein Hexenwerk für jemanden, der regelmäßig Sport trieb. Ich lief regelmäßig und ging den ganzen Sommer über zum Schwimmen an den Badesee. Mit Radfahren hatte ich zu diesem Zeitpunkt nichts am Hut, ich fiel zwar nicht um, aber mit Sport hatte das in meinen Augen nichts zu tun. Wie auch immer, ich meldete mich an und fuhr mit einem alten Rennrad im Kofferraum, das ich mir auf die Schnelle besorgt hatte, zum Wettkampfort.

Auf dem Parkplatz angekommen, war mir ziemlich komisch zumute, als ich Hunderte von durchtrainierten Männern ihr High-Tech-Equipment aus den Autos laden sah. Windschnittige Speichenräder, die neuesten Helme, modernste Wettkampflaufschuhe und haste nicht gesehen. Entschlossene Kurzhaarfrisuren ölten sich die rasierten Beine ein, die aus den Triathloneinteilern herausschauten, und führten knappe, wortkarge Dialoge.

Dann sah ich über einer Autotür etwas hängen, von dem ich schon gehört hatte, dass es nützlich sei. Einen Neoprenanzug. Ursprünglich wurden im Triathlon Neoprenanzüge getragen, um den Athleten vor Unterkühlung zu schützen. Durch den Auftrieb, den das aufgeschäumte Material verursacht, ist der Schwimmer allerdings auch schneller. Es war das erste Wochenende im September, und der Sommer war vorbei. Ich ging zum Start und sah: rund vierhundert Leute in schwarzen Anzügen mit einer farbigen Badekappe auf dem Kopf. Die Schwimmbrille vervollständigte die Maskerade. Irgendwo entdeckte ich noch zwei Männer in Badehose, die wie ich schon vor dem Start zum Schwimmen wegen der niedrigen Temperaturen zitterten. Einer der Wettkampfrichter sprach mich an: «Wir müssen erst mal sehen, ob ihr überhaupt so starten dürft.» Ich verstand nicht, wer mit «ihr» gemeint war und was unter «so» zu verstehen war. Ich kam dann selbst darauf, als ich die drei Wettkampfrichter mit dem Thermometer die Wassertemperatur messen sah und sie dabei immer ernstere Gesichter machten. Mit «ihr» und «so» waren wir drei ohne Neoprenanzug gemeint. Die drei Männer waren uns wohlgesonnen und fanden eine Stelle im Wasser, an der das Thermometer bereit war, 18 Grad anzuzeigen. Unter 18 Grad war es laut Sportordnung der Deutschen Triathlon Union untersagt, ohne Neoprenanzug zu starten. Zu gefährlich. In einem schilfigen Teil des Sees, in dem das Wasser nur wenige Zentimeter tief war, maßen sie endlich eine Wassertemperatur von wohlwollenden 18 Grad.

Ich war zwischenzeitlich schon ziemlich blau: Ich hasse es zu frieren, und ich hasse kaltes Wasser. Wollte ich dieses Rennen machen, musste ich da rein. Ich hörte den Startschuss.

Vierhundert schwarze Lemminge und drei weiße beförderten sich selbst per Kopfsprung in das kalte Wasser. Ein weißer Lemming hing schon bald unterkühlt am Rand eines Rettungsboots. Schon beim Eintauchen blieb mir fast die Luft weg. Ich hatte nicht besonders viel Unterhautfettgewebe und fror entsprechend schnell. Ich fand nur eine Möglichkeit, der kalten Soße so schnell wie möglich zu entkommen: schneller schwimmen. Beim Ausstieg spürte ich weder meine Hände noch meine Füße. Mein Atem raste immer noch. Ich fror. Ich konnte mir mit den steifen Händen nicht die Schuhe binden, sodass ich die Schnürsenkel an den Seiten in die Schuhe stopfte. Nicht ideal zum Radfahren, aber was sollte ich tun? Rennradschuhe hatte ich keine, ich fuhr in meinen Laufschuhen. Irgendwann hörte das Zittern auf, und als ich auf die Laufstrecke ging, war mir warm. Beim Überqueren der Ziellinie spürte ich, dass ich glücklich war.

Am nächsten Tag kaufte ich einen Neoprenanzug. Ich hatte etwas gefunden, was ich wirklich tun wollte. Schwimmen, Laufen, Radfahren. Das erste Mal seit langer Zeit war mir etwas wirklich wichtig. Als mir die Ergebnisliste zugeschickt wurde, fand ich meinen Namen überrascht im oberen Drittel. Es kam also nicht nur auf die Laufräder aus Carbon an.

Die nächsten Jahre verliefen weitgehend sensationslos. Ich wurschtelte mich durch mein Studium und sammelte Scheine, ohne zu wissen, was ich eigentlich tun wollte, wenn ich dann irgendwann mal den großen Schein in der Hand halten würde. Student zu sein bedeutete für mich auch, mich nicht festlegen zu müssen. Das entlastete mich. Ich jobbte mal hier und mal da, war mal hier und mal da, dachte mal dies und mal das. Die Konstanten in meinem Leben waren der Sport und meine Besuche der AA-Meetings. Mit der Odenwaldschule hatte ich nichts zu tun und beschäftigte mich auch nicht mit ihr. Ab und an sah ich Thorsten, dann redeten wir über unsere Gegenwart und verbrachten einfach Zeit miteinander. Die Odenwaldschule spielte dabei keine große Rolle.

TEIL 2

DER STEIN UND DAS WASSER

Am Samstagnachmittag des letzten Oktoberwochenendes 1997 fuhr ich zur Odenwaldschule. Seit meinem Abitur 1988 war ich nicht mehr in Ober-Hambach gewesen. Anlass war das diesjährige Altschülertreffen – eine ehemalige Klassenkameradin hatte mich am Vorabend angerufen und gesagt, dass sie dort sein werde und sich freuen würde, mich zu sehen. Ich überlegte nicht lange – es war eine spontane Entscheidung, als ich zusagte zu kommen. Das undefinierbare, grummelige Gefühl im Bauch ignorierte ich. Für den Samstag hatte ich keine bestimmten Pläne, außer mich auszuruhen, am Sonntag wollte ich einen Marathon laufen, es sollte nur eine Stippvisite bei meiner alten Schule werden. Ich fuhr nicht wegen der Schule hin, sondern wegen meiner alten Klassenkameradin und der Aussicht, vielleicht ein paar Leute zu treffen, die ich als Schüler gemocht hatte.

Die geschlängelten fünf Kilometer von Heppenheim zur Schule fuhr ich ziemlich schnell, es machte mir Spaß, den Berg hinaufzurasen. Schnell Auto zu fahren war eine der Möglichkeiten, die ich gefunden hatte, meine Überspannungen zu kanalisieren. Die Sechs-Zylinder-Maschine meines Wagens mit 180 PS fand ich damals fast ein bisschen lahm. Mit dem Auto dauerte es wenige Minuten, als Schüler ohne Fahrzeug hatte ich mich früher komplett von der Außenwelt abgeschnitten gefühlt. Wenn wir zu Schulzeiten spätabends in Heppenheim oder Bensheim in einer Kneipe waren, blieben wir manchmal glücklose Tramper und mussten nachts den ganzen Weg zu Fuß gehen. Aus Unmut darüber vertrieben wir uns oft auf dem Heimweg die Zeit damit, die Laternen im Hambacher Tal so mit den Füßen zu traktieren, dass sie erloschen. Bis wir in Ober-Hambach ankamen, war der teuer erkaufte Rausch zum Teil verpufft.

So saß ich an diesem Samstagabend des Altschülertreffens im Speisesaal der Odenwaldschule, unterhielt mich mit ehemaligen Mitschülern, als es mich plötzlich wie ein Blitz durchfuhr. Becker kam durch die Eingangstür des Speisesaals, lachte, strahlte, freute sich ganz offensichtlich, schüttelte Hände, umarmte Menschen und war erfüllt von Leben.

Ein Adrenalinflash schoss mir durch den Körper. Als hätte man mir auf den Kopf geschlagen, saß ich da, regungslos, sprachlos. Ich hatte Angst, ich war zornig, ich musste hier raus. Auf dem kürzesten Weg verließ ich den Speisesaal, eingenebelt von alten Gefühlen der Ohnmacht und Hilflosigkeit. Ich hatte keine Worte und war nicht in der Lage, mit jemandem über das zu sprechen, was ich gerade erlebte.

Später stand ich im Laborgebäude mit anderen Klassenkameraden beim Umtrunk und war eigentlich abwesend. Ich fühlte mich elend und hatte das Bedürfnis, mich zu betrinken, um dieses schreckliche Gefühl loszuwerden. Schlechte Idee für einen Alkoholiker, ich erkannte die innere rote Ampel und entschied, dass ich abfahren würde. Ich teilte meinen Entschluss meinen Gesprächspartnern mit, schließlich hatte ich ja auch einen guten Grund, am nächsten Morgen wollte ich ausgeruht am Start eines Stadtmarathons stehen. Das Rennen fand immer am letzten Oktoberwochenende statt, durch die Umstellung von Sommer- auf Winterzeit bedeutete das eine Stunde mehr Schlaf.

Bereits nach dem Aufwachen hatte ich am nächsten Morgen Magenprobleme, wie so oft, wenn ich angespannt war. Es sollte während des Rennens nicht besser werden. Magenschmerzen zwangen mich, während des Rennens zu gehen, mein angestrebtes Wettkampfziel rückte in weite Ferne. Mit viel Härte gegen mich selbst und trotz meiner schlechten Verfassung an diesem Morgen lief ich noch gut unter drei Stunden und war enttäuscht. Das hatte ich mir anders vorgestellt.

Wieder in meiner Wohnung, lag ich in der Badewanne und ließ die letzten beiden Tage Revue passieren. Es reichte! Ich war stinksauer! Ich konnte vor Zorn kaum einen klaren Gedanken fassen.

Gut zwei Wochen schmorte ich in meinem Ärger und der Verzweiflung über meine Gefühle. Dann setzte ich mich an die Schreibmaschine und legte los.

12. 11. 97

An Gerold Becker!
Mit Empörung habe ich auf dem diesjährigen Altschülertreffen der Odenwaldschule feststellen müssen, auf welch ungenierte Art und Weise Du Dich dort bewegst. Ich finde es eine

Schande, dass Du immer noch als anerkannter Pädagoge akzeptiert bist und dass Du Dich, erhaben über Deine Opfer, selbstbewusst in der Öffentlichkeit zeigst. Die Scham Deiner Opfer ist Dein bester Verbündeter, um unerkannt zu bleiben. Menschen wie Dich, die sexuellen Missbrauch an Schutzbefohlenen begehen, trifft mein voller Zorn.

Ich verachte Dich dafür.

Es sind noch eine ganze Reihe Fotos von mir in Deinem Besitz. Ich möchte sie, inklusive Negative, umgehend zugeschickt bekommen.

PS: Der Lack ist ab, auch wenn es nicht sichtbar ist.

Ich unterschrieb den Brief mit meinem vollen Namen, wobei die Unterschrift die Hälfte des Blattes einnahm. Während ich schrieb, zitterte ich am ganzen Körper. Vor Angst. Vor Zorn.

Die überdimensionierte Unterschrift erinnerte mich an einen Kater vor dem Kampf, wenn er das Fell aufbläst, um dem Gegner größer zu erscheinen, als er ist.

«Davon geht der Lack nicht ab», pflegte Becker zu sagen, wenn ich versuchte, mich von seinen Umklammerungen zu befreien, wenn ich mich von ihm wegdrehte, wenn ich körperlich signalisierte, dass mir seine Attacken unerträglich waren. Eiskalt, in völliger Missachtung der kindlichen Abwehr, setzte Becker seine Bedürfnisse durch. Jede Attacke ein Mordversuch an meiner Seele.

Nach sechs Tagen erhielt ich die Antwort per Post aus Wiesbaden, datiert auf den 18. November 1997.

Becker schrieb «Lieber Jürgen» und einen fast zweiseitigen Beschwichtigungsversuch.

Mein Brief habe ihn «traurig gemacht», nur bei Menschen, die er selbst nicht achte, sei es ihm gleichgültig, «wenn sie mich verachten». Er sei jetzt 61 Jahre alt, in seiner Familie würde kaum jemand älter werden, er ziehe die Bilanz seines Lebens, es gäbe einiges, wofür er sich schäme oder schuldig fühle, aber auch manches, worauf er stolz sei.

«Hat der eigentlich meinen Brief gelesen?», dachte ich, während ich das Papier in der Hand hielt. Doch der nächste Absatz übertraf die bisherigen Worte.

«Wenn ich Dich als 14- oder 15-jährigen gekränkt, verletzt, beleidigt oder geängstigt habe, dann musst Du mir, bitte, glauben: Das wollte ich sicher nicht! Wenn es dennoch so war, dann bitte ich Dich jetzt dafür sehr ernsthaft um Verzeihung. Das mag Dir gleichgültig sein, oder Du magst diese Verzeihung verweigern. Damit muss ich dann leben. Dennoch wird es so bleiben, dass Dir begegnet zu sein, zu meinen kostbaren Erinnerungen gehört.»

«Wow, wenn er das ernst meint, ist er total wahnsinnig», sagte ich zu mir selbst. Mit keinem Wort ging er auf das ein, womit ich ihn in meinem Brief konfrontierte. Er versprach mir, die Fotos zu schicken, und ließ sich eine halbe Seite darüber aus, warum das jetzt auf die Schnelle nicht ginge. Dann endete er schließlich mit dem Satz:

«Lass Verachtung nicht das letzte Wort von Dir zu mir sein!» Unterschrieben mit «Dein Gerold».

Zwei Monate lang rumorte dieses Antwortschreiben in mir. Ich war fassungslos, ich fragte mich immer wieder und wieder, ob ich auf einem völlig falschen Trip war. «Ich war ja schon 13, als die Übergriffe begannen, ich hätte ja ‹nein› sagen können, wahrscheinlich hat er mich wirklich gemocht, wir hatten ja auch angenehme Begegnungen», und so weiter. Verzweifelt versuchte ich für mich zu sortieren, was mit mir eigentlich los war. Ich war emotional total verwirrt. Der Beschwichtigungsversuch von Becker beeinflusste mich, vernebelte aber nicht völlig mein Hirn. Ich fing an zu lachen. Becker kam mir vor wie Kaa, die Schlange in Walt Disneys «Dschungelbuch», die sich vom Baum herablässt, Mogli tief in die Augen schaut und sagt: «Vertrau mir», und dabei die Augen zu sich drehenden Hypnosescheiben werden lässt. Mogli lässt sich davon für einen Moment gefangen nehmen, schüttelt sich aber nach kurzer Zeit und schaut Kaa grimmig an. So machte ich es auch. Statt auf Kaa schaute ich auf den Bildschirm und die Tastatur. Inzwischen hatte ich meinen ersten Computer, einen 386er aus Abschreibungsbeständen der Firma eines Bekannten, einschließlich Drucker.

An Gerold Becker

In Deinem Schreiben vom 18. 11. 97 bemühst Du Dich im Wesentlichen um die Bilanz Deines Lebens und die Darstellung der Schwierigkeiten, mir die angesprochenen Fotos zukommen zu lassen. In dem kurzen Abschnitt, in welchem Du die Zeit von 1982–85 ansprichst, welche ich in Deiner Heimfamilie der Odenwaldschule verbrachte, hüllst Du Dich in Eventualitäten. Es ist mir ein dringendes Bedürfnis, diesen freien Raum der Spekulation mit Konkretem zu füllen.

Du hast mich während meiner Schulzeit in deiner Heimfamilie permanent sexuell belästigt und attackiert. Du bist beim morgendlichen Wecken in unser Zimmer gekommen, hast mit Deiner Hand unter meine Bettdecke gegriffen und mich an den Genitalien berührt. Du hast wiederholt versucht, mich gegen meinen Willen auf den Mund zu küssen. Du hast mich ausgezogen, in dein Bett manövriert und oralen Sex an mir begangen.

Meine Auszüge aus der Vergangenheit werden Dein Gedächtnis ausreichend aktivieren. All das ist nicht in Ordnung, entbehrt jeder allgemeinen und pädagogischen Moral und wird strafrechtlich verfolgt.

Deine abschließende Bemerkung, dass mir begegnet zu sein zu Deinen kostbaren Erinnerungen gehört, könnte zynischer nicht ausgedrückt werden.

Ich erwarte von Dir eine umfassende Stellungnahme zu Deinem Verhalten.

Unterschrieben habe ich den Brief wieder mit vollem Namen, diesmal allerdings etwas kleiner, meine Angst wurde weniger, jetzt, wo ich meinem Peiniger ins Auge sah. Ich gehe Kaa nicht auf den Leim. Und ich werde es auch weiterhin nicht tun.

Diesmal dauerte es etwas länger, bis ich Antwort erhielt. Ob es bei Kaa geklingelt hatte? Im Februar war es dann so weit. Nach fünf Wochen erhielt ich einen Brief von Becker, datiert auf den 27. Februar 1998, in dem er mir mitteilte, dass er mir nicht gleich antworten «wollte und konnte». Die Gesundheit mal wieder. Lungenentzündung. Becker lag ja seit 1997 im Sterben. Er befürchte, dass es sinnlos sein würde, «wenn ich weiterhin versuchte, mich Dir verständlich zu machen». «Wenn Du aus meinem Brief vom 18. November 1997 Zynismus herausliest, dann kann ich das selbstverständlich nicht ändern, sondern muss zur Kenntnis nehmen, dass Dein Zorn und/oder Deine Verachtung Dir gegenwärtig keine andere Sicht auf die Jahre 1982 bis 1985 ermöglichen. Ich habe Dich um Verzeihung gebeten, und Dir dazu geschrieben, dass ich weiß, dass Dir das gleichgültig sein mag oder Du sie verweigern kannst», setzte er fort. Die zweite Hälfte des Briefes beschrieb er die Suche nach den Fotos mit dem Versprechen, sie mir zu schicken, sobald er sie finde.

«Sei – trotz allem – freundlich gegrüßt», beendete er den Brief und unterschrieb mit «Gerold».

Das war es für mich. Meine Aufforderung zur Stellungnahme verweigerte Becker, seine Reaktionen ließen deutlich werden, dass er mich mit dem, was ich zu sagen hatte, nicht hören wollte. Becker war für mich nicht nur Schulleiter und Familienoberhaupt, er war für mich Vaterfigur. In meinen Briefen an ihn machte ich das, was Kinder gegenüber ihren Eltern gewöhnlich machten. Ich schonte ihn. Mit meinen gesundheitlichen Problemen infolge der Traumatisierungen, für die er die Verantwortung trug, konfrontierte ich ihn gar nicht. Meine Briefe waren eine Konfrontation, aber sie waren auch der Versuch einer Beziehungsklärung. Dieser Versuch war gescheitert. Mir war nicht sofort bewusst, dass auch das Klarheit schaffte. Ich hatte nicht mehr das Bedürfnis, Becker weitere Briefe zu schreiben. Ich machte hinter die Geschichte zwar keinen Punkt, aber erst mal ein Komma. Bis zum Sommer 1998.

LAUTER

Der Tag war gekommen, der von mir heute als der Startschuss dieses ganzen Aufklärungsprozesses wahrgenommen wird. «Gerold ist wieder an der OSO, wir müssen was machen», höre ich bis heute Thorstens

Stimme in meinem Ohr. Das war im Juni 1998. Obwohl ich ja bereits konfrontierende Briefe an Becker geschrieben hatte, als Thorsten mich anrief, um mit mir über Becker zu sprechen, kommunizierte ich erstmalig mit meinem Freund den Teil der Realität, der unter dem Außenanstrich der Odenwaldschule existierte. Wie Rost, der sich durch den eilig aufgetragenen Lack frisst, kam nun nach und nach alles zutage. Es war das erste Mal, dass wir Steine aus der Mauer schlugen, die uns für Jahre getrennt hatte. Es war eine Befreiung, die Energie freisetzte. Unglaublich viel Energie. Dass wir sie bis zum letzten Fünkchen bitter benötigen würden, davon hatten wir damals nicht mal eine Ahnung. Es war ein kurzes, klares Gespräch. Ein Gespräch unter Kriegern.

Wir verständigten uns darauf, es nicht hinnehmen zu wollen, dass Becker wieder an der Odenwaldschule unterrichtete, dort ein und aus ging und den unbefleckten Pädagogen mimte. Becker reloaded? Nicht mit uns. Der Gipfel war, als wir hörten, dass Becker eine Blockveranstaltung Religionsunterricht auf der Burg Waldeck mit Schülern durchführte. Für mehrere Tage. Unter einem Dach mit Kindern. Wir konnten es nicht fassen. Diese Tatsache war eine unserer Motivationen, dem Spuk ein Ende zu machen. Wir konnten nicht ahnen, dass unser Anliegen für die Ober-Hambacher uninteressant war.

Doch an wen sollten wir uns mit dem, was wir zu erzählen hatten, wenden? Zu Beckers Nachfolger als Schulleiter, Wolfgang Harder, hatten wir kein Vertrauen. Den einzelnen Mitarbeiterinnen und Mitarbeitern trauten wir nicht zu, dass sie das Sprachrohr unseres Anliegens innerhalb der Schule sein könnten. Intuitiv spürten wir, dass sich niemand richtig zuständig fühlen würde. So telefonierten wir tagelang hin und her, persönlich haben wir uns gar nicht getroffen, knapp 600 Kilometer trennten inzwischen unsere Wohnorte.

Wir entschieden uns für eine Vorgehensweise, die Einzelnen nicht die Möglichkeit bieten würde, unsere Mitteilung unter den Tisch zu kehren. Wir schrieben den Schulleiter Dr. Wolfgang Harder und weitere 26 Mitarbeiterinnen und Mitarbeiter an, die wir noch aus unserer Zeit als Schüler kannten. Thorsten besorgte sich eine Liste der Beschäftigten, anhand der wir erkennen konnten, wer noch an der Schule tätig war. Später stellte sich heraus, dass diese Liste nur die intern Beschäftigten beinhaltete, die externen nicht. In der Mitarbeiterschaft wurde gerätselt, warum manche einen Brief von uns erhielten und andere nicht. Also, wir nahmen die Liste, die wir bekamen, es gab kein geheimnisvolles Auswahlverfahren, wie manche Lehrerinnen und Lehrer vermuteten. Wir wollten unsere Nachricht breit streuen, das war alles.

10. 06. 1998

Lieber Wolfgang,
wir sind zwei Altschüler der Odenwaldschule und waren von
1980 bzw. 1981 Schüler an der Odenwaldschule und schlossen
1988 mit dem Abitur unsere Schullaufbahn ab.
In dieser Zeit wurden wir – und wir sind leider nicht die Einzigen – Opfer sexueller Übergriffe seitens Gerold Beckers, ehemaliges Familienoberhaupt und Schulleiter der Odenwaldschule.
Es kursierte seinerzeit das Gerücht, Gerold Becker sei pädophil. Im Schülerjargon hieß es, Gerold stehe auf kleine Jungs.
Nicht hinter jedem Gerücht muss sich unbedingt auch ein wahrer Kern verbergen. Hierbei handelt es sich leider um kein Gerücht. Die Übergriffe waren weder ein einmaliger Fauxpas, noch sind sie zu verharmlosen.

Demzufolge verstehst Du vielleicht unsere Irritation bzw.
unsere Wut darüber, dass Gerold Becker auf dem letzten Altschülertreffen im Herbst 1997 (und nicht nur dort) eine
Podiumsdiskussion leitete bzw. sogar wieder als Lehrkraft in
der jüngeren Vergangenheit an der Odenwaldschule eingesetzt
wurde – wenn auch nur kurzfristig.
Es ist wahrscheinlich für Dich ebenso schwer sich vorzustellen,
dass jene Übergriffe stattgefunden haben, wie für uns zu glauben, dass niemand im Kollegium davon wusste bzw. es zumindest vermutete.

Fakt ist: Gerold Becker hat Schüler der Odenwaldschule z. T.
über Jahre hinweg sexuell missbraucht.

120

Uns geht es nicht darum, der Odenwaldschule als Institution zu schaden. Vielmehr darum, all jenen, die nach wie vor Mitarbeiter der Odenwaldschule sind und Gerold Becker als Schulleiter erlebt haben, und jenen, die ihn vielleicht nur als Leiter einer Podiumsdiskussion kennen, die Augen darüber zu öffnen, mit wem sie es zu tun haben oder hatten. Es geht auch darum, in Zukunft solch vermeintlichen Gerüchten größeren Glauben zu schenken, auch wenn es sich bei der betreffenden Person um eine in der pädagogischen Fachwelt anerkannte und hoch geschätzte Persönlichkeit handelt.

Weitere Motivation für unser Schreiben ist, dass wir es als unsere moralische Pflicht ansehen, nachfolgende Schülergenerationen im Rahmen unserer Möglichkeiten vor der Person Gerold Becker zu schützen. Des Weiteren wollen wir der Schule die Gelegenheit geben, sich zu jenen Vorfällen zu äußern. Infolge dessen erbitten wir eine Stellungnahme der Odenwaldschule zu o. g. Ausführungen und verbleiben mit freundlichen Grüßen.

Der Brief ging gleichlautend an sämtliche uns bekannten Familienoberhäupter und Wolfgang Harder.

In diesem Brief war ein Halbsatz von uns formuliert, auf den niemand reagierte. «Und wir sind leider nicht die Einzigen», schrieben wir gleich im ersten Teil. Weder die Schulleitung noch der Vorstand, noch die Mitarbeiterinnen und Mitarbeiter, noch die Staatsanwaltschaft Darmstadt fragte uns: «Wenn ihr nicht die Einzigen wart, wer ist es dann noch?»

Wem unser Halbsatz sofort auffiel, war Christoph Röhl. Er fragte mich, ob er ihn als Titel für seinen Film verwenden könne. «Ich leih ihn dir», antwortete ich ihm. «Und wir sind nicht die Einzigen» hatte im Mai 2011 Premiere.

Ich hatte mit anderen lange und viel diskutiert, ob es sich bei dem Missbrauch auf der Odenwaldschule um den Gorilla-Effekt handelte. Inzwischen dürfte fast jeder das Gorilla-Experiment zur «inattentional blindness» (deutsches «Unwort» hierfür: Unaufmerksamkeits-blindheit) von Daniel Simons (University of Illinois) und Christopher Chabris (Harvard University) kennen: Zwei Teams (in schwarzen und weißen Shirts) spielen sich gegenseitig Pässe zu, und die Versuchsperson wird zum Zählen der Pässe eines der Teams aufgefordert. Währenddessen läuft ein Gorilla durchs Spielfeld, und kaum einer der Teilnehmer bemerkt diese Veränderung.

Die eingeschränkte Verarbeitungskapazität unseres Gehirns filtert die relevanten Informationen entsprechend der Ausrichtung unserer Aufmerksamkeit: Wir erkennen den Reiz erst, wenn wir bereits wissen, dass er existiert. Welch weitreichende Konsequenzen dieses Defizit in Bezug auf unsere Entscheidungen haben kann, brauche ich sicher nicht herauszustellen. Interessant ist, dass die Hirne in Ober-Hambach diese Informationen von uns als «nicht relevant» einstuften.

Oder war es anstelle des Gorilla-Effekts so, dass die Mitarbeiter der Odenwaldschule den Wald vor lauter Bäumen nicht sahen?

Ich druckte den Brief aus, unterschrieb ihn, schickte ihn an Thorsten, der ihn ebenso unterschrieb und an die Odenwaldschule weiterleitete. Dann warteten wir ab.

Eine Woche lang passierte nichts, das heißt, wir bekamen nichts von dem mit, was jetzt in der Odenwaldschule vor sich ging. Aus unserer Perspektive war das nächste Ereignis das Klingeln der Telefone. Erst bei mir, dann bei Thorsten. Am anderen Ende: der Schulleiter der Odenwaldschule, Dr. Wolfgang Harder.

Über Harders Intention, die mit diesen Anrufen verbunden war, lässt sich nur spekulieren. Ich empfand es als ein Gespräch, bei dem Harder sehr bemüht war, freundlich und freundschaftlich zu klingen. Verständnisvoll ließ mich der Vielredner Harder meine Überlegungen zu Ende sprechen. Höflich fragte er nach. Zwei alte Bekannte, die sich nach langer Zeit wiedertreffen und entspannt über Belangloses reden. Es gruselte mich. Es wurde klar, dass die alten Bekannten feststellen mussten, es würde keinen Konsens in diesem Gespräch geben, und beide Seiten versuchten, irgendwie mit der zunehmenden Enttäuschung so umzugehen, dass die Eskalation vermieden wird. Noch heute hasse ich es wie die Pest, wenn jemand versucht, mich zu beschwichtigen. Während des Telefonats wurde mir klar, dass ich Kaas kleinen Bruder am anderen Ende der Leitung hatte. Es reichte mir. Wieder einmal. Ich setzte mich an den Rechner und schrieb.

21. 6. 98

Lieber Wolfgang,

bei unserem Telefongespräch am Dienstag, den 16. 6. 98, entstand bei mir der Eindruck, dass Dir die Brisanz, Tragweite und Gewichtigkeit der von Thorsten und mir in unserem Brief an Dich und die pädagogischen Mitarbeiter der Odenwaldschule dargestellten Sachverhalte um Gerold Becker nicht in seiner Gänze erfasst wurde.

Wir haben der Odenwaldschule diesen Brief geschrieben, um der Schule als Institution die Möglichkeit zu geben, sich mit der Tatsache auseinanderzusetzen, dass die Odenwaldschule zwölf Jahre lang einen Schulleiter beschäftigte, der pädophil ist und schutzbefohlene Minderjährige sexuell missbrauchte. Offensichtlich hat sich niemand dafür zuständig gefühlt, den Gerüchten um Gerold Becker auf den Grund zu gehen! Darüber solltet *Ihr* nachdenken. Was herrscht wohl auf der Odenwaldschule für eine Atmosphäre, die solche Tabubrüche nicht zulässt? Diese Tatsache sagt etwas über Euch als Schulgemeinschaft aus. Wie viel Raum steht auf der Odenwaldschule zur Verfügung, um Sachen anzusprechen, die nicht in Ordnung sind. Diese Fragen bedürfen einer Klärung, wollt ihr Eure Integrität bewahren.

Es erschien mir ausgesprochen naiv von Dir zu glauben, dass Gerold Becker mit seiner Pädophilie in verantwortungsvoller Weise umging.

Gegenüber Thorsten sagte Harder am Telefon, er gehe davon aus, dass Becker «nur im Geiste» pädophil sei. Thorsten war am Telefon fast ausgerastet und hat zweimal nachgefragt, ob Harder wirklich «pädophil» meinte. Harder meinte wirklich pädophil. Als Thorsten mir von dem Telefonat erzählte, war er so sauer, dass ich zunächst nicht verstand, worum es ging, weil Thorsten wegen seines Zorns so unzusammenhängend sprach. In meinem Brief an Harder fuhr ich fort:

Ein Pädophiler, der Tag und Nacht von Kindern und Jugendlichen umgeben ist, über kein eigenes Badezimmer verfügt und von daher morgens immer mit den Jungs duschen geht, verhält sich ansonsten verantwortungsvoll? Selbst nach 1985, als nach Deiner Aussage Zweifel laut wurden, dass Gerold Beckers Zuneigung rein platonisch war, ging niemand diesen Gerüchten nach. Wer kann garantieren, dass Gerold Becker nach 1985 nicht weiter Kinder missbraucht hat?

Mir gegenüber hast Du geäußert, dass Du nicht den Untergang der Schule befürchtest, jedoch dass «Gerold Becker daran zerbricht». Diese Empathie wünsche ich mir von Dir für seine Opfer!

Bei unserem Telefongespräch war ich höchst erstaunt darüber, dass Du mich fragtest, was die Schule jetzt tun soll und was wir denn jetzt wollen. Was wollt *Ihr* denn? Habt *Ihr* nicht das Bedürfnis, klare Verhältnisse zu schaffen?

Schon damals waren wir es leid, dass die Vertreter der Odenwaldschule nur bereit waren, das zu tun, was nicht mehr abwendbar war. Sie versuchten, uns ins Leere laufen zu lassen und abzuwarten, bis unsere Energie verbraucht war. Und das mit einem Lächeln.

Es müsste Sache der Odenwaldschule sein, präventive Schritte einzuleiten und bedingungslose Aufklärungsarbeit zu leisten! Dass dies 13 Jahre nach Gerold Beckers Ausscheiden von der Odenwaldschule noch nicht geschehen ist, verdeutlicht die Tatsache, dass der ehemalige Schulleiter auch heute noch gern gesehener Gast der Odenwaldschule ist und darüber hinaus kurzfristig als Mitarbeiter tätig war.

Es ist für uns verständlich, dass Du an der Klärung des Terminus «sexueller Missbrauch» als begrifflichem Instrumentarium interessiert bist. Wir gingen selbstverständlich davon aus, dass wir uns auch bei der begrifflichen Interpretationsbreite im Jahr 1998 befinden.

Wir erwarten, dass die Odenwaldschule aus den beschriebenen Tatsachen ihre Konsequenzen zieht, und möchten Dich daher bitten, uns von den von Euch eingeleiteten Maßnahmen zu unterrichten.

Die in diesem Brief dargestellte Position ist mit Thorsten abgestimmt und nur aus technischen Gründen von mir verfasst.

Mit freundlichen Grüßen

Ich unterschrieb den Brief in Normalgröße. Ich war sauer, aber nicht ängstlich. Wir hatten unseren Kurs gefunden und waren entschieden, ihn zu halten. Ich entwickelte in dieser Zeit eine Schreibe, die später von manchen als förmlich-distanziert bis hin zu ironisch-sarkastisch empfunden wurde. Das war mein Weg, während des Schreibens nicht die ganze Zeit kotzen zu müssen.

Dass Harder von Beckers Pädophilie wusste und davon ausging, dass dieser verantwortungsvoll damit umging, schlug dem Fass den Boden aus! Der Disput über diese Aussage spitzte sich im Jahr 2010 so zu, dass schlussendlich eine schriftliche Versicherung von Thorsten über dieses Gespräch vorliegt. Harder bestreitet seine Aussage.

Harder hatte die Befürchtung, dass Becker an dieser Geschichte zerbrach!

Und Harder? Nach seinem Ausscheiden aus der Odenwaldschule im Jahr 1999 setzte er seine Laufbahn als Pädagoge fort.

Als ihm «Spiegel-TV» im Jahr 2010 einen unangekündigten Besuch abstattete, forderte Harders weibliche Begleitung von dem Journalistenteam «Anstand» ein. Anstand? Aha.

Im Jahr 2011 wird es Wolfgang Harder ablehnen, dem Verein Glasbrechen e. V. Geld zu spenden, stattdessen schreibt er, dass er um die schwierige wirtschaftliche Situation der Schule weiß und sie um ihren Fortbestand fürchte. Kämpferisch schließt er seine Mitteilung mit dem Satz: «Sollte die Odenwaldschule aus diesem Grund zu Spenden für ihren weiteren Erhalt aufrufen, werde ich mich daran beteiligen.» Glasbrechen e. V. wurde 2010 gegründet, um die Interessen der von sexuellem Missbrauch an der Odenwaldschule betroffenen Ex-Schüler und Schülerinnen zu vertreten. Mitglieder und Gründer waren sowohl Betroffene als auch Nicht-Betroffene. Das Mitgliederverzeichnis liefert daher keine Hinweise auf die Erlebnisse der Einzelnen.

Anfang Juli 1998 bekamen wir Post von sechs Mitarbeitern der Odenwaldschule.

Heppenheim, den 03. 07. 98

Lieber Jürgen, lieber Thorsten,
mit großer Bestürzung haben wir Euren Brief gelesen. Wir nehmen ihn sehr ernst. Es ist wahr: Es gab Gerüchte. Es ist ein
schwerwiegendes Versäumnis, dass diejenigen von uns, die
schon damals Mitarbeiter waren, nicht alles Menschenmögliche
getan haben, um die Wahrheit herauszufinden.
Es sind über drei Wochen vergangen, seit wir Euren Brief bekamen. In dieser Zeit haben sehr viele Gespräche stattgefunden,
doch es war wegen der knappen Zeit vor Schuljahresende nicht
möglich, zusammen mit allen Verantwortlichen eingehend
über die Frage der Prävention nachzudenken.
Am Ende der Sommerferien findet eine Mitarbeitertagung
statt. Wir, die Unterzeichner, wollen dort erreichen, dass dann
aufrichtig darüber gesprochen wird, ob wir der Verantwortung,
Jugendliche zu beschützen in der trügerischen Normalität des
Alltags, wirklich gerecht werden.

Unterschrieben von: Dagny Wasmund, Conny Dagenbach,
Eva-Maria Breuer, Salman Ansari, Klaus Bregler und Peter
Dehnert

Außer Conny Dagenbach kannte ich alle aus meiner Zeit als Schüler.
Mit Dagny Wasmund und Klaus Bregler hatte ich während der Schulzeit wenig Berührungspunkte; von Becker wurden sie ausgelacht, weil
sie auf Einhaltung der Regeln bestanden und nicht pausenlos versuchten, sich bei Schülern beliebt zu machen. Eva-Maria Breuer und Peter
Dehnert waren ein Paar; Evi, so wurde sie in der Schule genannt, hatte
ich als Lehrerin im Unterricht, ich mochte sie. Ihr Lebensgefährte Peter war bereits Lehrer, als ich an die Schule kam. Peter leitete die Ausbildung zum Chemisch-Technischen Assistenten. Ich versuchte mich
ein Jahr lang an dieser doppelten Qualifikation, bevor ich entschied,
dass die Chemie und ich wohl nicht zusammenkommen würden. Wir

hatten während meiner Schulzeit eigentlich immer einen guten Draht zueinander.

«Falls du das Abi schaffst, grillen wir bei mir vorm Haus», sagte er einmal zu mir. Als Oberstufenleiter hatte er einen guten Überblick über das, was man so schulische Leistungen nennt. Er hielt Wort. Nach meinem Abi grillten wir vor dem Schweitzer-Haus. Es war ein netter Abend, wir unterhielten uns über Gott und die Welt; Peter verschonte mich mit Ratschlägen für mein weiteres Leben.

Salman Ansari, Lehrer meines Chemie-Leistungskurses und während meiner Oberstufenzeit bereits nicht mehr Familienoberhaupt, sondern externer Lehrer mit Wohnsitz in Ober-Hambach, war für mich damals der am wenigsten greifbare der Unterzeichner. Ich erinnerte Salman distanzierter als die anderen Lehrer der Odenwaldschule, kein Kumpel, keiner, mit dem man saufen konnte, einer von denen, die Abstand hielten. Als Schüler fand ich das seltsam. Kurz vor dem Abitur bestellte mich Salman in seine Wohnung, um mir Nachhilfe in Chemie zu erteilen. Ich glaube, er hatte mehr Angst um mein Abitur als ich. Ich schrieb am Ende dann im Abitur vier Punkte in Chemie. Aber auch nur, weil das Thema drankam, das ich konnte.

Nach diesem Brief hörten wir nichts mehr von den sechsen. Einen weiteren Brief bekam ich von Bernd Sacher, meinem ehemaligen Politik-Lehrer, mit dem mich zu Schulzeiten ein freundschaftliches Verhältnis verband. Auch er bekundete seine Solidarität mit uns und bot mir das Gespräch an.

Das Verhältnis von Schülern und Lehrern auf der Odenwaldschule war schon etwas Besonderes. Wir duzten uns, hatten einen lockeren, entspannten Umgang miteinander, fast wie Freunde, zumindest wie Menschen, die sich gut kannten und die eine große Nähe zueinander hatten. Wir lachten gemeinsam, tranken zusammen Bier und spielten Karten, machten zusammen Sport und Musik und diskutierten über die große Weltpolitik und ihre Schrecklichkeiten. Dass die Lehrer zum Schluss die Noten gaben und darüber entschieden, wer in Konfliktfällen auf der Schule bleiben konnte und wer nicht, durchblickte in diesem pädagogischen Nebel kaum jemand. Plötzlich und unerwartet schlug dann die Machtkeule zu. In dieser Gesellschaft weitgehender Entgrenzung gab es eine Reihe von Nuancen. Durch den freundschaftlichen Umgang miteinander war natürlich auch klar, welcher Lehrer welche Schüler mochte. Und welche er nicht mochte. Dadurch, dass Lehrer ihre Freizeit mit den Schülern verbrachten, war ja auch für alle deutlich sichtbar, mit wem sie keine Zeit verbrachten. Als besonders schmerzhaft erlebten es einige Schüler, wenn ein Lehrer mit einer Schülerin ein Verhältnis einging und ab da nur noch Augen für sie hatte und sich um die Belange der anderen Familienmitglieder nicht mehr oder nur noch am Rande kümmerte.

Ein etwas weniger besonderes Verhältnis zu unseren Lehrern wäre für uns sicherlich förderlicher gewesen. Vielleicht würde dann der eine oder andere noch leben.

Initiiert wurde der Brief der sechs von Salman Ansari. Er bot ihn jedem pädagogischen Mitarbeiter der Odenwaldschule zur Unterschrift an. Es blieb bei sechs von rund 40 möglichen Unterschriften. Ich finde das bemerkenswert.

Am 9. Juli 1998 trafen sich Dr. Wolfgang Harder / Schulleiter der Odenwaldschule, Peter Conradi / Stellvertretender Vorsitzender des Vorstands des Trägervereins der Schule, Dr. Peter Dehnert / Mitarbeiter der Odenwaldschule, Thorsten und ich in Frankfurt in einem Konferenzräumchen des Intercity-Hotels direkt am Frankfurter Hauptbahnhof.

Wolfgang Harder hatte um dieses persönliche Gespräch gebeten, da allmählich klarwurde, dass es zwischen den Vertretern der Odenwaldschule und Thorsten und mir mehr Meinungsverschiedenheiten als gemeinsame Vorstellungen darüber gab, was nun zu tun sei.

Peter Dehnert wurde von uns als Lehrer unseres Vertrauens für dieses Gespräch ausgewählt. Eine schlechte Wahl, wie sich später herausstellen sollte. Peter Dehnert hatte selbst einmal eine Beziehung zu einer Schülerin und war somit erpressbar. Zumindest moralisch. Er selbst hat später gegenüber Salman Ansari geäußert, dass er aus Gründen dieser eigenen Geschichte sich nicht klarer positioniert habe. Peter Dehnert war der Lehrer unseres Vertrauens, auf den Thorsten und ich uns einigen konnten. Ich hatte noch Bernd Sacher ins Gespräch gebracht, aber Thorsten traute ihm nicht. Bernd Sacher hatte eine Schülerin gehelicht, er war genauso befangen wie Dehnert. Peter Conradi trat sehr geschäftsmäßig auf, machte den Schriftführer und war emotional nicht erreichbar. So spielt er wohl auch die Rolle des Bundestagsabgeordneten, dachte ich, während ich ihm dabei zusah, wie er sich warmredete. Peter Dehnert saß wortkarg wie selten daneben, und Wolfgang Harder löste die verschränkten Arme nur, um sich gelegentlich aus den sehr kleinen Wasserfläschchen nachzuschenken, die in der Mitte des Tisches platziert waren. Der Raum hatte eine Klimaanlage, die Fenster waren nicht zu öffnen. Die Atmosphäre war bedrückend.

Wir forderten von der Odenwaldschule Aufklärung und ein Stück Öffentlichkeit, der Missbrauch durch Becker sollte nach unserer Vorstellung in den OSO-Nachrichten – dem quartalsmäßig erscheinenden Organ der Odenwaldschule – thematisiert werden. Außerdem forderten wir von der Schule, dass sie Maßnahmen ergreift, die eine Wiederholung dieser schrecklichen Ereignisse unwahrscheinlich machen würde.

Wolfgang Harder lehnte sich zurück, verschanzte sich hinter seinen verschränkten Armen, legte sein trotzigstes Gesicht auf und sagte: «Wenn ihr das öffentlich macht, macht ihr die Schule zu.» Über diesen Punkt verhandelten wir die meiste Zeit während des 100-minütigen Gesprächs. Thorsten und ich hatten beide damals das Gefühl, die OSOs wollten Schadensbegrenzung betreiben und uns schnell wieder loswerden. Sie fragten nicht, wen wir denn meinten, wenn wir schrieben: «… und wir sind nicht die Einzigen.» Sie fragten auch sonst sehr wenig. Es war offensichtlich, dass die drei mit unseren ekelhaften Erlebnissen nichts zu tun haben wollten.

Stattdessen fragte uns Harder, ob wir denn etwas brauchen würden. Thorsten und ich sahen uns an. War das ein ungelenkes Angebot von Schweigegeld? Wir lehnten dankend ab. Der Architekt Conradi nahm das Gespräch mit dem Architekturstudenten Thorsten auf und ließ ihn wissen, dass man ja mal in Kontakt bleiben könne. Thorsten schaute mich befremdet an. Thorsten ließ sich seine Fahrkarte von Berlin nach Frankfurt und retour nicht von der Odenwaldschule erstatten.

Über die Sitzung ließ uns Peter Conradi ein Protokoll zukommen, sein Protokoll, nicht um es gegenzeichnen zu lassen, sondern lediglich zur Kenntnis. Das war wohl wenigstens ehrlich. In dem Protokoll wurde unsere Forderung nach Öffentlichkeit mit keinem Wort erwähnt.

Peter Conradi war wohl bei einem anderen Gespräch gewesen als wir. Das Protokoll umfasste vier Punkte:

1. Der Vorwurf des mehrfachen sexuellen Missbrauchs von Schülern – auch unter 16 Jahren – durch den damaligen Schulleiter Gerold Becker in den Jahren 1982 bis zu seinem Ausscheiden als Schulleiter 1985 wurde durch Jürgen Dehmers und Thorsten Wiest erneut erhoben.

2. In diesen Jahren gab es Gerüchte über ein Fehlverhalten von Gerold Becker, jedoch ist kein Mitarbeiter/keine Mitarbeiterin diesen Gerüchten nachgegangen. Hier liegt ein Versäumnis einzelner MitarbeiterInnen und insoweit auch der Odenwaldschule als Institution vor.

3. Gerold Becker hat inzwischen seine Funktionen und Aufgaben im institutionellen Rahmen der Odenwaldschule als Mitglied des Trägervereins und als Vorsitzender des Fördervereins der Odenwaldschule niedergelegt.

4. Die Konferenz wird die Fragen der Sexualerziehung, darunter auch das Problem des sexuellen Missbrauchs von SchülerInnen unter pädagogischen und arbeitsrechtlichen Aspekten behandeln und dazu Regelungen erarbeiten. Sie soll dabei Fachleute (Psychologen, Mediziner) hinzuziehen. Die Konferenz soll außerdem – auch unter Hinzuziehung von Fachleuten – beraten, wie durch zusätzliche Beratung und Supervision die pädagogischen, sozialen und psychologischen Kompetenzen und Arbeitsbedingungen der Mitarbeiterinnen der Odenwaldschule verbessert werden können. Die (Zwischen-)Ergebnisse dieser Beratungen sollen dem Vorstand der Odenwaldschule e. V. bis Mitte Oktober 1998 vorgelegt werden. Jürgen Dehmers, Thorsten Wiest und die 26 Empfänger des Briefs vom 10. 6. 1998 werden über die von der Konferenz und vom Vorstand gezogenen Konsequenzen und die für die Zukunft getroffenen Regelungen informiert.

Hätte die Odenwaldschule damals einen Experten für Systeme beauftragt, hätte man sehr schnell herausgefunden, dass es in solchen Institutionen nie einen einzelnen Täter und noch viel weniger einzelne Opfer gibt.

Zwischenzeitlich gab es Gespräche zwischen Wolfgang Harder und Gerold Becker. Becker versuchte Harder zu beschwichtigen, behauptete, er habe mit Thorsten und mir gesprochen. Ich war darüber verärgert, war mir doch klar, dass die beiden im Zweifelsfall paktierten. Ich schrieb Becker am 3. September 1998, äußerte meinen Ärger über seine Manipulationsversuche und ließ ihn wissen:

An Gerold Becker!

In meinem Schreiben vom 20. Januar 98 fordere ich Dich dazu auf, zu den konkret von mir benannten Anschuldigungen Stellung zu beziehen. Das ist bis heute nicht geschehen. Ich erwarte von Dir, dass Du das nachholst. Nur keine falsche Scham, für einen zivilrechtlichen Prozess bin ich zu alt, aber das weißt Du natürlich ohnehin schon. Hätten wir Deine Verurteilung und Inhaftierung als oberstes Ziel gehabt, wären wir mit Sicherheit anders vorgegangen. (…)

Ich habe die Anzahl der von Dir missbrauchten Jungs weit unterschätzt und weiterhin feststellen müssen, dass eine größere Anzahl Deiner Opfer zwischenzeitlich aufgrund von Drogen- und Alkoholmissbrauch gestorben ist oder in sehr zweifelhaften Verhältnissen lebt. (…) Die Ereignisse der jüngeren Vergangenheit zeigen, dass Du bemüht bist, den strategisch klügsten Weg zu gehen, was Dir im Hinblick auf die Odenwaldschule und die Vermeidung jeglicher Eskalation und Konfrontation sicherlich auch gelungen ist. Du hast so viele Kinderseelen irreparabel verletzt, an denen Dir angeblich immer so viel lag. (…) Wie konntest Du und kannst Du mit diesen Widersprüchen leben? Du musst gewusst haben, was Du tust, und hast es nicht geändert. Es ist mir unbegreiflich.

Nach Ansicht von einigen Experten wird Pädophilie im Alter eher schlimmer denn besser. Ich möchte, dass Du weißt, dass ich das weiß.

Ich unterschrieb mit einer mittelgroßen Unterschrift. Ich war zornig, aber nicht ängstlich. Kaa hatte keine Macht mehr. Dass Beckers Straftaten zivilrechtlich noch nicht verjährt waren, wusste ich damals nicht, ich war schlecht beraten worden. Hätte die Odenwaldschule uns in dieser Frage unterstützt, hätte sie herausgefunden, dass da juristisch noch was gegangen wäre. Hätte die Odenwaldschule nachgefragt, hätte sie erfahren, dass es noch weitere Betroffene gab, deren Fälle zu diesem Zeitpunkt noch nicht verjährt waren. Dann wäre Becker vor Gericht gelandet. Dann wären auch andere vor Gericht gelandet.

Ich vermute, dass Harder genau das auch in Erfahrung gebracht hatte. Und ich vermute weiter, dass Harder davon ausging, wenn er sich für uns oder andere Betroffene sexualisierter Gewalt an der Odenwaldschule einsetzen würde, könnte die Schule Schaden davontragen. Das wollte er nicht. Und das wollten Dehnert und Conradi auch nicht.

Die stellten eiskalt das Wohl der Schule vor das Wohl der Kinder.

Stattdessen haben die Vertreter der Odenwaldschule immer wieder darüber geklagt, dass ihre Situation um so vieles einfacher wäre, wenn Becker der Prozess gemacht worden wäre. Von der Odenwaldschule hörten wir schriftlich erst mal nichts mehr. Frau Dr. Daublebsky, zu jener Zeit Vorstandsmitglied der Odenwaldschule, und ich trafen uns in Darmstadt zu einem Gespräch, zu dem sie mich eingeladen hatte und das auf den ersten Blick nett und weitgehend ergebnislos zugleich war. Auf den zweiten Blick eröffnet sich allerdings eine ganz andere Perspektive.

Die Vertreterin des Tätersystems trifft sich mit einem in der Odenwaldschule als Kind schwer traumatisierten Mann. Die Vertreterin ist Psychologin und Mitglied des Vorstands. Sie bietet keine Moderation des Gesprächs durch einen externen Experten an, sie bietet nicht an, dass ich mir zur Unterstützung meinen Therapeuten zu dem Gespräch mitbringe (den ich damals gar nicht hatte) oder eine Person meines Vertrauens. Sie trifft sich mit mir allein. In einem gutbesuchten Café in der Innenstadt Darmstadts. Bei Kaffee und Kuchen. Sie eröffnet das Gespräch und erzählt vom Landerziehungsheim Holzminden, für das sie zu dieser Zeit versuchte, eine geeignete Schulleitung zu finden, und wovon sie sehr in Anspruch genommen war. Sie erzählt von einem jungen Theologenpaar, das ihrer Meinung nach hervorragend geeignet sei, aber leider noch viel zu jung für diese Aufgabe. Das alles erzählt sie in einem vertrauten, komplizenhaften Ton, als würden wir uns schon lange kennen und hätten uns nun in Darmstadt getroffen, um nach Jahren darüber zu schwätzen, wie das Leben so ist.

Zur Sache sprachen wir ziemlich wenig. Ich war bei und nach diesem Gespräch verstört, konnte damals aber nicht begreifen, worin die Verstörung lag. Ich war jedenfalls froh, als das Gespräch vorbei war, wohl wissend, dass sich die Fahrt nach Darmstadt nicht gelohnt hatte.

Nach vier Monaten schrieb Thorsten einen Brief an die Odenwaldschule.

16. 11. 1998

Lieber Wolfgang,

ich habe erfahren, dass auf der OSO eine Konferenz zu dem von uns in Frankfurt erörterten Thema abgehalten wurde. Ich dachte, wir wären in Frankfurt bei unserem Gespräch so verblieben, dass sowohl Jürgen Dehmers als auch ich Anfang des Schuljahres über erste Konsequenzen, Pläne, Ideen etc. unterrichtet würden. Des Weiteren weiß ich auch leider noch immer nicht, wie die Schule, der Vorstand etc. zu einer öffentlichen Stellungnahme in den OSO-Nachrichten steht. Hierüber hatten sich die Teilnehmer seitens der Schule, namentlich Herr Conradi, Herr Harder und Herr Dehnert, des Treffens in Frankfurt Bedenkzeit ausgebeten. Offen gesagt bin ich sehr erstaunt darüber, wie nach anfänglicher Betroffenheit und doch sehr konkreten Absprachen anscheinend bis heute immer noch nichts passiert ist, was bedeutend genug wäre, mitgeteilt zu bekommen. Zum einen finde ich das sehr schade, zum anderen entsteht der Eindruck, das Problem würde ausgesessen werden. Ich hoffe, möglichst bald von Dir bezüglich o. g., bei unserem Gespräch in Frankfurt/Main besprochener Punkte zu hören.

Mit freundlichen Grüßen
Thorsten

Wir waren also inzwischen nicht nur im Versuch einer Beziehungsklärung mit Becker gelandet, sondern auch mit den anderen Akteuren unserer alten Schule. Ein aussichtsloses Unternehmen.

Das waren keine freundlichen Grüße, wir waren stinksauer. Wir fühlten uns hingehalten. Wolfgang Harder ließ sich dann auch nochmal drei Wochen Zeit, ehe er antwortete. Auffallend ist, dass in fast jedem Brief der Odenwaldschule eine Entschuldigung dafür formuliert wird, dass die Beantwortung so lange dauert. Das sollte sich bis zum Ende des Dialogs mit der Institution nicht ändern und sich lediglich dadurch steigern, dass wir ab Herbst 2011 gar nichts mehr von der Odenwaldschule hörten. Harder schrieb:

1. Dezember 1998

Lieber Thorsten,

ich danke Dir für Deinen Brief vom 16. 11. 98. Dass ich ihn erst heute beantworte, liegt an den alljährlichen und Dir sicher noch erinnerlichen vielen zusätzlichen Beratungen, Gesprächen und Konferenzen im November / Dezember – ich bitte deshalb um Nachsicht für meine Säumigkeit. Was die von Dir erwähnte «öffentliche Stellungnahme in den OSO-Nachrichten» betrifft, so hatte ich – im Konsens mit Peter Dehnert und Herrn Conradi – diesen Gedanken von Jürgen Dehmers bereits in Frankfurt zurückgewiesen. Er ist von allen Vorstandsmitgliedern abgelehnt und auch von niemandem in der Konferenz der Odenwaldschule aufgegriffen oder gar befürwortet worden.

Im Klartext bedeutet das: Niemand findet eure bescheuerten Vorschläge gut, ihr Deppen!

Im Übrigen hat, wie Du ja weißt, Fr. Dr. Daublebsky als Mitglied des Vorstands am 2. 9. 98 in Darmstadt mit Jürgen gesprochen und ihn über die Beratungen und Entscheidungen nach dem Gespräch in Frankfurt vom 9. 7. 98 informiert.

Frau Daublebsky «hat informiert». Harder hatte seine Lektion in Herrschaftsrhetorik schon lange gelernt.

Jürgen wollte Dir darüber mündlich berichten (und hat das zwischenzeitlich gewiss auch getan), während Fr. Dr. Daublebsky Dir mit einem Brief vom 17. 9. 98 die gemeinsame Stellungnahme der Odenwaldschule vom 17. 8. 98 zugeschickt hat.

«Hat das zwischenzeitlich gewiss auch getan» bedeutet, Jürgens alter Freund Wolfgang weiß um dessen Zuverlässigkeit. «Hey, der Jürgen, auf den kannst du zählen. Weißt du noch, damals, in den 80ern?»

Die in dieser Stellungnahme erwähnte Mitarbeitertagung zum Thema «Zusammenleben im Internat / Koedukation / Sexualerziehung» wird Ende des dritten Quartals in der Odenwaldschule stattfinden. Der Termin ist auch im Blick darauf gewählt worden, dass mein designierter Nachfolger, Whitney Sterling, Anfang Januar mit seiner Familie nach Ober-Hambach ziehen wird, um sich hier als Mitarbeiter im Heim- wie im Schulbereich einzuleben und einzuarbeiten.

Heißt so viel wie: Die Scheiße soll mein Nachfolger ausbaden.

Über die Ereignisse dieser Tagung werdet Ihr, wie schon in Frankfurt besprochen und in Darmstadt noch einmal bestätigt, informiert werden. Frau Dr. Daublebsky hat angeboten, dies – wenn Ihr wollt – mit ausführlichen Erläuterungen auch mündlich zu tun.
In der Hoffnung, dass dies alles Deinen Eindruck, «das Problem würde ausgesessen», korrigieren kann, und mit guten Wünschen für nicht allzu hektische Adventswochen und ein paar ausruhsame Weihnachtstage grüße ich Dich freundlich

Unterschrieben mit «Wolfgang» und einem PS: Ich schicke eine Kopie dieses Briefes an Jürgen.

Aha, der Vorstand und das Kollegium griffen den Vorschlag der Publikation in den OSO-Nachrichten also nicht auf. Das hieß im Ergebnis: Becker würde außerhalb der Odenwaldschule als unerkannter Pädokrimineller weiterhin aktiv sein können. Und alle auf der Odenwald-schule finden das in Ordnung so!

Von der schleimigen Schreibe Wolfgang Harders hatten wir die Nase genauso voll wie von seinen Erklärungen, warum es wieder einmal gedauert hatte, bis wir Antwort erhielten.

Der Gipfel war der Titel der Mitarbeitertagung. «Zusammenleben im Internat/Koedukation/Sexualerziehung» war einfach nicht unser Thema gewesen. Die Schule setzte ihr totales Versagen fort.

Infolge der Mitarbeitertagung wurde ein «Ausschuss zum Schutz vor sexueller Gewalt» eingerichtet. Von wem geleitet? Richtig! Von den Mitarbeiterinnen und Mitarbeitern der Odenwaldschule. Wieder einmal sollte der Hund auf die Wurst aufpassen. Ein paar Schülerinnen und Schüler durften als Alibi auch mitmachen. Kinder nach vorn! So funktionierte das System Odenwaldschule. Dachten die Verantwortlichen wirklich, dass sich bei diesem Ausschuss jemand melden würde? Und externe Berater? Fehlanzeige! Wir können alles!

Es wurde dann April 1999, als mich die Post von Frau Dr. Daublebsky erreichte. Sie schrieb von der durchgeführten Mitarbeitertagung mit dem Thema «Zusammenleben der Geschlechter und der Generationen» und davon, dass sie «inzwischen die Schulleitung des Landerziehungsheims Holzminden übernommen habe und zeitlich etwas unter Druck stand». Frau Daublebsky machte einen Vorschlag, wann und wie wir uns treffen und besprechen könnten. Nachdem ich den Titel der Lehrertagung gelesen hatte, verpuffte mein restliches Interesse, mit den OSOs zu sprechen. Weder die Geschlechter noch die Generationen waren unser Thema.

AM LAUTESTEN

Thorsten und ich hatten im Sommer keinen Gesprächsbedarf mehr mit Vertretern der Odenwaldschule. Wir waren entnervt, der Dialog mit der Schule dauerte nun fast ein Jahr. Wir waren enttäuscht und verletzt darüber, dass mit den Informationen, die wir der Schule ein Jahr zuvor angeboten hatten, so achtlos umgegangen wurde. Wir fühl-

136

ten uns nicht ernst genommen und standen mit unserer Wahrnehmung und unseren Überlegungen offensichtlich allein da. Dass unsere Anliegen zielgerichtet und mit viel krimineller Energie sabotiert wurden, wussten wir damals noch nicht.

Unterstützung hatten wir keine. Ich unternahm einmal einen Versuch, mir Hilfe zu holen, und rief bei «Wildwasser» an, einer Organisation, von der ich gehört hatte, dass sie Opfer sexualisierter Gewalt hilft. Das war keine gute Idee. Die Frau am Telefon ließ mich wissen, dass Wildwasser nur für Mädchen und Frauen zuständig sei und dass sie mir nicht weiterhelfen könne. Ende der Durchsage. Ihr Ton war, gelinde gesagt, rüde.

Die Auseinandersetzung hatte uns erschöpft. Aber wenn Müdigkeit, Enttäuschung und Frustration abgeklungen waren, trieb der Zorn als dominantes Gefühl wieder nach oben.

Wäre ich damals allein gewesen, hätte ich sicherlich an meinem Verstand gezweifelt, hätte ich wohl überlegt, was mit mir nicht stimmte, da sich ja alle anderen offensichtlich einig waren darüber, was wichtig war und was nicht, was zu tun und was zu lassen war. Die Schädigungen der Traumatisierung waren mir damals nicht vollständig bewusst, und so hatte ich immer wieder Zweifel an meinem Tun. Thorsten und ich telefonierten regelmäßig und sahen uns praktisch nie persönlich. Wir waren beide sehr in unsere Leben an unseren Wohnorten eingebunden.

Ich sprach mit niemandem sonst über meine Erlebnisse auf der Odenwaldschule. Da war viel Unsicherheit, viel Scham – aber auch viel Unvermögen, für das, was ich fühlte, dachte und erlebt hatte, Worte zu finden.

Ich war aber nicht allein! Wir waren zu zweit! Und wir fassten einen Entschluss.

«Hallo, Thorsten», sagte ich ins Telefon, «ich sitze hier über dieser ganzen Scheiße, ich könnte kotzen. Ich habe die Schnauze voll von den Idioten. Lass uns mit der ganzen Geschichte zur Presse gehen.»

Im Rückblick betrachtet würde ich sagen, das war der erste Schritt der Genesung vom Stockholm-Syndrom in Bezug auf die Institution. Damals war ich einfach unglaublich zornig. Wenn ich zornig bin, bin ich geistig klar und kann gut Entscheidungen treffen. Ich war damals sehr oft sehr zornig. Am anderen Ende der Leitung war es leise. Thorsten dachte nach. Ich hörte das Ratschen seines Feuerzeugs, auf das ein tiefer Zug folgte.

«Mmh, finde ich okay, aber wie macht man das?», sagte er, während er ausatmete.

Die Frage war berechtigt. Es sagt sich so leicht daher: «Damit gehe ich zur Zeitung.» Aber in der Praxis? Wir hörten uns um. Wir wollten uns vor allem nicht selbst an die Presse wenden. Mir spukte immer wieder «Die verlorene Ehre der Katharina Blum» von Heinrich Böll durch den Kopf, die von einer Boulevardzeitung vernichtet wurde, weil mit ihrer Geschichte Auflage zu machen war. Anonymität ging uns über alles.

Irgendwann hatten wir den Kontakt zur Mutter eines Klassenkameraden hergestellt. Imme de Haen war damals Leiterin der Evangelischen Medienakademie in Frankfurt. Mit ihr vereinbarten wir, dass sie für uns als Mittelsfrau agieren würde, bis wir ein Medium gefunden hatten, dass die Geschichte bringen sollte. Es war ein kurzes, einfaches Gespräch. Wie so oft mit Leuten außerhalb der Odenwaldschule, wie wir noch häufig feststellen würden. Außerhalb Ober-Hambachs waren die Menschen oft empathisch. Meist konnten sie unsere Anliegen nachvollziehen. Für uns begann die Zeit des Wunderns in den persönlichen Gesprächen, welche wir nach und nach zu führen begannen. Doch zunächst hagelte es Absagen.

Imme de Haen hörte sich also um, sprach mit diesem und jenem. Wochenlang. Niemand wollte es machen. Als Erstes dachte Imme de Haen natürlich an *Die Zeit*. Intellektuell, aufgeklärt, mit großer Leserschaft, das sollte es sein. Aber Fehlanzeige. Aus der *Zeit* übermittelte uns Imme de Haen die Mitteilung, dass man «wegen ein paar missbrauchter Kinder die Reformpädagogik nicht kaputt machen werde». Das war zunächst ein echter Hammer. Wir waren schockiert! Desinteresse und Ignoranz waren wir ja inzwischen gewohnt. Aber Gegenwind der Stärke 10! Das war neu. Ich traute mich kaum, Thorsten anzurufen und ihm die Nachricht von Imme de Haen zu übermitteln, ich war damals Abonnent der *Zeit*. Klarer Fall von Fremdschämen.

Zu diesem Zeitpunkt war Marion Gräfin Dönhoff Herausgeberin der *Zeit*, ihre drei Nichten und Neffen hatten mit mir zusammen die Odenwaldschule besucht, ihr jüngerer Neffe war mit mir in einer Klasse gewesen. Nach dem Abitur wollten wir zusammen nach Hamburg ziehen, doch es blieb bei einem Wochenendtrip nach Holland. Außerhalb der Odenwaldschule hatten unsere Welten keine Schnittmenge. Marion Dönhoff war mit Hartmut von Hentig befreundet, er ritt auf der Flucht aus Ostpreußen der Gräfin Pferd in den sicheren Westen. Die Familien waren seit Generationen befreundet. Die nächste Station war der *Spiegel*. Ich bekam einen Anruf aus dem Hause *Spiegel*, und wir vereinbarten einen Termin. So lernte ich Dietmar Pieper kennen. Es war ein ruhiges, freundliches Gespräch. Der *Spiegel*-Mitarbeiter machte auf mich einen klaren, unaufgeregten Eindruck und hörte sich in aller Ruhe zwei Stunden lang an, was ich zu erzählen hatte. Ich zeigte ihm die Korrespondenz mit der Odenwaldschule; auch er überlas scheinbar die wichtige Passage in unserem ersten Schreiben, «und wir sind leider nicht die Einzigen». Er kommentierte den Briefwechsel ohnehin kaum, erbat jedoch die Erlaubnis, sich Kopien machen zu dürfen. Für mich sprach nichts dagegen. Als ich das Gebäude verließ, dachte ich, die Sache steht, und rechnete lediglich mit einem Anruf bezüglich eventueller Feinjustierungen. Umso überraschter war ich, als ich einen freundlichen, aber bestimmten Brief erhielt, in dem er mir mitteilte, dass der *Spiegel* es nicht machen werde. Pieper schrieb von einer «CDU-Affäre», die «vieles andere in den Hintergrund drängte».

«Bis heute bin ich nicht dazu gekommen, den Faden in Sachen OSO wieder aufzunehmen.» Bundeskanzler Kohl zementierte sein Schweigen, die Berichterstattung über die Spendengeldaffäre war irgendwann erschöpft, aber Herr Pieper erinnerte sich offensichtlich nicht mehr an uns. Wir sprachen nie wieder miteinander.

Inzwischen war Thorsten, Imme und mir klargeworden, dass es nicht so einfach werden würde.

Imme dachte nach und kam zu dem Schluss, dass bei diesen Widerständen ein völlig unabhängiges Organ vielleicht die bessere Adresse war, ein Medium, das nicht abhängig von politischen Seilschaften oder ideologischen Verflechtungen war. Sie rief mich an und sagte: «Was hältst du von der *Frankfurter Rundschau*? Die gehört sich selbst, und ich kenne den stellvertretenden Chefredakteur, Hans-Helmut Kohl. Soll ich den mal anrufen?» Ich war einverstanden, beriet mich kurz mit Thorsten, und Imme kontaktierte die *Frankfurter Rundschau*. Dann ging alles sehr schnell. Hans-Helmut Kohl ließ mir ausrichten, wann ich ihn in seinem Büro erreichen könne, ich rief ihn an, wir vereinbarten einen Termin, zu dem auch Thorsten kommen sollte und der Redakteur, welcher die Geschichte dann schreiben würde. Thorsten kam wenige Tage später angereist, wir gingen zusammen zur *Rundschau* und trafen dort Hans-Helmut Kohl und einen Redakteur in unserem Alter, der auf mich zunächst einen etwas unscheinbaren, aber ziemlich normalen Eindruck machte. Jörg Schindler. Bereits zu dieser Zeit stand ich total auf normale Leute. Mein Bedarf an Freaks war für den Rest meines Lebens gedeckt.

Dann ließ Hans-Helmut Kohl uns mit Jörg Schindler allein. «Eigentlich können wir uns doch auch duzen, wir sind ja so in etwa das gleiche Alter», eröffnete Jörg Schindler das Gespräch. Mir war es egal, und Thorsten hatte offensichtlich auch keine Meinung. Also Jörg, Thorsten und Jürgen.

Thorsten und ich waren damals gerade dreißig, Jörg Schindler war ein Jahr älter.

Es war ein kurzes, sachliches Gespräch. Jörg hörte aufmerksam zu, Thorsten und ich erzählten das Wichtigste, vieles blieb damals noch unerwähnt. Wir waren beide total ungeübt, über das Thema zu sprechen, und wunderten uns, dass sich offensichtlich jemand für die Geschichte interessierte. Das war neu! Das war gut! Wir schöpften Hoffnung.

Wir redeten nicht lange, Jörg war im Tagesgeschäft der *Frankfurter Rundschau*, er hatte viel zu tun. Der natürliche Feind des Tagesjournalisten ist der Redaktionsschluss. So viel hatte ich gleich verstanden. Wir bedankten uns höflich und gingen nach etwa einer Stunde. Den Rest des Tages beschäftigten wir uns mit völlig anderen Themen. Unser emotionales System war noch nicht dafür trainiert, sich über längere Zeiträume hinweg mit toxischem Material auseinanderzusetzen. In der Nacht nach dem Gespräch hatte ich wieder diesen Albtraum, in dem mich jemand über eine hügelige, bewaldete Landschaft verfolgt, bis ich irgendwann auf dieser hektischen Flucht stürze, den Kopf nach hinten in Richtung des Angreifers wende und dieser ansetzt, mich zu töten.

Am nächsten Tag reiste Thorsten wieder ab, er war sehr mit seinem eigenen Büro beschäftigt und daher immer im Stress. Es war Zeit für den nächsten öffentlichen Genesungsschritt. Die Anzeige des Täters bei der Polizei. Ich erstattete Strafanzeige gegen Becker wegen «sexuellen Missbrauchs von Schutzbefohlenen, des sexuellen Missbrauchs von Kindern und der sexuellen Nötigung». Am 30. September 1999 erhielt ich von der Staatsanwaltschaft in Darmstadt die Mitteilung, dass die Straftaten «im Jahre 1997 verjährt» seien. Etwas mehr als zwei Jahre zu spät hatte ich mich dazu entschieden, ein Verfahren gegen Becker zu führen, mit allem Drum und Dran. Die Staatsanwaltschaft befragte mich allerdings nie zur Anzeige, fragte nie, ob es im Umfeld des Täters weitere Personen gegeben habe, die heute noch Anzeige gegen Becker erstatten könnten. Hätten die Staatsanwälte mit mir gesprochen, hätten sie erfahren: «Und wir sind nicht die Einzigen.» Hätten sie recherchiert, hätten sie, je nach Intensität der Recherche, erfahren, dass Becker Jungs missbraucht hatte, die zu diesem Zeitpunkt das 28. Lebensjahr noch nicht vollendet hatten. Ich habe gehört, dass die Sachbearbeiter von damals sogar über das übliche Maß der Ermittlung hinausgegangen seien. Dass sie zu dem Schluss kamen, in Beckers Familie seien keine Jungs gewesen, bei denen es sich 1999 aus strafrechtlicher Sicht noch gelohnt hätte nachzufragen. Beim bloßen Durchsehen der Familienlisten wäre bereits aufgefallen, dass beide Männer, die als Kinder in Beckers letztem Jahr an der Odenwaldschule als die Jüngsten in dessen Familie gekommen waren, zum Zeitpunkt der staatsanwaltlichen Ermittlungen noch siebenundzwanzig Jahre alt waren.

Einer von den beiden hatte als Kind auf die Übergriffe Beckers mit Witzeleien reagiert und war damit sehr offen und öffentlich umgegangen.

Jörg Schindler meldete sich in den folgenden Tagen bei Thorsten und bei mir, fragte nach, diskutierte mit uns, war verhalten und unwirsch, weil ich an einzelnen Punkten andere Aspekte wichtiger fand als er, und bestand darauf, «dass es sein Text» sei. Ich bestand darauf, dass es «meine Geschichte» sei. Wir einigten uns.

Ich war damals eigentlich nicht besonders aufgeregt. Eher abwartend. Nach dieser endlosen Abfolge von Absagen war ich an dem Punkt, dass ich erst bereit war, an eine Veröffentlichung zu glauben, wenn ich das bedruckte Papier in den Händen hielt.

An einem Montag rief mich Jörg Schindler an. «Am Mittwoch bringen wir den Artikel.»

Jetzt war ich aufgeregt! Am Mittwochmorgen, ich hatte kaum schlafen können, ging ich zum Kiosk, kaufte die *Frankfurter Rundschau* und sah zu, dass ich schleunigst wieder in meine Wohnung kam. Es war der 17. November 1999. Ich war ein paar Tage zuvor umgezogen, meine Wohnung war gerade renoviert, aber noch nicht eingerichtet. Ich setzte mich in das leere Balkonzimmer, die frischgeweißelten Wände strahlten, und ich breitete auf dem Boden die Zeitung aus. Achtzehn frischgestrichene Quadratmeter, die damals noch großformatige aufgeschlagene *Frankfurter Rundschau* und ich.

«Odenwaldschule in Misskredit», las ich auf der Titelseite. Jetzt war ich richtig aufgeregt. Mein Herz raste. Titelseite! Wow! Es war geschafft. Eineinhalb Jahre nach unserem Brief an den Schulleiter und 26 weitere Mitarbeiter der Odenwaldschule hatten wir ein Stück Öffentlichkeit hergestellt. So stand da auf Seite eins zu lesen:

Der frühere Leiter der renommierten Odenwaldschule, Gerold Becker, hat offenbar über Jahre hinweg etliche Schüler sexuell missbraucht. Nach Informationen der FR hat der Theologe in den 80er Jahren 13- und 14-Jährige wiederholt sexuell bedrängt, gegen deren Willen an den Genitalien berührt und weitere Taten begangen, die vor Gericht vermutlich als Vergewaltigung gewertet würden. Die Staatsanwaltschaft Darmstadt hat das Verfahren gegen Becker, der noch 1998 an der UNESCO-Modellschule im Odenwald ersatzweise lehrte, jedoch wegen Verjährung eingestellt.

Die Vorwürfe waren an der Schule im südhessischen Ober-Hambach bereits seit Mitte 1998 bekannt, aber bisher nicht öffentlich geworden. Damals wandten sich zwei Ex-Schüler an die Einrichtung, die als Vorzeigeprojekt der Reformpädagogik gilt. Eine Reihe weitere Schüler hat die Vorwürfe bestätigt. Der Vorstand des Schulträgervereins schrieb den Schülern am 17. August 1998 in einem Brief, der der FR vorliegt: Becker habe den Vorwürfen «nicht widersprochen»

und alle Funktionen in der Schule niedergelegt. Auch den Vorsitz in der Vereinigung der Deutschen Landerziehungsheime gab er ab. Becker erklärte der FR auf Anfrage, er werde «aus grundsätzlichen Erwägungen niemals zu den Vorwürfen Stellung nehmen». Der Autor und Publizist gilt nach wie vor als wichtiger Exponent in der deutschen Pädagogik.

Nach Angaben zahlreicher Schüler und Lehrer soll es zwischen 1969 und 1985, Beckers Zeit an der Schule, wiederholt Vorwürfe gegen den Theologen gegeben haben. Den Gerüchten wurde an der Schule damals nicht weiter nachgegangen. Aufgrund der FR-Recherchen sah sich die Schule jetzt veranlasst, einen Brief an alle Eltern zu schreiben. Vorstand und Schulleitung, heißt es darin, «müssen davon ausgehen, dass die Vorwürfe berechtigt sind». Der «schwere Verstoß gegen das Recht junger Menschen auf sexuelle Selbstbestimmung» sei «auf keine Art und Weise zu rechtfertigen».

Beckers langjähriger Weggefährte und Nachfolger als Schulleiter, Wolfgang Harder, bezeichnete den Missbrauch von Schülern «als ein Stück Vergangenheit». Er habe keine Veranlassung gesehen, an die Öffentlichkeit zu gehen. Schließlich hätten «alle Menschen auch von Herrn Beckers Wirken profitiert».

Als ich den letzten Satz las, dachte ich nur noch: «Harder ist wahnsinnig geworden!» Ich denke das bis heute.

Dass der Leiter der Odenwaldschule die pädokriminellen Straftaten Beckers relativierte, weil «alle Menschen auch von Herrn Beckers Wirken profitiert» hätten, war der Gipfel. Harder war immerhin Pädagoge! Er war Leiter einer Schule, die den Leitsatz vor sich hertrug: «Werde, der du bist!»

Das war zynisch, das war dumm, das war unentschuldbar. Wolfgang Harder hatte wahrscheinlich immer noch Angst, «dass Becker an dieser Geschichte zerbrach». Ich habe Wolfgang Harder nie gefragt, ob er eigentlich morgens noch in den Spiegel schauen kann.

Und Becker? Er würde also «aus grundsätzlichen Erwägungen niemals zu den Vorwürfen Stellung nehmen». Ach so, der Mann hatte also Prinzipien. Später erfuhr ich, wie er einen Zehnjährigen während seiner Zeit als Schulleiter in der Dusche in die Ecke gedrängt und ihm an das Bein ejakuliert hatte. Der Junge, inzwischen ein Mann von Anfang fünfzig, hat davon immer noch Albträume.

Ich schlug die Seite drei auf. Um ein Foto des Geländes der Odenwaldschule herum war Jörg Schindlers Text angeordnet. «Der Lack ist ab» nannte Jörg Schindler seinen Hauptartikel. Wer lesen wollte, konnte lesen. Von meiner Konfrontation Beckers, von unserer Auseinandersetzung mit der Odenwaldschule. Über Beckers Karriere als Leiter der UNESCO-geförderten Odenwaldschule, als Vorsitzender der Vereinigung Deutscher Landerziehungsheime und nach seinem Ausscheiden als Leiter der Odenwaldschule als Mitarbeiter beim Hessischen Institut für Bildungsplanung.

Jürgen Dehmers. Jörg Schindler hatte mir das Pseudonym Jürgen Dehmers gegeben. Kann einem Menschen ein dämlicherer Name einfallen? Thorsten Wiest und Jürgen Dehmers. Wenigstens hatte ich nicht als Einziger einen blöden Namen bekommen. Dass ich Jürgen Dehmers als Alter Ego kultivieren würde, lag damals noch in weiter Ferne.

Später zu der Entstehung der Pseudonyme von mir befragt, sagte Jörg Schindler lapidar: «Ich suche mir Nachnamen aus meiner Schulzeit aus und setze einen beliebigen Vornamen davor, der zum Alter der Person passt. Johann für einen älteren Mann, Melvin für einen jungen.» Wir waren also die Generation der Thorstens und Jürgens.

Jörg Schindler zitiert die Heimordnung. Die Odenwaldschule möchte «eine freie Gemeinschaft» sein, «in der die verschiedenen Generationen unbefangen miteinander umgehen und voneinander lernen können».

Jörg Schindler schreibt, «dass Becker die Idee dieses Satzes mehr als einmal pervertiert hat».

Fünf Schüler wurden zitiert, die über ihre Erfahrungen mit Becker berichteten. Ein Schüler, der sich Becker widersetzte, wurde im Familienbericht als asozial gebrandmarkt. Der Artikel berichtet davon, wie Becker den Alkoholkonsum von Vierzehnjährigen unterstützte, wie Mitarbeiter die Schule verlassen mussten, weil sie Beckers Führungsstil kritisierten, wie Harder uns gegenüber sagte, dass er von Beckers

Pädophilie wusste, über die Tagung der Schule zum Zusammenleben der Geschlechter.

«Die Tagung war ein absoluter Flop», sagte ein beteiligter Lehrer, «die Angelegenheit Becker wurde mit keinem Wort erörtert.» «Die kompetenten Leute, die dabei sein sollten, haben wir dort nicht gesehen», monierte eine Lehrerin. «Es ist wenig Aufklärung geschehen – warum, weiß ich nicht», sagt ein dritter Lehrer. Eine offene Auseinandersetzung mit den Missbrauchsvorwürfen, da sind sich alle drei Mitarbeiter einig, habe vor allem Ex-Schulleiter Wolfgang Harder verhindert, der Mitte des Jahres ausschied. Schon zu Beckers Zeiten habe er immer wieder betont, Gerüchten werde er nicht nachgehen.

Jörg Schindler hatte fleißig recherchiert. Er hatte alle Mitarbeiter der Schule angerufen. Drei sprachen mit ihm.

Während ich das las, dachte ich: «Gerüchte? Bei der Polizei heißt das Hinweise, und die werden erkennungsdienstlich behandelt.»

«Dasselbe Argument habe er (Harder, Anm. d. Verfassers) gebraucht, als Becker Anfang 1998 für einige Monate als Ersatzlehrer an die Schule zurückkehrte. Und auch nach Bekanntwerden der Vorwürfe im Juni 1998 habe er sich für Becker verwendet. So sei er in einer Sitzung des Trägervereins im Herbst 1998 ‹mit keinem Wort› auf die Vorwürfe eingegangen, so ein Teilnehmer. Auf die Frage, wo denn Vereinsmitglied Becker sei, habe Harder geantwortet: ‹Auf dem Kirchentag.› Das ganze Thema sei von Schulleitung und Vorstand ‹faktisch totgeschwiegen worden›, schimpfen die drei Pädagogen, die ihren Namen nicht veröffentlicht sehen wollen, weil die Schule inzwischen einen ‹Maulkorb› verhängt habe. (…)

Und so geht Gerold Becker einstweilen seiner Wege und zeigt sich, zwar nicht mehr in der Vereinigung der Landerziehungsheime, aber andernorts als gern gehörter Redner und Experte. Ende November zum Beispiel wird er auf einer bildungspolitischen Tagung in Gütersloh zu Wort kommen. Für Peter Conradi kein Grund zum Missmut: ‹Es liegt nicht in der Verantwortung der Odenwaldschule, wo Herr Becker Vorträge hält.›»

«Wer lesen will, kann lesen», sagte ich wieder zu mir selbst. Ich dachte nach. Fehlte etwas? Nein, eigentlich komplett. Jörg Schindler hatte einen schnörkellosen Artikel geschrieben. Fakten, Zitate, ein paar Namen, ein paar Zusammenhänge. Ohne jegliches «Rächer der Enterbten»-Gehabe, ohne platte Verurteilung. Er ließ die Geschichte für sich selbst sprechen und dabei ziemlich viele Leute zu Wort kommen. Die Geschichte schrie den Leser an.

Man hätte damals diesen Artikel für den Startschuss eines Dominoeffekts halten können, für den Beginn eines gesellschaftlichen Diskurses über sexualisierte Gewalt – und für was nicht alles.

Hätte! Hätte der Fuchs nicht geschissen, hätte er den Hasen gekriegt! Sagt der Volksmund im Hessischen. Und was sagt die bundesrepublikanische Öffentlichkeit im Herbst 1999 zum Thema Odenwaldschule? Nicht viel. Die Leitmedien machten keine Anstalten, das Thema aufzugreifen. Die *Stuttgarter Zeitung* berichtete als einziges Blatt mit überregionalem Anspruch, rund um den Odenwald herum schrieben die Lokalblätter von der *Frankfurter Rundschau* ab, und als ich mittwochabends im Auto saß, hörte ich Jörg Schindlers Stimme auf der Fahrt zum Training in den Nachrichten des Hessischen Rundfunks, wie er die Geschichte in Stakkatosätzen skizzierte.

Das war's!

Sowohl der damalige Chefredakteur der *Frankfurter Rundschau*, Roderich Reifenrath, und sein Stellvertreter Hans-Helmut Kohl ließen in meinen Gesprächen mit den beiden im Frühjahr 2011 mir gegenüber keinen Zweifel daran aufkommen, dass sie hinter Jörg Schindlers Berichterstattung standen. Meine Frage, ob es denn in der *Frankfurter Rundschau* keine kontroversen Diskussionen, so wie in den anderen Medien, zum Thema gegeben habe, beantwortete Hans-Helmut Kohl mit den Worten: «Es gab, gelinde gesagt, Einwände.»

Nun scheint es so zu sein, dass nicht nur die Position eines Mediums gegenüber einem Sachverhalt eine Rolle spielt, sondern auch, wer an welcher Position sitzt, sprich, wer wie viel Macht hat. In diesem Falle votierten die Entscheider für Pro.

Und plötzlich konnten Mitarbeiter der Odenwaldschule Position beziehen. So ließ Erich Albers, im Jahr 2010 immer noch Mitarbeiter der

Odenwaldschule, Jörg Schindler in diesem November 1999 via Leserbrief wissen: «In Kenntnis des Umgangs unserer Schule mit diesem Thema im engeren und weiteren Sinne empfinde ich die Aufmachung dieses Artikels als tendenziös und einseitig im Sinne einer zwanghaften Herabwürdigung unseres Handelns in den letzten eineinhalb Jahren. (…) Ich kann als langjähriger Leser der FR nur hoffen, dass in anderen Bereichen des Blattes professioneller und verantwortungsvoller recherchiert und berichtet wird.» Dazwischen viel Blabla und als Schlussformel: «mit wenig freundlichen Grüßen».

Florian Lindemann, Ex-Schüler und Ende der 90er Vorstandsmitglied der Altschülervereinigung, bezichtigte Jörg Schindler per Leserbrief 1999 des «Sensationsjournalismus». Kurz zuvor hatte er mich um ein persönliches Gespräch gebeten. Dabei erzählte er mir, wie er als Dreizehntklässler ein Jahr lang in der Becker-Familie gewesen sei und Becker auch ihn streichelnd geweckt habe. «Aber nie unterhalb der Gürtellinie», ließ er mich wissen. «Interessant», dachte ich, «dass bei manchen Menschen die Intimsphäre erst unterhalb der Gürtellinie beginnt.» Später sprach ich mit Männern, die davon berichteten, wie Becker die Wohnungstür von innen abgeschlossen und sie als Jungs dazu gezwungen habe, ihn zu masturbieren.

Außer den beleidigten und beleidigenden Briefen aus Ober-Hambach an die Adresse der *Frankfurter Rundschau* gab es zwei bemerkenswerte Auslassungen. Die eine kam als Leserbrief an die *Frankfurter Rundschau* von Ulrich Lange, Geschäftsführer Zentralstelle für Internatsberatung der AVIB gemn. e. V., Grünberg. Der schrieb Folgendes:

Auf Grund fast 20-jähriger Berufspraxis, inklusive 3-jähriger Lehrertätigkeit an einem hessischen Landerziehungsheim, möchte ich behaupten, dass auch viele andere Internatsschulen Leichen wie den Reformpädagogen Becker im Keller haben.
Während meiner eigenen Lehr(er)jahre habe ich ganze Netzwerke homosexueller Päderasten auffliegen sehen. (…)
Oft nicht nur räumlich, sondern auch gesellschaftlich isoliert, bieten solche «Inseln der (Reform-)Pädagogik» mit ihrer

hohen Konzentration von Problemkindern und -jugendlichen den idealen Nährboden für die Bildung extremer Subkulturen. Dass die internen Zustände dieser zumeist «privaten» Institute nie oder eben erst nach langen Jahren öffentlich werden, hängt mit dem engen Geflecht von finanziellen Interessen und Beziehungen zusammen, das sie umgibt bzw. mit dem sie sich abschirmen. Es ist ganz erstaunlich, wie viele schützende Hände besonders über einen kleinen Kreis teurer Privatinstitute gehalten werden, sobald eines von ihnen ins Kreuzfeuer öffentlicher Kritik gerät.

Man sollte sich jetzt weniger über «Maulkörbe» entrüsten, die eine betroffene Einrichtung verhängt, um ihre Kundschaft nicht zu verprellen und ihren wirtschaftlichen Bestand zu sichern. Trotz rapide zunehmender Probleme mit Drogen, erziehungsschwierigen Schülern und dem schulischen Niveau hatten Privatschulen und Internate in den letzten zwei Jahrzehnten eine geradezu euphorische Presse. Es wäre ratsam zu überlegen, wo die vielen Maulkörbe verteilt wurden, die eine objektiv-kritische Berichterstattung so lange verhindert haben. Der Fall der Odenwaldschule ist nur die Spitze eines Eisbergs.

Ulrich Lange war offensichtlich Insider, er war lange im Geschäft, und er äußerte sich öffentlich. Interessant! Im Jahr 2011 erzählte er mir, wie mit Gerichtsverfahren versucht wurde, ihn mundtot zu machen.

Besucht man die Internetseite von Ulrich Lange, wird einem schnell klar, wie der Mann sich so stark positionieren kann. Unter den Rubriken «Internatsrealität», «Legendenbildungen», «Erfahrungen» und «Guter Ruf» findet der interessierte Besucher Einblicke in die Wirklichkeiten dieser Closed Societies.

Das andere Schreiben war ein zunächst interner Brief von Regina Bappert an Philipp Sturz, von einer Ex-Schülerin an einen Ex-Schüler, beide älter als wir und uns zu diesem Zeitpunkt nicht persönlich bekannt. Der Brief wurde mit der Zeit so etwas wie ein öffentliches Dokument. Regina beginnt ihren Brief mit dem Statement:

Die Vorwürfe gegen Gerold Becker überraschen mich nicht. Wir haben das alle gewusst. Zumindest hätten wir es wissen können.

Darin schreibt sie tolle Sätze wie:

Ich weiß nicht, wann ich zum ersten Mal gehört habe, dass Gerold Becker morgens beim Wecken den Jungen unter die Decke grabscht. Kein Lehrer kann mir erzählen, er habe keine Gerüchte gehört. Gerold Becker war nicht der einzige Lehrer, der in der OSO Kinder sexuell missbraucht hat. Die FR schreibt weiter, Harder habe im Sommer 1998 zugesagt, an der OSO solle das Problem des sexuellen Missbrauchs umfassend erörtert werden. Das finde ich erstaunlich spät für eine Modellschule. Spätestens seit Anfang der neunziger Jahre war es *das* Thema, mit dem sich Pädagogen, Sozialarbeiter und Therapeuten beschäftigen *mussten*, weil es ihnen ständig begegnete. Warum wurde in der Odenwaldschule ein so wichtiges Thema jahrelang ignoriert? Warum präsentiert sich die Odenwaldschule noch Ende 1999 als Tal der Ahnungslosen? Lag es an der Arroganz der selbsternannten Reformpädagogen, die glauben, selbst definieren zu können, was wichtig ist und was nicht? Vielleicht sollten sich die Reformpädagogen der OSO von ihren Kollegen an staatlichen Schulen weiterhelfen lassen. Oder haben Lehrer in ihrem eigenen Interesse dafür gesorgt, dass über Kindesmissbrauch nicht gesprochen wird?
Der Ruf der Odenwaldschule ist ruiniert. Sie hat nur noch eine Chance: Sie kann sich einen neuen Ruf aufbauen. Als die Schule, die sich in vorbildlicher Weise um den Schutz der ihr anvertrauten Kinder und Jugendlichen kümmert.
Gibt es in der Odenwaldschule genügend Mitarbeiter, die in der Lage sind, einen solchen Neuanfang – auch gegen Widerstand – durchzusetzen? Die bereit sind, sich von kompetenten Fachleuten informieren, beraten und unterstützen zu lassen? Die bereit sind, zuzuhören und hinzuschauen, wo sie bisher abgewiegelt und ignoriert haben? Ich denke, es wird entscheidend darauf

ankommen, wie sich der neue Schulleiter verhält und wie der Trägerverein agiert. Aber eines ist sicher: Alles, was im «Tal der Ahnungslosen» in nächster Zeit passiert, wird von sehr vielen Menschen sehr genau beobachtet werden. Und das ist gut so.
Herzliche Grüße,
Regina

Als ich damals den Brief zu lesen bekam, stimmte ich mit Reginas Einschätzung völlig überein. Ich dachte, jetzt bekommen wir einen intensiven, langen und katalytischen Diskurs.

Doch weder Regina noch ich waren offensichtlich Experten für Steine, Wasser und Wellen.

Eine positive Reaktion – sozusagen eine temporäre – kam aus dem Hause HeLP. Das Hessische Landesinstitut für Pädagogik faxte am 18. November 1999, einen Tag nach Erscheinen von «Der Lack ist ab», an alle pädagogischen Institute in Hessen:

> Sehr geehrte Kollegin, sehr geehrte Kollegen,
> auf Weisung von Frau Staatsministerin Karin Wolf bitte ich Sie, bis auf weiteres keinerlei dienstliche Kontakte mit Herrn Gerold Becker herzustellen.
> Sollten Sie bereits Veranstaltungen oder andere dienstliche Aktivitäten mit Herrn Becker geplant haben, bitte ich um unverzüglichen Abbruch unter Bezug auf diese Weisung.
> Bitte informieren Sie umgehend alle Stellen Ihres Pädagogischen Instituts über meine Verfügung.
> Mit freundlichen Grüßen, gez. Dr. Wolf

Also, geht doch. So stellten wir uns damals angemessene Reaktionen der pädagogischen Welt vor.

Temporär? Später war Becker wieder beratend für hessische Schulen tätig und stand bis 2008 gemeinsam mit Hartmut von Hentig auf Literaturlisten von Studienseminaren, die als Teil des Amts für Lehrerbildung in Hessen die Referendarsausbildung durchführen.

Einige Zeit später saßen Jörg Schindler, Thorsten und ich zusammen im Café – es war das erste persönliche Treffen von uns dreien seit unserem Besuch in der *Frankfurter Rundschau* – und nippten an unserem Kaffee. Wir hatten das Gefühl eines errungenen Etappensiegs ohne Applaus. Immerhin.

Am 17. Dezember 1999 bekam ich ein Schreiben von Whitney Sterling, dem Nachfolger Wolfgang Harders als Schulleiter der Odenwaldschule.

**Sehr geehrter Herr Dehmers,
da sich in den letzten Monaten hier in der Odenwaldschule viel bewegt hat, möchte ich mich bei Ihnen melden. Sie hatten zuletzt im April von uns gehört und sind womöglich nicht auf dem neuesten Stand.**

Nach acht Monaten hörten wir also wieder etwas von der Odenwaldschule. Anlass war die Verabschiedung einer «Erklärung der Odenwaldschule zu den aktuellen Vorwürfen gegen den ehemaligen Schulleiter Gerold Becker». Die Odenwaldschule hatte also anderthalb Jahre gebraucht, um ein einseitiges Papier zu verabschieden.

Am 2. Dezember 1999 verfassten die Organe der Odenwaldschule eine Erklärung.

Die Erklärung fasst das Bekannte zusammen und resümiert: «Die Aufforderung der beiden Altschüler zur Klärung dieser Vorwürfe und Aufarbeitung dieser Thematik des sexuellen Missbrauchs steht in Übereinstimmung mit den Zielen der Odenwaldschule.»

Noch immer waren es «Vorwürfe», die einer «Klärung» bedurften.

Wieder einmal wird auf die Mitarbeitertagung «Zusammenleben im Internat, Koedukation, Erziehung im Umgang mit Sexualität» verwiesen, auf der bekanntermaßen Becker und der Missbrauch durch ihn nicht thematisiert wurden.

Das Beste zum Schluss: «Es fällt uns schwer, nachzuvollziehen, wie solche Übergriffe möglich waren, weil doch die Schule in ihrem Geist und ihren Strukturen für Demokratie, Selbstbestimmung und eine ‹Erziehung vom Kinde aus› steht.»

Für Außenstehende muss dazu gesagt werden: Das meinten die ernst. Das war keine Parodie!

Die im System Odenwaldschule existierenden Akteure demonstrierten öffentlich in dieser Erklärung: Ja, unsere Haltung ist das Ergebnis einer ideologischen Gehirnwäsche. Nein, wir haben es noch nicht bemerkt. Uns geht's gut, danke.

So wie Kaa, die sich selbst ganz schwindelig hypnotisiert?

Dann folgte ein Maßnahmenkatalog der Kategorie Standard, von «Mitarbeiterweiterbildung» war dort die Rede und von «Sensibilität für diese Thematik». Es sollten «die Werte der Schule und die Heimordnung auf ihre Wirksamkeit erneut überprüft» werden.

War das zynisch? War das dumm? War das die «Arroganz der Reformpädagogen», von der Regina Bappert sprach? Wir waren zum Glück inzwischen echte Profis in puncto Fassungslosigkeit geworden. Das Schweigen schrie uns an. Die vierte Gewalt im Staate machte keine Anstalten, den Diskurs aufzugreifen. Auch die *Frankfurter Rundschau* mobilisierte keine Kräfte, die nachfragten und nachhakten und unbequem blieben.

Wir waren – wieder einmal – zornig, wir waren – wieder einmal – enttäuscht, wir fühlten uns – wieder einmal – nicht gesehen, nicht verstanden und nicht ernst genommen. Wir spürten unsere ganze Ohnmacht.

Wir rafften uns auf, einen letzten, einen wirklich allerletzten Brief an unsere alte Schule zu schreiben. Wir schrieben ihn als offenen Brief am 10. Januar 2000 an den Schulleiter der Odenwaldschule, Herrn Whitney Sterling.

Sehr geehrter Herr Sterling,
vielen Dank für Ihren Brief vom 17. Dezember 1999. Eine offizielle Stellungnahme der Odenwaldschule, die sinngemäß Ihrem Schreiben entspricht, und die beigefügte «Erklärung der Odenwaldschule zu den aktuellen Vorwürfen gegen den ehemaligen Schulleiter Gerold Becker» haben wir erwartet – als unmittelbare Reaktion der Odenwaldschule auf unser Schreiben vom 10. 6. 1998 – und nicht 1½ Jahre später.
Wir finden dieses Verhalten skandalös und beschämend! Offensichtlich war der mediale Druck auf die Odenwaldschule not-

wendig, um die nun vorliegende «Erklärung der Odenwaldschule …» zu erstellen.

Bei dem von Ihnen unterzeichneten Schreiben und den darin
behandelten Themenpunkten erscheint es uns notwendig, einzelne Punkte aus unserer Perspektive zu präzisieren:
Der letzte und somit auch einzige Kontakt der Odenwaldschule zu uns im Jahr 1999 reduziert sich auf ein Telefonat zwischen Benita Daublebsky und Jürgen Dehmers, in welchem
Frau Daublebsky über die Durchführung der Mitarbeitertagung «Zusammenleben im Internat / Koedukation / Erziehung
im Umgang mit Sexualität» im März 1999 berichtete und die
Zusendung der dort bearbeiteten Tagesordnungspunkte ankündigte (welche dann, datiert auf den 22. 7. 1999!, bei Jürgen
Dehmers Ende Juli 1999 postalisch eintrafen). Das heißt, die
Odenwaldschule hat vier Monate gebraucht, um ein Veranstal-
tungsprogramm zu verschicken. Des Weiteren wurde die Zusendung der auf der Mitarbeitertagung erarbeiteten Ergebnisse
zugesichert, wozu es bis heute nicht gekommen ist. Keines der
im Titel der Mitarbeitertagung genannten Themen konnte von
uns als notwendigerweise zu behandelnder Inhalt und im Zusammenhang mit dem Anlass der Mitarbeitertagung erkannt
werden. Das Thema, das damals zur Diskussion stand, war der
sexuelle Missbrauch, begangen durch den ehemaligen Schulleiter der Odenwaldschule, Gerold Becker!
Die Motivation für unseren Brief vom 10. 6. 1998 wurde bereits
in einem Schreiben von Jürgen Dehmers an den damaligen
Schulleiter, Wolfgang Harder, vom 21. 6. 1998 konkretisiert:

«Gerold Becker hat auf der Odenwaldschule Kinder sexuell miss-
braucht, wobei wir derzeit nicht in der Lage sind, die genaue An-
zahl seiner Opfer abzuschätzen, uns jedoch bereits im jetzigen
Stadium andere Opfer namentlich bekannt sind.
Wir haben der Odenwaldschule diesen Brief (vom 10. 6. 1998,
Anm. d. Verf.) geschrieben, um der Schule als Institution die
Möglichkeit zu geben, sich mit der Tatsache auseinanderzuset-
zen, dass die Odenwaldschule zwölf Jahre lang einen Schullei-

153

ter beschäftigte, der pädophil war und minderjährige Schutz-
befohlene sexuell missbrauchte. (…) Offensichtlich hat sich
niemand dafür zuständig gefühlt, den Gerüchten um Gerold Be-
cker auf den Grund zu gehen! Darüber solltet Ihr nachdenken.
Was herrscht wohl auf der Odenwaldschule für eine Atmosphäre,
die solche Tabubrüche nicht zulässt? Diese Tatsache sagt etwas
über Euch als Schulgemeinschaft aus. Wie viel Raum steht auf
der Odenwaldschule zur Verfügung, um Sachen anzusprechen,
die nicht in Ordnung sind? Diese Fragen bedürfen einer Klärung,
wollt ihr Eure Integrität bewahren.

Selbst nach 1985, als nach Deiner Aussage Zweifel an der plato-
nischen Zuneigung Gerold Beckers laut wurden, ging niemand die-
sen Gerüchten nach, und Gerold Becker wurde von der Odenwald-
schule weiter beschäftigt. Wer von Euch kann garantieren, dass
Gerold Becker nach 1985 nicht weiter Kinder missbraucht hat? (…)
Bei unserem Telefongespräch war ich höchst erstaunt darüber,
dass Du mich fragtest, was die Schule jetzt tun soll und was wir
denn jetzt wollen. Was wollt Ihr denn? Habt Ihr nicht das Be-
dürfnis, klare Verhältnisse zu schaffen? Es muss Sache der Schule
sein, bedingungslose Aufklärungsarbeit zu leisten! Wer das nicht
möchte, sabotiert oder verweigert, macht sich mitschuldig. (…)
Es ist eine Schande, wenn Gerold Becker sich weiterhin als unbe-
scholtene Person auf der Odenwaldschule bewegt.
Wir erwarten, dass die Odenwaldschule aus den beschriebenen
Umständen ihre Konsequenzen zieht. Das bedeutet:

1. *Die öffentliche und schriftliche Distanzierung von Gerold*
    Becker unter Angabe von Gründen, die für alle Beteiligten
    einen unmissverständlichen Bruch mit Gerold Becker ersicht-
    lich werden lässt.
2. *Eine klare Aufarbeitung der Verhältnisse, welche die Klärung*
    der bestehenden Kommunikations- und Sozialstrukturen zum
    Thema haben muss.
3. *Eine umgehende Stellungnahme zu unserem Schreiben.»*

In dem von Herrn Conradi verfassten und auf den 24. 7. 1998
datierten Protokoll des Gesprächs zwischen Herrn Conradi,

Herrn Dehnert, Herrn Harder, Herrn Dehmers und Herrn
Wiest am 9. 7. 1998 in Frankfurt/M. wurde unter Punkt 4
Folgendes festgehalten:

«*Die Konferenz wird die Fragen der Sexualerziehung, darunter
auch das Problem des sexuellen Missbrauchs von SchülerInnen unter pädagogischen und arbeitsrechtlichen Aspekten behandeln und dazu Regelungen erarbeiten. Sie soll dabei Fachleute (Psychologen, Mediziner) hinzuziehen. Die Konferenz soll
außerdem – auch unter Hinzuziehung von Fachleuten – beraten, wie durch zusätzliche Beratung und Supervision die pädagogischen, sozialen und psychologischen Kompetenzen und
Arbeitsbedingungen der MitarbeiterInnen der Odenwaldschule
verbessert werden können. Die (Zwischen-)Ergebnisse dieser Beratungen sollen dem Vorstand der Odenwaldschule e. V.
bis Mitte Oktober 1998 vorgelegt werden. Jürgen Dehmers und
Thorsten Wiest und die 26 Empfänger des Briefs vom 10. 6. 1998
werden über die von der Konferenz und vom Vorstand gezogenen Konsequenzen und die für die Zukunft getroffenen Regelungen informiert.*»

Dass dies nicht in angemessener Weise geschah, steht heute
wohl auch innerhalb der Odenwaldschule (hoffentlich) außer Diskussion. Die «OSO hätte sich nach dem Bekanntwerden der Vorwürfe schneller und entschiedener mit dem Thema
des sexuellen Missbrauchs auseinandersetzen müssen», heißt
es in der «Erklärung der Odenwaldschule …». Ob dies aufrich-
tige Selbsterkenntnis ist oder schlicht der Versuch, eine von außen unangreifbare Fassade zu errichten, bleibt abzuwarten.
Die Betitelung der Mitarbeitertagung «Zusammenleben im In-
ternat/Koedukation/Erziehung im Umgang mit Sexualität»
konnte jedenfalls zynischer nicht erfolgen.
Es ist nicht nur unsere Sichtweise, dass die Mitarbeitertagung
«eine weniger direkte Behandlung der Thematik des sexuellen Missbrauchs vorzuweisen hatte», wie Sie es in Ihrem Brief
an uns ausdrücken, ebenso festzustellen ist, dass der Artikel

155

der Frankfurter Rundschau vom 17. 11. 1999 von Lesern außerhalb der Odenwaldschule mehrheitlich als sachlich darstellend bewertet wird. Welche Reaktionen der Artikel innerhalb der Odenwaldschule hervorrief, wissen Sie besser als wir.

Tatsache ist jedoch, dass einzelne Mitglieder der Konferenz der Odenwaldschule, welche ernsthaft bemüht waren, unabhängig von den zu erwartenden Resultaten einer aufrichtigen Aufklärung, Transparenz in die Geschehnisse und die Mechanismen der Odenwaldschule zu bringen, in ihrer Tätigkeit behindert und von Mitgliedern der Konferenz und des Vorstandes der Odenwaldschule aufs übelste angegriffen wurden!

Wir sind über das, was an der Odenwaldschule seit April und vor allem, was seit dem Artikel der Frankfurter Rundschau vom 17. 11. 1999 geschehen ist, einigermaßen informiert, bedauerlicherweise nicht durch die Odenwaldschule und deren offizielle Vertreter selbst. Der wiederholte Ausstieg aus den Gesprächen mit uns ist eine Fortsetzung der seitens der Odenwaldschule praktizierten Strategie der Verschleppung und Verschleierung einer auf Zeit spielenden Institution.

In der «Erklärung der Odenwaldschule …» werden die wesentlichen Punkte unserer Handlungsmotivation zitiert, die Position der Odenwaldschule dargestellt und das weitere Vorgehen der Odenwaldschule als 4-Punkte-Absichtserklärung aufgelistet. Bis dahin nicht besonders spannend, eher die Konsequenz einer uns nachvollziehbaren Logik mit dem «na, endlich Effekt».

Bei genauerer Betrachtung wird deutlich, dass die genannten Punkte der «Erklärung der Odenwaldschule …» vom 2. Dezember 1999 in ihrer zentralen Aussage mit Punkt 4 des Gesprächsprotokolls vom 24. 7. 1998 (s. o.) identisch sind. Dies wirft folgende Fragen auf:

Welche Arbeitsergebnisse hat die Odenwaldschule bisher vorzuweisen, wenn nach eineinhalb Jahren die nahezu gleichen Themenpunkte wieder erörtert werden sollen?

Aus welchem Grund soll die Odenwaldschule jetzt in ihrer Absicht zu handeln ernst genommen werden?

Warum ringt sich die Odenwaldschule ausgerechnet zu diesem Zeitpunkt zu dieser Erklärung durch? War das mediale und öffentliche Interesse nötig, um den Druck auf die Odenwaldschule soweit zu erhöhen, dass die Odenwaldschule zum Handeln gezwungen war? Offensichtlich bedurfte es der katalytischen Wirkung des öffentlichen Diskurses, in dem die Odenwaldschule (wieder einmal) die armselige Rolle des ausschließlich reaktiven Elementes wählte. Auf stumpfes Aussitzen folgte zunächst die Phase des blanken Aktionismus.

Die Odenwaldschule hat sich unseres Erachtens bei der Aufarbeitung des von uns dargestellten Sachverhaltes bzgl. der zahlreichen Übergriffe Gerold Beckers nicht gerade hervorgetan. Anders ist es wohl nicht zu erklären, wie im Herbst 1998 – Monate nach unserem ersten Schreiben an die Odenwaldschule und nachdem Gerold Becker seine Ämter im Förderverein (selbst!) niedergelegt hatte – in den Postfächern der Mitarbeiter ein Vortrag von Gerold Becker mit dem Titel «100 Jahre Landerziehungsheime» verteilt werden kann. Zitate dieser Veröffentlichung ersparen wir uns an dieser Stelle; Sie kennen sicherlich den Inhalt.

Es sind uns ausreichend Statements zum Thema von Mitarbeitern und anderen Akteuren in und um die Odenwaldschule herum bekannt (auf der OSO bleibt ja schließlich nichts geheim, oder?), die uns allmählich verständlich werden lassen, wieso andere Betroffene so lange schweigen und es zu einem großen Teil immer noch tun. Die in dem Artikel der Frankfurter Rundschau außer uns zitierten Altschüler sind Ausnahmen! Bei unserem Treffen in Frankfurt / M. am 9. 7. 1998 (s.o.) wurde von den Vertretern der Odenwaldschule erfolgreich an unsere Loyalität gegenüber der Odenwaldschule appelliert. Das heißt: Kein öffentlicher Diskurs über den dargestellten Sachverhalt in den OSO-Nachrichten, um noch größeren Schaden von der Odenwaldschule abzuwenden. Keine andere öffentliche Diskussion über die Person Gerold Becker aus selbigem Grund. Wir gaben der Odenwaldschule die Gelegenheit, die Aufarbeitung ihrer Vergangenheit innerhalb eines von der Odenwaldschule selbst festgelegten und strukturierten Zeitplanes zu gewährleisten. Unser Vertrauen in die Odenwaldschule und ihre Vertreter ist ein weiteres Mal der Lächerlichkeit preisgegeben worden. Wir erwarten von der Odenwaldschule, dass im weiteren Verfahren mit der Aufarbeitung der Vergangenheit der Odenwaldschule das zu fokussierende Problem nicht auf die Person Gerold Becker reduziert wird! Die Strukturen und die Atmosphäre auf der Odenwaldschule haben die ungehinderte Aktivität Gerold Beckers ermöglicht, gedeckt und begünstigt. Gegenseitige Abhängigkeit und Profit von Gerold Becker zu seinen Förderern und Freunden schufen auf der Odenwaldschule die Basis für seinen Machterhalt. Und die anderen? Die Mitarbeiter? Die Kritiker Beckers? Sie alle sind Statisten in einem Kontext, der Gerold Beckers perverse sexuelle Ausbeutung von minderjährigen Jungen zum zentralen Inhalt hatte.

Es bleibt festzuhalten: Die Mitarbeiter der Odenwaldschule gingen den Gerüchten um Gerold Becker nicht nach. Kein Pädagoge hat in der Ära Becker die Kinder erfolgreich geschützt. Die missbrauchten Jungs vertrauten sich niemandem an, weil sie vermutlich spürten, dass sie nicht ernst genommen und geschützt würden.

Gerold Becker lässt verlauten, er sei auf «unbestimmte Zeit im Urlaub». Unsere Erfahrungen mit ihm und der Odenwaldschule begleiten uns seit vielen Jahren, ohne Urlaub.

Mit freundlichen Grüßen

Jürgen Dehmers und Thorsten Wiest. Wir unterschrieben in normaler Größe, vor meinem inneren Auge hatte Kaa einen Knoten im Hals.

Dieser Brief von uns wurde der Unterlagenmappe für die Mitarbeitertagung «Schutz vor sexuellem Missbrauch», die an der Odenwaldschule am 27. und 28. Januar 2000 stattfand, hinzugefügt. Irgendwie hatte ihn aber Wolfgang Harder wohl schon vorher zugespielt bekommen, denn er faxte an Whitney Sterling am 27. Januar 2000:

Lieber Whitney,

mir sind die Seiten 46–50 Ihrer Dokumentation zur Vorberei-
tung der heute beginnenden Mitarbeitertagung zugegangen.
Es handelt sich dabei um den Brief von Jürgen Dehmers und
Thorsten Wiest an Sie vom 10. 1. 2000. Darin wird auf S. 2 aus
einem Brief an mich vom 21. 6. 1998 zitiert – vorgeblich wörtlich und scheinbar philologisch penibel mit Anführungs-
zeichen, Auslassungsklammern und im Kursivdruck. Dazu
möchte ich anmerken: Die Zeilen 4–21 sind (mit einer kleineren und einer gewichtigeren Textveränderung) in der Tat Auszüge aus dem besagten Brief an mich.

Dagegen sind die Zeilen 1–3 und 21–31 (also nahezu die Hälfte
des Briefes) nachträglich montiert; sie sind also nicht – weder sinngemäß noch gar wörtlich – Teil des Schreibens an mich
vom 21. 6. 1998.

Da dieser Brief der beiden Altschüler vom 10. 1. 2000 ja vielleicht auf der Mitarbeitertagung zur Sprache kommt, schicke ich diesen Hinweis gleich heute per Fax: Er kann dann ggf.
– d. h. wenn Sie das wichtig und richtig finden – noch in Ihre
Dokumentation mit aufgenommen werden.

Mit freundlichen Grüßen

W. Harder

Ich las das Fax, das mir Salman Ansari per Mail zugeschickt hatte. Ich
dachte nach. Seelenruhig ging ich zu meinem Schreibtisch, suchte mir
die Akte «OSO» heraus und fing an, nach dem Brief an Harder und
nach dem an die Odenwaldschule zu suchen. Gesucht, gefunden, ich
legte die Schriftstücke nebeneinander, und siehe da: Harder hatte voll-
kommen recht. Es war genau so, wie er sagte. In unserem Schreiben
an die Schule entnahm ich die Textstellen offensichtlich einer anderen
Briefversion auf meinem Rechner und nicht der, die wir dann Wolfgang Harder tatsächlich geschickt hatten. Wir mailten die Briefversio-
nen immer hin und her, bastelten so lange daran herum, bis wir beide
damit einverstanden waren. An der Universität hätten wir dafür locker
einen Schein in angewandter Basisdemokratie bekommen. So entstanden unzählige Versionen von einem Schreiben, die ich alle auf mei-

nem Rechner gespeichert hatte. Beim Copy/Paste-Verfahren für das Schreiben an die Odenwaldschule unterlief mir dann dieser Fehler. Soweit ich weiß, der einzige dieser Art in den zwölf Jahren. Mea culpa. Änderte das etwas an den Tatsachen? Änderte es etwas an den Aussagen unseres Briefes? Änderte es etwas am kollektiven Versagen der Odenwaldschule?

Es änderte etwas an unserem Blick auf Wolfgang Harder.

«Schicke ich diesen Hinweis gleich heute und per Fax», schrieb er in seiner Mitteilung. Wolfgang Harder konnte faxen. Aha. Damit es schnell geht. Aha.

Die Charakterskizze Wolfgang Harders komplettierte sich allmählich. War er bisher der oberste Täterschützer, dem die missbrauchten Kinder gleichgültig waren, der Angst hatte, «dass Becker an dieser Geschichte zerbrach», der auf der Verabschiedung der Abiturienten im Jahr 1999 Gerold Becker lobend erwähnte und ihn zitierte, zeigte er an dieser Stelle, dass er lesen, schreiben und handeln konnte. «Technische Aspekte zuerst, wen interessiert schon der Inhalt», könnte die Devise dieses Tuns sein. Er war entlarvt. «Der kleine Angestellte der Reformpädagogik», dachte ich, dessen größte Angst es war, wegen eines formalen Fehlers gerügt zu werden. Sonst hätte er nicht seinen damaligen Bericht in seinem letzten Jahr als Schulleiter 1998 an das Staatliche Schulamt in Heppenheim zu den Missbrauchsvorwürfen im Jahr 2010 Journalisten zur Verfügung gestellt. Ein Bericht, in dem er dokumentiert, dass er davon Mitteilung erhalten hatte, dass wir «nicht die Einzigen sind».

Nein, er wollte sich nicht selbst anzeigen. Er wollte sich entlasten! Neun Seiten lang! Dass ihm das den Hals brechen würde, war ihm dabei wohl nicht bewusst gewesen. Aber dazu später mehr.

Die Unterlagenmappe der Mitarbeitertagung vom Januar 2000 hatte noch einen anderen Brief als Beilage – und der war so richtig toxisch. Jürgen Kahle, mein ehemaliger Klassenlehrer und Elektroniklehrer, meldete sich am 17. Januar 2000 zu Wort. Mit einem offenen Brief an Uwe Lau. Uwe Lau war einer der Mitarbeiter gewesen, die in der 70ern den Führungsstil Beckers offen in Frage stellten und infolgedessen die Schule verließen. Kahle stieg gleich voll ein:

Ein offener Brief von einem, der von 1968 bis 1993 Lehrer an der Odenwaldschule war, dabei drei Schulleiter erlebt hat, der 4 Jahre lang Uwe Laus und 16 Jahre lang Gerold Beckers Weggefährte war und dem man wohl kaum konforme Vasallentreue nachsagen konnte.

Jürgen Kahle griff Uwe Lau schwer an, nannte seine Aktivitäten «kleinliche Rache und die Begleichung nunmehr 23 Jahre alter Rechnungen». Er unterstellte ihm, dass er seinen Frust herauslasse, «genau in dem Moment», «in dem der Gegner gedemütigt und gezeichnet am Boden liegt». Nachdem er sich warmgebrüllt hat, lässt er den Leser wissen, «dass jedes Ding zwei Seiten hat». Er fährt fort mit «Gerolds Fehltritten» und der «zeitgeistadäquaten Sensationsschreibe eines schon von Berufs wegen profilierungssüchtigen» Reporters. Er bewirft Uwe Lau knapp zwei Seiten lang mit Schmutz, bevor er dazu übergeht, Becker in den Himmel zu loben.

Dass er dann strauchelte (Becker), sich gerade in seiner Position als Schulleiter gehen ließ und, wie vor ihm schon viele seiner Brüder in Amt und Lehre, seinen Trieben folgte, ist tragisch und verhängnisvoll; bestätigt aber auch die alte Regel, dass Größe erst dadurch definiert wird, dass sie auch im Negativen Beträchtliches vorzuweisen hat.

Kahles Merksatz Nummer 1: Größe wird dadurch definiert, dass sie auch im Negativen Beträchtliches vorzuweisen hat. Aha.

Beide Jungen waren gescheit, souverän und ohne schulische Sorgen, locker, hübsch und fröhlich; und sie trugen die Nase ziemlich hoch, schienen mächtig stolz darauf zu sein, jahrelang in der begehrt-elitären Familie des beliebten Schulleiters zu sein oder dort zumindest partizipieren zu dürfen, der trotz seiner zahlreichen Aufgaben und Probleme ganz viel unternahm, um «seine Söhne» glücklich und zufrieden zu machen.

Um seine Haltung weiter zu veranschaulichen, führt Kahle aus, wie er mit 14 Jahren seinen «wesentlich älteren» Hitlerjungen-Fähnleinführer umwarb und ihn schließlich verführte – «auf die moderate Art».

Und dass ich meine 20 Jahre jüngere liebe Astrid, die von Anfang meiner OSO-Zeit an in meiner Familie war, unter den vielen wunderschönen und gescheiten Jungfrauen in Oberhambach als die geeignetste aussuchte und sie, zwar mit geziemendem Abstand, aber doch quasi von der Schulbank weg zu meiner Frau nahm – dafür hatte selbst der noch ganz im autoritär-patriarchalen Denken verhaftete ehemalige Schulleiter Walter Schäfer Verständnis!

Ausrufezeichen? Ausrufezeichen! Der machte hinter diesen Satz tatsächlich ein Ausrufezeichen. Geziemender Abstand? Ex-Schülerinnen bezeugen 2010, wie Astrid sich als Schülerin nachts in Kahles Wohnung geschlichen hatte. Kahle ergießt sich noch ein paar Seiten lang und zeigt, dass er über die aktuellen Geschehnisse gut informiert ist. Später wird er über Thorsten und mich sagen: «Die hatten aber auch immer so knappe Höschen an!» Sollten wir darüber lachen oder kotzen?

Später erfuhr ich, dass Astrid Kahle, jetzt Lehrersgattin, Geschlechtsverkehr mit einem Vierzehnjährigen hatte. Die Kahles waren ein Täterpärchen.

Auf der Mitarbeitertagung wurde dieses Schreiben von Kahle hingenommen. Es hatte für ihn keine Konsequenzen. Kahle war weiterhin gerngesehener Gast auf den Altschülertreffen der Odenwaldschule. Ein Ex-Schüler, der Kahle bei einem dieser Treffen darauf ansprach, wie unangenehm es ihm gewesen sei, dass Jürgen Kahle ihm, der damals dreizehn war, bei einer Fahrt auf die Burg Waldeck in den Schlafsack gegriffen und ihn zu masturbieren begonnen habe, musste sich von Kahle die Antwort anhören: «Ach komm, wir hatten doch damals beide unseren Spaß.»

Viele solcher Erlebnisse von Schülern und Schülerinnen wurden erst im Jahr 2010 öffentlich. Dabei wurde klar: Kahle misshandelte Mädchen und Jungs und ging dabei in einer Weise vor, die ich sadistisch nenne.

Am 25. Januar 2000 schrieb uns der Neue im Chefsessel, Whitney Sterling. Ich öffnete den Brief und heftete ihn ab. Es interessierte mich nicht mehr.

Das war also die Gemeinschaft von Pädagogen und der ihnen anvertrauten Kinder und Jugendlichen, die in besonderer Weise den Holocaust, das Dritte Reich, Nicaragua und alle anderen Orte der Ungerechtigkeit und Unmenschlichkeit im Unterricht und auch sonst bei jeder Gelegenheit thematisierte und die Schülerschaft mit dem Hinweis auf die Bürgerpflicht aufzustehen aufforderte, mit erhobener Stimme zu protestieren und die Welt zu einer besseren werden zu lassen. Zivilcourage war ein beliebtes Wort. Interventionsfähiger Staatsbürger zu werden war die Mindestanforderung. Das hatte bereits in meinen Schülerohren geheuchelt und hohl geklungen.

Ich schlief schlecht zu dieser Zeit. Häufig wachte ich mitten in der Nacht auf, mein Bett war nassgeschwitzt, und ich knirschte im Schlaf so heftig mit den Zähnen, dass ich Schleifspuren am Gebiss bekam und eine chronische Kiefergelenksentzündung mein Begleiter wurde. So war ich auch an einem Sonntagmorgen ziemlich erledigt, als mein Wecker klingelte. Ich torkelte aus dem Bett, zog den Rollladen hoch und schaute aus dem Fenster. Es regnete bei 2 Grad plus. «Heute wird der Andrang nicht so groß sein», brummelte ich vor mich hin, während ich mich anzog. Ich war für die offenen Crosslauf-Meisterschaften einer benachbarten Stadt gemeldet. Aus Erfahrung wusste ich, dass bei solchen Witterungsbedingungen etliche Personen der Starterliste nicht erscheinen würden. Aus mangelnder Motivation, sich bei diesem Sauwetter auf die Strecke zu begeben, wenn man genauso gut mit der Familie gemütlich beim Sonntagsfrühstück sitzen und, falls man kleine Kinder hat, sich anschließend bei der «Sendung mit der Maus» vor dem Fernseher lümmeln konnte. Oder aus Angst vor Erkältungskrankheiten oder Stürzen. Alles gute Gründe. Die schnellen Leute waren meistens da.

Ich hatte nur einen Kaffee getrunken, warf meine Sachen ins Auto und fuhr los. Am Wettkampfort angekommen, sah ich meine Voraussage bestätigt. Obwohl ich relativ spät dran war, bekam ich noch einen Parkplatz auf dem Sportgelände und hatte schnell meine Startnummer. Es war ein Kurs von vier Runden zu je 2,1 Kilometer. Während sich andere schon warmliefen, ging ich die Strecke, mit Daunenjacke und Wollmütze bekleidet, ab. Etwa ein Kilometer ziemlich steil berghoch, das letzte Stück war kein Weg, sondern eine mit rot-weißem Absperrband markierte Strecke quer durch den Wald. Am höchsten Punkt musste ein etwa drei Meter breiter Bach überquert werden, bevor es eine halsbrecherische, weil völlig matschige und glatte Gerade bergab ging. Unten ging's durchs Ziel auf die nächste Runde.

Es war einer der herausforderndsten Kurse, auf denen ich je gestartet bin. Meine Prognose war, dass die Entscheidung in der letzten Runde fallen würde. Hier hatte wohl jeder Respekt vor dem Kurs und hob sich lieber ein paar Körner bis zum Schluss auf. Ich zog mich am Auto um, kurze Hose, kurzes Top, alles, was nass werden konnte, würde hier nur schwer werden und damit Zeit kosten. Die Mischung aus Regen und hochspritzendem Matsch würde die Teilnehmer nach dem Lauf nur noch an der Stimme unterscheidbar machen. Als ich zur Startaufstellung kam, war ich doch überrascht, dass sich dort etwa hundert Entschlossene versammelt hatten. Ich hatte mich für 15er-Spikes entschieden, die längsten, die ich hatte, und die Schuhe mit Leukotape an den Füßen befestigt. Ein Meter Klebeband pro Fuß, richtig eng umwickelt. «Aus denen muss ich mich nachher von den Sanis rausschneiden lassen», dachte ich. Ohne diese Maßnahme würden die Schuhe im teils knöcheltiefen Schlamm stecken bleiben. Spätestens ab der dritten Runde würde der Boden so aufgeweicht sein, als hätte auf der Strecke ein Almauftrieb bei Dauerregen stattgefunden.

«Noch eine Minute bis zum Start», schepperte die Stimme des Sprechers aus dem Megafon in mein Ohr. Ich hasste es. Dieses Diktat. Zu starten, wenn es mir jemand anders sagt. Ich verfügte nicht in ausreichendem Maße über die Fähigkeit der Hingabe, um mir von jemand anders vorgeben zu lassen, wann ich loslegen sollte. War das kindisch? Ich dachte das viele Jahre lang. Dass ich so eine Art postpubertäre Anpassungsstörung hatte, die sich in einer ungewöhnlich ausgeprägten Trotzhaltung äußerte. Dass ich nie gelernt hatte, Regeln zu befolgen und Grenzen zu akzeptieren. Auf die Idee, dass ich mir in dem

Moment, als ich Becker von mir wegstieß, als ich das Martyrium der Übergriffe für mich beendete, einen unbewussten Schwur leistete, bin ich erst sehr spät gekommen. «Nie wieder werde ich zulassen, dass jemand Macht über mich ausübt», waren die Worte dieses unausgesprochenen Satzes. Allein die Stimme des Wettkampfrichters genügte, um meinen Schwur zu aktivieren und massive Widerstände gegen Anforderungen von außen zu entwickeln. «10», hörte ich die Stimme wieder. Ich schob mich nach vorn. «9.» In der ersten Reihe standen junge Kerle, entschlossen, aber wahrscheinlich eher unerfahren. «8.» Auf dem engen Kurs war es schwierig, jemanden zu überholen, der plötzlich vor einem einbrach und damit langsamer wurde. Ich musste weiter vor. «7.» Ich quetschte mich zwischen zwei Männer, die meine späte Ankunft in der ersten Reihe mit missmutigen Gesichtern quittierten. «6.» Einer bläst sich demonstrativ auf, um sein Startrevier zu markieren. Ich könnte ausrasten, wenn mich jemand ungefragt berührt. Mein Puls schlägt höher. «5.» Mein Körper produziert durch die Berührung mehr Adrenalin, als durch die Aufregung vor dem Start möglich gewesen wäre. «4.» Die Teilnehmer gaben die ganze Liste der Startrituale zum Besten. Bekreuzigen, Spucken, Hüpfen etc. «3.» Ich hüpfte ein paar Mal. So sagte ich meinem Körper: «Jetzt geht's los!» Es regnete wieder stärker. «2.» Die ersten Füße stehen vor der Startlinie, jeder Zentimeter ist psychologisch wichtig, jeder will möglichst ohne Rempeleien wegkommen. Frauen sind vorn längst keine mehr, grauhaarige Männer auch nicht. «1.» Die Startpistole knallt.

Ich bin immer wieder überrascht, wo all die Ellenbogen herkommen. Das Anfangstempo war enorm hoch. Von Bedächtigkeit keine Spur. «Die überpacen komplett», dachte ich und ging das Tempo nicht mit. Stattdessen lief ich auf Sicht und beobachtete die Spitzengruppe. Die war flott unterwegs. Am ersten Querfeldeinstück ging es so steil berghoch, dass die Ersten schnaufend mit den Händen im Laub wühlten, um für weiteren Vortrieb zu sorgen. Am höchsten Punkt angekommen, waren wir wieder alle zusammen, das heißt etwa die erste Handvoll. So blieb es auch eine Weile. Ich klemmte mich an einen kleinen Mann, etwas älter als ich, einen reinen Läufertyp ohne ein Gramm Fett am Körper. Sein Gesicht war völlig ausdruckslos. Ein alter Hase, der wusste, was er tat. Ab der dritten Runde nahm die Geräuschkulisse um mich herum zu, einer keuchte, dass ich mir nicht sicher war, ob das nicht sein letzter Lauf war. Ein anderer fing an, sich zu übergeben, und stieg aus. Ich sah ihn in der vierten Runde immer noch am Baum stehen und sein Frühstück verteilen. So waren wir noch zu viert.

Auf der letzten Runde bekam ich kurz vor dem Bach von hinten einen Rempler, der ausreichte, dass ich den idealen Absprungpunkt verpasste und durch den Bach laufen musste, anstatt ihn überspringen zu können. Meine Schuhe waren nicht gerade trocken, aber auf die Kälte des Wassers hätte ich ebenso verzichten können wie auf das Gefühl, in Beton getreten zu sein. Meine Beine waren bereits müde, und jedes zusätzliche Gramm war eine Belastung. War das Absicht, oder hatte sich nur die Motorik meines Gegners verabschiedet? Beides war möglich. Eine Bilderbuchtechnik präsentierte hier keiner mehr von uns.

Mein Körper reagierte dennoch, als wäre der Rempler eine bösartige Attacke gewesen. Ich war stinksauer. Ich gab Gas, weil ich von dem Rempler wegwollte. Zwei Leute waren vor mir. Der alte Hase führte, ein Abiturientengesicht war ihm auf den Fersen. An dem musste ich vorbei. Im Schlussspurt rechnete ich mir gegen diesen jungen Kerl keine Chancen aus. Die Strecke war bergab ziemlich schmal, ich rückte zu den beiden auf, der junge Mann vor mir machte keine Anstalten, genügend Platz für einen Überholvorgang zu machen. Ich rückte ihm auf die Pelle, hielt gerade so viel Abstand, dass sich seine Spikes nicht in mein Schienbein nagelten. Ihm musste klar sein, dass ich vorbeiwollte. Er reagierte darauf nicht. Ich ging vorbei. Er zuckte zusammen, als sich unsere Körper berührten. Er roch schlecht. Er kapitulierte.

Der Führende hatte durch einen Blick über die Schulter längst bemerkt, was hinter ihm los war. Ich versuchte zu ihm aufzuschließen. Er versuchte von mir wegzukommen. «Noch einer, der nicht spurten mag», dachte ich und beschleunigte so, dass mir mein Mageninhalt guten Tag sagte. Kurz bevor mir schwarz vor Augen wurde, nahm ich etwas Tempo heraus. Mehr ging nicht. Ich wurde Zweiter. Ich ging zum Sieger, klatschte ihn ab und gratulierte. Es gab heißen Orangensaft. «Mach mal schnipp», sagte ich zu einem der Sanis und hielt meinen Fuß hoch. Zwei routinierte Schnitte, und meine Füße hatten ihre Freiheit zurück.

Ich ging sofort duschen. Das war der heimliche Hauptpreis, wenn man vorn dabei war. Es gab noch heißes Wasser. Warm eingepackt, wartete ich auf die Siegerehrung und bediente mich am Kuchenbuffet. Mein Körper entspannte sich allmählich ein wenig.

DAS ENDE VON 1999

Die «99er-Geschichte», so nannten wir später die Epoche von 1997 bis 2000 nach dem Jahr der öffentlichen Bekanntmachung unserer Geschichte, war zu Ende. Unsere Bilanz: Ein Artikel in der *Frankfurter Rundschau*, immerhin die Seite drei und ein Aufmacher auf dem Titelblatt derselben Ausgabe mit der Überschrift «Odenwaldschule in Misskredit», war alles, was wir als Erfolg verbuchen konnten. Gab man im kommenden Jahrzehnt bei Google «Gerold Becker» ein, erhielt man als einen der ersten Links: «Der Lack ist ab». Wer hat sich für das interessiert, was wir zu sagen hatten? Jörg Schindler. Wer hat sich nicht dafür interessiert?

Der Vorstand der Odenwaldschule, die Schulleitung der Odenwaldschule, die Mitarbeiterkonferenz der Odenwaldschule, die Vereinigung der deutschen Landerziehungsheime. Unsere ehemaligen Mitschüler interessierten sich mehr im Stillen.

Einige, die damals schweigsam den Artikel gelesen und im besten Falle genauso schweigsam weitergegeben hatten, wurden im Jahr 2010 richtig laut und proklamierten für sich lautstark den Dienstgrad des Chefaufklärers. Der Glaube ist des Menschen Himmelreich. Von der Odenwaldschule wurde nachgetreten. Jörg Schindler wurde bereits 1999 als «Sensationsjournalist» beschimpft und wir als «Nestbeschmutzer». Mitarbeiter der Odenwaldschule schrieben damals wütende Leserbriefe an die *Frankfurter Rundschau*, in denen sie die Qualität der Zeitung bemängelten. Das Schülerparlament hatte sich von der Stimmung der Lehrerschaft instrumentalisieren lassen und schrieb ebenfalls Briefe an die *Frankfurter Rundschau*, sie solle «die Schule endlich in Ruhe lassen». Dass sie als die Kinder der Schule von den Erwachsenen benutzt wurden, wollen und können manche vielleicht heute noch nicht erkennen.

Wer war noch desinteressiert? Die Staatsanwaltschaft Darmstadt, das Hessische Kultusministerium und die Leitmedien.

Wie hat sich das angefühlt? Eigentlich wie immer. Thorsten und ich waren es beide gewöhnt, dass niemand außer unseren engsten Freunden so richtig Anteil nahm an unserem Leben. Deswegen war die Situation wahrscheinlich für uns verkraftbar, es war ja nichts Neues passiert, sondern das Alte hatte sich fortgesetzt. Was sollten wir tun? Wir hatten erst den Dialog mit der Schule gesucht und dann laut geschrien. Wir machten die Kiste erst mal zu.

Die Odenwaldschule blieb für ein Jahrzehnt bei ihrer Darstellung der beiden bedauerlichen Einzelfälle und eines Einzeltäters, obwohl bereits in der *Frankfurter Rundschau* fünf Schülernamen standen.

Wie wir 2010 durch die Berichte Gerhard Roeses herausfanden, wusste Whitney Sterling, der Nachfolger Wolfgang Harders als Schulleiter, von Gerhard Roese als Opfer Wolfgang Helds, weil dieser einmal zur Schule gefahren war, um Sterling von seinen Erlebnissen mit Held zu berichten. So reihte sich also Whitney Sterling nach Wolfgang Harder in die Reihe der Täterschützer ein.

Die Täter steckten in dieser Phase den Kopf ganz tief in den Sand und hatten erst mal Glück. Mit Sicherheit waren damals etliche Straftaten noch nicht verjährt. Gerhard beschwerte sich bereits als Kind über die Übergriffe durch Wolfgang Held. Er ließ sich bei Becker einen Termin geben, ging in sein Büro, berichtete über seine Erlebnisse und hatte den Eindruck, dass sich Becker an den Erzählungen «aufgeilte». Becker beschwichtigte und sagte etwas von «ganz natürlich». Das kannte Gerhard schon von Held. Als Gerhard einmal in den Ferien vor seinem despotischen Vater auf die Odenwaldschule flüchtete, überredete ihn Becker zum Duschen, Gerhard war ja ganz verschwitzt. Kurze Zeit später, als Gerhard unter der Dusche stand, tauchte Becker dort auch auf. Der Rest war Beckers Routine.

Salman Ansari berichtete später, dass er in den Jahren nach 1999 immer wieder Institutionen angeschrieben habe, mit denen Becker zusammenarbeitete, Verlage, bei denen Becker publizierte, Veranstalter, die Becker einen öffentlichen Auftritt ermöglichten. Er erhielt auf seine Schreiben in der Regel keine Antwort. Becker blieb gerngesehener Gesprächspartner. Der Deutschlandfunk übertrug die «Lange

Nacht vom Vertrauen» am 13. April 2002. Studiogäste waren mit zwei weiteren Antje Vollmer von den Grünen und Becker. Von Salman Ansari konfrontiert, ließ Vollmer über ihr Sekretariat ausrichten, dass sie «den Herrn», gemeint war Becker, «nicht kenne».

Insgesamt schrieb Salman Ansari 32 Briefe. Den Briefen legte er den Artikel aus der *Frankfurter Rundschau*, «Der Lack ist ab», bei.

Frau Vollmer wird später Tanjev Schultz' Artikel über Hartmut von Hentig in der *Süddeutschen Zeitung* in einem Interview mit dem Berliner *Tagesspiegel* als «journalistischen Missbrauch» bezeichnen. Frau Vollmer wird später am «Runden Tisch Heimerziehung» sitzen. Frau Vollmer würde weiterhin eine respektierte Politikerin bleiben.

Wie viele Antworten hat Salman Ansari auf diese 32 Briefe, von Frau Vollmers Verirrung abgesehen, bekommen? Keine. Wie viele Aktivitäten Beckers hat er unterbinden können? Auch richtig, ebenfalls keine. Whitney Sterling machte Salman Ansari immer wieder darauf aufmerksam, wenn Becker irgendwo auftrat. «Herr Ansari, tun Sie doch was», waren seine Worte. Die Gegenfrage, warum er denn nicht selbst etwas tue, blieb unbeantwortet.

Was hätten wir noch tun können? Wir waren mit unseren Ideen am Ende.

Kathrin Heres wird im Jahr 2010 die 99er-Geschichte mit den Worten kommentieren:

«Die 99er-Geschichte erschließt sich nicht aus dem, was getan wurde, sondern aus dem, was nicht getan wurde.»

An dieser Stelle könnte der Bericht über diese Epoche enden. Könnte. Tut er aber nicht. Denn zur gleichen Zeit spielte sich in Ober-Hambach Folgendes ab: Ein neuer Schüler kam auf die Schule, da er an einem Gymnasium in Baden-Württemberg in der 9. Klasse ansonsten sitzengeblieben wäre. Das zweite Mal. Das hätte für ihn das Ende seiner gymnasialen Schullaufbahn bedeutet. Weder er noch seine Eltern wollten das.

Carsten schaute sich verschiedene Internate an. Endstation Ober-Hambach. Carsten startete durch. Er hatte nicht nur bald gute Zensuren, sondern war auch Präsident des Schülerparlaments, stellvertretender Wehrführer der Feuerwehr und Mitglied des Vertrauensausschusses.

Der Vertrauensausschuss ist das Gremium, das sich mit Konflikten in der Schule beschäftigt und ausschließlich mit Schülern besetzt ist.

Carsten wohnte in seinem ersten Jahr auf der Odenwaldschule bei dem Lehrerehepaar Weiß. Als diese im freien Quartal waren, übernahm Elke Dull die Leitung von deren Familie. Elke Dull war eine junge Lehrerin Anfang dreißig, weder besonders hübsch noch sexy, aber sehr auf der Suche nach der Nähe zu Schülern. Elke und Carsten freundeten sich an, unternahmen private Ausflüge, gingen ins Kino oder tranken Cocktails in irgendeiner Hotelbar der umliegenden Städte. In der elften Klasse wechselte Carsten in die Heimfamilie des Schulleiters, zu Wolfgang Harder. Elke Dull bekam in diesem Jahr ihre eigene Heimfamilie und lebte von da an fest mit ihrem Lebenspartner in der Odenwaldschule.

Harder wurde zu Carstens Mentor. Carsten bewunderte Harder. Mit Harders Frau verstand sich Carsten ebenfalls. Das Verhältnis zu Harder beschreibt Carsten als vertraut, er unterhielt sich gern mit ihm, sie duzten sich, wie es auf der Odenwaldschule eben üblich war. Bei den Mahlzeiten führten sie interessante Gespräche. Die Freundschaft zu Elke intensivierte sich. In der 12. Klasse zog Carsten zu ihr ins Humboldt-Haus und bezog dort ein Einzelzimmer, Elke Dulls Partner hatte sich inzwischen von ihr getrennt. Zu dieser Zeit war Carsten körperlich fast ausgewachsen, in seinem Fall bedeutete das eine Körperlänge von 190 plus. Äußerlich ein Mann. Carsten wechselte wegen seiner intensiven Beziehung zu Elke Dull in deren Familie. Er wechselte zu Elke Dull hin, nicht von Wolfgang Harder weg. Es gefiel Carsten gut bei Harder und seiner Frau, aber er vermutete, dass es ihm bei Elke noch besser gefallen würde. So, wie viele, unwissend über ihr bevorstehendes Schicksal, Jahre zuvor zu Becker in die Familie gegangen waren. Oder zu einem anderen Lehrer, der dann in der Folge die Grenzen der Kinder und Jugendlichen überschritt.

Elke und er verbrachten gemeinsam die Abende, allein oder mit anderen Familienmitgliedern, in Carstens Zimmer oder in Elkes Wohnung. Carsten wurde Elkes Vertrauter. Mit ihm studierte sie die Jugendamtsakten der Kinder in ihrer Familie und beriet sich über pädagogische Fragen, sie teilte mit ihm das Leid ihrer Menstruationsbeschwerden und den Ärger über Menschen aus dem Kollegium.

Elke Dulls Familienführung war dominiert durch die Abwesenheit jeglicher Distanz zu ihren Familienmitgliedern. Geheimnisse durfte und konnte es nicht geben. Jedes intime Detail der Jungen und Mädchen ihrer Heimfamilie musste ihr gegenüber preisgegeben werden. Selbst auf die Beziehungen innerhalb der Familie nahm sie Einfluss. So drohte sie einem ihr sehr eng verbundenen Schüler mit dem Familienrauswurf, sollte er ein Verhältnis mit einer Mitschülerin eingehen. Die erzeugten Abhängigkeiten waren so groß, dass selbst zutiefst unglückliche Familienmitglieder, die unter der Bevorzugung Einzelner und der Distanzlosigkeit von Elke Dull litten, es nicht schafften, die Familie zu verlassen, und sich regelmäßig in den Schlaf weinten.

Nach einer Weile schlief Carsten hin und wieder bei ihr in ihrem Bett in ihrer Dienstwohnung. Wenn er morgens müde war und offensichtlich keine Lust hatte aufzustehen, flüsterte ihm Elke Dull ins Ohr: «Bleib liegen, ich entschuldige dich nachher in der Tee-Konferenz.» Das tat Carsten dann auch. Im Laufe der 12. Klasse entschied sich Carsten dafür, im 13. Schuljahr eine Kameradenfamilie zu führen. Und er entschied sich auch dafür, dass er die Kameradenfamilie nicht im selben Haus führen wollte, in dem er mit Elke wohnte. Ihm war klar, dass er in Elke Dulls Nähe niemals ein eigenständiges Heimfamilienleben führen würde, weil Elke Dull seine Kameradenfamilie immer als einen Teil ihrer eigenen Heimfamilie ansehen würde. Kurzum: Elke Dull würde bei allem hineinreden und mitbestimmen wollen.

Das war der Ablösungsprozess eines reifen jungen Mannes von einer unreifen, noch nicht so alten Lehrerin. Carsten und Elke Dull hatten immer ganz offen über alles gesprochen. Ein Vertrauensverhältnis. So sprach Carsten mit Elke Dull auch über seine Gedanken bezüglich seiner Kameradenfamilie.

Elke Dull war zutiefst beleidigt und empfand die Pläne von Carsten als persönlichen Angriff. Sie sprach fortan kein Wort mehr mit ihm. Stattdessen intrigierte sie hinter Carstens Rücken. Das Ergebnis war, dass zwei Mädchen aus Elke Dulls Familie über Carsten öffentlich behaupteten: «Carsten hat uns sexuell missbraucht.» Der vermeintliche Vorfall machte in der Odenwaldschule schnell die Runde, Carsten litt unter den Anschuldigungen und wies sie weit von sich. Der Vorwurf des sexuellen Missbrauchs ging durch alle Gremien der Odenwaldschule, mit dem Ergebnis, dass klarwurde: Elke Dull hatte die Geschichte aus ihrer eigenen Verletztheit heraus erfunden und die beiden Mädchen aus schwierigen Familienverhältnissen dazu benutzt, Carsten diesen Vorwurf zu machen. Elke Dull setzte noch einen obendrauf und benannte die Wachstumsstreifen an Carstens Rücken als Beweis für seine abnorme sadomasochistische sexuelle Orientierung. Dull behauptete außerdem, Carsten würde jedes Mal, wenn er betrunken sei, «mit einem Jungen abstürzen», sprich: einen homosexuellen Kontakt haben. Der Schulpsychologe des Schulamts Heppenheim wurde eingeschaltet, dieser konnte allerdings anstelle eines sexuellen Übergriffs zwischen Schülern lediglich feststellen, dass die beiden Mädchen um ihre Mutter kämpften.

«Wir wollen verhindern, dass Elke wegen Carsten die Schule verlassen muss», sagten die beiden Mädchen. Carsten war zu dieser Zeit in einem emotionalen Ausnahmezustand, seine schulischen Leistungen wurden schlechter, nachts lief er durch den Wald, beim Essen sprach niemand aus seiner Familie mehr mit ihm. Zu seinen Eltern hatte Carsten Kontakt, diese sprachen auch mit Elke Dull und dem Schulleiter Harder, ohne nennenswerte Ergebnisse. Carsten wollte nicht die Schule verlassen, er wollte, dass die Sache geklärt wurde. Irgendwann sagte Harder: «Elke Dull muss weg.» Es folgte: nichts. Der designierte Nachfolger Harders war bereits an der Schule, bereit, das Zepter zu übernehmen. Harder wollte dem Neuen im Amt, Whitney Sterling, «nicht hineinregieren». Carsten wurde weiterhin nicht rehabilitiert, im Gegenteil, es wurde ihm empfohlen, sich von Mädchen fernzuhalten. Irgendwann sagte Harder zu Carsten: «Nenn mir ein Internat in Deutschland, auf das du gehen möchtest, und du kannst ab morgen dort Schüler sein.» Carsten war fassungslos.

Zur gleichen Zeit erschien «Der Lack ist ab» in der *Frankfurter Rundschau*, was den Geschäftsführer der Odenwaldschule, Meto Salijevic, in der Folge zu der Äußerung veranlasste: «Wir dürfen uns nicht vorwerfen lassen, wir hätten weggesehen.» Gemeint war Carsten, nicht Elke Dull. Carsten bekam keine Kameradenfamilie in der 13. Klasse, er machte auch kein gutes Abitur. Er bekam das Angebot, bei Harders Verabschiedung die Rede der Schüler zu halten. Als Rehabilitierung.

Dass die Verantwortlichen sich bewusst waren, gerade großes Unrecht begangen zu haben, liegt nahe, wenn folgende Information hinzugefügt wird: Carsten war Parlamentspräsident. Jörg Schindler sprach bei seiner Recherche 1999 auch mit Schülern, auf seinen Wunsch mit den Parlamentspräsidenten. Carsten war einer von den dreien. Allerdings fuhren nur die beiden anderen zum Gespräch mit Jörg Schindler. Darauf von Carsten angesprochen, warum sie ihm nichts von der Anfrage der Zeitung gesagt hatten, antworteten sie: «Der Schulleiter meinte, du seist im Moment sehr belastet, wir sollten ohne dich fahren.» Das Risiko, dass Carsten bei dem Gespräch mit der *Frankfurter Rundschau* die aktuellen Geschehnisse auf der Odenwaldschule ansprach, war wohl einfach zu groß. Das war Harder glasklar. Das wusste er zu verhindern. Nach dem Abitur fragte Carsten Harder, warum ihm niemand aus der Lehrerschaft geholfen habe. Harder erklärte Carsten, dass Nähe und Distanz zwischen Lehrern und Schülern in der Odenwaldschule schon immer ein sehr schwieriges Thema gewesen sei.

Im Zeitraum November 1999 bis Juli 2000 führten Carstens Eltern einen ausführlichen Briefwechsel mit dem Familienoberhaupt Carstens, Elke Dull und dem Schulleiter Whitney Sterling. Der Briefwechsel umfasst zusammen mit Gesprächsprotokollen eine 42-seitige Akte.

Eigentlich bringt der erste Brief von Carstens Eltern an den Schulleiter Sterling auf den Punkt, worum es hier ging. Der Brief bezieht sich auf ein Gespräch in der Schule, bei dem außer Sterling noch Sven Möller und Fritjof Böhm dabei waren, beide Mitarbeiter der Odenwaldschule. Möller war damals Carstens Familienoberhaupt. In dem Brief heißt es: «Ein Psychologenteam wird die Thematik in getrennten Projekten mit einigen der involvierten Schüler, mit Carsten und mit Elke Dull therapeutisch aufarbeiten. (...) Nach ausführlicher Diskussion wird einvernehmlich festgestellt, dass die gegen Carsten geäußerten Anschuldigungen von ‹sexuellen Übergriffen› in der ehemaligen wie in der jetzigen Familie haltlos sind.» Carstens Eltern weisen auf die «zahlreichen Gespräche» hin, die mit Harder und Lehrern der Odenwaldschule geführt wurden. «Dabei konnte Carstens Unschuld in Sachen ‹sexueller Belästigung› herausgearbeitet werden. Leider wurde dieses Resultat nicht in der erforderlichen Art und Weise dokumentiert und kommuniziert.» Die Eltern verweisen zum Schluss ihres Briefes auf ein Rundschreiben des Schulleiters Sterling. «In einem Ihrer letzten Rundbriefe haben Sie geschrieben: ‹Die Odenwaldschule hat, von ihrer starken demokratischen Tradition ausgehend, immer eine deutliche Haltung zur Frage der Gewalt eingenommen: Physische oder psychische Gewalt in unserer Gemeinschaft wird nicht toleriert.› Wir würden uns freuen, wenn dieser Satz auch für Carsten mit Leben gefüllt wird.»

Die Eltern bitten um die Mitteilung, dass alle Vorwürfe gegen ihren Sohn gegenstandslos seien.

Der Brief ging in Kopie an: Maria Knapp, meine ehemalige Deutsch-Lehrerin, die mich im Jahr 2010 bei einem Gespräch anlässlich des sexuellen Missbrauchs auf der Odenwaldschule mit den Worten begrüßte: «Mensch, Jürgen, immer noch dieselben schönen blauen Augen»; Ursula Ruhkopf, Mitarbeiterin der Odenwaldschule, die mich im Jahr 2010 als Sprecherin der Konferenz der Odenwaldschule anrief und in dem Gespräch entschuldigend sagte, dass sie 1999, als sie bereits Mitarbeiterin der Odenwaldschule war, den Artikel «Der Lack ist ab» nicht gelesen hatte, weil sie durch die Doppelbelastung von Unterricht und Heimfamilie keine Zeit hatte; an Sven Möller, Mitarbeiter der Odenwaldschule und Carstens Familienoberhaupt; Ralph Merton, der eigenständig Drogentherapien mit seinen Schülern durchführte und der später Schulleiter eines Landerziehungsheims werden würde; und an Fritjof Böhm, der im Jahr 2010 vom Dienst suspendiert wurde, weil er E-Mails von einer Betroffenen an deren Täter weitergeleitet hatte, und gegen den es Anschuldigungen wegen sexuellen Missbrauchs gibt.

Maria Knapp war damals die Mentorin des OSO-Neulings Elke Dull. In einem Vier-Augen-Gespräch berichtete Carsten Maria Knapp vom gemeinsamen Lesen der Jugendamtsgutachten der Mitschüler aus Elke Dulls Heimfamilie. Maria Knapp machte auf Carsten einen geschockten Eindruck und sagte Carsten ins Gesicht, dass sie ihm das nicht glaube.

Maria Knapp wusste durchaus um die Distanzlosigkeit von Elke Dull und äußerte dies auch gegenüber Carstens Mutter. Maria Knapp tat – nichts.

Was für eine Truppe! Das Gespräch, auf das sich Carstens Eltern bezogen, fand nicht einmal eine Woche nach Erscheinen von «Der

Lack ist ab» statt. Sterling antwortete am 21. Dezember 1999 Carstens Eltern mit einem Brief, der seine Haltung offenbarte. Für ihn ist nichts klar, er schreibt von «Vorfällen», die er «nur am Rande mitbekommen habe». Die von den Eltern geforderte Stellungnahme des Schulleiters in der Tee-Konferenz mit dem Ziel der Rehabilitierung ihres Sohnes wies Sterling zurück. Das könne «negative Wirkung» für Carsten haben, außerdem könne er über die Vorfälle keine Ansprache mehr halten, «da der genaue Sachverhalt nicht mehr zu klären ist». Er geht davon aus, «dass es keine Beschwerden mehr über Carstens Verhalten» geben wird. Er hofft, dass Carsten «sein Abitur in Würde und mit viel Erfolg abschließen kann».

Das böse Spiel ging weiter. Sterling machte den Wattebausch und ließ alle Forderungen und Fragen von Carstens Eltern versacken. Irgendwann reichte es den beiden. Der Ton wurde schärfer. Am 22. Juni 2000 erstellten Carstens Eltern eine Dokumentation des Versagens der Schule. Darin heißt es: «Sie waren es, der gesagt hat, das regele die Schule intern. Seit knapp einem Jahr führen wir mit Ihnen Gespräche, wir schreiben Ihnen Briefe, zuletzt einen zehn Seiten langen Brief mit 29 Punkten, von denen 28 Sie als Schulleiter ganz massiv betreffen, und wir erhalten von Ihnen eine Erwiderung von fünf Zeilen? Eine Erwiderung, in der Sie uns sinngemäß mitteilen, dass Sie das alles nichts angeht? Dazu gehört in Ihrer Position ein gerütteltes Maß an Kühnheit. Sie hatten unser ganzes Vertrauen und Sie haben es gründlich missbraucht.» Sterling antwortete am 10. Juli 2000 und teilte mit, dass das Schreiben im Schulleitungsgremium besprochen wurde – «und Sie werden in den nächsten Monaten von uns Antwort erhalten». Zwei Tage später schreibt Sterling – vermutlich hatte er nun gemerkt, dass er den Bogen überspannt hatte –, dass eine Antwort von ihm «mindestens bis Ende September» brauchen würde.

Offenbar waren die Vorfälle auch an Elke Dull nicht spurlos vorbeigegangen. Sie gab zu, ein Nähe-Distanz-Problem mit Schülern zu haben, und bat darum, von ihren Pflichten als Familienoberhaupt entbunden zu werden. Diesem Wunsch kam die Schule nicht nach. Elke Dull wurde dringend gebraucht. Als Lehrerin für einen Leistungskurs.

Als Carstens Mutter Whitney Sterling hierauf ansprach, entgegnete er mit ertappter Miene brüsk: «Das dürfen Sie gar nicht wissen!»

Carsten war inzwischen, so schrieb seine Mutter, von «einem äußerst fröhlichen und glücklichen OSO-Schüler» zu einem «nervlichen Wrack» geworden. «Darf man so etwas wirklich zulassen?»

Carsten selbst schrieb am Ende einer seiner zahlreichen Stellungnahmen: «Die Mädchen und Elke müssen nur der Wahrheit eine Chance geben, dann kommt alles wieder ins Lot. Ich denke, es reicht jetzt langsam!»

Mir geht es genauso wie Carsten. Mir reicht es auch. Im Jahr 2010 sagte die Vorsitzende der Landerziehungsheime, Frau Erika Risse, im Interview mit der *Zeit*: «Ich denke schon, dass man nach der Missbrauchsdebatte die Strukturen des Zusammenlebens genau überprüfen muss. Aber warum sollte sich ein Internat wie die École d'Humanité in der Schweiz, eine Schwesterschule der Odenwaldschule, vom Familienprinzip trennen, wenn man dort immer sehr gute Erfahrungen damit gemacht hat?» Gute Erfahrungen gemacht heißt so viel wie: «Wir halten an unseren pädagogischen Phantasien fest.» Evaluation zum Familienprinzip? Befragung der heute vierzig- bis sechzigjährigen Ex-Schüler? Fehlanzeige. Der Glaube ist des Menschen Himmelreich. Fortsetzung folgt. Aber so weit sind wir noch nicht. Frau Risse wird im Juni 2010 bei der Feier «100 Jahre Geheeb-Schule» der École d'Humanité zusammen mit Harder mehrere Veranstaltungen besuchen. Seite an Seite. Alte Freunde.

Es waren noch mehr Freunde da. Beim Frühstück im Hotel Victoria trafen sich zwei Damen mittleren Alters, die sich nicht kannten. Die eine davon war Ingrid Kaiser, ehemalige pädagogische Leiterin der Helene-Lange-Schule in Wiesbaden und mit Harder gemeinsam bei den «Blick über den Zaun»-Schulen organisiert. Ingrid Kaiser sagte zu der Frau, die eine ehemalige École-Mitarbeiterin war: «Wir sind ja so froh, dass Wolfgang Harder mitgekommen ist. Der arme Mann hat sich ja kaum noch aus dem Haus getraut.»

Die Geschichte mit Carsten wirkt bis heute. Carsten wurde nach seiner Schulzeit Vorsitzender des Altschülervereins der Odenwaldschule und blieb das auch bis zum Jahr 2010. So lange hielt er seine Loyalität mit der Institution aufrecht. Im Jahr 2010 hörte ich über einen langen

Zeitraum immer wieder das Statement: «Im Altschülerverein sitzen Täter!» Gemeint war Carsten. Als sich im Mai 2010 der Trägerverein neu zusammensetzte und ein ganzer Schwung Ex-Schüler in einem einzigen Aufnahmeantrag Mitglieder des Trägervereins wurden, bat Frau Kaufmann als Schulleiterin der Odenwaldschule im Vorfeld dieser Sitzung Carsten, nicht zu kommen und nicht Mitglied im Trägerverein zu werden.

Lange Jahre nach unserer Schulzeit funktionierten die Mechanismen der Odenwaldschule wie eh und je. Es brauchte keinen Becker als Schulleiter. Das System war stabil und produzierte die bekannten Ergebnisse. Ich sehe meine Hypothese bestätigt, dass die Mechanismen eines Systems in Unabhängigkeit von einzelnen Akteuren funktionieren und dementsprechende Resultate produzieren. Im Wesentlichen hat die Odenwaldschule im Jahr 2010 noch nach den gleichen Strukturen funktioniert. Ich bin gespannt, was wir aus jüngeren Jahren noch zu hören bekommen. Ich bin mir sicher, dass wir etwas hören werden. Wurde in der Odenwaldschule häufig ein Teil der Realität vollständig ignoriert, war es im Zusammenhang mit Carsten so, dass die Realität von den Akteuren so unterschiedlich wahrgenommen und interpretiert wurde, dass die Schnittmenge der Realität der Akteure manchmal vollständig verschwand. Es gab auf der Odenwaldschule keine erkennbaren Kriterien, anhand deren eine kollektive Wirklichkeit erzeugt wurde. Zu meiner Zeit nicht und auch nicht zu Carstens Zeit.

Wer allerdings eine Schnittmenge zu unserer Realität entwickelt hatte, war die Staatsanwaltschaft. Sie ermittelte gegen Elke Dull wegen sexuellen Missbrauchs eines Vierzehnjährigen. Das hatte nichts mit Carsten zu tun, sondern mit einem anderen Jungen. Wieder hielt die Rechtslage die schützende Hand der Verjährungsfrist über Elke Dull. Wenn auch nur knapp. Der sexuelle Missbrauch eines minderjährigen Schutzbefohlenen war in diesem Fall im Jahr 2006 verjährt, die Ermittlungen fanden im Jahr 2010 statt. Der Name Elke Dull war im Jahr 2009 auf der Mitarbeiterliste einer hessischen Gesamtschule zu finden. So what?

TEIL 3

DER TSUNAMI STATT DER WELLEN

ZUFÄLLE UND ANDERE GÖTTER
ODER: DIE GEISTER, DIE NICHT RUHEN

Nach dem Abendessen machte ich noch einen Spaziergang, so wie ich es häufig im Urlaub mache. Ich war in jenem Juni 2007 in Holland am Meer, hier erholte ich mich seit ein paar Jahren im Sommer. Es ist der kürzeste Weg von meinem Zuhause an die Küste. Ich dachte, ich sehe nicht richtig, das ist doch Bernd Sacher, einer meiner Lehrer an der Odenwaldschule. Er war derjenige, der mir 1998 einen Brief geschrieben hatte, in dem er seine Solidarität mit Thorsten und mir zum Ausdruck brachte und mir das Gespräch anbot. Also, eine ziemliche Überraschung, die junge Frau im Hintergrund muss wohl seine Tochter sein, jedenfalls sieht sie ein bisschen aus wie ihre Mutter, die ja eine Klasse unter mir war. Wir begrüßten uns, überrascht, freudig, wir hatten uns lange nicht gesehen, das letzte Mal Mitte der 90er per Zufall im Supermarkt in Mannheim.

Wir hielten ein Schwätzchen, hin und her, Themen und Zeiten flogen durcheinander, am Ende lud ich die beiden für den Abend zum Essen ein. Irgendwann kam das Gespräch auch auf die Odenwaldschule, auf Becker. Bernd berichtete davon, wo Becker in den letzten Jahren wieder überall aktiv gewesen war und dass er irgendetwas mit der Veranstaltung anlässlich der Verleihung des Deutschen Schulpreises zu tun hatte, in dessen Rahmen ein Exzellenzforum stattfinden sollte. Die Verleihung des Deutschen Schulpreises war in Bezug auf Schule ein Event der ersten Liga. Außerdem erzählte er, dass Becker wieder publizierte und öffentlich als Redner auftrat. Mir wurde in diesem Moment zweierlei klar. Ich hatte Beckers Aktivitäten in den letzten Jahren nicht mehr verfolgt, und ich war plötzlich ziemlich zornig. Ich ließ Bernd Sacher wissen, dass für mich die Akte Becker noch nicht geschlossen war. Das 100. Jubiläum der Odenwaldschule hatte ich ohnehin all die Jahre im Hinterkopf gehabt.

Die Botschaft kam an. Im Herbst des Jahres 2007 war Bernd Sacher klar, dass es vielleicht schlau ist, wenn die Odenwaldschule sich des Themas annimmt und nicht wieder schweigt, bis wir erneut auf der Matte stehen. Der Schule wegen, nicht wegen uns. Nur fürs Protokoll. Außerdem wäre er gern zum Exzellenzforum gegangen. Das ging für ihn aber nur, wenn Becker dort nicht auftauchte. So machte Bernd Sacher das Verhältnis der Odenwaldschule zu Becker zum Thema einer Vertrauensratssitzung im Oktober. Der Vertrauensrat war an der Odenwaldschule das Gremium, das an einer Regelschule die erweiterte Schulleitung ist. Als Oberstufenleiter war Bernd Mitglied des Vertrauensrats. Auf seiner Agenda stand, das Verhältnis der Schule zu Becker zu klären, ihn zur Stellungnahme aufzufordern und, wenn er diese verweigerte, sich öffentlich und ausdrücklich unter der Angabe von Gründen von ihm zu distanzieren. Das war schon wie ein richtiger Antrag. Resonanz? Keine. Margarita Kaufmann war zu diesem Zeitpunkt bereits Schulleiterin. Sie folgte Whitney Sterling im Sommer 2007 in das Amt. Zuvor war sie Kulturbürgermeisterin in Friedrichshafen gewesen. Bei einem Mittagessen im selben Herbst sprach Bernd Sacher mit der Vorstandsvorsitzenden Sabine Richter-Ellermann zum gleichen Thema, erhielt aber ebenso keine Resonanz.

Bernd Sacher bereitete zu dieser Zeit seinen Abschied von der Odenwaldschule vor und «konzentrierte sich auf andere Themen», wie er es mir gegenüber in einem Gespräch formulierte. Er ließ die Aussagen des Leitungspersonals der Odenwaldschule so stehen.

Als ich wieder zu Hause ankam, ging ich der Information mit dem Deutschen Schulpreis nach, und es stimmte. Becker sollte eine Arbeitsgruppe an dem Veranstaltungswochenende leiten. «Jetzt reicht's», dachte ich und entschied mich dafür, dass die Verleihung des Deutschen Schulpreises wohl ohne Becker würde auskommen müssen. Ich schrieb die Veranstalter an, ohne zu wissen, auf welchen Widerstand ich stoßen würde.

Ich griff die alte Strategie wieder auf und schrieb nicht nur an Herrn Dr. Roman Rösch, den Projektleiter von der Robert Bosch Stiftung, die den Deutschen Schulpreis verlieh, sondern auch an die Kooperationspartner der Veranstaltung, die Heidehof-Stiftung und die Wochenzeitung *Stern*.

Ich war in meiner Ausdrucksweise eindeutig wie gewohnt, sprach von «sexuellem Missbrauch von schutzbefohlenen Minderjährigen» und wies auf den Abbruch der Zusammenarbeit seitens der Odenwaldschule und des HeLP mit Becker hin. Wir schrieben uns ein paar Mal hin und her, Roman Rösch ließ mich am 27. September 2007 wissen:

Da unseres Wissens gegen Herrn Becker kein Urteil ergangen ist, sehen wir keinen Anlass, von ihm als Referenten im Rahmen des Exzellenzforums des Deutschen Schulpreises abzusehen.

Unsere Partner bei der Heidehof Stiftung und beim Stern, an die Sie sich mit einem gleich lautenden Schreiben gewendet haben, teilen unsere Auffassung.

Der *Stern* teilte also diese Auffassung! Der *Stern* förderte zur gleichen Zeit Projekte gegen sexuellen Missbrauch an Kindern. Drei Jahre später wird es derselben Zeitschrift nicht zu blöde sein, Becker als den Kinderschänder schlechthin gleich auf mehreren Seiten darzustellen, ohne die eigene frühere Haltung zu thematisieren. Wissen die eigentlich, was sie da so treiben? Ist das peinlich? Ein weiterer Kooperationspartner war die ARD. Genau die ARD, bei der Luzia Schmid und Regina Schilling 2010 den Zuschlag für ihren Dokumentarfilm über den Komplex Odenwaldschule bekommen würden, der im August 2011 ausgestrahlt werden wird.

Wieder einmal waren die beteiligten Akteure auf Beckers Seite, wieder einmal stand ich ohnmächtig da mit meinem Zorn, mit meinem Unverständnis, mit meiner Ungläubigkeit darüber, wie diese Welt offensichtlich funktioniert!

Ich ließ Roman Rösch umgehend schriftlich wissen:

Eine Einbindung Gerold Beckers in das Exzellenzforum ist eine Brüskierung der unwissenden Forumsteilnehmer und die Beteiligung an der unangemessenen Rehabilitierung Gerold Beckers als Pädagoge.

Es erfolgte als Reaktion – nichts. Das Forum rückte näher. Ich setzte am 1. November 2007 nach.

Sehr geehrter Herr Dr. Rösch,

in meinen Schreiben vom 8. 9. und 29. 9. 07 habe ich auf
die Problematik hingewiesen, welche mit dem Umstand
verknüpft ist, dass auf dem Exzellenzforum des Deutschen
Schulpreises eine Arbeitsgruppe unter der Leitung von Gerold
Becker geplant ist. Laut dem Schreiben Ihres Mitarbeiters,
Herrn Günther Gerstberger, werden Sie an Gerold Becker als
Referenten festhalten.

Ich schreibe Ihnen, um Sie von eventueller Unkenntnis zu befreien, da ich im Anschluss an das Exzellenzforum mit einem
interessanten öffentlichen Diskurs rechne, falls Herr Becker
dort tätig sein wird. Mit freundlichen Grüßen

Das Ganze schickte ich ohne Unterschrift, da ich es mailte. Für Briefe
war keine Zeit mehr, das Exzellenzforum sollte am nächsten Tag beginnen. Ich machte einen auf Kater und blies mein Fell auf. Öffentlicher
Diskurs? Schön wär's. Ich habe wiederholt versucht, Jörg Schindler erneut für eine Berichterstattung über Becker und die Odenwaldschule
zu gewinnen. Er zeigte sich dann auch interessiert, ließ mich aber immer wieder wissen, «dass er keinen neuen Ansatz zur Recherche findet». Die *Frankfurter Rundschau* werde sich nicht an einer «Hexenjagd» beteiligen, war die Meinung der Redakteure aus Frankfurt.

Keine Stunde nach meiner Mail rief mich Roman Rösch an.

«Guten Tag, Herr Dehmers. Ich rufe Sie an, um Ihnen auszurich-
ten, dass Herr Becker auf eigenen Wunsch nicht am Exzellenzforum
teilnehmen wird.»

«Vielen Dank für diese Information», sagte ich und wartete einen
schweigenden Moment ab. Herr Rösch hatte offensichtlich auch nicht
mehr zu sagen.

«Auf Wiederhören.» Ich legte auf. Ich hatte kein Bedürfnis, mit die-
sem Typen auch nur einen Moment länger zu telefonieren, als zum
Informationsaustausch unbedingt nötig war. «Auf eigenen Wunsch.»
Aha.

Etappensieg. Ich war erleichtert. Zufrieden war ich nicht.

Im Jahr 2011 würde ich mit der Leiterin der Robert Bosch Stiftung,
Frau Dr. Hamm, auf deren Wunsch einmal telefonieren. Sie bedankte

sich bei mir dafür, dass ich die Stiftung vor einem großen Fehler bewahrt hätte. Ich entgegnete kühl: «Für die Herren Rösch und Gerstberger ist es natürlich nie zu spät, sich mir gegenüber persönlich in dieser Frage neu zu positionieren.»

«Ach, Sie wissen doch, wie das ist mit Männern und Entschuldigungen», versuchte sie durch das Nadelöhr dieses Gesprächs zu kommen. «Nein, weiß ich nicht», erwiderte ich. «Ich weiß nur, dass Männer an schwierigen Aufgaben wachsen.» Sie lachte gequält. Ich hörte nie wieder von Rösch und Gerstberger. Im Organigramm der Stiftung sind sie jedenfalls präsent.

Der Deutsche Schulpreis ging im Jahr 2007 unter anderem an die Helene-Lange-Schule in Wiesbaden. Die Schule, die bis 2003 von Enja Riegel geleitet wurde. Die Dame war mit Becker sehr gut bekannt. So ließ sie sich von Becker ein Buch lektorieren – nach 1999, nämlich im Jahr 2004. Im *Wiesbadener Kurier* vom 11. März 2010 erfährt der Leser:

Enja Riegel kennt Gerold Becker gut. Ihm war 1999 zum ersten Mal in einem Zeitungsbericht sexueller Missbrauch an fünf Jungen seiner Schule vorgeworfen worden. Wegen Verjährung der Vorfälle aus den 70er und 80er Jahren musste die Staatsanwaltschaft die Ermittlungen einstellen.
Heute sind es mehr als ein Dutzend ehemalige Schüler, die die Vorwürfe gegen den damals hoch angesehenen Reformpädagogen bekräftigen. Es ist von hundertfachem Missbrauch und Vergewaltigung die Rede. Pikanterweise hat Becker unter anderem auch die Helene-Lange-Schule viele Jahre pädagogisch beraten. Riegel veröffentlichte gemeinsam mit Becker und anderen das Buch «Die Helene-Lange-Schule Wiesbaden: Das andere Lernen. Entwurf und Wirklichkeit». Das sei gewesen, bevor die Missbrauchsvorwürfe öffentlich wurden. «Ich war geschockt», sagt Riegel.
«Wir haben die Zusammenarbeit sofort beendet. Becker hat es abgelehnt, über die Vorwürfe zu sprechen.» Warum sie dann

bei einem weiteren Buch, das 2004 erschien, Beckers Hilfe in Anspruch nahm, bleibt unklar. Riegel dazu: Trotz seiner Verfehlungen, die nicht erwiesen gewesen seien, habe sie sein Wissen und seinen Rat geschätzt. Zu ihrem heutigen Verhältnis zu Becker will sie sich nicht äußern: «Herr Becker liegt im Sterben.»

Wenn ich heute auf Menschen treffe, die sich mit meinen Überlegungen zum Thema schwertun, zitiere ich gern Kathrin Heres, die in solchen Momenten zu sagen pflegt: «Man kann als Pädophiler ein guter Koch sein oder ein guter Bauingenieur, aber man kann kein guter Pädagoge sein.» Frau Riegel teilt unsere Meinung offensichtlich nicht.

Im Jahr 2007 nahmen Mitarbeiter der Odenwaldschule ein Projekt zur Heldenverehrung in Angriff. Sie wollten die Reden Beckers zusammenstellen und neu auflegen.

Im Herbst dieses Jahres stand ich an der Startlinie eines unbedeutenden Wald-und-Wiesen-Duathlons. Laufen – Radfahren – Laufen. Es war noch früh, die Sonne schien, aber die Luft war am Morgen schon herbstlich kühl. Ich hatte ein undefinierbares, seltsames Gefühl. Ich war irgendwie lustlos. Punkt neun Uhr fiel der Startschuss. Mit zwei anderen Männern setzte ich mich schnell vom Feld ab. So waren wir zu dritt, als die Laufstrecke gleich zu Beginn des Rennens einen knappen Kilometer steil bergauf ging. Ich lief am Anschlag. Die beiden anderen waren mindestens zehn Jahre jünger als ich. Ungestüm bolzten sie den Berg hoch. Oben auf der Kuppe angekommen, war die Laufstrecke bis zur Wechselzone zu überblicken. Im Tal war immer noch Nebel zu sehen. Die beiden machten Ernst. Ich flog nach hinten aus dem Trio raus. Mir platzte der Kopf. Ich wurde immer noch von meinem seltsamen Gefühl begleitet. In der Wechselzone angekommen, hatte ich einen bis zu diesem Moment unbekannten Druck im Kopf. Ich stieg als Dritter aufs Rad, das Feld war weit abgeschlagen, und ich versuchte Druck aufs Pedal zu bekommen. Nichts ging. Nach ein paar Kilometern riss ich mir die Startnummer ab und steckte sie in mein Trikot. Ich fühlte mich elend. Ein paar Zuschauer schüttelten den Kopf

186

und riefen mir aufmunternde Worte zu. Ich hatte längst einen Tunnelblick. Auf dem Sportgelände angekommen, packte ich meinen Krempel zusammen, warf mein Rad ins Auto und fuhr nach Hause. Nicht mal Kuchen hatte ich mir vom Buffet mitgenommen. Ich war in einem schlechten Zustand.

Am nächsten Tag warf ich einen Blick in die Lokalzeitung. Die beiden Jungs, die mich einfach so hatten stehenlassen, waren ziemliche Hochkaräter. Der eine war zwei Wochen zuvor Vizeweltmeister im Triathlon über die Sprintdistanz geworden, der andere war ein erfolgreicher Athlet aus der Triathlon-Bundesliga. Es wäre keine Schande gewesen, hinter den beiden Dritter zu werden. Mir wurde klar, dass ich eine Depression hatte. Nicht die erste. Aber bisher die letzte.

EINE FRAGE

Von Bernd Sacher wusste ich ja bereits, dass die Odenwaldschule eine neue Schulleitung hatte, eine Schulleiterin. Margarita Kaufmann. Von Bernd Sacher wusste ich auch, dass er sie bereits auf die Causa Becker angesprochen und ihr mitgeteilt hatte, dass es da noch Klärungsbedarf gebe. Die Frage, wie sich die Schulleitung zu Becker verhält, war immer noch unbeantwortet. Frau Kaufmann war jetzt ein Dreivierteljahr im Amt, hatte sich sicher hinreichend eingelebt und eingearbeitet. Zeit für einen Brief an sie.

22. 4. 2008

Sehr geehrte Frau Kaufmann,
das Jubiläum der Odenwaldschule rückt näher, und es stellt
sich mir und anderen die Frage, in welcher Form die Oden-
waldschule die Person Gerold Becker und seine Aktivitäten zu
seiner Zeit als Schulleiter der Odenwaldschule im Rahmen die-
ser Festlichkeiten präsentieren wird.
Ich halte eine angemessene Darstellung für notwendig und
möchte Sie bitten, mir die Pläne der Schule zu diesem Thema
mitzuteilen. Ich verbleibe in Erwartung Ihrer Antwort mit
freundlichen Grüßen.

Ich sah überhaupt keinen Grund, irgendetwas zu erklären. Bernd Sacher hatte mit ihr gesprochen, es waren noch genügend Lehrer an der Odenwaldschule, die bereits zu meiner Zeit Lehrer waren, und noch mehr, die bereits 1999 an der Schule arbeiteten. Dass ich in diesem Schreiben nicht wieder die konkreten Sachzusammenhänge wiederholte, hatte schlicht den Grund, dass ich niemanden mit etwas langweilen wollte, was sowieso jeder wusste. Während ich so auf Antwort von Frau Kaufmann wartete, wurde mir klar, dass sie sich wirklich gut eingelebt haben musste. Es dauerte nämlich knapp zwei Monate, bis ich ihre Antwort erhielt. Eine echt reformpädagogische Zeitspanne. Am 17. Juni 2008 war es dann so weit. Post aus Ober-Hambach. Sie eröffnete ihr Schreiben auch gleich mit der Erklärung, warum sie mich so lange warten ließ. Mehrere Umstände. Sie fuhr fort:

> Zum anderen ist die Frage nach der Umgehensweise der Schule mit ihrem früheren Schulleiter Herrn Becker nicht leichtfertig zu beantworten. Sie schreiben in Ihrem Brief von einer angemessenen Darstellung, führen aber nicht aus, was Sie darunter verstehen.
> Ich will Ihnen nun einige Details zu der bisherigen Konzeption des Jubiläums geben.
> Neben einer internen Feier bereits im April und einer Ausstellung im Rathaus Heppenheim, die neben einem Rückblick auf die Geschichte vor allem eine Darstellung der Gegenwart und einen Ausblick in die Zukunft der Schule zum Thema haben wird, planen wir eine Festwoche zusammen mit den Altschülern und einen offiziellen Festakt im Juli 2010. (…)
> In den historisch ausgerichteten Präsentationen (Ausstellung, Publikation Odenwaldschule 1910–2010) soll die Thematik angemessen bearbeitet werden.

Frau Kaufmann schloss damit, dass sie hoffte, meine Fragen beantwortet zu haben, und lud mich zum Jubiläum ein.

Wollte mich diese Frau verarschen? Wusste sie nichts? Für die «historisch ausgerichtete Publikation» war Dr. Alexander Priebe verantwortlich. Der war 1999 schon an der Schule. War ich auf dem falschen

Track? War da was 1999? Haben die damals wirklich geglaubt, damit kämen sie durch? Waren wir zwei Katzen, die sich umkreisten, um auszuloten, was die andere vorhatte? War Frau Kaufmann unglaublich dämlich oder unglaublich schlau? Sie würde in einem Gespräch mit mir im Jahr 2010 die Situation so darstellen, dass sie mit Priebe und anderen Mitarbeitern der Odenwaldschule ebenso das Thema Becker angesprochen habe wie mit Mitgliedern des Vorstands der Odenwaldschule. Von einem Gespräch mit Frau Daublebsky berichtete Frau Kaufmann, diese habe sie mit den Worten beruhigen wollen, «dass diese Traumatisierten eben immer wieder über die Ereignisse sprechen müssen». Der Konsens von Frau Kaufmanns Gesprächspartnern war: alles olle Kamellen. Es gibt keinen Handlungsbedarf für die Schule.

Von Bernd Sacher wusste Frau Kaufmann, dass wir noch Handlungsbedarf sahen und dass wir zum 100. Jubiläum die Schule nicht sich selbst toll finden lassen würden. So raste auch Frau Kaufmann erst einmal über sämtliche gelben und roten Ampeln, die ihr zum Thema Becker und Co. auf ihrem Weg begegneten.

Am 28. Juni 2008 schrieb ich ihr zurück und wurde konkret.

Sehr geehrte Frau Kaufmann,
vielen Dank für Ihr Schreiben vom 17. 6. 08. Ich bin sehr darauf gespannt, wie die Odenwaldschule die Thematik «Gerold Becker und sein sexueller Missbrauch von minderjährigen Schutzbefohlenen» angemessen im Rahmen der historischen Präsentation im Rathaus von Heppenheim darstellen wird. Falls Sie weitere Informationen zu diesem Thema von mir wünschen, stehe ich Ihnen selbstverständlich zum Gespräch zur Verfügung. Angemessene Darstellung bedeutet für mich, dass die Odenwaldschule sich nicht als Opfer darstellt, sondern die komplexen Zusammenhänge sachlich und kritisch reflektiert präsentiert.

Nun ging es etwas flotter. Ich hätte gern gewusst, mit wem Margarita Kaufmann über meinen Brief gesprochen hat. Am 8. Juli 2008 jedenfalls erhielt ich Antwort.

Sehr geehrter Herr Dehmers,
vielen Dank für Ihr Schreiben vom 28. Juni 2008 und Ihr Angebot für weitergehende Gespräche.
Wie Sie bereits wissen, wird die Ausstellung im Heppenheimer Stadtmuseum von Alexander Priebe und weiteren Mitarbeitern unserer Schule organisiert werden. Derzeit können aber leider noch keine Details über die Inhalte weitergegeben werden. Fest steht aber, dass der Schwerpunkt der Ausstellung auf die Gegenwart der Schule und ihre Zukunft gelegt werden, die Vergangenheit wird eher kursiv behandelt werden.
Sollten wir weiteren Bedarf an Informationen haben, wenden wir uns gerne an Sie.

«Kursiv», sagte ich zu mir selbst. «Wie behandelt man denn Vergangenheit kursiv?» Das war schon sprachlich ein ziemlicher Schwachsinn. Und wer zeichnete verantwortlich? Alexander Priebe. Nach 1999 jetzt also kursiv. Nach meinem Verständnis war das versuchte Geschichtsfälschung. Kollektive Amnesie? «Wenden wir uns gerne an Sie» heißt ja wohl so viel wie: Lassen Sie uns bloß in Ruhe.

Frau Kaufmann wurde von Werner Mapper als Schulleiterin der Odenwaldschule angeworben. Frau Kaufmann blieb nach eigener Auskunft verborgen, aus welchem Grund und zu welchem Zweck Mapper ausgerechnet sie als Schulleiterin der Odenwaldschule gewinnen wollte. Frau Kaufmann vermutete, wie sie mir in einem persönlichen Gespräch mitteilte, dass Mapper beabsichtigte, sie im Hinblick auf die Durchführung und die inhaltliche Ausgestaltung des Jubiläums in seinem Sinne manipulieren zu können.

Im Sommer 2008 verschlechterte sich mein gesundheitlicher Zustand dramatisch. Der Jäger war wieder da. Gestärkt. Er hatte nun eine Meute kläffender Jagdhunde an der Leine und ein Jagdgewehr im Anschlag. Er wollte es wissen. Er jagte mich nachts, er jagte mich tags. Wenn ich allein war, genauso wie im Beisein anderer. Ich musste etwas tun. Ich wollte nicht, aber es ging nicht mehr anders. Ich konnte nicht mehr nichts tun. Mir war die ganzen letzten Jahre klar gewesen, dass, wenn ich mich nicht noch einmal um meine Geschichte kümmern würde, sie sich um mich kümmern würde. Ich würde krank werden oder wahnsinnig. Jetzt war es so weit.

Die Nächte waren die Hölle, ich hatte Albträume, ich schwitzte, ich knirschte mit den Zähnen, ich wachte morgens auf und war total gerädert. Die Tage waren die Hölle, ich war super aggressiv, total angespannt und fühlte mich die ganze Zeit bedroht. Mein System lief auf Hochtouren. Panikattacken und Herzrasen erschöpften mich. Was sollte ich tun?

Ich entschied mich dafür, nach den Vorbildern der Übergangsriten der Naturvölker eine «Visions-Suche» zu machen, deren Ablauf in den verschiedenen Kulturen recht ähnlich ist. Im Kern geht es darum, abgeschieden von den Ablenkungen des Alltags und der Zivilisation, Klarheit oder eine Antwort in Bezug auf eine Lebenssituation zu finden. Die Methode ist, sich vier Tage und vier Nächte lang ohne Essen, ohne Zelt und ohne menschliche Kontakte in der Natur aufzuhalten und die selbstgewählte Lebensfrage zu fokussieren. Meine Frage an mich und das Leben war: Wie gehe ich weiter mit meiner Geschichte um, und was mache ich mit dem ganzen Wahnsinn, in dem ich mich gerade wiederfinde? Ich warf meine Sachen ins Auto und fuhr nach Südeuropa, um mich dort auf einen Berg zu setzen, auf dem ich diese Zeit verbringen wollte.

Es war heiß und trocken. Angekommen, hatte ich nun doch ein etwas mulmiges Gefühl bei dem Gedanken an mein Vorhaben. Besonders vor den Nächten fürchtete ich mich. Im Morgengrauen des ersten Tages stapfte ich durch das hohe, scharfe Gras den Berg hinauf. Die Empfehlungen, Wanderschuhe zu tragen, hatte ich nicht beachtet. Meine Beine waren um die Knöchel herum bald blutig. Auf dem Berg angekommen, bereitete ich mein Lager. Ich hatte nur meinen Schlafsack, ein paar Klamotten und natürlich viel zu trinken dabei. Am Vormittag des ersten Tages fühlte ich mich bereits unendlich einsam und konnte kaum noch den Gedanken vertreiben, das Unternehmen abzubrechen. Außerdem hatte ich Hunger. Ich vertrieb mir dann die Zeit mit Baden im Fluss und dem Betrachten der phantastischen Pflanzenwelt, die mir aus Deutschland nicht bekannt war. Einmal beobachtete ich völlig gedankenverloren zwei sich paarende, wunderschöne Schmetterlinge, die sich harmonisch in die Farbenwelt der Blumenwiese einfügten, als mit ohrenbetäubendem Lärm zwei Düsenmaschinen der italienischen Luftwaffe im Tiefflug über mich hinwegdonnerten, dass die Erde bebte.

Bereits in der ersten Nacht kam der Jäger. Er stand vor mir, und wir schauten uns an. Ich schrie. Ich schrie ihn an. Ich schrie, er solle verschwinden. Ich schrie, wie ich noch nie in meinem Leben geschrien hatte. Mit hängendem Kopf zog er mit seinen kläffenden Hunden an der Leine davon. Er kam auch in den beiden nächsten Nächten. Die letzte Nacht würde ich durchwachen und meine Erfahrungen dieser vier Tage und vier Nächte destillieren. Ich betrachtete die Sterne und die untergehende Sonne. Ich saß da. Sonst nichts. Ich ließ die letzten Tage an mir vorbeiziehen. Ich fühlte mich gut. Ich fühlte mich stark. Ich fühlte mich dem gewachsen, was da kommen würde.

Als ich bei Sonnenaufgang den Berg hinabstieg, hatte ich meine Antwort gefunden. Ich würde klar, mutig und entschlossen mit meiner Geschichte umgehen. Im Innen wie im Außen. Als ich nach Deutschland zurückfuhr, hatte ich meinen Optimismus und meine Lebensfreude zurückgewonnen. Aber auch einen Haufen Arbeit vor mir. Ich entschied mich dafür, mich traumatherapeutisch behandeln zu lassen. Das war ein großer Schritt. Ich wandte mich an ein Traumazentrum und erklärte meine Situation und schrieb parallel dazu eine Mail an die Therapeutin, bei der ich zu Beginn der 90er in der Klinik in Behandlung gewesen war. Sie nannte mir zwei Namen mit dem Hinweis, die beiden Therapeutinnen seien schon so etwas wie Koryphäen und wahrscheinlich würden sie keinen freien Therapieplatz haben. Ich hatte die Wahl zwischen einer Ärztin und einer Psychologin. Mit Ärzten hatte ich es ja nicht so, ich rief die Psychologin an. Eine ziemlich dynamische Frauenstimme kam mir aus der Leitung entgegen. Es war ein kurzes Gespräch. Ein sehr kurzes. Die Frau war sehr beschäftigt. Ich hatte einen Termin für die Folgewoche und irgendwie das Gefühl, das dies ein guter Schritt war.

Was Traumatherapie allerdings so ganz genau war? Ich hatte keine Ahnung. Ich hatte immer gehofft, dass sich die Schädigungen meiner Kindheit und Jugend irgendwie auswachsen würden. Und irgendwie wusste ich gleichzeitig, dass ich Schwierigkeiten mit mir selbst bekommen würde, wenn ich dem Thema in meinem Leben nicht noch einmal richtig Aufmerksamkeit gäbe. Der Jäger war schon wieder auf dem Posten. Ich hatte nicht das Gefühl, dass ich noch eine Wahl hatte. «Herr Dehmers berichtet über schwere Traumatisierungen ohne jegliche emotionale Beteiligung», schrieb die Therapeutin in ihrem ersten Gutachten. Es sollte der Beginn einer Behandlung sein, die länger dauern würde, als ich es mir je hätte vorstellen können. Der Jäger und ich kommen inzwischen ganz gut miteinander klar. Eye Movement Desensitization and Reprocessing, kurz EMDR genannt, war ein Teil der Lösung. Diese Methode zur Behandlung von Traumata hat mir die Möglichkeit gegeben, die traumatisierenden Erfahrungen eine Erinnerung werden zu lassen und sie nicht mehr als bedrohliche Stresssituation der Gegenwart zu erleben. Die Vergangenheit wird dadurch erträglicher. Dieser Prozess dauert Jahre. Ich entschied ebenso, mit aller Entschlossenheit die Odenwaldschule weiter mit ihrer Geschichte zu konfrontieren. Und bekam Unterstützung aus dem Off.

EINS PLUS EINS PLUS EINS

Im November 2008 klingelte das Telefon. «Hallo, Jürgen, hier ist Kathrin.»

Kathrin? Kathrin Heres? Kathrin schenkte mir einen Moment zum Nachdenken. Wir hatten uns vierzehn Jahre lang nicht gesehen, nicht miteinander gesprochen. Nichts. Ab und an hörte ich etwas über sie von Dritten, meist eher über Vierte und Fünfte. Als wir uns das letzte Mal sahen, war es ein nettes Treffen gewesen. Nett und belanglos. Wir hatten uns zu diesem Zeitpunkt nicht viel zu sagen, und so fand keiner einen Anlass, den Kontakt aufrechtzuerhalten.

«Hey, hallo», erwiderte ich nach einer kurzen Pause. Ich war darauf gespannt, den Grund ihres Anrufs zu erfahren.

Kathrin wird später sagen, sie hatte das Gefühl, dass ich offensichtlich sofort wusste, wer sie war, und freudig auf ihren Anruf reagierte. Sie wird mir meine Darstellung bestätigen, dass unser Kontakt einfach mangels Schnittmenge verlorengegangen war. Keine Aversion, schlicht eine Kreuzung, an der unsere Wege in verschiedene Richtungen wiesen.

Wir quatschten eine Weile über dies und das, lachten, es war ein bisschen wie früher. Nach vierzehn Jahren Kontaktlosigkeit knüpften wir einfach an die guten Zeiten unserer Freundschaft an.

«Ich war bei unserem 20-jährigen Abitursjubiläum», sagte Kathrin. «Auf der OSO?», fragte ich. Ja klar auf der OSO, wo denn sonst? Ich war halt überrascht, dass Kathrin tatsächlich das Tal hochfuhr. «Ja, wo denn sonst?», entgegnete sie prompt. Dann listete sie auf, wen sie aus unserer alten Klasse getroffen und gesprochen hatte. Ich fand, es waren ziemlich viele. Ich hatte nicht mal auf dem Radar, dass es diesen Sommer zwanzig Jahre her waren, seitdem wir ein letztes Mal im Speisesaal gesessen und die Abiturientenreden gehört hatten. Ich konnte mich an kein Wort erinnern.

«Becker muss wieder ziemlich aktiv sein», fuhr sie fort. «Er hält wohl Vorträge und publiziert auch wieder.» Sie erzählte mir nichts Neues. «Ich habe ja damals, also 1999, von Lena den *Rundschau*-Artikel zugeschickt bekommen. Ich dachte dann, dass ihr, also Thorsten und du, mit der Schule klar seid. Nach den Storys beim Altschülertreffen dachte ich, da kann ja irgendwas nicht stimmen.» Ich lachte gequält in mich hinein, sagte aber nichts. Kathrin erzählte weiter, wie sie nach dem Altschülertreffen nach Hause fuhr und darüber nachdachte, was sie eigentlich über die ganze Geschichte wusste und was nicht. Sie googelte Becker und fand seine Aktivitäten, an denen erkennbar war: Der Mann war ein gefragter Pädagoge. Sie erzählte mir, dass sie für sich selbst eine Liste gemacht hatte, auf der stand: Was weiß ich nicht? Und darauf stand ganz oben: Ich weiß nicht, was wirklich passiert ist.

«Sag mal, was ist dir denn damals mit Becker eigentlich passiert? Bist du bereit, darüber zu sprechen?», sagte sie fast etwas zu höflich distanziert, aber irgendwie auch verständlich. Ich fand die Art und Weise der Fragestellung passend. Nicht dieser übliche super distanzlose Gesprächsstil, der häufig sofort zutage tritt, wenn Ex-OSOs zusammentreffen.

«Willst du das wirklich hören?», fragte ich sie. Meine Erfahrung war ja, dass es niemand hören wollte. Wer hört sich das schon gern an?

«Ja, ich möchte es hören», klang es aus meinem Hörer. Kein Zaudern, kein Aber, keine übermäßige Entschlossenheit, die dazu dienen könnte, ihre eigene Unsicherheit zu überspielen, nur ein «Ja». Okay, dachte ich, sie hat «ja» gesagt. Dann erzählte ich Kathrin meine Geschichte mit Becker. Ausführlich. En détail. Mit Geruch. Mit Geschmack, mit Nahaufnahme. Kathrin hörte zu. Später sagte sie, sie fand «die Geschichten ekelhaft». Nach zwei Stunden legten wir auf. Es war, im Rückblick betrachtet, eines unserer kürzeren Telefonate. Kathrin rief auch Thorsten an. Es war klar, dass dies nicht unser letztes Gespräch sein würde. Es war klar, dass wir eine Kombattantin hatten. Es war klar, dass wir uns verstanden. Es war klar, eins plus eins plus eins ist mehr als drei!

Kathrin machte das, was eine gute Journalistin tun würde. Sie hatte mit Thorsten und mir gesprochen und unsere Berichte angehört. Sie hatte von den tatsächlichen Ereignissen von uns aus der Sicht der Schüler erfahren und von der 99er-Geschichte. Jetzt wollte sie die andere Seite hören, die Seite der Vertreter der Odenwaldschule. Also fuhr sie im Dezember 2008 wieder das Hambacher Tal hinauf und sprach mit Björn Brandwein, Kind eines OSO-Lehrers, unser Klassenkamerad und inzwischen selbst Lehrer im Dienst der Odenwaldschule. Sie sprach mit Alexander Priebe, Lehrer der Odenwaldschule und bereits 1999 auf deren Gehaltsliste, inzwischen Archivar und in enger Zusammenarbeit mit Werner Mapper an der Festschrift zum Jubiläum aktiv. Mapper würde im Jahr 2010 von der Schulleitung gebeten werden, die Odenwaldschule nicht mehr zu besuchen. Außerdem sprach sie mit Peter Dehnert, wie gesagt, ein uns zu Schülerzeiten freundschaftlich vertrauter Mitarbeiter.

Ihre Gesprächspartner hatten eine Schnittmenge in ihren Äußerungen: «Ja, das war wirklich schrecklich, was den beiden passiert ist», sagten sie voller Anteilnahme, um im zweiten Satz hinzuzufügen: «Aber das ist jetzt ja abgeschlossen.» Wer schließt hier was ab? «Für die Betroffenen ist das nicht abgeschlossen», erwiderte Kathrin und wiederholte damit die maßgebliche Botschaft ihrer Reise zur Odenwaldschule. Peter Dehnert wird dann irgendwann im Lauf des Gesprächs zur 99er-Geschichte äußern: «Wir haben keine Größe bewiesen.» Alexander Priebe lehnte sich für seine Verhältnisse richtig weit aus dem Fenster und fragte sich selbst: «Vielleicht haben wir Schuld auf uns geladen?» Peter Dehnert ließ in einem völlig beiläufigen Tonfall einfließen: «Das mit Becker und Micky haben wir doch alle gewusst.» Gemeint war der Sohn eines hochrangigen Politikers. «Haben wir doch alle gewusst?», fragte sich Kathrin. Sie wusste nichts davon, spürte jedoch sogleich die komplizenhafte Nähe, die durch dieses Gespräch von Dehnert hergestellt wurde. Dehnert berichtete im Laufe des Gesprächs über die dilettantische Durchführung der Mitarbeitertagung anlässlich unserer Konfrontation mit der Schule nach 1998, nannte die Tagung sinngemäß eine Alibiveranstaltung und beendete das Gespräch mit den Worten: «Das bleibt aber unter uns.» Später fragte ich Kathrin, was sie eigentlich gedacht hatte, als sie erfuhr, dass Becker wieder gefeiert und hofiert wurde. «Waaaaaaaas?!», hat sie mir geantwortet, «das darf doch nicht wahr sein!» Sie dachte, dass mit dem Erscheinen des Artikels 1999 Becker für immer erledigt sei und wir mit unserer alten Schule klar wären. Denkste, dachte ich.

Nachdem Kathrin mit Björn Brandwein gesprochen hatte, lud dieser sie noch dazu ein, im Speisesaal mit zu Abend zu essen. Kathrin war inzwischen ziemlich aufgeladen – egal, mit wem sie an der Odenwaldschule gesprochen hatte, sie bekam immer nur zu hören, dass diese alten Geschichten längst erledigt seien. Dort sah sie Margarita Kaufmann. Kathrin erkannte die Gelegenheit als solche und steuerte auf Frau Kaufmann zu, von der sie angelächelt wurde. Sie fühlte sich zum Gespräch regelrecht eingeladen.

Kathrin fragte Frau Kaufmann sehr direkt, nachdem sie sich vorgestellt hatte, was sie über die Missbrauchsfälle wisse und ob sie den Artikel «Der Lack ist ab» kenne. Frau Kaufmann konnte sich nicht so recht an den Artikel erinnern, oder tat zumindest so, woraufhin sie ihn als Kopie von Kathrin in die Hand gedrückt bekam. Kathrin erzählte kurz, mit wem sie auf der Odenwaldschule gesprochen hatte, und Frau Kaufmann ließ wissen, dass sie ebenfalls mit Priebe, Brandwein und Dehnert sprechen wolle. «Für die Betroffenen ist das jedenfalls nicht erledigt», ließ Kathrin Frau Kaufmann zum Abschied wissen.

Für den nächsten Morgen hatte Kathrin ein Gespräch mit Alexander Priebe verabredet. Anja Gutzkow, eine frühere Klassenkameradin von uns, die nach der Schulzeit einen Ober-Hambacher geheiratet hatte und in der Odenwaldschule in der Verwaltung arbeitete, stellte für Kathrin den Kontakt zum Archivar der Odenwaldschule her, der für die Festaktvorbereitungen federführend war und demnach erster Ansprechpartner für das Jubiläum. Anja Gutzkow gegenüber äußerte Alexander Priebe zum sexuellen Missbrauch auf der Odenwaldschule, «es sei noch zu früh, dieses Thema aufzugreifen».

In der Folge dieses Besuchs rief Kathrin die drei anderen Ex-Odenwaldschüler an, die 1999 ihren Beitrag zu «Der Lack ist ab» geleistet hatten, und ließ sich von ihnen die Ereignisse nochmals bestätigen. Und recherchierte weiter. Sie tat das, was jeder hätte tun können. Sie fragte nach. Sie benutzte ihr Telefon. Sie benutzte ihren Verstand. Und googeln konnte sie auch. Sie tat das, was sonst niemand tat. Kathrin macht die Dinge nicht unnötig kompliziert. Ich schätze das sehr an ihr. In ausführlicheren Gesprächen äußerte sich Kathrin so, dass sie sagt, sie sehe sich selbst als Sekundärbetroffene, genauso wie alle anderen Schülerinnen und Schüler, welche die Odenwaldschule besuchten und nicht direkt von den Übergriffen betroffen waren.

Mir ging es nach wie vor gesundheitlich ziemlich schlecht, Weihnachten und Neujahr waren freudlos an mir vorbeigezogen, und ich hatte alle Mühe, meinen Alltag zu bewältigen. Währenddessen telefonierte ich regelmäßig mit Kathrin, und wir sprachen viel über früher, was mir dabei half, meine Zeit auf der Odenwaldschule zu sortieren. Durchbrochen waren diese Gespräche davon, dass Kathrin mir die neuesten Ergebnisse ihres Googelns, Redens und Denkens mitteilte. Ich fing in diesen Gesprächen an, Neuigkeiten über das Leben an der Odenwaldschule zu einer Zeit zu erfahren, während der ich an der Schule gewesen war, nicht aber Kathrin. Unterdessen arbeitete ich an einem Plan.

Am 31. März 2009 teilte Frau Kaufmann mit:

Sehr geehrter Herr Dehmers,
nachdem wir im Rahmen des jüngsten Altschülertreffens immer wieder auf die offenbar noch nicht ausreichend aufgearbeitete Vergangenheit der Schule hingewiesen worden sind, möchten wir – auch im Hinblick auf das bevorstehende Jubiläum der Odenwaldschule – mit Ihnen ins Gespräch kommen.

Unsere Vorstellung ist, in einem vertraulichen Gespräch mögliche Fragen und unbearbeitete Themen aus Ihrer Schulzeit, die mit dem damaligen Schulleiter Gerold Becker zusammenhängen, zur Sprache zu bringen.
Gerne würden wir Sie zu einem Treffen einladen, das wir nach Möglichkeit noch im ersten Halbjahr in der Schule oder an einem neutralen Ort durchführen möchten. (…)
Dieses Schreiben geht im gleichen Wortlaut an Herrn Thorsten Wiest und Frau Kathrin Heres.
Für weitere Auskünfte steht Ihnen Herr Alexander Priebe zur Verfügung.
Mit freundlichen Grüßen Margarita Kaufmann

Zu diesem Zeitpunkt war noch eine Festschrift für das Jubiläum geplant, die sich zeitlich an den einzelnen Schulleiterepochen orientieren sollte. Otto Herz sollte über die Epoche Becker schreiben. «Eine Schule, die dem Aufwachsen bekommt. Gerold Becker (1972–1985)», lautete der Titel des geplanten Artikels. Otto Herz? Das ist eine Art pädagogischer Tausendsassa, der auf seiner Homepage ein Interview mit sich präsentiert, in dem er verlauten lässt:

«Welches pädagogische Prinzip ist Ihnen das wichtigste?

Meines akademischen Lehrers und pädagogischen Anregers, Hartmut von Hentigs, Programm: die Menschen stärken, die Sachen klären.»

Aha.

Verantwortliche Redakteure der geplanten Festschrift waren Werner Mapper und Alexander Priebe. Über Mappers Position in der Mannschaft der Odenwaldschule wissen wir ja nun ganz gut Bescheid. Aber welche Rolle spielte Priebe? Es war mir nie gelungen, eine Position in Priebes Äußerungen zu erkennen. Auch konnte ich niemand anders finden, dem es gelungen war, herauszufinden, wofür oder wogegen Priebe stand. Priebe machte formal alles korrekt, und das war ihm auch wichtig. Das hatte ich verstanden. Gemeinsam mit Frau Kaufmann gab er im Jahr 2010 das Buch «100 Jahre Odenwaldschule» heraus. Ein Dokument der Abspaltung.

Zweierlei war für mich nicht verhandelbar. Ich würde mit Vertretern der Odenwaldschule nicht in Ober-Hambach sprechen, ich war Sportler, ich wusste um den Vorteil des Heimspiels. Und ich würde nach der Erfahrung von 1998 das Gespräch nicht allein führen. Über einen externen Moderator und einen angemessenen Ort für das Gespräch war ich mir sehr schnell im Klaren. Ich kannte Herrn Dr. Hubert Kern, den geschäftsführenden Teilhaber der Beratergruppe Kern und Partner, aus einem anderen Kontext und hielt ihn intuitiv für den richtigen Mann für diese Aufgabe. Gesprächsort sollte der Konferenzraum seiner Firma sein. Ich besprach mich darüber mit Kathrin und Thorsten und schlug diese Rahmenbedingungen Frau Kaufmann vor. Es war nur rhetorisch ein Vorschlag, de facto eine Bedingung. Herr Priebe schlug vor, dass wir uns am Hauptbahnhof in Frankfurt treffen sollten. Ich schrieb ihm, wie das denn zu verstehen sei. Gleis sieben oder wie?, dachte ich bei mir. Es ging eine Weile hin und her, wer bei dem Gespräch alles dabei sein sollte und wer auf keinen Fall. Für mich war es wichtig, dass Kathrin und Thorsten dabei waren – sollten die OSOs doch mitbringen, wen sie wollten. Bald gab es einen Termin. Es war ein Nachmittagstermin. Meine beste Zeit. Für mich war klar: keine Kompromisse. Wie immer.

Gemeinsam gingen wir im Juli 2009 zu Hubert Kerns Firma im Frankfurter Nordend. Bis auf einen gewissen Grundzorn, den ich eigentlich immer verspüre, wenn es um die Odenwaldschule geht, war ich im Vorfeld innerlich ganz ruhig. Da waren sie dann auch schon. Frau Dr. Benita Daublebsky, Mitglied des Vorstandes der Odenwaldschule, sie kannte ich ja schon aus den 90ern. Björn Brandwein, Mitarbeiterkind und unser Klassenkamerad, Dr. Alexander Priebe, der bereits 1999 Mitarbeiter war, den außer Kathrin Heres noch niemand von uns persönlich kannte. Wir wussten nur, dass er an der Publikation arbeitete, die anlässlich des Jubiläums erscheinen sollte. Margarita Kaufmann war ganz offensichtlich etwas aufgeregt. Sie begrüßte uns freundlich, ja fast herzlich und hatte offensichtlich keine Berührungsängste. Ihre drei Begleiter machten eher einen betretenen Eindruck. Für meinen Geschmack wäre etwas mehr Distanz angemessener gewesen. Ich schaute mir das alles in Ruhe an. Ich hatte etwas zu sagen – und dann würden wir sehen, wie sich die OSOs dazu verhielten.

Als Gast hatten wir die Dokumentarfilmerin Luzia Schmid eingeladen, die einen Film über den Komplex Odenwaldschule machen wollte und selbst Ex-École-d'Humanité-Schülerin war. Daher kannten Kathrin und sie sich. Kathrin war es wichtig gewesen, dass die Gespräche dokumentiert wurden, weil bis zu diesem Zeitpunkt schon so vieles verschleppt worden war. Der einzige Impuls, von dem wir uns eine Veränderung des Prozesses versprachen, waren die direkten Erzählungen der Erlebnisse der Betroffenen. Luzia Schmid hatte zu diesem Zeitpunkt natürlich noch kein Budget und keinen Sendeplatz, wollte aber die Gespräche in Frankfurt filmen, was bei Benita Daublebsky und Alexander Priebe große Bedenken hervorrief. Sehr große Bedenken. Größte Bedenken. Also saß Luzia Schmid erst mal nur dabei und hörte zu. Ich glaubte eh nicht an das Projekt. Die Erfahrung von 1999. Who cares?

Dr. Kern war die Ruhe in Person. Er machte das, was er später auch offen benannte. Er entschleunigte. So resümierte er über den Anlass des Treffens, berichtete, was er bereits an Informationen hatte, und erklärte uns sein Verständnis als Moderator dieses Gesprächs. Wir vereinbarten eine Dauer von drei Stunden. So lange wollte ich eigentlich nicht hierbleiben. Ich wusste auch nicht, dass es noch zwei weitere Gespräche geben sollte, die ebenfalls drei Stunden dauern würden. Also neun Stunden Gesprächszeit. Was ist da besprochen worden?

Ich sagte nach den einführenden Worten Dr. Kerns zur Struktur unseres Treffens:

«Ich habe etwas zu sagen, und dann werden Sie sich dazu verhalten müssen.» Das war natürlich eine Ansage an die Adresse der OSOs. Ein Angebot für einen anschlussfähigen Dialog sah anders aus. Ich war eine Mischung aus zornig und desillusioniert. Da saß sie wieder, Benita Daublebsky, immer noch im Vorstand der Odenwaldschule, immer noch tatenlos, als wären wir die letzten zwölf Jahre alle im Sommerurlaub gewesen. Die anderen schwiegen und versuchten, sich so unsichtbar wie möglich zu machen. Dr. Kern ergriff das Wort und sprach von Dialog. Ich saß neben Thorsten, bei dem die Körperspannung auch schon beträchtlich zugenommen hatte. Vielleicht hing es aber auch nur damit zusammen, dass er in Kerns Konferenzraum nicht rauchen durfte. Thorsten rauchte sogar beim Duschen. Ich hatte die Vermutung, dass er es schon bereute, gekommen zu sein. Ich schaute zu Kathrin, die mir gegenübersaß. Das war kein Zufall. Ich brauchte sie zur Rückmeldung und Orientierung über das, was in dieser Sitzung lief. Bei diesem Thema komme ich immer wieder in emotionale Zustände großer Verunsicherung, aufgrund des Zorns und der Verletzung, die ich in mir trage, was dazu führt, dass ich manchmal den Kontakt zur Gegenwart und den anwesenden Personen verliere, weil ich innerlich im Kriegszustand bin, weil ich innerlich im Zustand von 1982 bin und mich dann auch so verhalte, als ginge es gerade um mein Leben. Das ist wie mit den Kriegsveteranen, die an der Supermarktkasse total ausrasten, weil die Frau vor ihnen sie an irgendetwas im vietnamesischen Dschungel erinnert, wo zahlreiche Kameraden getötet wurden. In der Psychotraumatologie spricht man von «Trigger», mit denen ein traumatisches Ereignis reaktiviert wird und sich die traumatisierte Person in dem emotionalen Zustand wiederfindet, in dem die Traumatisierung stattgefunden hat.

Also, auf Deutsch: Ich saß Kathrin gegenüber, damit ich mich, wenn ich merkte, dass ich in den alten Zustand zurückfiel, mich an ihr als Anker wieder in der Gegenwart verorten konnte. Eigentlich war mir Benita Daublebsky schon Trigger genug. «Jetzt sitzen wir wieder hier und quatschen», dachte ich. Becker war inzwischen todkrank. Es wurde Zeit, dass wir das Dessert servierten, wenn wir wollten, dass er bis zum letzten Löffelchen am Tisch sitzen blieb. Benita Daublebsky und die anderen Vorstandsmitglieder waren alle nicht mehr die Frischesten, nochmal ein Jahrzehnt verquatschen würde nicht gehen, die sterben uns sonst weg, das war mir klar.

Kathrin sprach über die Versäumnisse der Schule, über die Versäumnisse des Vorstands bei der 99er-Geschichte, über all die Gespräche, die sie zwischenzeitlich geführt hatte. Eisiges Schweigen oder aufmerksames Zuhören? Stille Anteilnahme oder das Errichten einer inneren Mauer? Schwer zu sagen. Kathrin nannte Fakten, zitierte aus Briefen, stellte Fragen, tödlich einfache Fragen, und hielt sich emotional zurück. Damit kann man einen Ober-Hambacher ziemlich fertig-machen.

Ich berichtete davon, wie ich die 99er-Geschichte erlebte, wie ich den Anlauf im vergangenen Jahr erlebte und, schlussendlich, was ich mit Becker erlebte. En détail. Margarita Kaufmann weinte. Ich fragte sie zwischendurch, ob ich eine Pause machen sollte, damit sie kotzen könne. Mit einem Kopfnicken signalisierte sie, dass sie mir weiter zu-hören könne. Wir machten eine Pause. Thorsten wollte rauchen. Ka-thrin und ich rauchten mit.

Kathrin schätzte die Situation in der Pause so ein, dass sie die OSOs als berührt und erschüttert erlebte. Die zweite Hälfte des Gesprächs war immer wieder stark beschleunigt. Es war extrem schwierig, die OSOs fürs Handeln zu gewinnen. Reden ja. Handeln? Der Ober-Hambacher handelt nicht gern. Wir trennten uns mit der Verabredung für den 15. Juli 2009. Wir hatten die drei Stunden überzogen, es war klar, dass, falls es ein Dialog werden sollte, viele Stunden notwendig sein wür-den. Die meiste Zeit dieses ersten Treffens verplemperten wir damit, die OSOs von der Sinnhaftigkeit der Filmdokumentation zu überzeu-gen. Überzeugen ist gut. Wie an störrischen Ziegen haben wir gezerrt, Benita Daublebsky fand sich «in einer Erpressungssituation wieder».

Beim zweiten Gespräch in Frankfurt war die Runde um drei Personen angewachsen. Kathrin übernachtete bei ihren Reisen nach Frankfurt bei Phil Scharlenz und seiner Frau. Phil konnte sich an die Übergriffe seines Vormunds erinnern, hatte sich aber bereits 1999 nicht aufgeru-fen gefühlt, sich zu dem Thema Becker zu äußern. «Sollen die Jungs mal machen», hatte er damals gedacht, erzählte er mir später. Dass die Übergriffe bei ihm Schaden angerichtet hatten, war ihm nicht bewusst. Phil war auch bei den «Schmuddelbizz»-Treffen, die immer zwischen den alle zwei Jahre stattfindenden Altschülertreffen der Odenwald-schule in Berlin stattfanden und gut besucht waren. Die Treffen waren eine Art selbstorganisiertes Altschülertreffen. Von anderen erfuhr ich, dass über Becker dort lebhaft gesprochen wurde, dass die Geschichten der Übergriffe in aller Munde waren. 25 Jahre nach seinem Abschied von der Odenwaldschule. Jetzt saß Phil mit im Konferenzraum.

Außerdem dabei waren nun Salman Ansari und Gerhard Roese.

Gerhard hatte ich kurz zuvor persönlich kennengelernt. Wir hatten uns in Darmstadt getroffen und bei einem langen Waldspaziergang miteinander gesprochen. Ich schätzte seine offene Art, über seine Erlebnisse auf der Odenwaldschule zu sprechen und auch nicht damit hinterm Berg zu halten, was er darüber dachte.

Das zweite Gespräch bekam etwas schneller Fahrt. Salman Ansari wollte zuallererst die Korrektur des Teils der Historie, mit dem er sich am meisten abgemüht hatte und an dem er schier verzweifelt war. Die Zeit nach unserem ersten Schreiben an die Odenwaldschule im Jahr 1998.

«Wir sollten darüber reden, was nach dem Brief der Betroffenen an der Odenwaldschule geschehen ist, das ist für mich ein ganz zentraler Punkt, darüber muss Klarheit erzielt werden», begann er die Diskussion. Überflüssig, zu erwähnen, dass bei diesem Ansatz nicht viel herauskam? Überflüssig! Die OSOs wiederholten das Mantra vom erfolgreichen Sexausschuss, ach so, so nannten ihn ja nur die Schüler, ich meine den «Ausschuss zum Schutz vor sexualisierter Gewalt», ja genau, das Hund-Wurst-Konstrukt. Also Fehlanzeige.

Dr. Kern brachte die Situation gut auf den Punkt. Er sagte sinngemäß, dass es für die Organisation einen Unterschied macht, ob generell intime Beziehungen existieren, die nicht legitimierbar sind, oder ob sie unter einem riesigen Lehrkörper einen Mitarbeiter hat, der sich «reingeschwindelt» hat. Wenn man in der Organisation einen Pädophilen hat, dann wird der entlassen, die Organisation sagt mea culpa, sorgt für einen Ausgleich für die Opfer, «und gut ist, um es mal ein bisschen hart zu sagen».

Dr. Kern setzte fort: «Wenn Sie das aber quasi als Kulturelement haben, Sie sprachen von einem System (er schaute zu mir), ich würde von einem Kulturelement reden, aber wir meinen das Gleiche.» Wir hatten über die Begrifflichkeiten gemailt. Dr. Kern bezeichnete es als Kulturelement, was ich das «System Becker» nannte; er schrieb mir später einen sehr empathischen Brief als Antwort auf meine Anmerkungen zu seinem Beitrag zur Festschrift, in dem er unter anderem auf diese Begriffsdefinitionen einging. Dr. Kern ließ keinen Zweifel daran aufkommen, dass für das, was er in der Odenwaldschule als «Kulturelement» diagnostizierte, das Wort «Problem» nicht mehr ausreichte.

Unser neuer Mitstreiter in dieser Runde konnte sich nicht mehr zurückhalten, vielleicht wollte er auch nicht. Sehr aufgeregt, aber inhaltlich völlig klar meldete sich Gerhard Roese zu Wort und widersprach Benita Daublebsky, die ihre Bedenken dahingehend geäußert hatte, dass bei diesem Treffen zu viele Namen genannt würden von Menschen, die nicht anwesend seien und somit keine Stellung zu den Berichten nehmen könnten. «Wenn wir hier keine Namen nennen sollen oder dürfen, dann kann ich gleich wieder gehen, also ich bin nicht hergekommen, um das dritte Mal Gerold Becker zu sagen, das interessiert mich überhaupt nicht. Mich interessiert es, Namen zu nennen, ich bin hier, um Namen zu nennen. Und der, mit dem ich es zu tun hatte, Wolfgang Held, ist mittlerweile verstorben. Und ich bin auch hier, um ganz neue Namen zu nennen, Namen zu nennen von Leuten, deren Namen verschwiegen werden, über die einfach nicht gesprochen wird. Hinter den Namen verbergen sich menschliche Schicksale, enttäuschte Hoffnungen, gebrochene Biographien, auch Tote. Ich bin hier, die zu nennen.»

Ich fand, er hatte völlig recht. Es verging ein Moment, bis sich Gerhards gewaltige Worte im Raum gesetzt hatten, als sich Frau Kaufmann erstmalig zu Wort meldete.

Kaufmann lieferte die Stichwörter Kinder, Jugendliche, Abhängige. Was auch immer sie da tat, sie folgte nicht den Fußstapfen ihres Vorgängers. Sie war klar auf der Seite der Betroffenen, das kam in den Inhalten ihrer Beiträge deutlich zum Ausdruck, und sie nahm Anteil, das war ebenso offensichtlich. Wie ist es zu bewerten, dass sie im Jahr 2007 so schleppend in Fahrt kam? Hat sie anfangs nicht verstanden, worum es ging? Oder war sie ein Fähnchen im Wind, das spürte, dass die Koalition mit den Betroffenen der einzig gangbare Weg war, nicht selbst unterzugehen?

Frau Kaufmann entschied sich für den Mittelweg, der bekanntlich den Tod bringt. Sie versuchte im Laufe der Jahre 2009/2010, den Betroffenen gerecht zu werden und zugleich der Organisation gerecht zu werden, die sie bezahlte und sie massiv wegen ihrer Vorgehensweise angriff. Kollegium wie Vorstand und Trägerverein. Anfang 2011, nachdem sich Frau Kaufmann in die Krankheit verabschiedet hatte, bewertete ich ihr Gesamtpaket an Aktivitäten so: Sie hat für Transparenz gesorgt, hat alle Informationen allen zur Verfügung gestellt und hat mit allen über alles gesprochen. Das hatte eine katalytische Funktion. Im Rahmen der 100-Jahr-Feier hat sie nicht dafür gesorgt, dass die Schule dem Thema Missbrauch einen angemessenen Rahmen schafft, das haben die Altschüler Johannes von Dohnanyi und Adrian Koerfer mit der Durchführung der «Wahrheitskommission» geleistet. Aber sie hat als erste Vertreterin der Organisation den sexuellen Missbrauch an der Odenwaldschule als zu bearbeitendes Thema erkannt und zur Sprache gebracht. Ich hatte Frau Kaufmann aufgefordert, sich eindeutig und öffentlich für die Entschädigung der Opfer einzusetzen, da dies Signalwirkung nach innen und außen hätte. Hat sie nicht. Im Spätsommer 2010 stellte ich ihr zwei Fragen: Was müsste passieren, dass Sie sich öffentlich für Entschädigung positionieren? Mit welchem Ziel bleiben Sie Schulleiterin der Odenwaldschule? Über beide Fragen wollte sie nachdenken. Ich hörte nie wieder von ihr. Aber so weit waren wir noch nicht.

Dr. Kern suchte immer wieder den roten Faden: «Die Einhaltung der Generationsgrenzen wurde durch die Organisation und die Betroffenen nicht geleistet.» Später sagte Dr. Kern im Nachtrag, dass die Last der Einhaltung natürlich beim Erwachsenen liege. Überschätzte er die OSOs? Und hat es dann noch rechtzeitig gemerkt? Er fügte hinzu: «Die Organisation hat das im Falle der OSO zu leisten, natürlich nicht als Abstraktum, sondern die verantwortlichen Personen. Es gibt also eine zweifache Verantwortlichkeit, die der Organisation und die der Personen.»

Dr. Kern formulierte unmissverständlich seine Position dazu, wie die Organisation sich zu verhalten habe, wenn ein Erwachsener mit einem Schutzbefohlenen eine Beziehung eingehe.

«Entlassung», ließ er seine Worte auf die OSOs niederprasseln, «da helfen Ihnen keine demokratischen Strukturen.» «Hypocracy» schrieb mir Christoph Röhl als Bemerkung an den Rand, als er mein Manuskript las. Heucheldemokratie. Ich las diesen Begriff zum ersten Mal bewusst. Wie treffend, dachte ich.

Gerhard sagte, was er zu sagen hatte: «Dadurch, dass so viel Illegales lief, gab es so viel Erpressbarkeit, nach dem Motto: Eine Krähe hackt der anderen kein Auge aus. Es herrschte ein Zustand absoluter

Gesetzlosigkeit, den viele für sich zu nutzen wussten. Das war 1976, ich war 14. Wir haben dann den Wolfgang Held befriedigt, da kam halt jeder mal dran, das war wie der Putzdienst, der dann die Spermatücher unter seinem Bett zusammengefegt hat und die Wohnung aufräumen musste. Jeder hatte da seine Befriedigungsdienste zu leisten. Mir hat das nicht gefallen, mein Ding war das nicht. Ich fand das ekelhaft.»

Gerhard hatte offensichtlich bereits als Vierzehnjähriger einen guten Blick für größere Zusammenhänge. Auf die Frage, warum er denn niemandem außerhalb der Odenwaldschule etwas von den Misshandlungen erzählt habe, antwortete er: «Dann wäre die Odenwaldschule geschlossen worden, und ich hätte nach Hause zu meinen Eltern gemusst. Die Odenwaldschule war das kleinere Übel.» Und jetzt bitte Vorsicht! Das heißt nicht, dass das, was Gerhard auf der Odenwaldschule erlebt hatte, von ihm als harmlos eingestuft wurde, das heißt lediglich, dass er sein Zuhause nicht gut überlebt hätte. Ein Jahr später wird eine Ex-Schülerin einen Artikel über ihre Zeit auf der Odenwaldschule schreiben, den sie «die rettende Hölle» nennen wird. Das wird unter Ex-Schülern wie eine Seuche unter deren Positionierungen um sich greifen, als der Skandal im gleißenden Licht im März 2010 sichtbar wird. Die Odenwaldschule war toll, weil es woanders noch schlimmer gewesen wäre. Gehirnwäsche? Hat das Ober-Hambacher Quellwasser über die Jahre hinweg die Birnen weichgespült? Allein dieser Satz wird mir wieder böse Bemerkungen einbringen. Was soll ich machen? Es ist halt das, was ich denke.

Immer wieder wurde an diesem Tag die Frage zum Thema, an welches Gremium sich Schüler denn wegen der Übergriffe hätten wenden können. Gerhard Roese berichtete erneut, wie er beim Schulleiter Becker war, um sich über die Übergriffe von Wolfgang Held zu beschweren, da Becker in den Augen der Schüler der eigentliche Vertrauenslehrer war. Becker selbst schaffte das Amt des von den Schülern gewählten Vertrauenslehrers ab. Salman Ansari berichtete, wie Lehrer der Odenwaldschule bereits in den 80er Jahren einen Brief an den Vorstand schrieben, weil ihnen die Umgehensweise Beckers mit den Kindern nicht gefallen hatte, da war von Pädophilie noch nicht einmal die Rede. Uwe Lau und eine weitere Person aus dem Kollegium wurden zum Vorstand bestellt, nur weil sie schrieben, dass sie um die Kin-

der besorgt seien. Sie wurden dann vom ganzen Vertrauensrat fertig-
gemacht, einschließlich vom Vorsitzenden. Die Folge war, dass einige
von ihnen kündigten. Die Machtlosigkeit war zu groß, weil man an
Becker nirgends vorbeikam. Das Problem war systemimmanent. Der
Schulleiter und der Geschäftsführer waren gleichzeitig im Vorstand.
Becker war sogar im Schülerparlament. Der Hund kontrollierte sich
selbst beim Bewachen der Wurst.

«Es ist wichtig, dass wir uns mit unseren Geschichten zumuten»,
sagte ich in die Runde und führte aus, wem ich mich in den vielen Jahren, seit ich die Odenwaldschule verlassen hatte, alles nicht zugemu-
tet habe.

Dr. Kern munitionierte diese Aussage mit seiner Erfahrung als Ge-
richtsgutachter: «Die Detailgeschichten sichern ihre Glaubwürdigkeit.»
Ich fing den Ball auf und spielte eine Steilvorlage zu Gerhard: «Wie
sahen denn Befriedigungsdienste bei Wolfgang Held eigentlich genau
aus?» Gerhard legte los. Kaffee hinstellen. Anschnallen. Festhalten.

«Das begann abends so wie bei Gerold Becker ja auch, wir wohnten ja praktisch bei dem Lehrer, das war ja auch die Grundlage für
diese Putzdienste, wir haben ja auch, als wir da wohnten und aßen,
ja auch alles schmutzig gemacht, mussten also Putzdienst leisten, so
habe ich da diese Spermatücher unterm Bett herausgekehrt, dann
wurde die Familie weggeschickt, und einer, der Privilegierte, der Lieb-
ling, der blieb, der durfte bleiben, dann lief da Musik. Der Wolfgang
Held hatte so eine tolle Anlage, da lief klassische Musik, dann hat er
sich ganz entspannt auf sein Bett gelegt, hatte sich erst ausgezogen und
sich zugedeckt, dann hat er mich so herangebeten an sein Bett, dann
musste ich da so sitzen, und dann hat er gesagt: ‹Ach, das war so anstrengend heute›, dann hat er gemeckert über die Schule, eigentlich
über alle Leute. Dann hat er mich so zu sich gezogen, hat mich ins Vertrauen gezogen, ich war dann da so ganz geehrt, dass er mich an seiner Kritik an allem und jedem an der Schule so einbezogen hatte und
sagte: ‹Ah, mir tun die Waden heute wieder so weh, kannst du mir
bitte nicht mal ein bisschen die Zehen kraulen?› Und dann fing das
damit an, dass ich ihm die Zehen kraulen musste, der hatte so ganz
ekelhafte Füße, wie so Vogelfüße, so knorzelig mit so dicken Gelenken
und so herübergewölbten Nägeln, dann musste ich diese widerlichen

Zehen massieren und kraulen, dann war es eine richtige Erleichterung, wenn er gesagt hatte: ‹Und jetzt mal mehr ein bisschen Richtung Knie›, dann durfte ich da also aufhören, dann ging ich da so Richtung Knie, und dann endete das bei ihm an seinem Geschlecht, das war riesig erigiert, das war bestimmt so 'ne Palme (Gerhard machte eine entsprechende Handbewegung) mit dicken Adern, das war ein unglaubliches Geschoss, und das musste ich dann massieren, da hat er dann genau gesagt, wie er die Hand gehalten haben möchte und die Eichel behandelt haben möchte, und dann, ja, dann musste ich da also arbeiten, und zum Schluss hat er dann gefragt: ‹Soll ich jetzt kommen, soll ich jetzt kommen?› Dann hatte ich natürlich ‹ja› gesagt, damit es vorbei war, und dann hat er abgeschossen und dann musste ich das wegputzen und dann war er müde und dann hat er mich ins Gesicht geküsst und dann bin ich gegangen. Dann war ich entlassen. Ich hatte das auch allen erzählt, aber es hat mir wohl niemand geglaubt, es war wohl zu bizarr. Ein Freund von mir, ein Familienmitglied, hatte mir später erzählt, ich hätte das sogar bei den Familienabenden zum Besten gegeben. Mir hatte es eine gewisse Erleichterung verschafft, darüber Witze zu machen und es zu erzählen.»

Seither entstanden unzählige Nebenstränge dieses Prozesses, die alle aufzulisten den Rahmen meines Buches sprengen würde. Den folgenden finde ich allerdings sehr interessant, weil er so beispielhaft für die Odenwaldschule ist:

Betreff: Fw: Sven Müller-Hann
Von: Salman Ansari
An: Juergen.Dehmers@gmx.de
Datum: 09. 09. 09   11:25:57

Lieber Jürgen,
Paul möchte nicht, dass in diesem Zusammenhang sein Name erwähnt wird.
Wir koennen jedoch behaupten, dass ich diese Informationen an Euch weitergeleitet habe. Bitte sende diese E-Mail auch an Kathrin weiter. Ich bin im Augenblick im Ausland und habe ihre Anschrift nicht dabei.
Herzliche Gruesse

---Original-Nachricht---
Subject: Sven Müller-Hann

Date: Sun, 06 Sep 2009   18:28:00   +0200
From: Paul Kloose
To: Salman Ansari

Lieber Salman,

hier ein paar Einzelheiten.

Sven war in der Merton-Familie, Laufbahn FOS mit Schreinerei und OSO-Busfahrer-Erlaubnis. Er spritzte Heroin; die Spritzen wurden z. T. von Reinigungskräften im Abfall gefunden. Ralph Merton erklärte, dass sie von ihm zum Auffüllen seines Füllers stammten. Gerüchte aus der Schülerschaft, dass ein Schüler mit Wissen seines Familienoberhauptes Heroin spritzte, führten zur Anfrage im Vertrauensrat. Wolfgang Harder bestätigte in Absprache mit Ralph Merton den Sachverhalt. Eine beabsichtigte Konferenz fand nicht statt. Ralph Merton erklärte, dass er mit seinem Arbeitgeber die Sache geklärt habe (Arbeitgeber Harder oder der Vorstand?). Es fand eine Aussprache nach dem Mittagessen statt, bei der Merton erklärte, man wolle Sven den Schulabschluss ermöglichen. Dabei wurden auch Risiken beim Arbeiten an den Maschinen der Schreinerei und beim OSO-Busfahren in Kauf genommen. Tatsächlich war Sven auch damals in einen Unfall verwickelt.

Die Angelegenheit hatte keine Konsequenzen, u. a. weil die meisten Kollegen, die den Fall als skandalös und als «Ablösegrund» des Schulleiters einschätzten, weitere Schritte unterließen, da sie das Ansehen der Schule in der Öffentlichkeit hätten beschädigen können.

Eine Information des Vorsitzenden des Vorstandes des Vereins Odenwaldschule unterblieb, da kein Vertrauen in eine Aufklärung mit entsprechenden Konsequenzen bestand. Schließlich ist der Schulleiter, der das zu verantworten hatte, ja selbst Mitglied dieses Gremiums, das sich ja schon 10 Jahre vorher vor Gerold Becker stellte und die Kritiker zum Verlassen der Schule aufforderte. Es konnte nicht damit gerechnet werden, dass sich daran etwas geändert haben könnte.

Herzlicher Gruß
Paul

Es also immer das Gleiche. Die Sekte Odenwaldschule regelt alles selbst. Der Schulleiter Harder stand über dem Gesetz. Wer Kritik übte, wurde zum Gehen aufgefordert, und selbst zweifelnde Geister unterließen das Selbstverständliche (nämlich den jungen Mann in einer Drogentherapie unterzubringen, anstatt ihn mit einem VW-Bus herumfahren und in der Schlosserei an Maschinen arbeiten zu lassen), weil sie um das Ansehen der Schule fürchteten.

«Wir können alles, außer Pädagogik», sollte als erster Satz auf der Homepage der Schule stehen, dachte ich, als ich das las. Merton war zu diesem Zeitpunkt bereits Schulleiter in einem anderen Landerziehungsheim.

Bei der dritten Sitzung mit den OSOs standen wir während einer Rauchpause ziemlich verzweifelt auf der Eingangstreppe zu Dr. Kerns Firma, weil es einfach nicht vorwärtsging. Die OSOs waren bereit, uns zuzuhören und betroffen zu sein, nicht aber, die Informationen, die wir ihnen gaben, adäquat in konkrete Handlungen umzusetzen. In jeder der drei Sitzungen wurden von uns die Konsequenzen unserer Gespräche erfragt, und wir bekamen jedes Mal eine unverbindliche und ausweichende Antwort. Kathrin reichte es. Wenn weder Frau Kaufmann noch Frau Daublebsky bereit waren, die Informationen von uns in ihre jeweiligen Gremien in die OSO zu tragen, würde sie es eben selbst tun, dachte sie sich damals. Kathrin schlug allen Anwesenden vor, in der Odenwaldschule auf einer Konferenz alle Mitarbeiter und Vorstandsmitglieder über den Sachverhalt zu informieren. Am Ende des Gesprächs war klar, dass Dr. Kern und Kathrin gemeinsam nach Ober-Hambach reisen würden, um Aufklärung vor Ort zu leisten. Später hieß es vonseiten der OSOs, es hätte eine «Schweigevereinbarung» gegeben. Die Vereinbarung bezog sich allerdings darauf, dass wir erst einmal die Presse aus diesem Prozess außen vor lassen wollten. Sehr wohl wäre es allerdings notwendig gewesen, dass die OSOs die Inhalte unserer Gespräche in ihrer Organisation zum Thema gemacht hätten. Das war nicht der Fall gewesen. Kathrin bestand darauf, dass keine Schüler an der Konferenz teilnahmen. Ja, das musste man in der Ober-Hambach dazusagen. Kathrin berichtete mir von einer gemischten Stimmung bei dieser Veranstal-

210

tung. Von den Lehrern, die uns noch gut kannten, hatte sie mehr Empathie und Gesprächsbedarf erwartet. Es dauerte bei ihr eine Weile, bis sich die Erfahrung dieser Konferenz bei ihr setzte. Ich fand es gut, dass die beiden diese Veranstaltung machten, weil es die Mitarbeiter in die Verantwortung nahm, nun endlich im Sinne der Aufklärung und der Betroffenen zu handeln. Dachte ich.

Nach meiner Rückkehr aus dem Winterurlaub im Januar 2010 hatte ich genug vom Dialog. Von den OSOs überhaupt hatte ich die Schnauze voll. Ich wollte zweierlei: den Verantwortlichen der Odenwaldschule schriftlich meine bzw. unsere Position mitteilen, mit der Aufforderung zur Stellungnahme, und die öffentliche Auseinandersetzung vorbereiten. Mit Jörg Schindler hatte ich ja schon telefoniert, also setzte ich mich an den Rechner und fing an zu schreiben, als mir Kathrins frisch zugestellte E-Mail ins Auge fiel.

Betreff: Gesprächsbedarf
Von: Kathrin Heres
An: Juergen.Dehmers@gmx.de
Datum: 14.01.10   11:02:30

Lieber Jürgen,
nach einer ausgiebigen Weihnachtspause nehme ich nun das «OSO-Business» wieder auf.

Dabei stelle ich fest, dass ich immer noch ziemlich sauer auf Dich bin, darüber, dass du Schindler eingeschaltet hast, ohne vorher mit mir Rücksprache zu halten.

Für mich sieht das so aus:
Zu dem Zeitpunkt, an dem ich mich am stärksten für eine gemeinsame Sache exponiert habe, erhöhst Du eben mal im Alleingang den Druck von außen. Wenn das Konsequenzen hat, werden diese mich unweigerlich treffen, und zwar, wie bereits geschehen, mindestens in Form von wüsten Beschimpfungen von Altmitarbeitern.

Ich habe in der Konferenz gesagt, dass ich mich nicht als Anwältin der Betroffenen betrachte, trotzdem ist das naturgemäß gerade die Rolle, in der ich wahrgenommen werde. Im Moment fühle ich mich eher von Dir ans Messer geliefert.

Über diese Dinge möchte ich gerne bald mit Dir reden.

Viele Grüße Kathrin

Eine unserer Hauptdifferenzen zu dieser Zeit war: Presse ja oder nein, und falls ja: wann? Für mich war das entschieden. Kathrins Position konnte ich verstehen. Bis zu der Konferenz an der Odenwaldschule im vergangenen Dezember konnte sie unsere Erfahrung von 1999 nur gedanklich nachvollziehen. Im Nachklang der Konferenz erfuhr sie die geballten Widerstände am eigenen Leib. Mitarbeiter, die während der Sitzung unauffällig blieben, verbreiteten daraufhin ihre niederträchtigen Auslassungen gegen Kathrin.

Ich rief sie an. Wir klärten das. Wir waren weiterhin ein Team. Ich war erleichtert.

Einer der Gründe, die Presse außen vor zu lassen, war, dass in der Vergangenheit der deutschen Medienschaffenden mit Opfern nicht besonders zimperlich umgegangen wurde und die Medien sich häufig darauf beschränkten, die Sensationslust ihrer Leser oder Zuschauer zu befriedigen und keine angemessene und konstruktive Berichterstattung leisteten. Bei uns kam noch die Erfahrung von 1999 obendrauf. Trotzdem war ich einer derjenigen von uns gewesen, die zunehmend auf Öffentlichkeit drängten, wenngleich ich die Bedenken der anderen nicht irrelevant fand. Sehr genau beobachteten wir die Berichterstattung und die darauffolgende Auseinandersetzung um die Missbrauchsfälle in den katholischen Einrichtungen und gewannen den Eindruck, dass für diesen Kontext ein neues Zeitalter begonnen hatte.

Kathrin entschied sich für den Weg, dem Vorstand der Odenwaldschule zu schreiben und die Vereinbarung bezüglich der Presse von ihrer Seite aus zu kündigen. Es gab keine Reaktion auf Kathrins Brief.

Nach wie vor war ich ziemlich krank, eine Lungenentzündung machte mir schwer zu schaffen, und sobald das Fieber über 40 °C kletterte, konnte ich auch nicht mehr richtig denken. Thorsten war auch krank, lediglich etwas niedriger temperiert. Als das Fieber etwas sank, machte ich mich an die Arbeit. Mein Text nahm Form an, und Anfang Februar war ich so weit. Anlage hinzufügen, und ab ging meine Mail an die anderen drei:

Betreff: Forderungsschreiben OSO
Von: Juergen.Dehmers@gmx.de
An: Kathrin Heres, Phil Scharlenz, Thorsten Wiest
Datum: 02. 02. 10   13:01:23

Moin Jungs,
moin Kathrin,

ich habe mit Euch allen einzeln geredet, Thorsten und ich haben ein bisschen zusammen gehustet, ich bin wieder auf 39° abgekühlt und so könnte der Plan aussehen:

Ihr lest alle meinen Forderungsentwurf, verändert ihn, macht Vorschläge, diskutiert mit mir, ruft Euch an (also gegenseitig, nicht Euch selbst), macht, was Ihr wollt, aber macht es bis Sonntag!!!

Am Montag schicken die 4 Betroffenen die ausgedruckten Forderungen per Brief an die OSO.

Dann machen wir das, was ich persönlich überhaupt nicht gut kann: Wir warten ab! (Angeln erschöpft mich total). Nicht bis wir schwarz werden, aber bis zum 7. 3. Das ist die im Schreiben gesetzte Deadline (ich finde Deadline in diesem Zusammenhang das richtige Wort).

Bis zum 7. 3. führen wir keine Einzelgespräche mit den OSOs, beantworten keine E-Mails etc., außer vielleicht Kathrin, da habe ich noch keine Meinung, was da sinnvoll sein kann (das sind Vorschläge, keine Dienstanweisungen, also geschmeidig bleiben).
Am 7. 3. sehen wir, was wir haben: Gefällt uns die Antwort der OSO, fragen wir nach der Tagesordnung und den Zielformulierungen für die Einladung am 17. 3.

Gefällt uns die Antwort nicht, lehnen wir die Einladung zum 17. 3. ab und denken uns was gaaaaaaaaaanz Fieses aus.

Bye
Jürgen

Am 9. Februar erreichte mich eine Mail von Jörg Schindler, adressiert an Kathrin und mich – die beiden hatten zwischenzeitlich miteinander gemailt –, wobei er seine Absicht wiederholte, anlässlich des Jubiläums einen größeren Bericht zu schreiben. Er fragte bei uns die Zusammenstellung von ein paar Informationen an und verabschiedete sich erst einmal in den Urlaub. So richtig heiß war er auf die Geschichte noch nicht.

Mit meinen Mitstreitern hatte ich eine harte Zeit. Der Stil meines Schreibens an die Odenwaldschule wurde von den anderen nicht mitgetragen. Zu kriegerisch. Die anderen entwickelten die Maßeinheit «Dehmers» für die Messbarkeit der Energie von Attacken. Ein Dehmers war ein sanfter Hinweis, sechs Dehmers hatte das Schreiben, das ich allein formuliert hatte und das die anderen nicht mittragen wollten. Acht Dehmers entspricht einem atomaren Angriff und steht am Ende der Skala. Wir bastelten. Wir fügten hinzu. Wir veränderten. Wir versuchten, Gerhard Roese für unser Schreiben zu gewinnen. Wir bauten diese Schreiben tausendmal um. Die OSO war für mich die eine Herausforderung. Die Zusammenarbeit mit Phil, Thorsten und Kathrin war die andere. Ich war fertig. Ich war krank. Ich wollte und konnte nicht mehr. Fast zwei Wochen später, als ich eigentlich geplant hatte, haben wir das Schreiben eingetütet. Puuh. Gerhard entschied sich dafür, seine eigene Agenda zu verfolgen und sich als Einzelakteur an die Odenwaldschule zu wenden. Unser Schreiben kategorisierten wir mit drei Dehmers.

Jürgen Dehmers
Thorsten Wiest
Phil Scharlenz

An den Vorstand,
die Schulleitung,
den Trägerverein,
den Vorstand des Altschülervereins
und die Konferenz der Odenwaldschule

19. Februar 2010

Sehr geehrte Damen und Herren,
im Jahr 2009 fanden drei Treffen von Vertretern der Odenwaldschule (Herr Björn Brandwein, Frau Dr. Benita Daublebsky, Frau Margarita Kaufmann, Herr Alexander Priebe) mit Altschülern (Herr Jürgen Dehmers, Herr Phil Scharlenz, Herr Thorsten Wiest, Herr Gerhard Roese) statt, welche während Ihrer Schulzeit als Kinder und Jugendliche sexuellen Übergriffen des damaligen Schulleiters Gerold Becker und/oder des Mitarbeiters Wolfgang Held ausgesetzt waren. Weitere Beteiligte an den Gesprächen waren die Altschülerin Frau Kathrin Heres, der ehemalige Lehrer der Odenwaldschule Herr Dr. Salman Ansari und die Filmemacherin Frau Luzia Schmid. Die Gespräche wurden von Herrn Dr. Hubert Kern moderiert und in den Räumlichkeiten seiner Firma in Frankfurt/Main geführt.

Die Gespräche fanden auf Einladung von Frau Kaufmann statt. Ausschlaggebend hierfür waren mehrere E-Mails von Betroffenen sexueller Übergriffe (die diese Frau Kaufmann schilderten) und Anfragen von Altschülern, wie die Odenwaldschule anlässlich der 100-Jahr-Feier mit dem längst nicht aufgearbeiteten Thema umzugehen gedenke.
Bei diesen Gesprächen wurde von den Altschülern sehr detailliert über Qualität und Quantität der sexuellen Misshandlungen berichtet, welche sie als Kinder und Jugendliche durch Gerold Becker und Wolfgang Held erfahren haben.

Ziel der Übergriffe waren keinesfalls nur Mitglieder der Becker- bzw. Heldfamilie, aber dort häuften sie sich offenbar: Betroffene aus den genannten

215

Familien berichten von bis zu 400 Übergriffen gegenüber einem Kind/ Jugendlichen, die auch den Straftatbestand der Vergewaltigung erfüllen.

Darüber hinaus wurde von etlichen weiteren Übergriffen an nicht anwesenden Altschülern auch durch weitere ehemalige Mitarbeiter berichtet. Die Altschüler hatten zugestimmt, dass im Rahmen der Gespräche in Frankfurt ihre Erlebnisse dargestellt und sie namentlich genannt werden.

Das Umfeld, in dem diese massiven Übergriffe über einen Zeitraum von ca. 15 Jahren stattfinden konnten, fand besondere Beachtung. Hier fielen die zahlreichen sexuellen Beziehungen zwischen Lehrern/Lehrerinnen und Schülern/Schülerinnen ins Auge, aber auch das Nichteingreifen der Lehrerschaft bei anderen, zerstörerischen Verhaltensweisen wie Gewalt unter Schülern, sexuelle Ausbeutung selbst eines geistig zurückgebliebenen Mädchens durch Mitschüler, Missbrauch von Alkohol und anderen Drogen. Ebenfalls angesprochen wurden beleidigende, sexualisierte und diskriminierende Äußerungen und Gesten von Lehrern gegenüber Schüler/innen.

Wir haben es als unsere Aufgabe gesehen, den Vertretern der Odenwaldschule erneut Informationen zur Verfügung zu stellen, mit welchen eine kompromisslose Aufarbeitung und Aufklärung von Seiten der Odenwaldschule vollzogen werden kann. Hierbei hat sich Frau Kaufmann von Anfang an für die Aufklärung eingesetzt, ihre Betroffenheit gegenüber den Opfern ausgedrückt und angefangen, selbst Informationen bei Altschülern und Lehrern einzuholen.

Wir sind davon ausgegangen, dass der Vorstand durch seine Vertreterinnen über die neuen Fakten zum Umfang des Missbrauchs und die Argumente zur kritischen Beurteilung der Vorgehensweise der Schule 1998/1999 auf dem Laufenden gehalten wurde. Auf dem dritten Treffen, Anfang September, wurde vereinbart, dass über die von den Altschülern berichteten Übergriffe auch die heutigen Mitarbeiter der Odenwaldschule und der gesamte Vorstand *detailliert* informiert werden sollten.

Frau Heres erklärte sich bereit, dies im Rahmen einer Konferenz an der Odenwaldschule zu übernehmen. Die Konferenz fand am 9. 12. 2009 auf Einladung von Frau Kaufmann, unter Beteiligung von Herrn Dr. Kern, in Ober-Hambach statt.

Im Rahmen dieser Konferenz drückte Frau Dr. Daublebsky ihr persönliches Bedauern darüber aus, wie mit den Betroffenen 1998/1999 umgegangen wurde.

Auf eine öffentliche, aktualisierte Stellungnahme des Vorstandes wartet man allerdings vergebens.

Auch scheint die Schule nicht über das notwendige Fingerspitzengefühl zu verfügen.

So ist auf der aktuellen Homepage der Schule (Stand: 13.02.2010) unter der Rubrik «Über die OSO» Folgendes von Hartmut von Hentig zu lesen: «Endlich die Schule, die Rousseau gefordert hat. [...] Sie guckt auf die Kinder, sieht, was die brauchen, und sieht auch die Folgen dessen, was sie selbst tut.»

Hartmut von Hentig ist nicht nur der langjährige Lebensgefährte von Gerold Becker, er war auch durch seine häufigen Besuche in der OSO mit den Umgangsformen in Beckers «Familie» vertraut. Die berufliche Rehabilitation Beckers in den vergangenen zehn Jahren hat von Hentig für die Öffentlichkeit deutlich sichtbar unterstützt, indem er ihn bei einer Publikation im Beltz Verlag im Untertitel als einen seiner Berater bezeichnet.

Zur offiziellen Verabschiedung Whitney Sterlings ist im Heft 80 der OSO-Nachrichten zu lesen:
«Sein Amtsantritt fiel in eine Zeit, in der die Odenwaldschule einige Irritationen auszuhalten hatte, interne wie externe: Aufstand vereinzelter einflussreicher Eltern gegen Kolleginnen, peinvolle Recherchen einer großen deutschen Tageszeitung und eines renommierten Nachrichtenmagazins **wegen lange zurückliegender angeblicher Übergriffe** auf Schüler, verbunden mit aktionistischen Ankündigungen und Drohungen aus dem Kultusministerium. Salopp gesagt: ein suboptimaler Start.»

Das ist – «salopp gesagt»: Ein Schlag ins Gesicht für alle Betroffenen.

Im Anschluss an die o.g. Konferenz im Dezember 2009 wird Frau Heres von einem Mitarbeiter der Odenwaldschule angesprochen, ob er für ein Theaterstück über die sexuellen Übergriffe Originalzitate der Betroffenen verwenden könne.

Ein Theaterstück am Ort der Verbrechen mit Originalzitaten der Betroffenen?

Bei der Konferenz am 09. 12. 2009 war der Vorstand nicht vollständig vertreten, und die Vorsitzende verließ die Konferenz vorzeitig, um ihre Heimreise antreten zu können.
Zwar halten auch wir Präsentkörbe mit Odenwälder Spezialitäten für übertrieben, aber einen Dank seitens des Vorstandes an Frau Heres nicht.

Sämtliche Betroffene und Frau Heres haben ihre ebenfalls knappe Zeit aufgebracht, manche lange Anfahrten in Kauf genommen, um den Dialog mit der Schule zu führen.
Der Vorstand hat bis heute eine dezidierte Stellungnahme und geeignete Maßnahmen, welche einen Beitrag zur Genesung der Betroffenen darstellen könnten, vermissen lassen.

Wir haben stattdessen gehört, dass der von Dr. Kern für die Festschrift verfasste Artikel nicht aufgenommen wurde. Wir halten den Artikel der Aufnahme in die Festschrift für angemessen. Wir haben gehört, dass in der Festschrift die Jahreszahlen, in welchen die Straftaten begangen wurden, nicht präzise genannt werden sollen. Das ist in unseren Augen aktiver Täterschutz. Wir haben gehört, dass ein Mitglied des Vorstandes keine Befangenheit bei sich erkennen könne. Wie darf das verstanden werden?
Wir haben mit der Odenwaldschule erneut einen über einjährigen Dialog geführt, ohne dass diese ausreichende Maßnahmen zur Aufklärung und Aufarbeitung ergriffen hat.
Unsere Geduld ist erschöpft.

Wir fordern von der Odenwaldschule als Institution folgende Schritte:

Eine öffentliche Stellungnahme der Odenwaldschule, in welcher ausdrücklich die Verantwortung der Institution für die sexuellen Übergriffe ihrer Mitarbeiter übernommen wird und sich der Vorstand der Odenwaldschule bei allen Betroffenen entschuldigt. Diese Stellungnahme beinhaltet die Bezugnahme auf die Jahre 1998–2000, in denen die Vertreter der Odenwaldschule keine angemessenen Maßnahmen ergriffen haben, um die Fälle von sexuellen Misshandlungen aufzuklären und die Betroffenen zu unterstützen. Des Weiteren beinhaltet die Stellungnahme die Anzahl der Betroffenen, die Benennung der Täter und die Analyse des Systems, welches die Misshandlungen ermöglicht hat.

Ein Schreiben an alle ehemaligen Odenwaldschüler und Odenwaldschülerinnen der Jahre 1970–1985. Das Anschreiben beinhaltet Informationen über den gegenwärtigen Stand der Auseinandersetzung sowie Kontaktdaten einer noch zu benennenden externen Einrichtung/Person, bei der sich Betroffene auch anonym melden können.

Eine Publikation, welche die Ereignisse während der Amtszeit Beckers und Helds darstellt, den Umgang mit den Betroffenen 1998/1999 durch Schulleitung, Vorstand und Mitarbeiter der Odenwaldschule kritisch reflektiert und die Resultate der Gespräche mit den Betroffenen im Jahr 2009 präsentiert. Die Publikation erscheint in diesem Jahr mit der Odenwaldschule als Herausgeber.

Die Abberufung von Sabine Richter-Ellermann als Vorstandsvorsitzende durch den Trägerverein, als Konsequenz ihrer jahrelangen und bis heute andauernden Untätigkeit in Bezug auf das Thema des sexuellen Missbrauchs an der Odenwaldschule.

Wir bitten um eine differenzierte Stellungnahme bis zum 07.03.2010.

Zwischenzeitlich wurde die Umgestaltung der Festschrift fürs Jubiläum vorbereitet, und Frau Kaufmann beauftragte Dr. Kern mit dem Schreiben eines Beitrags. Damit war Dr. Kern also Auftragnehmer der Odenwaldschule. Nun gut. Kam er jetzt noch für uns als Moderator in Frage? Die Antwort sollte sich erübrigen. Ein weiteres Treffen würde nicht stattfinden. Zurück zum Beitrag. Dr. Kern sprach über Generationengrenzen, die Notwendigkeit von deren Einhaltung und die Konsequenzen für die Betroffenen, falls das nicht geschehe. Aggression,

Delinquenz, auffälliges Sexualverhalten, Promiskuität, ungesetzliche Handlungen, Weglaufen, Unreife, Selbstzerstörung, Substanzmissbrauch und Selbstverletzung sind die Stichworte, die durch seinen Artikel führen. Mit Blick auf die Odenwaldschule kommt er zu dem Schluss: «Zusammenfassend ist daher festzustellen, es handelte sich nicht um fortgesetzte Verfehlungen eines Einzelnen, sondern um sich wiederholende Brüche der Generationsgrenze, die auch anderen Personen bekannt sind. Mit anderen Worten, das damals gültige Kulturprogramm* tolerierte dies.»

Das war zu viel. Das war viel zu viel. Unter Kultur verstand man in Ober-Hambach Hesse, Mann und Mozart. Ob jemand sich die Mühe machte, bei Herrn Schmidt nachzuschauen? Ich glaube kaum. In Ober-Hambach kann man alles und weiß man alles. Außer Pädagogik, aber das hatten wir ja schon.

Damit war Dr. Kern jedenfalls weg vom Fenster. Der Beitrag wurde nicht in die Festschrift aufgenommen. Als Berater für die Umstrukturierung der Schule wurde Dr. Kern zunächst angefragt, aber schlussendlich nicht beauftragt. Frau Kaufmann berichtete mir später, Dr. Kern habe der Odenwaldschule «verboten», sein Paper zu verwenden. Die Odenwaldschule ist nicht gerade eine Referenz. Von dort stammt leider das einzige Abiturzeugnis, das ich habe.

DIE WELLE KOMMT

Montag, 1. März 2010
Thorsten und Kathrin erscheinen mit Ordnern beladen in Jörg Schindlers Büro. Das war ihre Interpretation von Schindlers Bitte, ein paar Informationen zusammenzustellen. Jörg Schindler machte große Augen, als Kathrin das ganze Sortiment an Unterlagen auf Schindlers Schreibtisch kippte. Jetzt war Jörg Schindler dran. Kathrin und Thorsten hatten den Staffelstab weitergegeben.

* Unter Kulturprogramm versteht man beobachtbare, d. h. empirisch nachweisbare Verhaltens- oder Kommunikationsformen. Schmidt, S. J.: Unternehmenskultur, Velbrück Wissenschaft, Weilerswist 2004

Dienstag, 2. März 2010

Meine Suche nach einem Rechtsanwalt, der mich in der Rückforderung des Schulgelds unterstützt, endete im Büro von Dr. Thorsten Kahl. Er wurde mir von verschiedenen Leuten als der geeignete Mann für diese Angelegenheit empfohlen. Dr. Kahl vertritt keine Täter, vertrat keine Täter und wird keine Täter vertreten. Er sagt, das ginge nicht für ihn. Er versteht sich selbst als «Opferanwalt».

Ich erklärte ihm die Sachlage und formulierte mein Anliegen, von der Odenwaldschule drei Schuljahresbeiträge zurückerstattet zu bekommen. Ich war drei Jahre lang bei Becker in der Familie gewesen. Dieses Programm hatten meine Eltern nicht für mich gebucht. Drei Schuljahresbeiträge nach der gegenwärtigen Gebührenordnung machten summa summarum 79 200 Euro. Dr. Kahl erläuterte die Forderung auf knapp zwei Seiten und bat die Schule um Antwort. Ich hatte eine Reklamation, und die wollte ich bearbeitet haben.

Dr. Kahl fragte nach Verstreichen der von ihm gesetzten Frist für eine Antwort bei der Odenwaldschule telefonisch nach, sprach mit dem Geschäftsführer Salijevic und der Schulleiterin Kaufmann. Als Antwort bekam er nur Worthülsen und Vertröstungen angeboten.

Am 26. Mai 2010 schreibt Dr. Kahl an Frau Burgsmüller, die Datensammelstelle der Odenwaldschule für die Missbrauchsfakten: «Mit Erstaunen nehme ich zur Kenntnis, dass ich auf die von mir angemeldeten Schadenersatzansprüche keine Antwort erhalten habe.»

Frau Burgsmüller war Dr. Kahl von der Odenwaldschule als Ansprechpartnerin für diese Frage genannt worden. Warum sich Frau Burgsmüller von der Odenwaldschule dafür einspannen ließ?

Am 29. Juni 2010 schreibt Dr. Kahl an die Schulleitung der Odenwaldschule: «Ich möchte Sie nunmehr bitten, dass Sie befriedigend und abschließend Stellung nehmen, ob sich die Schule den Ansprüchen stellt oder nicht.»

Am 18. November 2010 schreibt Dr. Kahl an die «Erben des Herrn Becker und noch lebende Täter». Er fordert sie auf, sich finanziell an dem durch Becker und andere entstandenen Schaden zu beteiligen. «Hätten wir ein angemessenes Rechtssystem bei Sexualstraftaten, so wären die Taten des Herrn Becker nie verjährt. Seine ehemaligen Missbrauchsopfer hätten ihn nunmehr strafrechtlich zur Verantwortung ziehen können. Sie hätten auch Schmerzensgeld und Schadenersatzforderungen an ihn stellen können. Dies ist durch das deutsche Rechtssystem bedauerlicherweise nicht möglich. Ich meine aber, dass die moralische Verpflichtung besteht, das durch Herrn Becker erlangte Geld anteilig den Opfern zur Verfügung zu stellen, damit die ungeheuren Schäden teilweise wiedergutgemacht werden.»

Dr. Kahl hörte selten von der Odenwaldschule. Am 7. Juli 2010 sollte Dr. Kahl ein Schreiben von Michael Frenzel, Rechtsanwalt und seit dem 29. April Vorstandsvorsitzender der Odenwaldschule, erhalten, in dem Frenzel erklärt, dass «die Schule naturgemäß durch die massiven Schlagzeilen, die sie seit März diesen Jahres gemacht hat, in eine schwierige betriebswirtschaftliche Situation gekommen» sei. Er stellt in Frage, ob die Schule überhaupt Entschädigung leisten könne, und spricht von einem «Fonds», der nicht näher erklärt wird. Von diesem «Fonds» sollte ein Jahr später immer noch die Rede sein, ohne dass er existiert.

«Ich bitte jedoch auch um Verständnis, dass trotz der sicherlich berechtigten Belange Ihrer Mandanten der Vorstand es nicht zulassen kann, dass 140 Arbeitsplätze massiv gefährdet werden und über 200 Schüler möglicherweise ihre Schule verlieren, weil kurzfristig Entschädigungsansprüche erfüllt werden sollen.» Das war die Kernaussage des Briefes von Rechtsanwalt Frenzel. Dass Frenzel später entschiedene Positionen für die Betroffenen finden würde, steht auf einem anderen Blatt. Auch er ist einer der Ex-Schüler, die sich in einem Prozess befanden und deren Positionen beweglich waren. Der Austritt aus den Gremien der Schule hat ihm dabei wahrscheinlich geholfen.

Die Schule ist nicht durch die «massiven Schlagzeilen» beschädigt worden, sondern durch ihre kriminellen Mitarbeiter und Leiter. Mich hat von der Odenwaldschule noch nie jemand nach meiner «betriebswirtschaftlichen Situation» gefragt. Wieder und wieder stellte die Schule ihr Wohl vor das Wohl der Opfer.

Donnerstag, 4. März 2010

10.47 Uhr
Von: Jörg Schindler
Jürgen, ich müsste dich kurz mal sprechen. LG Jörg

Jörg Schindler strickte mit heißer Nadel an einem Artikel über die Odenwaldschule. Seinen ursprünglichen Plan, zum Zeitpunkt des Jubiläums zu schreiben, hatte er verworfen. Die Missbrauchsfälle am Berliner Canisius-Kolleg ließen eine gegenüber 1999 veränderte Aktivität der Medien in Bezug auf dieses Thema erkennen. Plötzlich beschleunigte Jörg Schindler in der Kurve. Am Montag hatte er mich angerufen und gesagt, dass der Artikel wahrscheinlich Ende nächster Woche erscheinen würde, am Dienstag rief er mich an, um zu sagen, dass der Veröffentlichungstermin wohl bereits Anfang nächster Woche sein würde, und am Mittwoch teilte er dann mit, die Zentrale in Frankfurt – Jörg Schindler lebte und arbeitete ja in Berlin – dränge auf eine Veröffentlichung am Samstag. «Order aus Frankfurt?», sagte ich. «Ich hab doch gar nix gesagt.» Er lachte. In Frankfurt hatte die Chefredaktion ihren Sitz, damals noch im Colosseo am Sachsenhäuser Mainufer.

Am Montag, dem 1. März 2010, schrieb Frau Kaufmann, die inzwischen selbst mit der *Frankfurter Rundschau* in Kontakt war, alle Eltern der gegenwärtigen OSO-Schüler an und teilte ihnen mit, dass mit einem medialen Interesse an der Odenwaldschule und ihrer Geschichte zu rechnen sei. Frau Kaufmann brauchte selbst einen Befreiungsschlag, da sie vom Vorstand der Odenwaldschule und einem Gros der Mitarbeiter ziemlich in die Zange genommen worden war. Es war nun klar, dass, sobald die ersten Eltern, die diesen Brief erhielten, diese damit zur Presse gingen und dadurch das Thema Odenwaldschule öffentlich würde. Auch ihr war wohl klar, dass es seit Bekanntwerden der Canisius-Fälle denkbar war, dass es ein breiteres Interesse geben würde. Jörg Schindler wollte der Erste sein, der berichtete. Er war der Erste.

Die Tage waren anstrengend geworden, und wir entwickelten alle möglichen Wege, unsere Anspannung zu kanalisieren. Es war eine schlafarme, von Krankheit geplagte, aber auch sehr kreative Zeit, in der wir uns Tag für Tag an unserer selbstgewählten Aufgabe entlanghangelten. Es gab für das, was wir taten, kein Modell, keine Vorbilder. Oft saß ich abends an meinem Schreibtisch und fragte mich selbst: «Wie mach ich's?»

Freitag, 5. März 2010
Kathrin, Thorsten und ich diskutierten über die Sinnhaftigkeit eines Blogs zum Thema Odenwaldschule. Ein Blog ist eine Internetplattform, auf der jeder von seinem eigenen Rechner aus Einträge schreiben kann, so eine Art virtueller Dorfplatz, ohne Mitglieder, ohne Anmeldung, ohne Registrierung. Einfach Internetadresse aufrufen, und los geht's. Es gab einiges zu tun, wir wollten unser Netzwerk erweitern – wer redet mit wem über was? Wir wollten die Odenwaldschule nochmals anschreiben. Wir wollten uns zur gleichen Zeit um den Blog kümmern. Katrin wusste von Johnny Haeusler, dem Mediendesigner und Ex-Frontmann der Band Plan B. Vor einigen Jahren schuf er den Internet-Blog «Spreeblick». «Spreeblick» ist heute einer der bekanntesten Web-Blogs in Deutschland und wurde im Juni 2006 mit dem «Grimme Online Award Spezial» für «kreative Leistung, Gestaltung und Textqualität» ausgezeichnet. Johnny Haeusler ansprechen oder selbst einen basteln? Das waren die Fragen. Thorsten und ich verhandelten über Blog und Brief, wer macht was. Schnick-Schnack-Schnuck am Telefon. Er sollte den Brief schreiben und ich mich um den Blog kümmern. Ich rief Johnny Haeusler an, um mit ihm darüber zu sprechen, ob er uns einen Blog für die Odenwaldschule einrichten würde. Er lehnte ab. Er sagte es sehr nett. Er sagte es sehr entschieden. Er hatte das Thema Odenwaldschule parallel zum Canisius-Kolleg einmal als Unterkategorie seines Threads «Missbrauch nicht nur an katholischen Einrichtungen» dringehabt und etwa einhundert Einträge verzeichnen können. Dann begann sich der Blog totzulaufen. Ich vermutete, nicht weil es kein Interesse daran gab, sondern weil die Leute, die es interessieren würde, den Blog nicht kannten. Ich vermutete damals, dass die Lösung zu einer breiteren Diskussion darin bestand, die Zielgruppe eines Blogs zur Odenwaldschule erst einmal zu erreichen, zu informieren, dass es einen Blog zum Thema gab. Ich sollte recht behalten, wie

224

sich bald herausstellen würde. Johnny Haeusler versprach mir, dass er mir einen Link schicken würde, mit Adressen, bei denen ich mir selbst einen Blog einrichten könnte. «Das ist total einfach», sagte er am Telefon. Ich war mir nicht sicher, ob Johnny und ich unter «einfach» das Gleiche verstanden. Was sollte ich tun? Wenige Minuten später erhielt ich eine Mail von Haeusler.

Betreff: Re:
Von: Johnny Haeusler
An: Juergen Dehmers
Datum: 05. 03. 10   10:20:56

Hi Jürgen,

kann man in wenigen Minuten u. a. bei http://de.wordpress.com/ oder bei http://blogger.com machen!

Beste Grüße und viel Erfolg,
Johnny

Viel Erfolg, das würden wir haben. Aber das wussten wir noch nicht. Also bin ich zu den Links auf die Seiten gegangen, schaute mir das alles an und entschied mich für Wordpress. Die Bauanleitung war für Doofe. Das sollte doch gehen. Mir war klar: Wenn ich wollte, dass Jörg Schindler den Link in der *Frankfurter Rundschau* neben den Artikel platzierte, musste ich bis zum Redaktionsschluss um 16.30 Uhr einen funktionsfähigen Blog zusammenbasteln. Ich machte mir einen Milchkaffee. Einen großen.

Eins, zwei, drei, fertig ist das OSO-Einerlei, vier, fünf, sechs, und ab ins Netz!

Um 12.24 Uhr lief der Blog. Vier Wochen zuvor hatte ich nicht einmal gewusst, was ein Blog eigentlich ist, jetzt betrieb ich selbst einen. Schnell schrieb ich eine Mitteilung an Jörg Schindler und nannte ihm die Adresse. Gab man http://misalla.wordpress.com in die Adresszeile des Internetbrowsers ein, konnte man Folgendes lesen:

Die Odenwaldschule – Kann ein Skandal immer skandalöser werden? Das
Flaggschiff der deutschen Landerziehungsheime zeigt, wie's geht!
By Misalla

Massiver sexueller Missbrauch in der Odenwaldschule. Fragt man Zeitzeu-
gen, heißt es: «Das haben doch alle gewusst.» Frühere Mitarbeiter räumen
heute ein, dass den Gerüchten (bei der Polizei heißt das Hinweise) um den
Missbrauch nie nachgegangen wurde.

1998 – Zwei Altschüler setzen die Schule von ihrem selbst erlebten Missbrauch in der OSO in Kenntnis und nennen den ehemaligen Schulleiter
Gerold Becker als Täter. Becker tritt von allen Ämtern zurück und sagt zu
den Vorwürfen, dass er nichts sagt. Die beiden Altschüler fordern von der
Schule Aufklärung, sonst gehen sie zur Presse. Die Schule macht nun das,
was sie am besten kann, sie zeigt Betroffenheit, macht ein paar pädagogische Kunststückchen und erklärt das Ganze zu zwei bedauerlichen Ein-
zelfällen und einem Einzeltäter. Ein kurzes Gespräch mit einem Systemana-
lytiker hätte Klarheit schaffen können. Es gibt keine einzelnen Opfer und
keine einzelnen Täter in einem solchen System. In der Schule sah man keine
Veranlassung, irgendetwas zum Thema Aufklärung zu unternehmen.

1999 – Der Artikel: «Der Lack ist ab» erscheint am 17. 11. 1999 in der Frankfurter Rundschau.

Auch nach Erscheinen dieses Artikels findet keine Aufklärung statt, werden
keine Nachforschungen angestellt. Im Gegenteil: Sowohl der Journalist des
Artikels als auch die Betroffenen werden scharf angegriffen.

2008 – Auf die Anfrage bei der Schulleitung der OSO durch einen Altschüler, wie man denn beim 100jährigen Jubiläum mit Missbräuchen umzugehen gedenke, wird geantwortet: «Die Vergangenheit wird eher kursiv behandelt werden.» Die Altschüler lassen nicht locker und bohren nach.

2009 – Es kommt zu moderierten Gesprächen zwischen betroffenen Altschülern und Vertretern der Odenwaldschule. Die Altschüler waren nicht
mehr so naiv wie 1999 und bestanden auf einem Moderator ihrer Wahl für
diese Gespräche. Weitere Täter und weitere Betroffene wurden genannt. Es
gab drei Treffen, es wurde viel gesprochen, getan wurde wenig. Ende des
Jahres fand auf der OSO eine Informationsveranstaltung zum Thema statt,
bei der die Konferenz und der leider nicht vollständig vertretene Vorstand
detailliert über die Geschehnisse informiert wurden.

2010 – Die Geduld der betroffenen Altschüler war zu Ende. Sie stellten der Schule ein Ultimatum: Entweder die Schule sagt eine rückhaltlose Aufklärung zu, oder die Altschüler suchen den öffentlichen Diskurs. Doch da wurde dieser Dialog von rechts überholt, das Schreiben der drei Altschüler machte bereits die Runde, der öffentliche Diskurs war plötzlich Realität. Die Frankfurter Rundschau berichtet am 6. 3. 2010. Die Odenwaldschule hat alle Gelegenheiten verpasst, von sich aus zu handeln. Jetzt ist der öffentliche Druck so groß, dass sie handeln muss. Ihre Integrität und Glaubwürdigkeit wird sie damit nicht mehr retten können. Die Zeit des Schweigens, Vertuschens und des aktiven Täterschutzes ist vorbei. Endlich! Es sind nun alle eingeladen, sich hier auf diesem Blog am öffentlichen Diskurs zu beteiligen. Was zu sagen ist, kann gesagt werden! Schlagwörter: Odenwaldschule sexueller Missbrauch Dieser Beitrag wurde geschrieben am März 5, 2010 um 12:24 pm

Da wir nicht wussten, wer von unseren ehemaligen Mitschülern die *Frankfurter Rundschau* las, schickten wir eine Mail über einen eigens zu diesem Zweck erstellten Verteiler. Thorsten hatte von der Homepage der Odenwaldschule die E-Mail-Adressen von Ehemaligen abgefischt und in mühevoller Kleinarbeit eine Liste angefertigt.

Betreff: Odenwaldschule
Von: Thorsten Wiest
An: Thorsten Wiest@web.de
Datum: 05. 03. 10   20:48:37
Guten Tag zusammen,
in der Frankfurter Rundschau, Ausgabe vom Samstag, den 6. März 2010, erscheint ein Artikel über die Odenwaldschule.
Auf folgendem Blog kann jeder mitdiskutieren.

http://misalla.wordpress.com

T. Wiest

Samstag, 6. März 2010

«Missbrauch an Elite-Schule» las ich am Samstagmorgen in der *Frankfurter Rundschau*. Es war der erste Zeitungsartikel seit dem Erscheinen von «Odenwaldschule in Misskredit» und «Der Lack ist ab» am 17. November 1999, der neue Informationen der Öffentlichkeit verfügbar machte. Mehr als ein Jahrzehnt war vergangen, in dem es keine Berichterstattung zum dunkelsten Kapitel der Odenwaldschule gab, mehr als ein Jahrzehnt, in dem ich in meinem Zorn und meiner Verzweiflung auf mich allein zurückgeworfen war und sich die Erfahrung von 1999 fest in mein Bewusstsein gegraben hatte, dass sich einfach niemand so richtig für diese Geschichte interessierte, die ich immer noch für einen Skandal hielt.

«Ein Skandal um den Missbrauch an Schülern bahnt sich nun auch an einer Reformschule im Odenwald an», so die Unterzeile der Überschrift auf der Titelseite der *Frankfurter Rundschau* in Andeutung an die Missbrauchsskandale an den katholischen Einrichtungen. «Bahnt sich an?», dachte ich mürrisch. Na ja, vor zwölf Jahren hatten wir die Schule in Kenntnis gesetzt, Anbahnen ist gut.

Ich fand den Artikel sehr gelungen und war total froh, dass Jörg ihn jetzt geschrieben hatte. Er hatte zwar erklärt, dass er anlässlich des Jubiläums nochmals eine größere Berichterstattung plante – das wäre dann der zweite Artikel geworden –, aber ich wusste ja aus der Vergangenheit, wie schnell das mediale Interesse verpuffen konnte.

Jörg Schindler dachte bis zu diesem Zeitpunkt, die Berichterstattung durch die *Frankfurter Rundschau* könnte lediglich angesichts des Jubiläums der Odenwaldschule einen Neuaufguss der 99er-Geschichte leisten und somit vielleicht einen Impuls setzen, der zu einer Auseinandersetzung führte. Dass wir jetzt von mehreren Tätern und Dutzenden von Opfern sprachen, veränderte auch für ihn die Perspektive auf die Thematik.

Der Artikel auf den Seiten zwei und drei – Jörg hatte ihn «Im Wald» genannt – beinhaltete die wesentlichen Ereignisse. «Manche Schüler wurden als ‹sexuelle Dienstleister› für ganze Wochenenden eingeteilt», «Die Geduld der Opfer ist nach jahrelangen Vertuschungen erschöpft» und «Der Schule ging es immer nur um ihren schönen Ruf, glaubt Lehrer Ansari» – das waren aus meiner Sicht passende Absatzüberschriften.

«Es kann nur noch um eine vollständige Aufklärung und um eine vollständige Publikation gehen», las ich meine eigenen Worte in der Zeitung.

Auf der rechten Hälfte der Seite drei hatte der Layouter eine Spalte mit einer Kurzchronik und eine Darstellung von ausgewählten Personen platziert, die mit der Odenwaldschule verbunden waren, so auch von Becker.

In einem Kästchen stand zu lesen:

Mit einem Internetblog (http://www.misalla.wordpress.com/) wollen die von Gerold Becker und weiteren ehemaligen Lehrern missbrauchten Schüler mit weiteren Betroffenen ins Gespräch kommen.

Ja, dachte ich, es hat geklappt. Ich holte tief Luft, die Plattform für eine größere Möglichkeit des Austauschs stand. Mit der Kombination aus der Veröffentlichung der Adresse des Blogs in der *Frankfurter Rundschau* und der Bekanntmachung über unseren Verteiler sah ich gute Chancen, dass es in dem Blog etwas lebhafter zugehen würde als zuletzt im «Spreeblick». Johnny Haeusler hatte den Blog «Sexueller Missbrauch von Schülern: Nicht nur Jesuiten-Schulen sind betroffen» am 2. Februar 2010 geschaltet und ihn bis zum 13. März 2010 im Netz gelassen. In dieser Zeit wurden 98 Einträge geschrieben. Mit den Medien rechnete ich zu jenem Zeitpunkt ja noch nicht.

Ich suchte mein Handy. In dieser Phase war mein Zimmer mit Papier übersät, alles voller Aufzeichnungen, ausgedruckten E-Mails und Zettel, auf denen ich mir Notizen gemacht hatte. Unter einem fand ich mein Telefon. Ich schrieb eine SMS.

An: Jörg Schindler
Gut gebrüllt, Löwe. Bye Jürgen

Diesen einen Satz schickte ich Jörg Schindler. Mehr gab es in diesem Moment nicht zu schreiben oder zu sagen. Ich empfand das Erscheinen dieses Artikels als einen Etappensieg gegen das organisierte Schweigen der Täter und ihres Netzwerks. Ich bin kein Fan von Zitaten, schon gar nicht, wenn sie zeigen sollen, wie akademisch gebildet

229

oder belesen der Zitierende ist, aber eines hatte ich mir gemerkt, weil es für mich persönlich eine große Bedeutung hat.

«Öffentlichkeit ist das einzige Mittel gegen ungewollte Intimität», schrieb Jan Philipp Reemtsma in seinem Buch «Im Keller», in dem er die Erfahrung seiner Entführung und Geiselnahme beschreibt und die Frage beantwortet, warum er diese schrecklichen Erlebnisse der Öffentlichkeit präsentiert.

Und wieder vergrößerte sich an diesem Morgen meine Distanz zu Becker. Das fühlte sich gut an. Der Effekt einer solchen Publikation lässt sich durch nichts ersetzen. Nicht durch Gespräche, Briefe, Therapie oder rituelle Zeremonien. Vielleicht ist die mediale Exekution von Tätern ja das Befreiungsritual der Gegenwart. Wer weiß? Ich hörte die Fanfare, mein Signalton für eingehende SMS.

9.56 Uhr
Von: Jörg Schindler
Wenn hier welche gut gebrüllt haben, dann ihr. LG Jörg

Welchen Stein ich mit dem Blog ins Rollen gebracht hatte, davon hatte ich in diesem Moment noch nicht einmal den Hauch einer Ahnung.

«Hier ist das Erste Deutsche Fernsehen mit der Tagesschau.» Es war 20 Uhr, ich saß vor dem Fernseher, körperlich. Innerlich stand ich so wie beim Elfmeterschießen, wenn es um alles geht. «Guten Abend, meine Damen und Herren», hörte ich Jens Riewa sagen. Eigentlich wie immer. Tagesschau halt. Nichts war wie immer. Am Mittag hatte ich einen Anruf bekommen mit dem Hinweis, «dass die OSO heute Abend in den Nachrichten ist». «In welchen?», fragte ich zurück. «In allen», kam prompt die Antwort.

Bundeskanzlerin Merkel wollte die Regelungen für das Parteiensponsoring überprüfen lassen, eine Autobahn wurde von Sachsens Landeschef Tillich eröffnet, die CDU in Nordrhein-Westfalen wollte künftig Namen und Beträge von Sponsoren offen nennen, die CSU arbeitete an einem Sponsoren-Transparenz-Gesetz, die Computermesse CeBIT war ein Erfolg, Finanzminister Schäuble hatte als Reaktion auf die

Schuldenkrise in Griechenland einen Europäischen Währungsfonds vorgeschlagen, die EU unternahm einen neuen Anlauf für Nahost-Friedensgespräche, im Irak gab es einen Tag vor den Parlamentswahlen einen Anschlag. Und dann war es so weit. Hinter Jens Riewa war das Goethe-Haus zu sehen, untertitelt mit: «Missbrauchsfälle an hessischem Internat». Im Vordergrund war das Schild der Schule zu sehen, «odenwald schule» stand darauf, nur kleine Lettern. Da war die Meldung, die ich erwartet hatte. Allerdings vor elf Jahren. Gut Ding will Weile haben. Mein Puls schlug schneller.

Ein weiterer Skandal um sexuellen Missbrauch an Kindern und Jugendlichen bahnt sich an. Im Mittelpunkt steht die Odenwaldschule in Hessen, eine bekannte Reformschule. Das Internat bestätigte einen Bericht der Frankfurter Rundschau. Darin geht es um mögliche Missbrauchsfälle in den 70er und 80er Jahren. Vorwürfe richten sich gegen den damaligen Schulleiter und andere Lehrer.

Der aufgezeichnete Bericht wurde eingespielt.

Lange galt sie als ein Hort der Reformpädagogik, die Odenwaldschule nahe dem südhessischen Heppenheim. Ein Vorzeigeprojekt der UNESCO. Doch heute enthüllt die Frankfurter Rundschau, dass hier massenhaft Jugendliche sexuell missbraucht worden sind. Ehemalige Schüler wollten nicht mehr schweigen, wandten sich an die Schule. Zwischen 50 und 100 Schüler sollen in den 70er und 80er Jahren misshandelt worden sein. Die Schule bestätigt das und will mit aufklären.

Uwe Koltzsch, der Didaktische Leiter der Odenwaldschule, erhält das Wort:

«Wir müssen das als Schule als Teil unserer Identität anerkennen. Wir dürfen das nicht leugnen, unter den Teppich kehren, und wir gehen damit so um, dass wir dazu stehen – es ist hier passiert – und dass wir uns auch an der Aufklärung beteiligen.»

Koltzsch steht im Outdoor-Anorak vor dem Goethe-Haus auf dem verschneiten Goethe-Platz. Sonst ist kein Mensch zu sehen. Mich erinnert diese Szene an einen einsamen Polarforscher in der Antarktis.

Die meisten Vorwürfe betreffen den langjährigen Leiter der Schule, einen international anerkannten Pädagogen. Ein erst kürzlich entstandenes Protokoll der Befragung von Opfern listet den Missbrauch auf. Beispiele. Schüler wurden durch Berührungen im Intimbereich geweckt, wurden zum Wochenende als sogenannte sexuelle Dienstleister eingeteilt, eine Schülerin wurde gemeinschaftlich misshandelt, ein Pädagoge war dabei. Hinzu kam Alkohol- und Drogenmissbrauch. Wie sind solche Exzesse möglich?

Während dieser Phase des Berichts war ein Kameraschwenk zu sehen, der eine Aufnahme aus der täglichen 11-Uhr-Konferenz der Odenwaldschule zeigte. Beckers Gesicht war mit einem weißen Fleck unkenntlich gemacht. Natürlich erkannte ich ihn. Ich bekam Gänsehaut. Unterbrochen war der Kameraschwenk mit Aufnahmen von dem von Dr. Kern als Auftragsarbeit erstellten Text.

Horst Czerny vom Weißen Ring, einer Opferorganisation, beantwortete die Frage.

«Was hier all diese Institutionen auszeichnet, ist das enorme Vertrauen, das die Schüler in dieses Lehrpersonal haben, und diese Vertrauensstellung ist also unglaublich ausgenutzt worden, denn es sind ja Kinder, die sich gar nicht dagegen wehren können.»
Im nächsten Monat wird die Schule 100 Jahre alt. Laut Internetauftritt ist sie seit Mitte letzten Jahres mit den Opfern im Gespräch.

Ich drückte die Stopp-Taste meiner Sportuhr. 1:56 Minuten. Ich drückte die Stopp-Taste meines Videorecorders. Ich holte Luft. Ich war zufrieden. Ich spulte zurück, ich wollte mir das nochmal ganz in Ruhe anschauen, aber da klingelte schon das Telefon. Kathrin und ich telefonierten lange, wir feierten, später würden Thorsten und ich eine Weile gleichzeitig reden. Das war der Anfang des Tsunamis. Wir wussten es noch nicht, aber wir spürten, dass etwas im Gange war, was wir den

Durchbruch nennen würden. Die Wunde von 1999 begann an diesem Tag zu verheilen.

Gleichzeitig war bei Misalla der Teufel los. «Es sind nun alle eingeladen, sich hier auf diesem Blog am öffentlichen Diskurs zu beteiligen», war mein Schlusssatz des Artikels auf Misalla. Nun meldeten sich «alle».

Die Fans der Odenwaldschule, die Gegner, andere Opfer von Becker, Held und Kahle und weiteren Mitarbeitern und Mitarbeiterinnen. Die, die es glauben wollten, die, die es nicht glauben wollten, die, die uns für ausgebuffte Journalisten hielten, welche auf diesem Weg weitere Informationen recherchieren wollten, interessierte Außenstehende, die Durchgeknallten und eine ganze Reihe von Leuten, die Informationen mitteilten, die mir neu waren und über die ich auch erst mal nachdenken musste, und viel schmutzige OSO-Wäsche zwischendrin, durchmischt mit Versuchen des Socialisings. Für uns war es ein Geschenk, so viele Beiträge lesen zu können. Sehr inspirierend. Danke an alle.

Lieber Misalla, liebe Misalla, wer ist eigentlich Misalla, und wo kommt dieser Name her? «Klingt irgendwie weiblich», schrieb einer. Ich kam mir auch vor wie die Mutter dieser aufgekratzten Bloggergemeinde. Passt. Also, Misalla ist das Ergebnis eines Spiels mit Vokalen und Konsonanten. Man nimmt ein Blatt Papier (ohne Karos und Linien) und einen Stift (gespitzt) und macht vertikal Spalten mit Konsonanten und Vokalen im Wechsel. Dann schaut man, was dabei herausgekommen ist, wenn man seine Produktion horizontal liest.

Anfangs war ich überrascht über die Einträge von Ex-Schülern der Odenwaldschule, die tatsächlich nichts von dem Missbrauch an der Schule mitbekommen hatten und nun total bestürzt darüber waren, was sie in der Zeitung zu lesen bekamen. Sie konnten es einfach nicht glauben! Diese Leute waren zwar keine direkten Opfer des Missbrauchs, aber sie waren Betroffene dieses kranken und kriminellen Systems. Ihnen wurde nun klar, in was für einer sozialen Umwelt sie ihre Jugend verbracht hatten. Und sie machten sich Vorwürfe. Dafür, dass sie nichts bemerkt hatten, dafür, dass sie ihren Schulkameraden nicht geholfen hatten. Wie Soldaten, die mit ansehen mussten, wie der Kamerad neben ihnen von einer tödlichen Kugel getroffen wurde, während sie nichts tun konnten, um ihn zu retten, und die sich nun den Rest ihres Lebens dafür selbst anklagten. Sekundärtraumatisierung.

Mich hatten seit März 2010 immer wieder Leute angerufen, angeschrieben und angesprochen und mich gefragt, ob es denn «wirklich so schlimm» sei, «wie die Medien behaupten». Und das mit einem Gesicht oder einer Stimme, die sagte: «Bitte sag, dass es nicht so schlimm war, dass die Presse lügt, dass es den Opfern allen gutgeht, ich halte euren Schmerz nämlich nicht aus.» Dann habe ich geantwortet: «Nein, es ist nicht so schlimm, wie es in der Presse steht, es ist viel schlimmer.» Das war keine Variante meines Humors, das war mein bitterer Ernst und ist es bis heute.

Sonntag, 7. März 2010

«Ich würde gerne mit dir ein Interview machen!» Irgendwie hatte ich die Frage von Jörg schon geahnt. Bisher standen die Täter, ihr Netzwerk und die Odenwaldschule im Fokus der Diskussion und der Berichterstattung, die Opfer waren bisher lediglich als solche benannt, genauso wie der «sexuelle Missbrauch», hinter dessen Plakat sich ja alles Mögliche verbarg. Wer sich hinter den «Opfern» verbarg, welches Leben diese Menschen lebten, die jetzt an die Öffentlichkeit gingen, und welche Konsequenzen diese Erlebnisse für sie hatten, war noch völlig unbekannt. Mir war es wichtig, dass öffentlich bekannt wurde, welche Konsequenzen das Erleben sexualisierter Gewalt für die Betroffenen hat, welches Leid und welches Elend damit verbunden ist. Ich selbst war jetzt seit 18 Jahren auf dem Genesungsweg und war noch lange nicht am Ende. Ich dachte nach.

«Du weißt, dass es für mich wichtig ist, anonym zu bleiben», erwiderte ich Jörg.

«Ja klar, dein Name wird nicht genannt werden, und wir verändern ein paar Informationen so, dass du nicht identifiziert werden kannst.»

«Wenn ich das vollständige Interview vor dem Druck autorisieren kann, können wir das machen.»

«Das ist überhaupt kein Problem.»

Damit war die Entscheidung getroffen. Ich würde eine weitere Gelegenheit nutzen, mich öffentlich zu äußern. Jörg und ich vereinbarten, dass er sich meldet, sobald eine redaktionelle Entscheidung darüber getroffen war, wann und wo das Interview in der *Frankfurter Rundschau* platziert werden konnte.

Es war wichtig für mich, die Kontrolle über meine Geschichte zu behalten. Den Missbrauch hatte ich als Kontrollverlust erlebt. Das brauchte ich nicht nochmal. Es war natürlich schon ein Paradox. Ich stellte Öffentlichkeit her, um die Deutungshoheit über meine Erlebnisse zurückzugewinnen, und gleichzeitig gab ich die Kontrolle mit diesem öffentlichen Diskurs darüber völlig ab, da ich ja nicht wusste, was andere Personen und vor allem Medien mit den Informationen machen würden, die ich zur Verfügung stellte.

Ich rief Thorsten an. Die Masse der Einträge auf Misalla war kaum noch zu bewältigen. Jeder Eintrag musste vom Webmaster freigeschaltet werden, und so lange war der Eintrag für die anderen Blogger nicht sichtbar, was heißt: So lange konnte der neue Eintrag nicht kommentiert werden, was wiederum der Diskussion im Blog die Energie nahm. War ein Eintrag von jemandem freigeschaltet, konnte dieser jeden anderen Eintrag kommentieren, ohne dass dieser Kommentar vom Webmaster freigegeben werden musste. Kapiert? Bei mir dauerte es so etwa bis Sonntagnachmittag, bis ich wirklich verstand, wie die Technik meiner Kreation funktionierte.

«Kannst du mal den Babysitter für Misalla machen?», fragte ich Thorsten. Er verstand nicht, wovon ich sprach. Ich erklärte es ihm. Thorsten lachte und sagte für die nächsten beiden Stunden den Misalla-Blog-Babysitterdienst zu. Ich ging spazieren. Ich brauchte frische Luft und Bewegung. Als ich nach Hause kam, hatte ich eine Mail in meinem Postfach, in der Thorsten mir mitteilte, dass Kathrin ihn am Abend ablösen würde und ich in Ruhe «Tatort» schauen könnte. Ich hatte eigentlich gerade Tatort genug, in 3D sozusagen, nahm das Angebot zur Zerstreuung aber gern an. Am Abend schickte mir Thorsten eine weitere Mail, in der er mir mitteilte, wann er in den nächsten Tagen Misalla sitzen konnte, damit ich noch zu etwas anderem kam.

Zwischendurch löste uns Kathrin beim Wickeln und Füttern von Misalla ab. Drei Ex-Schüler und ein Baby. Na dann.

Montag, 8. März 2010

Ab heute war klar: Was da seit dem Wochenende in Bewegung kam, war keine Welle, auf die wir eigentlich am 17. November 1999 gehofft und gewartet hatten, was da auf uns zukam, war ein Tsunami. Mein Anrufbeantworter war voll mit Anfragen von Journalisten, mein E-Mail-Postfach genauso. Sobald ich zu Hause war, klingelte pausenlos das Telefon. Eine Freundin schickte mir eine SMS, ich solle sie doch bitte zurückrufen, sie versuche seit Stunden, bei mir durchzukommen. Die Welle hätten wir gut mitgenommen, wir waren gute Surfer. Aber wie bereitet man sich auf das Surfen eines Tsunamis vor? Wir machten das Beste daraus.

Dienstag, 9. März 2010

7.48 Uhr
Von: Jörg Schindler
Guten Morgen, Jürgen! Nur für meine Planung. Könnten wir unser Interview theoretisch heute Vormittag machen? LG Jörg

Wir konnten.

14.43 Uhr
Von: Jörg Schindler
Interview ist raus. Du kannst etwa 200–250 Zeichen dran stricken.
LG Jörg

Die Nachricht erreichte mich im Wartezimmer meines Hausarztes. Ich war ziemlich krank, hatte Fieber und die Hoffnung, dass mir der Doc irgendwie weiterhelfen konnte. Außerdem brauchte ich eine neue Krankmeldung, ich war schließlich Angestellter. Mit Jörg Schindler hatte ich vereinbart, dass er eine Druckversion des Interviews an Kathrin schickt. Falls ich bei meinem Arzt im Wartezimmer vergammeln sollte – ich hatte keinen Termin –, sollte sie das Interview lesen und autorisieren. «Das ist aber ein großer Vertrauensbeweis», sagte Jörg am Telefon zögerlich, als ich ihm meinen Plan mitteilte. «Ich hatte eine schwierige Kindheit, ich muss lernen zu vertrauen», erwiderte ich. Stille am anderen Ende der Leitung. «War 'n Witz», ergänzte ich. Jörg schnaufte gequält.

Um 15.29 Uhr erreichte Jörgs Mail den Posteingang meines E-Mail-Zugangs. Dies entnahm ich der Datumszeile.

Betreff: Interview
Von: Joerg Schindler
An: Juergen Dehmers
Datum: 09. 03. 10   15:29:08
Anlagen: oso-interview.doc

Lieber Jürgen, hier kommt nun die Druckfassung unseres Gesprächs. Wie gesagt: Wir bräuchten die von dir autorisierte Fassung bis 16 Uhr, aller spätestens bis 16.30 Uhr. Je später es wird, desto besser wäre es, wenn die Zeichenzahl etwa gleich bliebe. Ich finde, dass es so ziemlich gut geworden ist. Bis später und liebe Grüße!

Jörg

Ich machte mich gleich ans Werk, als ich um 15.50 Uhr meine Wohnung betrat – um ein Rezept und eine Krankmeldung reicher –, feilte noch etwas an dem Entwurf und ergänzte ein paar Details. Fertig war mein erstes Interview zu diesem Thema. Ab jetzt dachte ich bei Textlängen in Zeichenanzahl.

Die Odenwaldschule veranstaltete eine Pressekonferenz. Live auf N 24. Das Fernsehen zeigte den Konferenzraum der Schule. Der Raum war voll mit Journalisten. An einer Tischreihe saßen die Vertreter der Schule. Frau Kaufmann fasste die Ereignisse der Vergangenheit zusammen und stellte ihre Mitarbeiter vor. Volker Weiß, Oberstufenleiter, Frank Brandwein, Mitarbeiter, Uwe Koltzsch, Didaktischer Leiter, Anja Dzwoneck, Lehrerin, Meto Salijevic, Geschäftsführer, und Max Priebe als Vertreter des Schülerparlaments saßen eng beisammen. Sprach dieses Bild Bände? Und wieder wurde die Kindergeneration unter dem Deckmantel der «demokratischen Strukturen» ins Boot geholt. Als ob die Schüler der Odenwaldschule diese Misere zu verantworten und zu rechtfertigen hätten. Haben sie aber nicht. Sie müssen sich nicht einmal dazu positionieren. Es wäre völlig in Ordnung gewesen, wenn Max Priebe zum Musikhören auf sein Zimmer gegangen wäre und gesagt hätte: Das sollen die Erwachsenen mal unter sich ausmachen. In einer gesunden Organisation oder Familie verhalten sich die Kinder auch so. Gibt es Konflikte unter den Erwachsenen, verdrücken sich die Kinder in ihren Schutzraum. Das gilt auch für volljährige Kinder wie den Schülerparlamentspräsidenten. In einer dysfunktionalen Familie springen die Kinder für die Eltern ein. Dann formulieren die Kinder die nachgeplapperten Positionen der Eltern, und niemand scheint zu merken, wie hier junge Menschen instrumentalisiert werden. Von Pädagogen. Sie verstehen es dort oben einfach nicht. Die lebenden Schutzschilde von Ober-Hambach, dachte ich, als ich die Bilder im Fernsehen sah.

Margarita Kaufmann beantwortete die im Raum stehende Frage nach dem späten Zeitpunkt der Öffentlichmachung der Schule mit den Worten: «Wenn Sie sich vorstellen, Sie haben zu Hause ein Problem, dann gehen Sie auch nicht gleich zum Nachbarn und hängen es an die große Glocke, sondern Sie versuchen das Problem zu lösen und zu klären.» So kann man es natürlich auch sehen, dachte ich. Frau Kaufmann erzählte, wie bereits Ende 2008 Schüler mit dem Thema «sexueller Missbrauch» auf sie zugekommen waren. Ende 2008? Ich hatte sie im April angeschrieben. Sogar das Datum war in Ober-Hambach ein anderes. Es seien mehr Missbrauchsfälle vorgekommen, als man an der Schule bisher gewusst habe, fuhr Frau Kaufmann fort. «Hat wissen wollen», brüllte ich den Fernseher an. Frau Kaufmann sprach an diesem Tag von 24 Personen, die sich bis jetzt bei der Schule gemeldet hätten. Eine permanent erneuerte Opferstandsmeldung würde die Schule nicht herausgeben, sagte sie. Frau Kaufmann berichtete, dass die Schule an diesem Tag einen Brief an die Altschüler der Jahrgänge 1970 bis 1985 verschickt habe.

Sie fuhr fort: «In diesem Brief spreche ich den Opfern eine Entschuldigung aus im Namen der Odenwaldschule und möchte das hier auch noch einmal wiederholen. Sich zu entschuldigen fällt dem schwer, der es nicht selbst zu verantworten hat, aber wir als Organisation verantworten das, was in unserer Schule geschehen ist, und wir entschuldigen uns dafür.» Das war das, was wir seit Jahren von der Schule gefordert hatten. Es musste erst eine Person in eine Leitungsfunktion der Odenwaldschule gelangen, die überhaupt nichts mit dem alten Filz zu schaffen hatte, damit das möglich war. Auch keiner der Mitarbeiter hatte sich je dazu in der Lage gesehen. Wie armselig. Wie traurig. Jetzt waren die Worte in der Welt. Mein Ohr freute sich.

Uwe Koltzsch blieb bei Verteidigung: «Wir haben damals bereits gehandelt. Die Akteure damals haben nach bestem Wissen und Gewissen gehandelt und versucht, Schaden von der Schule abzuwenden.»

Margarita Kaufmann sekundierte: «Die Odenwaldschule hat keinen Anlass, davon auszugehen, dass es über das Ende der 80er Jahre hinaus weitere Missbrauchsfälle gegeben hat.»

Frank Brandwein redete sich etwas warm mit der Darstellung seiner Berufsbiographie und sagte: «Und dann mich auch bewusst entschieden habe, mich an diese Institution zu bewerben, die aus meiner Sicht in der damaligen Zeit die Bearbeitung dieser Vorwürfe, oder dieser Fälle, wie man es ja besser nennen sollte, aus meiner Sicht ordentlich und gewissenhaft betrieben hat.» Da war sie wieder, die Ober-Hambacher Gehirnwäsche. Vorwürfe! Pah!

Herr Salijevic ergriff das Wort: «Damals war so ein Grundsatz: eine Aufklärung, eine Offenheit nach innen zeigen. Es wurde damals ja hinreichend durch die Presse informiert.» Aha. Und das entbindet vom eigenen Handeln.

Margarita Kaufmann rettete die Pressekonferenz für die Odenwaldschule. Ihre Offenheit und ihre sichtbare Empathie mit den Betroffenen stand in krassem Gegensatz zu den verschlossenen Gesichtern der anderen Mitarbeiter. Ich sprach mit Journalisten, die damals Frau Kaufmanns Tränen für reine Taktik hielten. Vielleicht waren sie das. Vielleicht auch nicht.

Mittwoch, 10. März 2010

«Alle haben es gewusst – Ein missbrauchter Ex-Schüler im Gespräch», so die Überschrift über meinem Interview. Ich war aufgeregt. Es macht eben doch einen ziemlichen Unterschied, ob man weiß, dass ein sehr persönliches Interview in der Zeitung erscheinen wird, oder ob man es dann dort tatsächlich sieht.

«Becker hat immer mit einer unglaublichen Selbstsicherheit zugegriffen und attackiert. Das fand ja ganz offen in seiner Wohnung, in unseren Zimmern und unter der Dusche statt. (…) Becker war sich offenbar sicher, dass ihm keiner an den Karren fährt», stand da zu lesen.

Zu diesem Zeitpunkt wusste ich noch nicht, dass Becker auch die Jungs aus den anderen Heimfamilien im Haus schwer misshandelt hatte. Ein ehemaliger Schüler aus der Held-Familie erzählte mir später, wie Becker morgens in sein Zimmer kam, sich an das Bett des damals Zwölfjährigen setzte, ihm seinen erigierten Penis in den Mund schob und dem noch im Bett liegenden Jungen, ihn am Hinterkopf an den Haaren festhaltend, den Kopf vor und zurück bewegte. Der Junge hatte keine Chance! Er lag noch im Bett, weil er krank war.

In dem Interview berichtete ich von dem jahrelangen Martyrium, von meinen Ängsten beim Einschlafen, davor, dass er am nächsten Morgen wiederkam, die Angst, als Letzter im Duschraum zu sein, die Angst, als Letzter in seiner Wohnung zu bleiben, wenn wir dort abends gemeinschaftlich fernsahen. Diese unerträglichen seelischen Schmerzen, die durch den langsamen Foltermord der Seele enstanden. Ich berichtete von meinem Versuch, meine Ängste, Panikattacken und Unruhezustände mit Alkohol und Drogen zu behandeln, und davon, wie ich dann mit Anfang zwanzig ganz solide alkoholabhängig und psychisch und körperlich am Nullpunkt war. Wie ich mit Mitte zwanzig das erste Mal sagen konnte, dass ich missbraucht wurde, aber nicht benennen konnte, was genau geschehen war.

Während ich Jörg Schindler am Telefon davon berichtete, dass Thorsten und ich uns Ende der 90er Jahre an die Odenwaldschule gewandt hatten, weil Becker dort vertretungsweise wieder unterrichtete, bekam ich einen derartigen Zorn auf die Verantwortlichen in der Schule, dass ich fast außerstande war, das Interview fortzusetzen.

«Aus meiner Sicht hat die Schule eine Retraumatisierung der Opfer vollzogen. Wir wollten ja nur, dass aufgeklärt wird, was genau passiert ist und wer beteiligt war, dass Vorsorge für weitere Generationen getroffen wird und dass die ganzen Vorgänge in den OSO-Nachrichten abgedruckt werden. Das war also noch sehr niedrigschwellig. Beckers Nachfolger Harder hat dazu gesagt: ‹Wenn das öffentlich gemacht wird, dann macht man die Schule zu.› Die Vertreter der OSO haben also den Spieß umgedreht: Die Betroffenen waren die Täter, die arme OSO das Opfer. Die gestrigen Statements (Pressekonferenz auf der Odenwaldschule, Frank Brandwein, Anm. d. Verf.), die OSO habe sich damals korrekt verhalten, sind absolut zynisch. Die Loyalität der Betroffenen gegenüber der Schule wurde ausgebeutet. Hätte die Schule damals einen Experten engagiert, wäre sehr schnell klar gewesen, dass es in solchen Systemen niemals nur einen Täter und einzelne Opfer gibt.» Ich holte tief Luft.

«Du hast so einen rationalen Zorn», hörte ich einen stark emotional beteiligten Jörg Schindler durchs Telefon sagen. Am Ton seiner Stimme merkte ich, dass er es anerkennend meinte. Blödsinn, dachte ich, es gibt keinen rationalen Zorn. Pause. «Ich weiß, dass es das nicht gibt, ich kann es nicht besser ausdrücken, verstehst du, was ich meine?», setzte er fort. Ich verstand, was er meinte. Selbst in Zuständen unbändigen Zorns kann ich noch ein Gespräch führen, kann ich mich noch so ausdrücken, dass die Töne, die meinen Mund verlassen, in den Ohren meines Gegenübers einen Sinn ergeben, einen erfassbaren Kontext, der ein fortsetzbares Gespräch möglich macht. Selbst wenn ich vor Schmerz oder Zorn oder Verzweiflung nur noch schreien möchte, kann ich in zusammenhängenden Sätzen sprechen. Ich habe es gelernt, ich habe gelernt, so zu tun, als wäre ich normal. Ich habe gelernt, dass bestimmte Fähigkeiten notwendig sind, wenn ich mit meiner Umwelt kommunizieren möchte und von ihr ernst genommen werden will. Niemand ist dauerhaft am Gespräch mit mir interessiert, wenn ich mich in pausenloser Aufregung befinde oder sonst irgendwie einen durchgeknallten Eindruck mache. Das ginge mir ja mit Leuten auch nicht anders.

Während des Interviews ging es mir genauso. Ich hätte am liebsten einfach nur geschrien, vor Schmerz, vor Verzweiflung, vor Zorn, im Angesicht dieses Wahnsinns, der sich mitten in meinem Leben abspielte. Aber was hätte Jörg Schindler dann schreiben sollen? Wie druckt man einen langen, markerschütternden Schrei? Also blieb ich bei meiner Strategie, so zu tun, als wäre ich normal, vertröstete meinen Schrei auf später und sprach weiter, auf die Aussage reagierend, dass

Becker nach 1999 nach kurzer Schamfrist wieder in den angesehensten Pädagogikkreisen auftauchte. «Da stand der Täter wieder als gefeierter Pädagoge im Rampenlicht. Das hat bei mir dazu geführt, dass ich wieder Ohnmacht empfunden habe: Ich kann wieder nichts gegen Becker tun, mir wird nicht geglaubt, ich werde nicht ernst genommen.»

Mit welchen Folgen? Jörg Schindler gab mir den Raum, den ich brauchte, um das zu sagen, was ich zu sagen hatte.

«Es ist bis heute so, dass ich nachts nassgeschwitzt aufwache, weil ich glaube, jemand steht neben meinem Bett. Ich hatte paranoide Zustände. Ich war draußen unterwegs und dachte, ich werde verfolgt. Es macht sich auch physisch bemerkbar, ich stehe ständig unter Strom, ich habe mir schon einige Zähne kaputt geknirscht. Die Liste ist noch länger. Vor eineinhalb Jahren waren meine Schwierigkeiten so groß, dass ich eine Traumatherapie begonnen habe und jetzt mit der EMDR-Methode arbeite. Das ist bisher die einzige therapeutische Behandlung, die mir wirklich hilft.»

Dass ich unter dissoziativen Zuständen litt, war mir damals noch nicht so klar.

Zum Abschluss des Interviews sagte ich, dass ich den öffentlichen Diskurs als einen Schritt zur Genesung empfände und mir klar sei, dass nicht ich derjenige bin, der sich zu schämen hat. Wieder einmal zitierte ich Jan Philipp Reemtsma: Öffentlichkeit hilft gegen ungewollte Intimität.

Jörg Schindler spielte mir ein letztes Mal den Ball zu: «Sind die Verjährungsfristen aus Ihrer Sicht ausreichend?»

«Nein. Ich habe in den letzten Tagen mit einigen Vierzig- bis Fünfzigjährigen gesprochen, die sich jetzt erst vollständig daran erinnern, dass sie als Kind sexuell missbraucht worden sind. Denen geht es wie mir. Die Schuld- und Schamgefühle sind so groß, dass man erst als gestandener Erwachsener über solche Dinge sprechen kann. Die gegenwärtige Gesetzeslage ist in meinen Augen aktiver Täterschutz.»

Ich war erschöpft. Ich war aufgeregt. Ich fühlte mich befreit. Es war gut, dieses Interview zu machen. Es war gut, es mit jemandem zu machen, dem ich vertraute. Es war gut, mich durch die Anonymisierung so zu schützen, wie es sich für mich stimmig anfühlte. Gut gebrüllt, Löwe!

Ich loggte mich in meinen E-Mail-Account ein und dachte, ich seh nicht richtig, als ich anfing, meine E-Mails zu lesen.

Betreff: Anfrage FAZ
Von: Timo Frasch
An: Juergen Dehmers
Datum: 10. 03. 10   10:08:20

Sehr geehrte Damen und Herren,

mein Name ist Timo Frasch, ich bin Politredakteur der Frankfurter Allgemeinen Zeitung. Herr Roese war so freundlich, mir unter der Zusicherung absoluter Diskretion Ihre E-Mail-Adressen weiterzuleiten. Wie Sie sich sicher vorstellen können, geht es um die Odenwaldschule. Wir möchten in den kommenden Tagen noch einmal einen ausführlichen, ausgeruhten Artikel zur Lage an der Schule bringen, so, wie sie sich heute darstellt, und so, wie es war, als Sie dort waren und es zu den Missbrauchsfällen kam, über die jetzt überall berichtet wird. Es geht uns nicht darum, die Schule als solche oder ihr pädagogisches Konzept zu verunglimpfen.
Um den Text möglichst ausgewogen zu gestalten, bin ich auf Ihre Mithilfe angewiesen. Ich möchte Sie also herzlich darum bitten, mir mitzuteilen, ob Sie für ein persönliches oder telefonisches Gespräch über Ihre Schulzeit zur Verfügung stünden. Auf die Preisgabe Ihrer Identität könnten wir selbstverständlich verzichten.

Herzlichen Dank und mit freundlichen Grüßen
Timo Frasch

Mmh, Herr Roese war so freundlich, las ich den Satz noch einmal. Der freundliche Herr Roese ging mir langsam auf den Keks. Mit allen über alles reden und allen alle Namen nennen – die Strategie kannte ich ja schon von Frau Kaufmann. Die hatte zu Beginn der Berichterstattung Medienvertretern die Telefonnummer von Kathrin weitergereicht. Kathrin hatte sich schön bedankt!

In diesem Moment wusste ich zum Glück noch nicht, dass es ganz viele freundliche Menschen gab, die unter Zusicherung absoluter Diskretion meinen Namen und Kopien unserer Schreiben weitergaben. Ich hätte mich wahrscheinlich aufgeregt. Nicht mal eine Medienkampagne kann man in Ruhe initiieren, dachte ich und merkte, dass ich meinen Humor wiedergefunden hatte.

Es geht Herrn Frasch also nicht darum, «die Schule als solche oder ihr pädagogisches Konzept zu verunglimpfen». Schade eigentlich, aber von welchem pädagogischen Konzept schreibt der Mann?

Den bei Misalla angestellten Überlegungen, wer denn nun der geheimnisvolle Blog-Betreiber sein könnte, wollte ich ein wenig die Spitze der mystifizierenden Phantasien kappen. Ich schrieb einen zweiten Artikel, in der Hoffnung, dass die Bloggergemeinde sich nun wieder verstärkt dem Thema widmete und von der grauen Eminenz abließ.

Guten Morgen, sehr geehrte Bloggerinnen und Blogger,
Misalla ist eine Gruppe von betroffenen und nicht betroffenen Altschülerinnen und Altschülern. Wir möchten Folgendes mitteilen: Der Blog hat heute, 10:18 Uhr, 729 Einträge und 16 128 Aufrufe. Wir fühlen uns in der Annahme bestätigt, dass es eine gute Idee war, diesen Blog einzurichten, um allen Menschen mit Gesprächsbedarf eine Plattform anzubieten. Wir möchten darauf hinweisen, dass wir keine Journalisten sind und auch keine journalistische Auswertung des Blogs betreiben. Unter den Bloggern sind Altschüler, Altlehrer, Außenstehende, Journalisten, Experten und andere Neugierige. Manche von ihnen sind Altschüler UND Journalisten. Es ist also anzunehmen, dass diese Personen Zugang zu einem geschlossenen Blog finden werden. Wir wollen, dass Sie das wissen. Wenn etwas gesagt wird, ist es in der Welt und sucht sich seine Wege. Misalla moderiert diesen Blog so demokratisch wie möglich, auch wenn es manchmal an unsere Schmerzgrenze geht. Wir freuen uns über die Beiträge und darüber, dass Sie teilnehmen. Falls es Ihnen gelingen würde, das eine oder andere Stück schmutzige Wäsche woanders zu waschen, wäre uns das eine Freude und der Blog würde davon profitieren. Was schmutzige Wäsche ist und was nicht, entscheiden natürlich weiterhin Sie. Wir wünschen Sascha Zumbusch alles Gute für sein Projekt.

Sascha Zumbusch ist ein Osoianer, der rege im Blog postete und sich des Wunsches eines Teils der Bloggergemeinde annahm und einen eigenen Blog einrichtete, zu welchem nur Ex-OSOs Zugang bekamen. Er bastele seit Tagen an dem Blog herum, ließ er die Gemeinde postend wissen.

Donnerstag, 11. März 2010
An diesem Morgen hatte ich unter anderem den *Stern* im Gepäck, als ich von meinem Zeitungskiosk nach Hause ging. Missbrauch im Internat. Auf dem Titelblatt stand: «Das Leid der Schüler und das Schweigen der Lehrer». Ja, das war derselbe *Stern*, der keine drei Jahre zuvor keine Bedenken gegen Becker als Referenten auf dem Exzellenzforum des Deutschen Schulpreises gehabt hatte. Verrückte Welt.

Der Artikel fand meine Zustimmung. Auf Seite 34 sitzt Becker mit schwarzgebalktem Gesicht auf einem Schreibtisch im Werkstättenhaus und spricht, während sich die Schülerhände heben. Unterricht in Ober-Hambach. Auch bei mir rief der *Stern* an und fragte, ob ich denn noch Bilder von Becker hätte. Ob ich Bilder von Becker hätte? Auf meinem Nachttisch, oder wie? Das Bild im *Stern* aus dem Werkstättenhaus würde einmal durch die deutsche Presse und zurück gehen. Offensichtlich hatten meine früheren Mitschüler auch andere Fotos auf ihren Nachttischen. Drei Seiten lang berichtete Holger Witzel über die Unglaublichkeiten aus Ober-Hambach. Was ich gar nicht wusste: Becker war nach seinem Abgang von der Odenwaldschule Vorstandsmitglied der Berliner Akademie der Wissenschaft. Lesen bildet. Witzel hatte mit Salman Ansari gesprochen.

Für einen Schönredner und Bluffer hielt er Gerold B., «einen Meister der Poetisierung von Pädagogik, der damit viele in seinen Bann zog». Aber nicht für einen Kinderschänder – bis sich die beiden ersten Opfer an die Schule wandten. Ansari hörte Sätze wie: «Wir lassen uns doch von so zwei Jüngelchen nicht unsere Reformpädagogik verderben.»

Einen Zusammenhang brachte Witzel gut auf den Punkt:

Die Odenwaldschule war immer auch umkämpft, Projektionsfläche und Speerspitze für eine freiere, experimentelle Pädagogik. Damit wurden «die Jüngelchen» auch Opfer einer politisch motivierten

Form der Schadensbegrenzung. Denn genau das durfte nicht wahr sein, was nun den Kritikern der vor allem von Linken und 68ern gefeierten Vordenkern wie Hartmut von Hentig und seinem Jünger Gerold B. in die Hände spielt: Dass man es mit der Freiheit auch übertreiben kann. Dass man, wenn es um das Wohl von Kindern und die sexuellen Zwänge von Erwachsenen geht, keinen Deut besser ist als andere.

«Es gibt in geschlossenen Systemen wie Familien, Heimen oder Schulen immer zwei Ebenen der Verantwortung», zitiert Witzel Professor Manfred Kappeler, der sich seit Jahrzehnten mit sexueller Gewalt und ihrer Vertuschung beschäftigt: «Die persönliche Schuld des Täters und die des Systems aus Mitwissern, nicht ansprechbaren Eltern, feigen Kollegen oder einer insgesamt ignoranten Gesellschaft. Wir können nur hoffen, dass der Dammbruch der vergangenen Wochen nun nachhaltig wirkt.»

Dazu gehört die Einsicht ehemaliger und aktueller Mitschüler, dass nicht die Opfer ihre Schule beschmutzt haben, sondern der langjährige Leiter ihre bevorstehende 100-Jahr-Feier verdorben hat. Dazu gehört in erster Linie die Anerkennung für den Mut der ersten bekennenden Opfer und die Arbeit eines Reporters der Frankfurter Rundschau, die zusammen den Mantel des Schweigens lüpften und weiter daran zogen – ohne Rücksicht auf Denkmäler.

Danke, dass es mal einer sagt, dachte ich. Dann bekam noch Bernhard Bueb sein Fett ab. Der beklagte nämlich, «dass es ausgerechnet die *Frankfurter Rundschau* war».

Bueb war wie Gerold B. Assistent von Hartmut von Hentig und zwei Jahre selbst Lehrer an der Odenwaldschule, bis er als Internatsleiter von Schloss Salem und Bestsellerautor mit seinem «Lob der Disziplin» berühmt wurde. Er kann die Vorwürfe gegen Gerold B. bis heute nicht in Einklang mit der Person bringen, «die ich ausschließlich als Freund und fürsorglichen Pädagogen kenne». Obwohl sich die Freunde nach den ersten Vorwürfen noch oft begegnet sind, hat er ihn nie darauf angesprochen. Für ihn war das eine Frage von Takt und Respekt.

Die Zeit war an diesem Tag auch mit dem Thema am Start. Ja, genau: *Die Zeit*, die vor elf Jahren kein Interesse gehabt hatte. Bereits das Titelblatt schrie den Leser an: «Sexualität und Moral – Sind die Missbrauchsfälle Einzeltaten der Vergangenheit? Oder sind sie Spiegel einer Gesellschaft, die jeden Maßstab verloren hat?» Als Hintergrundbild waren zwei Unbekleidete in Öl zu sehen. Im Dossier ein Artikel zur Meta-Ebene, einer über die OSO. Aha. Ich werde die mal anschreiben, dachte ich und legte die Zeitung beiseite. Ich war immer noch ziemlich krank. Das Telefon klingelte.

«Lass uns den Blog zumachen», hörte ich die angestrengte Stimme von Thorsten. Ich fand, er hatte recht. Aber ich hatte auch Trennungsschmerz, was unser Baby anging. Die Betreuung des Blogs nahm zu viel Zeit in Anspruch, und wir brauchten unsere Energie ja auch noch woanders. Als Sascha Zumbusch die Gemeinde durch sein Posting wissen ließ, dass sein Blog betriebsbereit sei, war das für uns das Zeichen, Misallas Schließung anzukündigen.

Good Bye!
Sehr geehrte Bloggerinnen und Blogger,
wir bedanken uns für über 22 000 Aufrufe und 1000 Einträge. Morgen Vormittag wird dieser Blog Geschichte sein. Bis dahin kann gepostet werden!
Thorsten Wiest und Jürgen Dehmers

Auf diesen dritten und letzten Artikel gab es ziemlich hektische Reaktionen. Die Beteiligung nahm noch einmal zu, E-Mail-Adressen wurden ausgetauscht, letzte Infos gepostet, und ich wurde von manchen ziemlich beschimpft, was mir denn einfallen würde, den Blog zu schließen. Jetzt ist aber mal gut!

Ursprünglich hatte ich seit dem Schließungsbeschluss vor, den Blog Misalla den Betreibern des neu zu schaffenden OSO-Blogs fürs Archiv als Datei zu schenken. Aber da hatte ich die Rechnung ohne die Raubritter gemacht. Die hatten Misalla längst gehijacked und als Kopie auf ihre Rechner gezogen. «Schade, was man sich genommen hat, kann einem nicht mehr geschenkt werden», sagte ich zu mir. Die Raubritter hatten damit anscheinend überhaupt kein Problem. Misalla war in deren Augen Gemeinschaftseigentum. Im neugeschaffenen «OSO-Forum» musste man sich dann als Insider identifizieren, um einen Zugangscode für den Blog zu erhalten. Ich schrieb Sascha Zumbusch eine Mail, in der ich die persönlichen, mit Edding namentlich markierten Tomatenmarktuben bei Bäcker Schmitt beschrieb, die wir dort nach dem Kauf in einer Plastikbox deponieren konnten und sie uns jedes Mal von Frau Schmitt herausgeben ließen, wenn wir unsere Salamibrötchen mit Tomatenmark bestreichen wollten. Er schickte mir ein Passwort für den Blog.

In der Odenwaldschule hatte zwischenzeitlich das Hauen und Stechen begonnen. Vorweg muss eine spezifische Kuriosität dieses Vereins näher beleuchtet werden. Diese Konstruktion ist nämlich einmalig. Schulleitung und Geschäftsführung, also in diesem Falle Frau Kaufmann und Herr Salijevic, waren automatisch Mitglieder des fünfköpfigen Vorstands. Das heißt, Schulleitung und Geschäftsführung kontrollierten sich selbst. Wer hat's erfunden? Nicht die Schweizer. Hund-Wurst-Protektion à la Odenwald.

Der Vorstand wird vom Trägerverein der Odenwaldschule gewählt. In den Trägerverein kam man, wenn man von einem Mitglied des Vereins vorgeschlagen wurde und die Mitglieder die Aufnahme goutierten. Ein System, das sich permanent selbst erhalten kann. Und wer ist im Trägerverein? Richtig. Die Liste liest sich wie das «Who's Who» der Freunde und Förderer Beckers. Irgendwie ist aber Philipp Sturz in diesen Verein geraten. Dr. Dr. Philipp Sturz. Promovierter Mediziner und Zahnmediziner. Klar denkend. Klar handelnd. Der Mann ist Zahnarzt. Der braucht praktische Lösungen. Der schwafelt nicht ewig herum. Philipp hatte mit seiner Praxis materiell einiges auf die Beine gestellt, das untermauerte seine Unabhängigkeit. Wie viele Leute sind in diesem Jahr im Kontext Odenwaldschule aufgetaucht, die sich wichtig machen wollten, die eine Aufgabe suchten oder die schlicht hofften, einen Job oder einen Posten zu bekommen. Philipp und ich waren seit einer Weile in Kontakt. Für den 27. März war nun eine außerordentliche Trägervereinssitzung anberaumt. Krisensitzung. Die Frage nach dem Rücktritt des schwer belasteten Vorstands wird zentrales Thema dieses Tages werden. Aus dem Vorstand sah zu diesem Zeitpunkt niemand einen Grund zurückzutreten. Ich hatte auch nicht wirklich erwartet, dass die Damen und Herren plötzlich den Verstand wiederfanden. Ich glaube auch nicht an den Osterhasen. Ich war gespannt. Jörg Schindler sagte: «Wart's ab!»

Freitag, 12. März 2010
Die Fanfare ertönte. Das geht heute ja früh los, dachte ich, als ich den Ton hörte. Am Vorabend war es spät, als ich zu Bett ging, und so hatte ich wohl vergessen, mein Handy auszuschalten. Ich hatte solche Schlafstörungen, dass ich abends eigentlich alles abschaltete, was abzuschalten ging, in der Hoffnung, solange wie möglich schlafen zu können. Oft war es hell, bis ich richtig einschlief, und das im März.

7.45 Uhr
Von: Jörg Schindler
Lies die Süddeutsche, Seite 3, aber sei vorgewarnt: Du wirst kotzen müssen ... LG Jörg

Ich starrte auf das Display meines Handys und fragte mich: Erst Kaffee oder erst Zeitung? Ich war total neugierig. Ich hatte keinen Kontakt zur *Süddeutschen*, und meine Mitstreiter, soweit ich wusste, auch nicht. Wir befanden uns in der Phase, in der ich überrascht Neuigkeiten aus der Zeitung erfuhr, da sich nun Ex-Schüler aus anderen Generationen, von denen ich bis dato noch nicht einmal wusste, dass es sie gab, und die Hälfte der Republik in den Diskurs eingeschaltet hatten. Also, rein in Jogginghose und Schlappen, und runter ging's die Straße die paar hundert Meter zum Zeitungskiosk. Die kannten den morgens ziemlich verpennten Typen bereits, der alle Zeitungen durchblätterte und dann mit einem Stapel abzog. In den ersten Tagen wurde ich noch gefragt, ob ich eigentlich lesen oder kaufen wolle. Nun wünschte man mir zum Abschied schon gute Besserung. Ich sah schlecht aus, ich hustete, ich fühlte mich elend.
Nach einer gefühlten Ewigkeit saß ich in meiner Küche, der Kaffee dampfte, und ich las den Artikel von Tanjev Schultz über seine Begegnung mit Hartmut von Hentig, emeritiertem Professor für Pädagogik, Nestor der deutschen Landerziehungsheime und Gründer der Laborschule Bielefeld. Hentig war seit Jahrzehnten der Lebensgefährte Be-

ckers und bewohnte am Berliner Ku'damm die Wohnung unter ihm. Hentig hatte bis dahin alle Interviews verweigert, aber beim ersten Blick auf die Seite drei der *Süddeutschen* wurde mir klar, dass er mit einem Journalisten gesprochen haben musste. «Du wirst kotzen müssen», erinnerte ich mich und war auf alles gefasst. Ich begann zu lesen. Darauf war ich wirklich nicht vorbereitet. Hentig demontierte sich einmal komplett selbst. Vom Missbrauch seines Freundes wollte er nichts, aber auch gar nichts gewusst haben. Der Unterschied zum Harakiri bestand darin, dass die Person, die Harakiri begeht, die Konsequenzen eines unverzeihlichen Fehlers vollzieht. Hentig war sich dagegen keines Fehlers bewusst. Sofort fiel mir eine Absatzüberschrift des Artikels auf. «Vielleicht war es eher so, dass mal ein Schüler seinen Lehrer verführt hatte», las ich da. Ich dachte erst, ich spinne. Haben die einen Verdreher im Text? Ich las die Stelle mehrmals und fing plötzlich an zu lachen. Hentig hatte sich selbst entlarvt. Entlarvt als jemand, dessen Realität offensichtlich keine große Schnittmenge zur Realität anderer hatte, vermutlich in diesem Kontext gar keine zu meiner. Schultz selbst war über die Begegnung verstört, wie er schrieb.

«Becker hätte ja nein sagen können» wurde zum Running Gag der Woche zwischen meinen Freunden und mir als Antwort auf die Verführungshypothese. Jörg Schindler lachte gequält am Telefon, als ich ihm den Witz erzählte.

Hentig würde dabei bleiben, würde noch weitere Interviews in der *Zeit* und im *Spiegel* geben, die alle den gleichen Tenor hatten. Hentig wusste von nichts, er konnte sich das nicht vorstellen, sein Freund Becker und er waren das Opfer einer Hexenjagd. Die Republik schaute zu, wie sich die Leitfigur der deutschen Pädagogik von unglaubwürdig nach lächerlich nach tragisch selbst demontierte.

Im Frühjahr 2011 würde sich Hentig in der Literaturzeitschrift *Akzente* nochmal zu Wort melden. Die Leitmedien hatten zu diesem Zeitpunkt wohl kein Interesse mehr an seinem larmoyanten, selbstsüchtigen Gelabere. Die Zeitung *Der Freitag* kommentierte Hentigs Artikel: «Er, von Hentig, so liest man erstaunt, dieser viel bewunderte Geist, sehe sich plötzlich in eine sich steigernde ‹Verleumdung hineingezogen› und zur Flucht ins ‹Exil› gezwungen. Nicht ohne Selbstgerechtigkeit stilisiert er sich zum Opfer einer Kampagne, zum tragischen Schmerzensmann, ja er vergleicht seine Situation mit der von Geschichtsheroen wie Jesus und Sokrates, die auch zu Unrecht beschuldigt und verurteilt wurden. Auch Rousseau ist für ihn so ein ‹Bruder im Geist›, ein jäh aus der öffentlichen Gunst in die Verdammnis Gestürzter, aller Verdienste beraubt, ein ‹großer Leidender›, ein ‹Sündenbock›.»

Die *Frankfurter Allgemeine* würde ebenso im Jahr 2011 Hentigs Briefe an seine Freunde skelettieren, in denen Hentig rät, die ganze Angelegenheit «auszusitzen».

Auf der Homepage der Odenwaldschule stand bis Mitte Februar das bereits angeführte Zitat von Hartmut von Hentig unter der Rubrik «Über die OSO»: «Endlich die Schule, die Rousseau gefordert hat. Sie guckt auf die Kinder, sieht, was sie brauchen, und sieht auch die Folgen dessen, was sie selbst tut.» Der Satz verschwand vom Internetauftritt der Schule, nachdem wir sie darauf aufmerksam gemacht hatten. Es war wie immer: Die Odenwaldschule reagierte nur auf Druck, also bekam sie welchen.

Ich hatte Hentig als Kind kennengelernt. Er saß bei einem Besuch Beckers in dessen Wohnzimmer in einem der flachen Ledersessel, von denen gut ein Dutzend in Beckers Wohnzimmer herumstanden, und Becker stand seitlich neben ihm. Ich war kurz durch Beckers Wohnung gegangen, vielleicht um mir ein Brot zu schmieren oder um etwas zu trinken zu holen, als Hentig mich mit einem durchdringenden, fast gierigen Blick ansah. Er sah zu mir, er sah zu Becker, wieder zu mir und sagte: «Das ist also einer von diesen Knaben!»

Samstag, 13. März 2010
Schade, dass nicht Freitag ist, dachte ich mit Blick auf das Datum.

«Leugnen, Wegsehen, Bagatellisieren, Ignorieren, Verdrängen, Relativieren, Bemänteln, Vertuschen, Beschwichtigen».

Weiße Lettern auf schwarzem Grund. Das Titelblatt der *Frankfurter Rundschau* am Samstag.

Als offenes Kästchen eingefügt, schwarze Buchstaben auf weißem Grund:

«Der verschwiegene Skandal. Der Missbrauch an der Odenwaldschule wurde über Jahre nicht aufgedeckt – obwohl die FR schwere Vorwürfe veröffentlicht hatte. Heute zeichnen wir nach, wer wie half, die Wahrheit zu unterdrücken, und warum der Hauptbeschuldigte in Fachkreisen wieder Fuß fassen konnte. Seiten 4–6.»

Super, drei Seiten in der Samstagsausgabe. Die Aufmachung der Titelseite erinnerte mich etwas an die Zeitung mit den großen Buchstaben und dem unübersichtlichen Inhaltsverzeichnis, aber die Wirkung fand ich klasse. Jörg Schindler hatte ganze Arbeit geleistet. Inhaltlich war der Artikel ein Schwergewicht. Ich rief Jörg Schindler an.

«Hallo, Jürgen.» Er erkannte meine Nummer, wir telefonierten schließlich täglich.

«Hi, Jörg, super gemacht, eigentlich müsste die Überschrift sein: Schindlers Liste.» Wir lachten. Der Gag der kommenden Woche war geboren.

«Mit großem Unverständnis und Bedauern habe man zur Kenntnis genommen, dass Becker in den Vorstand der Lietz-Schulen zurückkehren solle», zitiert Jörg Schindler einen Brief von zwölf Lehrern aus dem Kollegium der Internatsschule Schloss Biberstein an den Vorstand der Lietz-Schulen, datiert auf den 15. März 2002. Sie erinnern daran, dass Becker gut zwei Jahre zuvor öffentlich des sexuellen Missbrauchs bezichtigt wurde und die Vorwürfe noch immer «nicht eindeutig aufgeklärt» seien.

«Gerade weil Schule ein sehr sensibler Bereich ist», möge der Vorstand die Entscheidung überdenken. Die Antwort von Jan Rüggeberg, Vorsitzender der Lietz-Schulen, erfolgte zehn Tage später. An der Entscheidung sei nicht zu rütteln. Rüggeberg habe seinerzeit persönlich mit Becker gesprochen, und dieser habe gesagt, dass die Vorwürfe «unzutreffend und für ihn unerklärlich sind». Für den Vorstand «gilt das Wort eines bewährten Kollegen mehr als ein reißerischer Artikel in einer Tageszeitung».

Das darf nicht wahr sein, dachte ich, während ich das las. Der hat tatsächlich den Hund gefragt, ob er die Wurst gefuttert hat. Dabei wurde von Rüggeberg völlig ignoriert, dass bereits 1999 in «Der Lack ist ab» fünf Zeugen den Hund hatten fressen sehen! Der Glaube ist des Menschen Himmelreich, dachte ich.

Also kehrte Becker nach einer Schamfrist von 28 Monaten in den Schoß der Lietz-Schulen zurück. Im Vorstand konnte er nun wieder mitbestimmen über die Geschicke von Schloss Biberstein, Schloss Hohenwerda (beide in Hessen) und die Hermann-Lietz-Schule Haubinda (Thüringen). Zum Zeitpunkt des Erscheinens des Artikels war Becker Mitglied im Vorstand. Und wer noch? Genau! Wolfgang Harder, Beckers Nachfolger als Schulleiter der Odenwaldschule.

Es schien so, als würde von Becker, Harder und ihrem Netzwerk versucht, so zu tun, als hätte es «Der Lack ist ab» nie gegeben, als hätte es unseren Aufklärungsversuch nie gegeben, als hätte es den sorgfältig archivierten Briefwechsel zwischen Thorsten und mir nie gegeben, als hätte es die gutdokumentierten persönlichen Gespräche nie gegeben.

Als hätte es die Vergangenheit nie gegeben. Dachten die, damit kommen sie durch? Okay, wir sind Ex-OSO-Schüler, aber ein bisschen was können wir auch.

«Wir kriegen die Wichser», erinnerte ich Thorstens Worte vom vergangenen Winter. Und grinste.

Warum blieben Taten unbeachtet, die 1998 womöglich noch nicht verjährt waren? Und wie konnte es Becker gelingen, nach einer so kurzen Zeit wieder in die angesehensten Pädagogikkreise zurückzukehren? Wer half ihm dabei?

Ich fand, dass Jörg Schindler die richtigen Fragen stellte. Es waren einfache Fragen. Es waren Fragen, an denen niemand mehr vorbeikam. Es verwundert also nicht, dass viele der Hauptbeteiligten sich heute schlicht «nicht erinnern können». Das ist der letzte Ausweg, wenn die Indizien und Beweise den Betreffenden schier die Luft abdrücken. Kinder sagen in solchen Momenten: «Ja, aber trotzdem. Ja, aber die Sonne soll trotzdem nicht untergehen.»

«Becker hatte es nach seinem Abschied von der Odenwaldschule zu allerlei prestigeträchtigen Posten gebracht. Er war Vorstandschef der Vereinigung Deutscher Landerziehungsheime, leitender Mitarbeiter am Institut für Bildungsplanung und Schulentwicklung des Hessischen Kultusministeriums und vertrat als Theologe bei schulischen Fachgesprächen mit dem Land die evangelische Kirche (EKD). Noch

1998, als eins seiner Opfer ihn erfolglos konfrontiert und die Odenwaldschule um Hilfe gebeten hatte, trat Becker als Mitglied der EKD-Kammer für Bildung und Erziehung auf. Diejenigen, die von den Vorwürfen wussten, schwiegen derweil. Ja, er habe Becker noch getroffen, als die Vorwürfe schon bekannt waren, sagte jetzt etwa der Bestsellerautor, Ex-OSO-Lehrer und einstige Salem-Internatsleiter Bernhard Bueb dem *Stern*. Er habe seinen ‹Freund› aber nie darauf angesprochen. Das hätten ihm Takt und Respekt verboten.» Der Artikel listete chronologisch die Ereignisse auf.

Wolfgang Harders Demontage wurde fortgesetzt. Bereits 1985 soll der Gründer der vielbeachteten «Blick über den Zaun»-Schulen Hinweise auf den Missbrauch durch seinen Amtsvorgänger erhalten haben. Später sollten wir auch erfahren, von wem. Ich saß an diesem Tag erst einmal vor der Zeitung und erfuhr eine ganze Menge Neues.

Dass Becker gemeinsam mit Professor Ingo Richter, dem langjährigen Leiter des Deutschen Jugendinstituts, Berater für Hentigs Autobiographie war. Ingo Richter ist der Mann von Frau Richter-Ellermann, der damaligen Vorstandsvorsitzenden der Odenwaldschule.

Dass Salman Ansari im Jahr 2002 den OSO-Vorstand darauf hinwies, dass Becker gerade im Friedrich-Verlag eine Zeitschrift mit dem Titel «Körper» publiziert hatte und dass diese in der Bibliothek der Odenwaldschule auslag. Ansari forderte Frau Richter-Ellermann auf, beim Friedrich-Verlag Protest einzulegen, woraufhin sie ihn wissen ließ: «Wäre Ihnen der Text aufgefallen, wenn Gerold Becker ihn nicht mit unterzeichnet hätte?» Frau Richter-Ellermann, die so gar nicht von ihrem Vorstandsposten zurücktreten wollte und dies zu guter Letzt nur tat, weil es uns gelungen war, sehr großen medialen Druck aufzubauen, ließ die Nachwelt auf der Trägervereinssitzung Ende März 2010 wissen: «Ich trete zurück in dem klaren Bewusstsein, dass ich niemals Dinge vertuscht oder Ermittlungen behindert habe.» Dass der Rest der Welt das anders sah, schien sie wenig zu beeindrucken.

Ebenso ließ der Friedrich-Verlag, bei dem Becker publizierte, auf Nachfrage von Daniel Ansari, Salman Ansaris Sohn, wissen: «Welche Neigungen die Herausgeber unserer Zeitschriften haben, interessiert mich nicht, solange sie nicht zu strafbaren Handlungen führen.» Es folgte eine Liste von Institutionen, die Becker als Referenten buchten. Landeselternbeirat Brandenburg, Reformschultreffen Hamburg, Deutschlandfunk und die Helene-Lange-Schule in Wiesbaden.

Auf der Seite fünf dieser Ausgabe der *Frankfurter Rundschau* schrieb Katja Irle einen kurzen Kommentar, den sie «Demontage eines Denkmals» nannte. Gemeint war Hentig. Gibt's noch mehr zu sagen? Und darunter ein weiterer Punkt meiner Agenda: «Opfer fordert Schadensersatz», «Ex-Schüler fordert rund 80 000 Euro / Aufklärung hat nie stattgefunden».

Bei der Summe handelt es sich um die reinen Schulgebühren. Bei Entschädigungen müssen wir über ganz andere Summen sprechen.

Montag, 15. März 2010

Die Odenwaldschule hatte mittlerweile eine «Neutrale Stelle» eingerichtet, welche die Missbrauchsfälle sammelte, auswertete und dokumentierte. Auf der Homepage der Schule wurde die Wiesbadener Rechtsanwältin Claudia Burgsmüller vorgestellt und auf ihre Telefonnummer hingewiesen. Aha, dachte ich, «neutrale Stelle» und auf der Lohnliste der Odenwaldschule? Wie soll denn das gehen? Wes' Brot ich ess, des' Lied ich sing, kam mir als Erstes in den Sinn. Ich rief die Frau an und sprach mit ihr. Nein, sie sei nicht der Odenwaldschule gegenüber weisungsgebunden. Ja, sie werde meine Telefonnummer an andere Betroffene weitergeben. Ich bin nicht schlau aus ihr geworden. Wichtig war mir, Kontakt zu anderen Opfern zu bekommen, die ich noch nicht kannte, von denen ich vielleicht auch noch nichts wusste. Sie erzählte mir in dem ersten Gespräch etwas von einem Bruder eines OSO-Schülers, der auf Kontaktsuche war. Ich schrieb ihn an und bekam schnell Antwort. Ich schickte ihm meine Telefonnummer mit der Bitte um Rückruf.

Als er mich erreichte, hatte ich einen sehr freundlichen, aber auch sehr traurigen Mann am Telefon. Mein Eindruck war, dass er seine Geschichte erzählen wollte, dass er die Geschichte seines Bruders erzählen wollte. Ich hörte ihm zu, und ich tat das gern. Wegen dieser Momente mache ich die ganze Scheiße, dachte ich und öffnete diesem Fremden am Telefon mein Herz.

Was Klaus über seinen älteren Bruder erzählte, hätte meine Geschichte sein können. Nick kam in Beckers Familie, sein Wesen veränderte sich bald, er soff und nahm Drogen, zuerst musste, wie eigentlich immer in solchen Fällen, die Pubertät als Hauptverdächtige herhalten, dann fing man an, sich ernsthaft Sorgen zu machen, fand aber einen bis dahin längst völlig verschlossenen Jungen vor, der nicht bereit war, darüber Auskunft zu geben, was mit ihm eigentlich los war. Nach der Schule war Nick im Drogenmilieu unterwegs und starb mit Anfang zwanzig unter nie ganz geklärten Umständen. Seine wohlhabende Familie fand keinen Zugang mehr zu ihm.

Ich erzählte Klaus Karne meine Geschichte mit Becker. Noch nie hatte ich mit einem Fremden so lange am Telefon geschwiegen. Klaus bedankte sich für das Gespräch und schrieb mir ein paar Tage später nochmal ein paar Worte der Anerkennung für das, was ich gerade tat, und fragte, ob er mir irgendwie helfen könne. Er war Jurist, das hatte er in unserem ersten Gespräch gesagt, also schrieb ich ihm zurück und ließ ihn wissen, dass er den Entschädigungsdiskurs befördern könne, wenn er etwas tun wolle. Ich hörte nie wieder von ihm. Ich weiß nicht, warum.

Der Vater dieser beiden Jungen hatte von Beckers Übergriffen auf Nick Mitteilung bekommen und stellte Becker zur Rede. Becker reagierte auf die Konfrontation mit einem waghalsigen Schachzug. «Ich lege mein Schicksal in Ihre Hände», erwiderte Becker auf die Konfrontation von Nicks Vater. Becker unterwarf sich scheinbar und machte sich klein. Das nahm Nicks Vater die Luft. Matt in einem Zug.

In einem weiteren Telefonat fragte ich Frau Burgsmüller, wie das denn eigentlich ginge, neutral zu sein und von der Odenwaldschule bezahlt zu werden, ich sähe da einen Rollenkonflikt. Die Antwort war überraschend. Darüber müsse sie mal nachdenken, bekam ich zu hören. Darüber musste ich dann mal nachdenken. Frau Burgsmüller war ja nicht erst seit gestern im Geschäft. Wir verblieben so, dass sie darüber mal nachdachte und mir dann schreiben würde, außerdem Auszüge aus ihrem Vertrag mit der Odenwaldschule anhänge, damit ich mir ein eigenes Bild machen könne. Die Auszüge erhielt ich nach Wochen, die Antwort auf meine Frage nie.

Den nächsten Kontakt mit ihr hatte ich auf dem «Öffentlichen Hearing» im Rahmen des 100-jährigen Jubiläums, bei dem ich im Prinzip das Gleiche nochmal sagte. Aber das war ich im Zusammenhang mit der Odenwaldschule gewohnt. Man sagt dann halt lange Zeit erst mal immer das Gleiche.

Es meldeten sich keine weiteren Leute bei mir über den Kontakt Burgsmüller. Ob sie meinem Anliegen nach Weitergabe meines Gesprächswunsches mit anderen nachgekommen ist? Ich habe sie nie gefragt.

Meinem Rechtsanwalt schrieb sie ja bereits als Anwältin der Odenwaldschule bezüglich meiner Entschädigungsforderungen, ergo ist die Odenwaldschule ihre Mandantin, oder? Und das war, nachdem sie die Informationen für die Odenwaldschule gesammelt hatte. Darauf auf dem Hearing angesprochen, bekam ich keine klare Antwort von ihr, warum sie diesen Brief an meinen Anwalt geschrieben hatte. Sie sagte, sie «musste das tun». Aha. Wie darf ich mir das vorstellen? This world is totally crazy. Ich bin wieder mal reingefallen. Kaa hatte wohl zwischenzeitlich «Matrix» Teil 2 gesehen und konnte jetzt eine beliebige Gestalt annehmen. Frau Burgsmüller würde bald die ehemalige Präsidentin des Oberlandesgerichts in Frankfurt, Frau Brigitte Tilmann, als Mitarbeiterin für die Datensammelstelle gewinnen können. Beide würden nach der Vorstellung des «Abschlussberichts über die bisherigen Mitteilungen über sexuelle Ausbeutung von Schülern und Schülerinnen an der Odenwaldschule im Zeitraum 1960 bis 2010» Mitglieder bei Glasbrechen e. V. werden, dem Verein, der von betroffenen und nichtbetroffenen Ex-Schülern im Herbst 2010 zur Vertretung der Interessen der betroffenen Ex-Schüler gegründet wurde. Als Mitglied von Glasbrechen setzte sich Brigitte Tilmann bei einer Anhörung im Hessischen Landtag im Jahr 2011 gemeinsam mit mir sehr vehement für die Interessen der Betroffenen ein und forderte mit Nachdruck die Abschaffung der strafrechtlichen Verjährungsfristen. Über Claudia Burgsmüller hörte ich von anderen Betroffenen, dass sie sich von der Rechtsanwältin gut beraten und vertreten fühlten.

Zwischenzeitlich hatten wir einen weiteren Brief an die Odenwaldschule fertiggestellt. Ich hatte den Sonntag zum Schreiben genutzt,

mit Thorsten und Phil den Feinschliff gemacht und dann den Text als
E-Mail an die Schule und Jörg Schindler gleichzeitig abgeschickt.

Es war an der Zeit, den Begriff des «Tätersystems» einzuführen und
präzise zu benennen, wen wir in der Handlungsschuld sahen: Vorstand und Trägerverein. Der Begriff «Tätersystem» erinnert an den
Duktus von extremen Gruppierungen. Ich wählte den Begriff für die
Odenwaldschule, weil ich die Aufmerksamkeit der Leser auf das System, auf die Verwebung dieser «Closed Society» lenken wollte, weg
von den Einzeltätern, die scheinbar entkoppelt vom sozialen Kontext
handelten.

**An den Vorstand,
die Schulleitung,
den Trägerverein,
den Vorstand des Altschülervereins
und die Konferenz der Odenwaldschule**

15. März 2010
Sehr geehrte Damen und Herren,

**der Vorstand der Odenwaldschule hat die Aufklärung des se-
xuellen Missbrauchs durch Mitarbeiter an Schutzbefohlenen in
der Vergangenheit verhindert. Der Vorstand ist bis heute nicht
zurück getreten. Das ist ein Skandal!
Wir sehen uns nicht in der Lage, in dieser Situation mit den
Vertretern des Tätersystems zu kommunizieren.
Aus diesem Grund beenden wir heute den Dialog mit den Vertretern der Odenwaldschule, da offensichtlich der Wille zur
strukturellen und personellen Erneuerung fehlt.**

**Unserer Auffassung nach ist es notwendig, die Strukturen der
Odenwaldschule dahingehend zu verändern, dass Freunde und
Förderer des Systems Becker ihren Einfluss in der Odenwaldschule verlieren. Unserer Auffassung nach ist es notwendig,
sich von den Personen zu trennen, welche das System Becker
aufrechterhalten haben.**

258

Wir bedauern diesen Schritt, denn wir nehmen die Aktivitäten und die an uns gerichteten Schreiben des Vorstandes des Altschülervereins, der Konferenz der Odenwaldschule und der Schulleitung der Odenwaldschule positiv zur Kenntnis. Sobald die von uns als notwendig genannten Veränderungen in Kraft getreten sind, sind wir zur Wiederaufnahme der Gespräche bereit.

Wir bitten um eine differenzierte Stellungnahme bis zum
- 22. 03. 2010.

Mittwoch, 17. März 2010
Mir fällt der Artikel in der *Zeit* wieder ein. Jetzt mal los.

Betreff: Berichterstattung sexueller Missbrauch
Von: Juergen.Dehmers@gmx.de
An: Leserbriefe@Zeit.de
Datum: 17. 03. 10   07:46:57

Sehr geehrte Damen und Herren,
ich war über Ihre Berichterstattung über die Fälle sexuellen Missbrauchs am Canisius-Kolleg in Berlin sehr überrascht. Ein durchgängig aufgeklärter Journalismus, welcher die interessanten Fragen stellt und differenzierte Antworten zulässt. Ich lese die Argumente für die Abänderungen der Verjährungsfristen. Endlich!

Dann führe ich meine Erfahrungen mit der Zeit von 1999 aus, wundere mich über das Porträt des OSO-Schülers Konstantin Neven DuMont (der zu diesem Zeitpunkt in der Chefetage der DuMont Medienagentur unterwegs und damit auch mit der *Frankfurter Rundschau* verbunden war) im *Zeit-Magazin*, fotografiert vom Sohn der Vorstandsvorsitzenden der Odenwaldschule Sabine Richter-Ellermann, Konstantin Richter, und schließe mit dem Satz:

War die Zeit 1999 eigentlich Unterstützerin des «Systems Becker»? Wo steht sie heute?

Alles ist mit allem verbunden, sagt eine Freundin von mir bei solchen Gelegenheiten grinsend.

Der verantwortliche Redakteur, Herr Kerstan, schrieb mir eine Mail, in der er mich wissen ließ: «Sie haben einen wichtigen Punkt getroffen. Deshalb habe ich in unserem Artikel über die Reformpädagogik, der morgen erscheint, auch unsere Rolle kritisiert.»

Ich antwortete ihm und ließ ihn wissen, das ich lieber mit ihm telefonieren als schreiben würde.

Es dauerte nicht lange, da klingelte mein Telefon.

«Kerstan, Zeit-Redaktion, guten Tag, Herr Dehmers.» Ich grüßte ihn zurück.

«Ich habe den Eindruck, Sie sind gut informiert. Wären Sie bereit, mit mir über die Odenwaldschule zu sprechen?» Ich war es. Gut informiert und bereit. Zuerst haute ich ihm nochmals meine Erfahrungen mit seiner Zeitung im Jahr 1999 um die Ohren, dann sprachen wir über seine Fragen. Er wollte die damalige Haltung der Zeit in seinem Hause diskutieren und sich dann wieder bei mir melden. Tat er auch. Jedenfalls berichtete Die Zeit in den nächsten beiden Ausgaben ausführlich über das Odenwälder Desaster.

Jörg Schindler würde diese ausführliche Auseinandersetzung mit dem Thema und die umfassende Berichterstattung auf einer Tübinger Podiumsdiskussion im Mai 2010 als «Ablasshandlung» bezeichnen.

Im Februar 2011 sollte Die Zeit ein Interview mit der Vorsitzenden der Deutschen Landerziehungsheime, Erika Risse, machen. Risse saß im wissenschaftlichen Beirat der Odenwaldschule. Pünktlich zum Tag der offenen Tür bot Die Zeit Frau Risse eine Plattform an, für die Odenwaldschule Werbung zu machen. Es fehlte nur noch oben in der Ecke der Hinweis «Anzeige».

«Die Zeit: Können Sie Eltern heute, ein Jahr nach dem Missbrauchsskandal an der Odenwaldschule, noch guten Gewissens empfehlen, ihr Kind auf ein Internat zu geben?

Erika Risse: Im Augenblick mehr denn je, denn gerade beim Thema Missbrauch ist ja inzwischen eine Sensibilität entstanden, wie sie größer nicht sein könnte. Wobei es seltsam ist, dass Eltern in Aufnahmegesprächen an den Schulen meist gar keine Fragen zu diesem Thema stellen.

Gerold Becker hat die Alters- und Geschlechtermischung in seiner Familie aufgehoben. Er hat sich nur Jungen geholt, alle gleich alt.»
Nein, hat er nicht. Die Altersstruktur in Beckers Familie war durchmischt. Ab und an gab es ein Quotenmädchen.

Wer jetzt dachte, Risse habe ihr Pulver verschossen, lag falsch. Risse legte nach: «Mütter und Väter sollten sich alle Regeln und Maßnahmen gegen sexuellen Missbrauch vorlegen lassen, sie mit nach Hause nehmen und durchlesen.» Nein, Mütter und Väter müssen davon ausgehen können, dass ihr Kind in einer pädagogischen Institution nicht das Opfer von Straftaten wird. Es ist nicht Aufgabe der Eltern, das zu überprüfen. Das ist Aufgabe der Schulaufsicht und der Leitungsgremien der Institution.

Ich schrieb eine Mail an Frau Otto, Redakteurin der *Zeit,* und bat um Rückruf, um über die Problematik des Interviews zu sprechen. Nachdem ich ihre Rückfrage beantwortet hatte, worum es denn ginge, hörte ich nichts mehr von ihr.

Samstag, 20. März 2010
9.48 Uhr hatten wir ausgemacht. Frankfurter Hauptbahnhof. Anonym. Per Handy. Dr. Kahl hatte den Kontakt hergestellt. Ich versprach, ihn am Bahnhof abzuholen. Ich sollte ihn an der Zeitung in seiner Hand erkennen. *Süddeutsche.* Gleis 9. Zug aus München. Das war keine Neuauflage des Film Noir. Das war meine Wirklichkeit. Ich fand dieses Verhalten angemessen und lächerlich zugleich. Ich wollte anonym bleiben und mich schützen und war dabei weder ängstlich noch besonders vorsichtig.

Da war sie, die *Süddeutsche,* in der Hand von Tanjev Schultz, dem Mann, der Hentig die Gelegenheit zur Selbstentlarvung gegeben hatte. Ich war gespannt. Schnell war klar, dass er wusste, wer ich war. Also, er wusste, dass ich entweder der eine oder der andere war. Er kannte das Schreiben von Thorsten, Phil und mir vom 19. Februar 2010 an die Odenwaldschule mit unseren Klarnamen als Absender. Phil und ich wohnten in derselben Stadt. So lag es nahe, dass ich einer von diesen beiden war. Wir bewegten uns Richtung Mainufer. Ich traute meiner Intuition. Ich traute ihm. Ich sagte ihm, wer ich war. Wir hatten nicht verabredet, wie lange wir miteinander zu sprechen gedachten. Es wurden vier Stunden. Vier Stunden Spaziergang mainauf, mainab, in etwa ein Loop der Ironman-Laufstrecke. Sozusagen ein Heimspiel.

Ich freute mich damals über jeden, bei dem ich den Eindruck hatte, er verstand, wovon ich sprach. Mein Eindruck von Tanjev Schultz war, dass er ziemlich viel verstand. Er sagte aber auch, dass seine Leser das Thema langsam überhätten und dass in Bayern ohnehin dem Missbrauch in den katholischen Einrichtungen eine größere Aufmerksamkeit entgegengebracht würde. Ich konnte das verstehen. Wir sprachen auch über Hentig und darüber, dass Schultz ihn in der Vergangenheit gut gefunden hatte. Ich machte einen gedanklichen Schlenker zu John Dewey, dem amerikanischen Philosophen und Pädagogen, und ließ Tanjev Schultz ungefragt an meiner Begeisterung für ihn teilhaben.

Als wir uns trennten, ging es mir gut, ein Gefühl, das mir damals bei dem Thema noch fremd war. Seitdem sind wir immer wieder in Kontakt. Ich empfinde seine Distanz zum Thema und den Akteuren, die ihn jedoch nicht abgeschnitten wirken lässt, als passend. Ein knappes Jahr später würden wir unser Gespräch fortsetzen.

Sonntag, 21. März 2010
Aha, dachte ich, als ich die *Frankfurter Allgemeine Sonntagszeitung* in den Händen hielt. «Das ist ja ein Ding», brummelte ich in meinen Kaffee. Es war ziemlich früh, ich konnte nicht schlafen, und irgendjemand hatte mir gesteckt, dass heute die *Frankfurter Allgemeine Sonntagszeitung* anfangen würde, die OSO-Soße mit aufzurühren. Aber das? Mit Blick auf die Uhr – es war kurz nach acht – rief ich Kathrin an. «Wer ist Johannes?», stieg ich sofort ins Gespräch ein, in der Annahme, dass sie natürlich schon Zeitung gelesen hatte. «Das ist Adrian Koerfer», antwortete sie. Bei mir ratterte es im Kopf auf Hochtouren. Adrian Koerfer, dessen Bericht über seine Erlebnisse auf der Odenwaldschule uns seit Monaten vorlag und uns nie hätte vorliegen dürfen, wie Adrian mir später berichten wird. Frau Kaufmann war die Verantwortliche. Verschwiegenheit und Diskretion sind Begriffe, die sich nicht ins Ober-Hambacherische übersetzen lassen. Adrian Koerfer, dessen Eintrag bei Misalla ich erst mal auf Moderation stellte, weil ich ihn brandgefährlich fand, und erst freischaltete, als mir Adrian eine Nachricht auf dem Anrufbeantworter hinterließ, die ich so interpretierte, dass er zu sei-

nen Aussagen stand und gegebenenfalls auch finanziell die Verantwortung trug, falls es zu einer juristischen Auseinandersetzung kommen würde. Adrian Koerfer, dessen Tochter Schülerin der Odenwaldschule war. Höchst suspekt. Aber auch höchst interessant.

Volker Zastrow zitierte aus einem Artikel Amelie Frieds und schrieb: «Sie schwärmt von der Schule mit ihren aufgeklärten, fortschrittlichen Lehrern, die in den siebziger Jahren ihren ‹rebellischen Geist genährt›, ihr Mut und Widerständigkeit beigebracht hat», und er skizzierte das Ergebnis der Gehirnwäsche, die auf der Odenwaldschule stattfand.

«Die rettende Hölle», nannte Fried ihren Artikel vom 14. März in der *Frankfurter Allgemeinen Zeitung*, in dem sie zum Besten gab, was viele Ex-Schüler vermutlich nie loswerden würden und was die Genesung von Missbrauch und Gehirnwäsche nahezu unmöglich macht: die permanente Relativierung der OSO-Wirklichkeit. Wenn ich diesem Mantra eine Weile zuhöre, habe ich irgendwann nur noch Quark im Kopf. Ja, die Übergriffe waren schrecklich, ja, es war unpassend, mit den Lehrern abends zu saufen, ja, ich fühlte mich vernachlässigt, als mein Familienoberhaupt in meine Mitschülerin frisch verliebt war und nur noch Augen und Ohren für sie hatte und die ganze Zeit mit ihr in der Kiste lag, ja, es war komisch, am Abend zusammen abzuhängen, Skat zu spielen und am nächsten Morgen die schlechten Noten um die Ohren gehauen zu bekommen. Und dann folgt das: Ja, aber. Und bekanntlich fegt das «aber» alles weg, was vor dem «aber» gesagt wurde. Ja, aber es war doch auch schön, ja, aber zu Hause wäre es noch schlimmer gewesen, auf einer anderen Schule hätte ich es nicht geschafft, ja, aber hier bin ich herausgefordert worden, ja, aber hier konnte ich mich ausprobieren, ja, aber der Gerold war doch so nett. Ja, aber hier waren doch meine Freunde.

Da bin ich dabei. Auf der Odenwaldschule waren meine Freunde. Das war gut, und dass ich mit ihnen immer zusammen sein konnte, war noch besser. 24/7. Das war kein Verdienst der Schule, schon gar kein pädagogischer. Freundschaften zu schließen war unsere Entscheidung gewesen. «Woanders wäre es noch schlimmer gewesen» ist ein gutgemeinter Rettungsversuch der Schule und der eigenen Biographie. In Wirklichkeit ist es die Bankrotterklärung. Nur weil es woanders noch schlimmer gewesen wäre, ist die Odenwaldschule kein guter Ort für Kinder. Viele haben hier versucht, psychisch zu überleben. Manche haben es geschafft. Andere sind hier erst schwer beschädigt worden, die eigentlich eine gute Jugend vor sich hatten.

Von diesem System ohne Grenzen und Regeln profitierten in erster Linie die Erwachsenen. Manche Schüler hatten zu dem Zeitpunkt, als sie auf die Odenwaldschule kamen, bereits genug innere Struktur, um sich in dieser Regellosigkeit zurechtzufinden und manchmal sogar aufzublühen, weil die Zwänge ihres vorherigen Umfelds auf einmal wegfielen. Das traf vor allem auf die Schüler zu, die erst zur Oberstufe auf die Odenwaldschule kamen und damit schon deutlich älter und reifer waren als die Knirpse, die bereits in der Unterstufe geschickt wurden. Der Rest war Glückssache.

Frieds Skizze konnte ich nur bedingt folgen. Ich saß da und glotzte die Zeitung an.

«Aufgeklärte, fortschrittliche Lehrer?», fragte ich ungläubig mich selbst. «Mut und Widerständigkeit?» Diese Generation von OSO-Lehrern ist ausgezogen, um die Welt zu verändern, und hat sich von einem schlechtgekleideten Pfarrer auf dem Schulleitersessel an der Nase herumführen und ins Bockshorn jagen lassen. Wenn jemand Beckers schlechte Zaubertricks durchschaute, wurde er hinausgejagt, damit die anderen auf den Lehrerstühlchen nicht den Spaß verdorben bekamen. Und die Kinder zahlten jahrzehntelang den Preis.

Das, was nun in den Medien als intelligente, reflektierte Perspektive von Ex-Schülern angeboten wurde, war nicht ein Zeichen großer Selbstreflexion, sondern eine Zurschaustellung des erlittenen Schadens. Es wurde nicht einmal versucht, die billige Sowohl-als-auch-Rhetorik zu tarnen. Ich saß vor der Zeitung und war – verzweifelt.

Das Gleiche wiederholte sich, wenn man Mitarbeitern der Odenwaldschule zuhörte. «Wie konnte das passieren? Wir haben doch unsere demokratischen Strukturen!»

Die *scheinbar* rettende Hölle, die *scheinbar* demokratischen Strukturen. Was mit einem Abstand von Jahrzehnten von Amelie Fried als ein kritisch-reflektierender Beitrag gemeint war, sollte eigentlich den Sektenbeauftragten auf den Plan rufen. Traurig.

Da war also nicht nur eine andere Generation von Ex-Schülern auf den Plan getreten, sondern mit der *Frankfurter Allgemeinen Sonntags-zeitung* auch ein anderes einflussreiches Medium.

Volker Zastrow und sein Team zeigten nicht nur Interesse an der Berichterstattung, sie bewiesen auch, dass sie den richtigen Punch hatten. Es brauchte nicht nur entschlossene Ex-Schüler, es brauchte auch entschlossene Journalisten, die sich vom Ober-Hambacher Gelabere nicht verscheuchen ließen. Mit Nine-to-five-Leuten wäre hier nichts zu gewinnen gewesen. Stand wieder einmal eine Fahrt von Volker Zastrow, Philip Eppelsheim und anderen Mitarbeitern zur Recherche und zu Gesprächen nach Ober-Hambach an, hieß es bei der *Frankfurter Allgemeinen*: «Wir fahren nach Transsylvanien.»

Samstag, 27. März 2010

Die außerordentliche Trägervereinssitzung sollte an diesem Tag stattfinden. Endlich. Im Vorfeld war alles getan worden, um die Vorstandsmitglieder zum Rücktritt zu bewegen. Frau Richter-Ellermann und Frau Dr. Daublebsky waren ja sogar schon 1998 im Vorstand der Schule gewesen. Bereits zwei Wochen zuvor hatte mir ein Journalist versprochen: «Die Vorwürfe sind so massiv. In drei Tagen sind die zurückgetreten.»

Nicht in Ober-Hambach. Im Gegenteil. Niemand dachte an Rücktritt. Die Schule brauche in so einer schwierigen Situation «Kontinuität», ließ der Vorstand uns wissen. Frau Richter-Ellermann rief mich an, sie wolle «einmal mit mir persönlich reden», hörte ich ihre jammernde Stimme am Telefon. Nach zwölf Jahren? Ich bedauerte. Enough is enough. Ein weiteres Problem war, dass der Trägerverein, der den Vorstand der Schule wählt, zu einem großen Teil nach wie vor aus den «Freunden und Förderern Beckers» bestand, wie ich es formulierte.

Im Vorfeld erreichten mich Briefe von Personen, welche seit vielen Jahren im Vorstand und Verein saßen und die nun plötzlich mir gegenüber ein Mitteilungsbedürfnis verspürten. Was sie zu sagen hatten? Ich weiß es nicht. Mein Interesse war erloschen. Ich warf die Briefe ohne Umweg direkt in die Altpapiertonne. Kathrin Heres hatte Kopien davon erhalten und kommentierte sie auf der Versammlung, zu welcher sie als Gast eingeladen war: «Hier wird wieder versucht, Opfer zu Tätern zu machen!» Gut, dass ich es nicht gelesen hatte.

Eine der Schreibenden war eine Professorin für Pädagogik. This world is totally crazy.

Erneut drehte sich alle Anstrengung der Verantwortlichen um die Institution. Die Betroffenen waren wieder Schadensverursacher. So schrieb Annemarie von der Groeben, Mitglied im Trägerverein, langjährige didaktische Leiterin der Laborschule Bielefeld und auch nach 1999 noch Herausgeberin pädagogischer Fachliteratur an der Seite von Gerold Becker: «Was reformpädagogisch orientierte Schulen entwickelt haben, wird jetzt von vielen generell in Frage gestellt, damit die Arbeit sehr vieler Menschen unter Pauschalverdacht diskreditiert und aus meiner Sicht unabsehbarer Schaden angerichtet.»

Das Ende der Sitzung ließ auf sich warten. Der Vorstand trat zurück, zwei unbelastete Personen, der Ex-Schüler Dr. Dr. Philipp Sturz und der ehemalige Landrat Norbert Hofmann, wurden zu Interimssprechern des Vereins gewählt. Hofmann und Sturz versprachen in der ersten Pressekonferenz, dass die Odenwaldschule alles zur Aufklärung der Verbrechen unternehmen wolle und dass baldmöglichst ein nachhaltiger Ausgleich mit den Betroffenen hergestellt werden solle.

Philipp Sturz war seit 1998 im Trägerverein. Das Thema Becker wurde damals mit dem Fußvolk des Trägervereins nicht besprochen. Dieses Mal wollte er nicht zulassen, dass es wieder ein Informationsgefälle im Trägerverein geben würde, und begann sofort nach Bekanntmachung der Vorfälle in der Odenwaldschule einen E-Mail-Verteiler anzulegen, der erstmals den gesamten Trägerverein erfasste. Bis zu diesem Zeitpunkt gab es im Trägerverein keine gemeinsame Kommunikationsstruktur. Um dem Trägerverein die Möglichkeit zu geben, sich ein erweitertes Bild von der aktuellen Situation zu machen, lud Philipp Sturz zu der Sitzung unter anderem Kathrin Heres, Luzia Schmid und Regina Bappert ein. Es war ihm wichtig, dass die Trägervereinsmitglieder nicht wieder nur im eigenen Saft schmorten. Die Dokumentarfilmerin Luzia Schmid wurde von Mitgliedern des Trägervereins auch gleich wieder hinauskomplimentiert.

Als Philipp Sturz nach seiner Motivation für sein Engagement gefragt wurde, antwortete er: «Ich hatte auf der Odenwaldschule als Stipendiat eine sehr gute Zeit. Als 1998 Gerold Becker nicht zur Sitzung des Trägervereins erschien, fragte ich in die Runde, wo denn Gerold sei. ‹Auf dem Kirchentag›, lautete die Antwort. Nach der Sitzung nahm mich Salman Ansari beiseite und sagte mir, dass diese Aussage schlicht gelogen sei. Es gäbe da Vorwürfe gegen Becker. Aus diesem Grund würde er nicht mehr auf der Trägervereinssitzung erscheinen.» Philipp war sprachlos. Er fragte nach. «Da haben sich zwei Jungs in den Gerold verliebt und sind nun enttäuscht», war die Antwort. Um Schaden von der Schule fernzuhalten, würde Becker jetzt der Schule fernbleiben.

Philipp fühlte sich in der Situation damals überfordert. Er rief Regina Bappert an und besprach sich mit ihr. Aus diesem Gespräch entstand der bereits erwähnte Brief von Regina Bappert, der 1999 als öffentliches Dokument gehandelt worden war. Konsequenzen hatte das mehrseitige Schreiben im Sinne der Aufklärung keine gehabt. Philipp Sturz war die Jahre nach 1999 privat und beruflich sehr eingespannt und fuhr nicht mehr zu den Sitzungen des Trägervereins zur Odenwaldschule. Die nächste Information, die er erhielt, war unser Brief vom 19. Februar 2010. Der Brief hat «ihn fast vom Stuhl gehauen», wie er sagte. Jetzt, wo er von dem Ausmaß der Verbrechen erfahren hatte, sah er zum ersten Mal seine Biographie in Rauch aufgehen.

Thorsten, Phil und mir schrieb er am 1. März 2010 einen Brief. Er war «nachhaltig erschüttert» über die Ereignisse. Er werde sich «im Trägerverein für eine rückhaltlose Aufklärung einsetzen».

Das Drängen auf Aufklärung und Verantwortungsübernahme durch die Schule brachte ihm ein Schreiben eines Vorstandsmitglieds ein. Darin heißt es: «Du verlierst offensichtlich durch Deine ‹Über-Identifikation› mit den Menschen, die unter dem Missbrauch zu leiden haben, völlig Deine Unterscheidungsfähigkeit, die Dir ermöglichen sollte, die Sinnhaftigkeit Deines Handelns zu beurteilen.» Und weiter: «Es war der Moment, ab dem mir endgültig klar wurde, dass Du von blindem Hass getrieben bist und Du nichts mehr als Verachtung verdienst – Du hast in meinen Augen endgültig Deine Würde verloren.»

Philipp blieb bei seiner Position. Er wollte Transparenz und Ergebnisse.

Vorstandsmitglied Fritz Springorum ließ Philipp Sturz wissen: «Deine Argumente sind von beunruhigender Schlichtheit.» Springorum begründete seinen Rücktritt mit der Erklärung: «Angesichts einer

mit großem Eifer betriebenen Kampagne, die vor persönlichen An-
griffen und haltloser Diffamierung nicht zurückschreckte, ja diese
vermutlich geradezu bezweckte, ist einer sachlichen Arbeit in Engagement und Verantwortlichkeit der Boden entzogen.»

Bemerkenswert ist an dieser Stelle, dass Springorum in der Zeit der
Gespräche in Frankfurt und danach kein einziges Mal Kontakt mit uns
aufgenommen hat. Vermutlich waren unsere Argumente für ihn auch
zu schlicht.

Für Philipp Sturz war es aufschlussreich gewesen, sich von Gerhard Roese explizit erzählen zu lassen, wie es bei Wolfgang Held in
der Familie zuging. Nach diesem «meinungsbildenden Bericht» war
für Philipp klar, «dass die Schule jetzt Verantwortung übernehmen
muss». Ende Mai sollte dann ein neuer Vorstand gewählt werden. Frau
Richter-Ellermann trat vor die Kameras und erklärte ihre Unschuld
und dass sie nur wegen des öffentlichen Drucks zurücktrete, nicht
aber, weil sie etwas falsch gemacht habe. Man sei «von so vielen Seiten
zum Rücktritt aufgefordert worden», dass man keine Alternative mehr
sehe, so zitierte sie die *Frankfurter Rundschau*. Meto Salijevic blieb als
Geschäftsführer weiterhin im Amt. Er war bereits 1999 im Amt und
würde es im April 2011 immer noch sein.

«Unbedingt verhindern wollen Altschüler, Elternvertreter und en-
gagierte Lehrer, dass im neuen Vorstand weiter Menschen das Sagen
haben, die vor zehn Jahren eine Aufklärung des Skandals verhindert
hätten. In der Kritik standen vor allem der damalige Vorstandsvorsitzende Hermann Freudenberg und sein früherer Stellvertreter, der
langjährige SPD-Bundestagsabgeordnete Peter Conradi.» So stellte die
Frankfurter Rundschau die Situation kompakt formuliert dar.

Der Altschülerverein drängte im Hintergrund auf eine neue Lei-
tungsstruktur der Odenwaldschule. «Die bisherige Konstruktion mit
Verein, Vorstand und einer mächtigen Schulkonferenz habe sich als
untauglich erwiesen, so Tügel» (ein Altschülervertreter).

Und nun?

April 2010
Da ich noch immer krank war, beschloss ich zu verreisen. Ich brauchte
Ruhe. Ich brauchte eine Pause. Ich brauchte Abstand. Ich dachte, Sonne

und Wärme würden mir guttun. Ich besorgte mir ein Ticket an einen Ort, an dem diese in der ganzen Welt bekannten weißen Plastikstühle herumstehen, und begab mich hustend zum Flughafen. Am Reiseziel angekommen, beschloss ich, erst wieder aus dem weißen Plastikstuhl mit Blick aufs Meer aufzustehen, wenn ich wirklich den Impuls danach verspürte. Der Impuls blieb aus. Ich war leer.

Zurück zu Hause, war ich froh, dass es in Deutschland etwas wärmer geworden war. Bereits morgens hatte die Sonne Kraft. Meine Wohnung lag an einem großen Hinterhof, der für Spielplätze und Terrassen genutzt wurde, zum Haus gegenüber waren es rund achtzig Meter. Dort hatte noch jemand bemerkt, dass es Frühling wurde. Eine Frau Mitte zwanzig, ungefähr im fünften Monat schwanger. Sie lag nun häufig vormittags in ihrer Gartenliege auf ihrem Balkon und sonnte sich. Ich konnte von meiner Wohnung aus das ganze Prozedere ihres Vormittags beobachten. Wir hatten etwa den gleichen Rhythmus.

Während ich gerade so bei meinem Milchkaffee in der Küche saß, zog sie in ihrem Schlafzimmer den Rollladen hoch, stellte sich im Tageslicht vor ihren großen Spiegel, der vom Boden bis fast zur Decke reichte, und betrachtete sich. Ausführlich. Es muss ihr klar gewesen sein, dass die gesamte gegenüberliegende Häuserfront Einblick in ihre Wohnung hatte. Das kam mir bekannt vor. Auch ich hatte keine Vorhänge und habe mich schon manchmal gefragt, was die älteren Herrschaften in den gegenüberliegenden Häusern wohl so dachten, wenn sie mich meine gymnastischen Verrenkungen auf meinem Teppich machen sahen. Nachdem sich meine Nachbarin von allen Seiten betrachtet hatte, ging sie in die Küche, setzte Wasser auf, machte sich ein, zwei Brote, die sie auf einen Teller legte, überbrühte den Tee in einer großen roten Kanne und stellte Kanne, Teetasse und Frühstücksteller auf ihren kleinen runden Balkontisch. War der Himmel wolkenlos, setzte sie sich eine große runde Sonnenbrille auf, wie sie gerade in Mode waren. So lag sie nun auf ihrer Liege auf ihrem Balkon, frühstückte und ließ sich von der Sonne bescheinen.

Ich war fasziniert. Mein Interesse an ihr nahm zu, obwohl es ja nach einer Weile eigentlich nichts Neues mehr zu beobachten gab. Eine Frau auf der Sonnenliege. So what? Es dauerte eine Weile, bis ich darauf kam. Die Frau lag einfach da. Ganz ruhig. Ganz entspannt. Das wollte ich auch können, einfach daliegen. Ich konnte nur stillhalten, wenn ich völlig erschöpft war. Meine innere Unruhe zwang mich dazu, immer aktiv zu sein. Ich musste ständig etwas tun, um die Energie in meinem Körper zu kanalisieren. Hyper-Arousel nennen das die Trauma-Experten. Seit den Übergriffen mäandert ein unruhiger Schmerz durch meinen Körper. Als ob sich eine Kugel durch meine Adern schiebt. Nur dass diese Kugel etwas größer ist als der Durchmesser meiner Adern, sodass dies immer mit einem Reibungsschmerz verbunden ist. Durch Aktivität übertünche ich dieses unangenehme Gefühl. Ich nehme das Bild der Schwangeren auf der Sonnenliege in meine Agenda auf. Das möchte ich auch können. Irgendwann. Einfach daliegen.

Mai 2010

Für den 28. und 29. Mai war die nächste Sitzung des Trägervereins angesetzt. Ein neuer Vorstand sollte gewählt werden. Die Ex-Schüler der Odenwaldschule hatten eine Idee. Eine größere Gruppe von ihnen war zu dieser Sitzung angereist und wollte als Kollektiv in den Trägerverein aufgenommen werden. Das war unüblich. Der bisherige Gang war, dass ein Mitglied des Trägervereins eine Person für die Aufnahme vorschlug und die Mitgliederversammlung dem zustimmen musste. Einladungswettbewerb nennt man das im Sport. Die erste Frage, die es nun zu klären galt, war, ob die Ex-Schüler, die in den Trägerverein aufgenommen werden wollten, als Paket Zugang zu diesem bis dahin exklusiven Club erhalten sollten. Quasi «en bloc». Mit der Mehrheit von einer Stimme entschieden die Befürworter dieses Verfahrens die Frage für sich.

Sie wurden alle aufgenommen. Sie bildeten nun die Mehrheit im neuen Trägerverein der Odenwaldschule und waren somit Arbeitgeber von Schulleitung, Geschäftsführung und Mitarbeitern geworden. Genau davon hatte ich abgeraten. Dass die Kindergeneration wieder einmal einsprang, weil die Elterngeneration nicht verantwortlich handelte. Dysfunktionale Familie at its best. Ich hätte gern gesehen, wie die Verantwortlichen die Suppe auslöffelten, die sie sich über die Jahre gekocht hatten.

Aber das hatte niemand hören wollen. Die neuen Vorstände wurden dann auch von den Ereignissen regelrecht geprügelt. Michael Frenzel und Adrian Koerfer würden noch 2010 aus dem Vorstand wieder ausscheiden, weil sie für eine minimale Entschädigungszahlung an den Verein Glasbrechen e. V. keine Mehrheit erhielten, dessen Gründungsmitglied Koerfer war. Dieter Grah sollte Anfang 2011 aus dem Vorstand zurücktreten, nachdem Philip von Gleichen, Anfang 2011 der Kommunikationsbeauftragte des Trägervereins, in einer Presseerklärung geschrieben hatte: «In der jüngsten Vergangenheit war die Beschlussfindung und die Arbeit des Vorstandes zum Teil erheblich durch ungerechtfertigte Anwürfe und Anfeindungen von Seiten von Betroffenen erschwert. (…) Die Odenwaldschule zu schließen – wie es einige Betroffene gefordert haben – würde bedeuten, dass eine Aufarbeitung der Vergangenheit unmöglich wird.»

Blödsinn, dachte ich, als ich das las. Der Täter wird zum Opfer, das Opfer wird zum Täter, das wurde langsam richtig langweilig.

Dieter Grah und Adrian Koerfer waren selbst als Kinder auf der Odenwaldschule misshandelt worden. Der Friedensschluss mit der Odenwaldschule in Ämtern der Organisation war beiden nicht gelungen. Wie auch.

Juni 2010

«Da Claudio», dort waren Kathrin Heres, Adrian Koerfer und ich verabredet. Zu diesem Zeitpunkt kannte ich Adrian noch nicht persönlich, wir hatten lediglich ein paar Mal gemailt und ein paar kurze Gespräche am Handy mit zerfetztem Empfang geführt. De facto hatten wir seit Anfang März Kontakt miteinander. Adrian bloggte ja seinen Beitrag bei Misalla, in dem er schwere Anschuldigungen gegen Becker und Hentig erhob, woraufhin ich ihn ein wenig abklopfte, ob er auch zu dem stand, was er da äußerte. Dem war so. Zu dem Zeitpunkt waren wir per Sie. Das bedarf in OSO-Kreisen einer besonderen Erwähnung. Mich riefen teils Leute an, die ich nicht kannte, die aus einer anderen Generation kamen, die sich am Telefon lediglich mit irgendeinem Schülerspitznamen vorstellten und sofort lospalaverten: «Ey, Jürgen, bla bla bla.» Unhöflich. Distanzlos. Entgrenzt. Adrian und ich hatten uns einige Zeit genommen, aufeinander zuzugehen. Das hat mir gefallen.

Im Vorfeld des Gesprächs hatte ich eine Mail an Adrian Koerfer und Michael Frenzel, Rechtsanwalt aus Langenselbold und ebenfalls wie Adrian ein neugewähltes Vorstandsmitglied, geschrieben: «Kathrin und ich würden gerne mit Euch sprechen.» Auch der Termin stand bereits fest, da Kathrin nur am Donnerstagabend in Frankfurt war und am nächsten Tag mit ihren Freunden zum Geheeb'schen Jubiläum in die Schweiz zur École d'Humanité fahren würde.

Michael Frenzel antwortete prompt auf meine Mail und sagte aus terminlichen Gründen ab, nannte auch keinen Alternativtermin, sein Gesprächsbedarf mit uns war wohl eher bescheiden. Adrian sagte uns auch zunächst ab und meldete sich dann kurzfristig bei Kathrin auf dem Handy mit der Mitteilung, er wolle sich nun doch mit uns treffen. Ich hatte keine konkreten Erwartungen an dieses Treffen, mir war jedoch klar, dass es ganz leicht schiefgehen konnte. Adrian wollte in diesem Prozess die Odenwaldschule retten, mir war die Zukunft der Schule gleichgültig. Meine Position war von Anfang an klar. Die Schule musste angemessen entschädigen; wenn sie dann noch ausreichend wirtschaftliche Mittel zur Verfügung hatte, stand ihrem künftigen Betrieb nichts im Wege. Die Zulassung als Privatschule stand im Moment nicht mehr zur Diskussion. Diese Differenz zwischen uns beiden war deswegen so brisant, weil Adrian ja nun im Vorstand und damit der Schule verpflichtet war. Also, durchatmen und wir werden sehen, dachte ich mir.

Ich holte Kathrin bei Phil ab, und wir fuhren zu «Da Claudio». Vor der Tür saß Adrian bereits auf dem Mäuerchen, telefonierte und rauchte eine Zigarette. Seine Begrüßung war unerwartet herzlich. Ich war überrascht, dass jemand, der seit Wochen Tag und Nacht an diesem Prozess arbeitete, noch so große Gefühlsregungen an den Tag legen konnte. Wir gingen in das Lokal, und ich hatte plötzlich das Gefühl, es würde ein einfacher Abend. Ich hatte Adrian bereits am Telefon gesagt, dass ich einen ruhigen Ort zum Reden brauchte, meine Nerven waren ziemlich runter, und ich war so geräusch- und reizempfindlich geworden, dass ich am liebsten irgendwo in der Natur auf der Wiese lag und in die Wolken schaute.

Es war ganz ruhig im Lokal, nur wenige Gäste und keine Musik, ich fing an, mich zu entspannen. Wir kamen schnell ins Erzählen, generationenübergreifend sozusagen. Adrian war Mitte fünfzig, Kathrin und ich Anfang vierzig, das heißt, wir hatten die Odenwaldschule nie gleichzeitig besucht. Die Erzählungen über das Leben an der OSO waren ziemlich ähnlich, es gab also offensichtlich keine große Entwicklung ab der Zeit, als Adrian die Schule verließ, bis hin zu der Zeit in den 80ern, in denen wir die Schule besuchten. Anything goes, keine Grenzen, keine Regeln, außer: Becker ist der Boss. Ein ziemliches Chaos unter der Überschrift: Wir befreien uns von den bürgerlichen Zwängen, und wir können alles! Außer Pädagogik, sagte ich dann zu mir selbst bei diesem Gedanken.

Irgendwann stellte ich Adrian die Frage, die ich allen zu stellen pflege, von denen ich annehme, dass sie bereits 1999 irgendwie von unseren Aktivitäten gehört hatten, spätestens mit dem Erscheinen von «Der Lack ist ab».

«Sag mal, Adrian, kannst du dich eigentlich daran erinnern, wo du warst, als du die 99er-Geschichte mitbekommen hast?»

«Ja klar», kam es wie aus der Pistole geschossen aus Adrians Mund. Pause. «Ich saß wie jeden Morgen in meinem Arbeitszimmer und habe die *Frankfurter Rundschau* gelesen.» Pause. Menschen, die mit der Odenwaldschule verbunden sind, können sich in der Regel ganz genau daran erinnern, wo sie sich in dem Moment befunden haben, in dem sie von unseren öffentlichen Anschuldigungen gegen Becker erfuhren.

«Ja und, was hast du gedacht, als du's in der Zeitung gelesen hast?»

«Ich dachte: Jetzt geht's los.»

«Was geht los?»

«Na ja, dass jetzt alles rauskommt.»

«Und was war dein Gefühl?»

«Es war kein bestimmtes Gefühl, ich war einfach ziemlich aufgeregt.»

«Wie ging es weiter, hast du jemanden angerufen, bist du angerufen worden, wann hast du das nächste Mal mit jemandem darüber geredet, was du gerade in der Zeitung gelesen hast?»

«Mmh, nein, habe ich nicht.»

«Wie, hast du nicht – heißt das, du denkst, jetzt geht es los, du bist total aufgeregt, und du tauschst dich trotzdem mit niemandem darüber aus?»

Ich merkte selbst, wie meine Stimme einen aufgeregten Tonfall bekam, aber ich war auch echt ziemlich platt.

«Wann hast du denn, nachdem du den Artikel in der *Rundschau* gelesen hast, das nächste Mal mit jemandem darüber gesprochen?», setzte ich nach.

«Jetzt im März», antwortete Adrian, als wäre es das Normalste von der Welt, dass jemand, der selbst Missbrauchsopfer von Becker und Held war, unseren öffentlichen Aufschrei als triftig registrierte und dann elf Jahre lang darüber schwieg.

«Warum bist du denn in den Trägerverein eingetreten und hast dich in den Vorstand wählen lassen? Was ist dein Ziel?»

Ich war beruhigt, als ich an Adrians Gesichtszügen ablesen konnte, dass er sich darüber Gedanken gemacht hatte.

«Ich möchte dazu beitragen, dass die OSO ein Ort ist, an dem die Immunität der Kinder gewährleistet ist. Die Odenwaldschule ist nur die erste Baustelle, irgendwo muss man halt mal anfangen», ergänzte er.

Ich war froh über das Gespräch. In dem Moment spürte ich, dass ich unbewusst Angst davor gehabt hatte, unsere Differenzen könnten so groß sein, dass wir darüber in Streit gerieten. Ich leide unter Streit mit den Geschwistern sehr, auch wenn das von außen, glaube ich, nicht immer sichtbar ist.

Wir machten hinter das Thema einen Punkt, und Adrian erzählte uns die Geschichte, wie er mit anderen Schülern zu ihrer Schulzeit einen mehrere Meter großen Phallus vor dem Fenster von Beckers Büro aufgestellt hatten, den ich bisher nur von einem Foto aus dem *Spiegel* kannte.

«Becker kam sofort an diesem Morgen zu mir und sagte, ich solle dafür sorgen, dass das verschwindet. Er nannte diesen Riesenschwanz nicht einmal beim Namen, so sehr muss er sich darüber aufgeregt haben.»

Eine Gruppe von Schülern hatte einen Riesenphallus angefertigt, ein mehrere Meter tiefes Loch gegraben, den Phallus hineingestellt, ihn so professionell stabilisiert, dass Bauer Röder ihn am nächsten Tag nicht mit dem Trecker herausziehen konnte, und ein Foto davon gemacht. Und? Und nichts! Becker beauftragte die Lannerts, eine Familie in Ober-Hambach, die in Lohn und Brot der Odenwaldschule stand, den Phallus zu beseitigen, indem sie ihn mit der Kettensäge klein sägten und abtransportierten.

Das drei Meter aus der Erde ragende Prachtstück überlebte seinen ersten Tag nicht. Soll keiner sagen, es ginge nicht schnell, wenn es schnell gehen sollte.

Offensichtlich wurde das von niemandem als ein Hinweis verstanden, was sich auf der OSO abspielte, oder der Hinweis wollte nicht verstanden werden. Wie so oft. Wie eigentlich immer.

Wir saßen nun seit Stunden zusammen, und es wiederholte sich etwas, was ich schon seit längerem beobachtete. Ich konnte fragen und fragen und erhielt immer weitere Informationen zu Tätern, zu Opfern, zu den absonderlichsten Anekdoten, die sich auf der OSO abgespielt hatten. Ich erlebe die Vergangenheit der Odenwaldschule wie ein dunkles Schloss mit Hunderten von Zimmern. Gleichgültig, welches Zimmer betreten wird, sobald das Licht eingeschaltet ist, offenbart sich dem Besucher der ganze Schrecken. Kaum hat sich dieser gelegt, wird der Besucher gewahr, dass von dem betretenen Zimmer mehrere Türen in andere Zimmer verweisen. Je mehr dieser Türen geöffnet werden und je mehr Zimmer eine Betrachtung erfahren, desto sicherer wird der Besucher, dass hinter den anderen Zimmertüren Ereignisse ähnlich schrecklicher Qualität warten. Ein nie versiegender Strom von Horrornachrichten und bizarren Schrägheiten. Alles in allem Berichte, die außerhalb Ober-Hambachs niemand als normal bewerten würde. Für uns war es normal.

Weit nach Mitternacht verabschiedeten wir uns. Adrian und ich umarmten uns.

Juli 2010

Ich war langsam ziemlich genervt, dass es so wahnsinnig schwierig war, Menschen zu finden, die mit mir zusammen für eine Entschädigung kämpften. Wenn ich mit jemandem über Entschädigung sprach, dann brachte mir mein Gegenüber zunächst oft ziemliches Unverständnis entgegen. «Ja, wozu soll das denn gut sein, davon wird es doch auch nicht besser.» Die Gespräche dauerten mindestens eine Stunde, und am Ende hörte ich dann, durch den Telefonhörer: «Ja stimmt, du hast recht, ja, jetzt verstehe ich das, sag mal, kannst du das nicht alles mal aufschreiben?» Nach dem zigsten Gespräch habe ich dann genau das gemacht. «Entschädigung jetzt! Entschädigungen haben wichtige

Funktionen!», betitelte ich das Papier und verschickte es via E-Mail an eine Reihe von Leuten mit der Bitte um Rückmeldung.

Entschädigungszahlungen an die Opfer haben wichtige Funktionen!

Eine davon ist symbolisch.
In einer materiellen Kultur wie der unseren, in welcher der Wert von etwas oder jemandem in einer Euro-Bezifferung ausgedrückt wird, hat die Benennung eines Schadens in Euro eine hohe Aussagekraft, besonders wenn es sich dabei um einen Schmerz-Schaden handelt, also einen Schaden, bei dem es lediglich eine Anerkennung, aber keine Wiedergutmachung geben kann. Eine Zahlung von Entschädigung ist die Anerkennung und Benennung einer Schuld und beendet die gefühlte Mitschuld und Beteiligung der Opfer am Verbrechen.
Die Opfer haben nicht «Nein» sagen können!
Dass gegenwärtig wenige Opfer Entschädigungen fordern, ist ein Teil des Schadens, welcher durch die sexualisierte Gewalt verursacht wurde, welche die Opfer erleiden und erdulden mussten. Indem es hingenommen wird, dass die Mehrheit der Opfer keine materiellen Forderungen stellen und damit die Minderheit der Opfer, welche bezifferte Entschädigungssummen fordern, erneut ausgrenzen, setzen die Verantwortlichen der Institution das schädigende Verhalten fort.
«Denn erst wenn in unserer Gesellschaft größere Summen Geldes freiwillig gezahlt werden, ist die Schuld schmerzhaft anerkannt.»
Prof. Volkmar Sigusch, Sexualforscher, Frankfurt am Main, Erziehung und Wissenschaft, 6/2010, GEW

Eine davon ist praktisch.
Eine Entschädigungszahlung lindert den angerichteten Schaden. Überlebende sexualisierter Gewalt stehen in der Regel unterdurchschnittlich gut und abgesichert im Leben. Die Kosten für Behandlungen sind hoch und werden nicht immer von den Krankenkassen bezahlt. Kontingente für therapeutische Maßnahmen sind vor Behandlungsende erschöpft. Gebrochene Biographien, Ausbildungsverzögerungen und unterbrochene Beschäftigungsverhältnisse sind bei Opfern gehäuft zu beobachten. Eine adäquate Versorgung für das Alter ist häufig nicht vorhanden.

Eine davon ist moralisch.

Wer Schaden angerichtet hat, steht in unserer Kultur in der Pflicht, diesen wieder auszugleichen. Diese Verpflichtung ist unabhängig von Straf- und Zivilrecht. Daher steht die Institution in der Pflicht, von der Einrede der Verjährung Abstand zu nehmen und ihrer moralischen Verpflichtung zur Anerkennung nachzukommen.

Die Entschädigungszahlungen sind so hoch anzusetzen, dass die Opfer nicht beleidigt werden. Lebenslanges Leid kann nicht mit Almosen abgegolten werden!

Ich hatte dann wieder so ein Schlüsselgespräch mit einem anderen Opfer der OSO-Täter. Nein, er habe sich noch nicht bei meinem Anwalt gemeldet, der uns gemeinschaftlich gegen die Odenwaldschule vertrat. Ja, er habe so viel zu tun. Ob ich eine Idee hätte, wie man an Geld kommen könne für Aktionen, die sich mit dem Thema des Missbrauchs auseinandersetzten? Ich wurde ungehalten und sagte: «Ja, ich habe eine Idee, Entschädigungsforderungen, bitte mein Papier lesen, da steht alles drin.» Beim Jubiläum auf der Odenwaldschule sagte er mir später, dass er mir meinen Ton nicht übelgenommen hatte.

Das Leben vieler Opfer ist sehr schwierig, schwieriger als das von anderen Menschen. Dieses schwierige Leben kostet auch mehr Geld, aber es fehlen die Energie und die Klarheit, es einzufordern. Ein Teufelskreis, in dem die Opfer die Zeche zahlen und die Täter unbehelligt bleiben. Wie ein immer wiederkehrender Infekt hält sich in Bezug auf die Odenwaldschule die Haltung, «man dürfe jetzt nicht die Schule kaputt machen». Das heißt nach dieser Position, Entschädigungsforderungen dürften nur in Kongruenz mit der wirtschaftlichen Situation der Schule geltend gemacht werden. Wieder Schule vor Opfer. Das ist Wahnsinn! Von Opfern formuliert. Dem kann ich nicht folgen. Will ich auch nicht. Werde ich auch nicht. Nochmal für alle: Nein, ich will die Schule nicht zerstören. Die Zukunft der Odenwaldschule war mir zu diesem Zeitpunkt einfach egal.

Ich war völlig erschöpft. Ich war krank. Mein Immunsystem machte, was es wollte, und das hieß seit Wochen: Fieber. Immer wieder nagten Selbstzweifel an mir. Ich starrte auf meinen Bildschirmschoner, auf dem Triathleten beim Wasserstart zu einem Weltcup-Rennen zu sehen sind. Eine Gruppe Männer, alle in Neoprenanzügen mit roten Badekappen und Schwimmbrille. Nur durch die Startnummern auf den Köpfen sind sie zu unterscheiden. Das Foto wurde mit einer ganz kurzen Belichtungszeit gemacht, jeder Wasserspritzer ist scharf zu erkennen. Und es spritzt eine Menge auf dem Bild. Die vorderen Männer sind bereits in der Waagrechten und beginnen mit Kraulbewegungen. Ich liebe dieses Bild. Es ist für mich ein Sinnbild für Dynamik, Kraft und Entschlossenheit. Die Atmosphäre des Bildes transportiert den Kampf um Millimeter und Sekunden. Den Kampf um den Sieg.

Ich selbst war seit über zwei Jahren nicht mehr am Start gewesen. Meine Gesundheit ließ kein wettkampforientiertes Training mehr zu. Sobald ich das Training aufnahm, kollabierte mein Körper an irgendeiner Stelle. Es war frustrierend.

Was wollte ich noch? War es wichtig, alle Verbrechen auf der Odenwaldschule aufzuklären? War es wichtig, alle Informationen zusammenzutragen? Oder genügte das, was wir erreicht hatten? Ich wusste es in diesem Moment nicht.

Während ich vor mich hin sinnierte und in dem Foto auf meinem Bildschirm versank, schellte es an der Haustür. Am Klingeln erkannte ich, dass jemand oben an meiner Wohnungstür stand und nicht unten an der Haustür des Mehrfamilienhauses. Das Klingeln von unten war lang, das von oben kurz. Frühwarnsystem. Ich ging zur Tür und sah durch den Spion Frau Kirsch, meine Nachbarin der Generation 90 plus. Die vergangenen zehn Jahre waren eine Zeit der langsamen Annäherung zwischen Frau Kirsch und mir gewesen. Die ersten Jahre nahm ich es ihr übel, dass sie bei den Nachbarn behauptete, ich würde meinen Treppendienst nicht ordnungsgemäß ausführen. Ein längeres Gespräch im Treppenhaus, bei dem ich nicht nur wegen ihrer Schwerhörigkeit etwas lauter wurde, beendete die nachbarschaftlichen Dissonanzen. Seitdem war ich ihr Mann für den Batteriewechsel der Hörgeräte, das Programmieren des Fernsehers und zunehmend auch für Notfälle. Es war gar nicht so einfach gewesen, die etwa 1,80 Meter große Frau in ihrem engen Bad aus der Wanne zu hieven, nachdem sie darin beim Duschen ausgerutscht war. Ihr Rufen hatte die Nachbarin und diese mich alarmiert. An Ostern und Weihnachten machte sie mir kleine Geschenke als Anerkennung für meine Hilfe. Trafen wir uns im Treppenhaus, klatschten wir übers Wetter und die Neuigkeiten aus dem Stadtteil. Ich öffnete die Tür und sah sie notdürftig in ihren Bademantel eingewickelt, die Lockenwickler auf dem Kopf, das Gebiss ohne Haftcreme in den Mund geschoben. Frau Kirsch war ziemlich aufgeregt.

«Guten Abend, Herr Dehmers.» Frau Kirsch war immer sehr höflich und bemühte sich um Beherrschung.

«Haben Sie so 'n Gerät, mit dem man das lesen kann?», setzte sie fort.

Ich schaute auf die Plastikhülle in der mir entgegengestreckten Hand und erkannte darin eine CD. «Darf ich?», fragte ich und nahm ihr die Plastikhülle aus der Hand. Außer der CD befand sich darin ein Schreiben von irgendeiner Behörde, die sich mit dem Zweiten Weltkrieg beschäftigte. Ich kapierte gar nichts.

«Ich kann versuchen, ob die CD auf meinem Rechner läuft», sagte ich zu Frau Kirsch und ergänzte: «Ich probier das aus und komm gleich zu ihnen rüber, okay?»

«Vielen Dank, Herr Dehmers.» Sie war erleichtert, drehte sich um und schloss ihre Wohnungstür hinter sich. Ich schlurfte zurück zu meinem Rechner, schickte die Triathleten in die Tiefen der Festplatte und startete das CD-Laufwerk. Auf der CD befand sich ein Schreiben an Frau Kirsch, in dem ihr mitgeteilt wurde, dass die von ihr in Auftrag gegebenen Nachforschungen ergebnislos waren und der Vorgang hiermit abgeschlossen wurde. Ich hatte noch nie von dieser Behörde gehört und konnte mir auch keinen Reim auf dieses Schreiben machen. Ich druckte es aus, nahm die CD und die Klarsichthülle und klingelte an Frau Kirschs Tür. Wir gingen in ihr Wohnzimmer, weil sie im Dämmerlicht des Flures nichts sah und ihre Leselampe brauchte.

Sie las und begann heftig zu weinen. Ich saß da, barfuß in meiner Jogginghose und meinem schlabbrigen T-Shirt, und fühlte mich dem Gefühlsausbruch dieser alten Frau gegenüber total hilflos. Ich schaute sie mit großen Augen an. Und wartete. Minuten vergingen. Nachdem die Taschentuchpackung auf dem Tisch zur Hälfte aufgebraucht war, begann Frau Kirsch zu erzählen. Im Krieg hatte sie einen Geliebten, der an die Front musste. Er schrieb ihr, so oft er die Gelegenheit dazu hatte. Diese Briefe waren für Monate die einzige Verbindung zwischen den beiden. Bald darauf wurde Frau Kirschs Heimatstadt von den Alliierten bombardiert. Ihr Haus wurde völlig zerstört, und sie musste die Stadt verlassen, um Hunderte von Kilometern entfernt eine andere Arbeit aufzunehmen. Sie hatte keine Möglichkeit, ihren Geliebten über die Ereignisse in der Heimat und den Wegzug zu informieren. Ob er ihr weiter Briefe schrieb, wusste sie nicht. Sie nahm es aber an. Sie sehnte sich nach ihm, und der Platz an ihrer Seite blieb reserviert. Nach Kriegsende war alles, was sie über ihren Geliebten herausfinden konnte: «Vermisst.»

Was war aus den vermutlich zahlreichen Briefen geworden? Sie forschte nach. Sie wollte Gewissheit. Sie brauchte sie. Eine lange Recherche begann. Irgendwann fand sie heraus, dass die nicht zugestellte Feldpost in einem Archiv gelagert wurde. Lagerte auch die Post ihres Geliebten in irgendeiner Kiste? Ihre Suche ging weiter. Am Ende dieses Jahrzehnte dauernden Prozesses saßen wir beide in ihrem Wohnzimmer. Jetzt hatte sie die Gewissheit, dass sich ihre Fragen nicht mehr klären ließen. Und jetzt wusste ich, dass es wichtig war, das Puzzle der Ereignisse so weit wie möglich zu vervollständigen.

Dankbar registrierte ich, dass sich Ex-Schüler mit viel Energie dieser Aufgabe zuwandten. Die Plattform OSO-Leaks war in Planung.

Als ich am nächsten Tag mein Altpapier in die Tonne warf, lagen dort die beiden Aktenordner mit den Unterlagen von Frau Kirsch. Sie sprach mir gegenüber nie wieder davon.

Ich packte meine Sachen und fuhr nach Frankreich. Ich konnte nicht mehr. Ich brauchte eine Pause. Eigentlich brauchte ich eine Pause von mir, von meiner Anspannung, von meinen Albträumen, meinem Zorn und meiner Erschöpfung. In Frankreich konnte ich das Ferienhaus von Freunden nutzen. «Bleib so lange, wie du willst», war der schönste Satz, den ich seit einer ganzen Weile gehört hatte. In den Vogesen angekommen, setzte ich mich auf den Balkon und versprach mir selbst, erst wieder aufzustehen, wenn ich wirklich das Bedürfnis hatte, etwas zu tun. Ich saß lange.

Die Odenwaldschule hatte für ihr 100. Jubiläum im Juli 2010 beschlossen, dass sie feiern würde. Das Rahmenprogramm interessierte mich nicht. Am Donnerstagmorgen gab es bereits eine Veranstaltung mit dem Titel: «Missbrauch in der Gesellschaft». Aus Kreisen der OSO-Verantwortlichen hörte ich, «dass man die Schule bei dem Thema nicht so in den Mittelpunkt rücken» wolle. Aha. Wer feiert hier Jubiläum? Welches Thema steht im Fokus? Die Odenwaldschule halt.

Ich war stinksauer. Odenwaldschule und Missbrauch sind untrennbar miteinander verbunden.

Am Freitagabend sollte es eine Veranstaltung geben, die mein Interesse weckte. Eine Wahrheitskommission nach dem Vorbild der Veranstaltungen, die in Südafrika nach dem Ende der Apartheid durchgeführt wurden. Alle konnten kommen. Alle konnten sagen, was sie zu sagen hatten. Ins Leben gerufen wurde die Veranstaltung von den beiden Ex-Schülern Johannes von Dohnanyi und Adrian Koerfer. Beide wollten dieses Forum. Beide kämpften dafür. Beide realisierten es. Hätten sie es nicht getan, wäre jemand in die Bresche gesprungen? Die anderen Verantwortlichen der Schule jedenfalls nicht, so viel war klar. Niemand wusste, wer kommen würde. Niemand wusste, wie sich dieser Abend entwickeln würde. Opfer, Täter, Mitwisser, alle waren eingeladen.

Freitag, 9. Juli 2010

7.55 Uhr
Von: Kathrin Heres
Ich fahre. Vor allem, weil ich einen Abschluss brauche. Liebe Grüße, K.

In den Tagen und Wochen (eigentlich Monaten) hatten wir es immer wieder hin und her diskutiert, ob es eine gute Idee sei, zum Jubiläum zu fahren oder nicht. Dagegen sprach, sich wieder auf Tätergebiet zu begeben (das waren jetzt mehr meine Überlegungen) und sich vermutlich wieder mit Leuten auseinandersetzen zu müssen, die, gelinde gesagt, eher nervig waren. Dafür sprach, dass es nur eine Möglichkeit gab, selbst einen Eindruck von der Atmosphäre des Jubiläums auf der Odenwaldschule zu bekommen, nämlich indem man selbst anwesend war. Ich hielt es auch für möglich, dass es für mich die Gelegenheit gab, zu sehen, welche Ergebnisse mein Engagement der letzten Jahre produziert hatte. Ich könnte vielleicht sehen, in welche Richtung sich dieser Prozess bewegte.

Ich hatte lange geschlafen. Ich war unentschieden, ob ich fahren sollte oder nicht. Es waren knapp 300 Kilometer von Geradmer in den Vogesen nach Ober-Hambach, im Freitagmittagsverkehr bei 36 Grad bestimmt keine Freude.

Meine Tendenz ging eher dahin, in Frankreich zu bleiben und mir von der Veranstaltung erzählen zu lassen. Es arbeitete allerdings an mir, dass Thorsten auch nicht fuhr, er hatte es geschafft, sich beruflich für den Tag zu verpflichten, sodass ihm die Entscheidung quasi abgenommen war. Um die Mittagszeit war ich für das Wochenende einkaufen und noch ziemlich entspannt. Es rumorte in mir. Ich rief meine Ex-Mitschülerin Geli Czerny an. «Lohnt es sich, zu kommen, oder rege ich mich nur auf?», fragte ich sie, ohne zu erwarten, dass sie mir diese Frage beantworten konnte. Sie berichtete von ihren Eindrücken, was ich interessant fand, meine Entscheidung aber auch nicht leichter machte.

12.11 Uhr
Von: Geli Czerny
Gerold ist verstorben

Ich hatte kein bestimmtes Gefühl, als ich den Text las. Wenn Leute über Beckers Krankheit sprachen und davon, dass er ja wohl bald sterben würde, sagte ich immer, dass er das ja schon lange tat. «Es wird bis zum Dessert am Tisch gesessen», war mein einziges Statement dazu. «Der kommt heute also schon mal nicht», sagte ich zu mir selbst.

14.27 Uhr
Von: Jörg Schindler
Hast du mitbekommen, dass Becker tot ist?

282

Offensichtlich war die Information schon bei der dpa angelangt.

Um 15 Uhr entschied ich, zur Odenwaldschule zu fahren, um 15.15 Uhr saß ich im Auto mit Kurs auf Ober-Hambach. Ich musste ziemlich Gas geben und bretterte über die französische Landstraße. Jesus erschien mir in Form eines entgegenkommenden französischen Autofahrers, der wie wild aufblendete, das internationale Zeichen für staatlich legitimierte Wegelagerei. Ich bremste und zuckelte von nun an mit 90 über die Landstraße. Das war gerade nochmal gutgegangen. Die Zeit verging wie im Fluge, die Kilometer zogen sich. Mein Handy klingelte, es war Luzia Schmid.

«Du hattest angerufen?»

«Ja, ich wollte wissen, ob es sich lohnt, zu kommen, oder ob ich mich nur aufrege», wiederholte ich die Frage, die ich auch Geli gestellt hatte. Pause.

«Teils, teils», hörte ich Luzias Stimme, «Geli ist gerade mal was Süßes essen gegangen. Da waren wohl Leute in der Ausstellung, die meinten: Wenn man so kurze Hosen tragen würde, dürfe man sich nicht wundern, wenn man vergewaltigt wird. Geli fand's den Hammer.»

Ich hörte Luzias Worte, blieb jedoch ungerührt. Ich hatte schon die absonderlichsten Bemerkungen gehört, mein Fell war so dick geworden, dass mich das nicht mehr aufregte.

Ich habe also echte Chancen, lebende Schwachsinnige auf dem Jubiläum live zu erleben, dachte ich bei mir.

«Ich bin schon auf der Piste», sagte ich, «ich habe mich vorhin entschieden zu kommen.»

«Hey, super, das freut mich.» Ich kaufte ihr die Freude ab und dachte: Wie viel freut sie sich, mich zu sehen – und wie viel denkt sie dabei an ihren Film? Vertrauen in die Authentizität von Menschen ist für mich immer noch schwierig. Die Angst davor, ausgebeutet und hinterher weggeworfen zu werden, ist immer noch vorhanden. Der Dämon lachte. Ich hörte nicht auf ihn.

Die Geschichte mit den kurzen Hosen geht zurück auf ein Gespräch zwischen Phil Scharlenz und Jürgen Kahle auf der Geburtstagsfeier eines ebenfalls übergriffigen Ex-OSO-Lehrers. Ich trug nie kurze Hosen.

In Straßburg ging gar nichts mehr. Der Verkehr stand. Aus mehreren Fahrspuren wurde eine, es war kurz vor 17 Uhr. Ich stieg aus und haute auf mein Autodach. Ich wollte nicht zu spät kommen. In diesem Moment sah das ziemlich aussichtslos aus.

Von: Kathrin Heres
Kommst du?

Ich konnte ihr nicht antworten, die Aufladung meines Handys funktionierte nicht, der Provider entschuldigte sich später für die «technischen Turbulenzen am Wochenende».

Als ich schließlich doch in Ober-Hambach angekommen war, stellte ich mich wie verabredet hinter Salman Ansaris Auto auf seinen privaten Stellplatz. Er wohnte jetzt in einer Doppelhaushälfte auf dem Gelände des ehemaligen Gasthauses «Zum Felsenkeller», zu meiner Schulzeit geführt vom Gastwirt Hübner. Als Schüler gingen wir immer «zum Hübner» Bier trinken und Pommes mit Mayo essen. Herr Hübner war nicht mehr, die Erben hatten den kleinen Gasthof mit Fremdenzimmern in eine Wohnanlage umgestaltet. Familienfreundlich.

Mein Auto kochte. Ich war kurz davor. Schnellen Schrittes ging ich die Straße Richtung Odenwaldschule, fragte an der unteren Einfahrt zwei als Straßenposten maskierte Schüler nach «dem öffentlichen Hearing». Die beiden hatten keine Ahnung, wovon ich redete. Ich erinnerte mich an die alte Sporthalle als Veranstaltungsort. Um Viertel nach sieben war ich da. Die Veranstaltung hatte noch nicht angefangen. Vor der Tür sah ich Luzia. Sie sprach mit mir, ich verstand kaum etwas. Mein Kopf rauschte, mir war heiß, ich hatte Durst. Ich war gerade vier Stunden lang im Auto bei 37 Grad gegrillt worden. Jetzt war ich gar.

Als ich die Halle betrat, hatte ich einen Sender an der Hose und ein Mikrofon am Ausschnitt meines T-Shirts. Es hatte irgendetwas mit Luzias Film zu tun. Ich kann mich nur erinnern, wie ich sagte: «Ich weiß noch nicht, ob ich etwas sagen werde, und ich weiß auch noch nicht, wie lange ich bleiben werde.» Ich wollte unbedingt bei dieser Veranstaltung dabei sein. Ich wollte den Leuten ins Gesicht schauen. Ich wollte den Puls spüren. Und ich war sehr skeptisch. Es konnte auch sein, dass mir nach kurzer Zeit der Kragen platzte und ich mich dafür entscheiden würde zu gehen.

In der Halle angekommen, schaute ich mich um und entdeckte Kathrin. Sie winkte mir. Sie hatte mir einen Platz freigehalten. Ich hätte sie knutschen können. Wie schön. Ich setzte mich zu ihr. Ein Fotograf machte ein Foto von den Gästen. «Mein Freund, das war jetzt das letzte Bild», schnauzte ihn Johannes von Dohnanyi vom Podium herab an. Er hatte den Laden im Griff. Den Journalisten wurde mitgeteilt: keine Foto- oder Filmaufnahmen, keine Tonaufzeichnungen.

Der Abend begann. Drei Stunden waren angesetzt. Es war brüllend heiß in der Halle, in der alle Plätze belegt waren, einige Leute standen am Rand, saßen in den Fensterbänken, vor der Halle standen Lautsprecher, aus denen die Übertragung des Hearings zu hören war. Das war die Halle, in der ich als Zwölfjähriger Völkerball gespielt hatte.

Johannes von Dohnanyi las Berichte von Opfern des sexuellen Missbrauchs vor. Einen nach dem anderen. Es war der blanke Horror. Ich konnte nur schwer zuhören, ich stand ziemlich unter Strom. «Der Herr Direktor entlädt sich», hörte ich die vorlesende Stimme von Johannes. Auf dem Podium saßen neben zwei betroffenen Ex-Schülern ein Psychologe, ein Jurist und Dohnanyi selbst, der bei der ersten Podiumsdiskussion auf der Odenwaldschule im April noch gesagt hatte: «Becker war ein genialer Pädagoge!» Ende 2010 würde er nicht mehr im Trägerverein der Odenwaldschule sein, dafür aber Mitglied bei Glasbrechen e. V. Persönliche Entwicklung ist also grundsätzlich möglich. Auch hier sind es wieder die Ex-Schüler, die vormachen, wie es geht.

Im Publikum saß eine bunte Mischung aus Interessierten. Auffallend war die geringe Beteiligung von gegenwärtigen Mitarbeitern der Odenwaldschule. Eine Handvoll Lehrer fand sich ein, die zu meiner Zeit unterrichteten und die mutig genug waren, an diesem Abend zu kommen. Oder war es leichtsinnig? Peter Dehnert jedenfalls verließ den Saal, als er mit den Worten unterbrochen wurde: «Du wolltest doch nur deinen Arsch retten!» Klaus Bregler äußerte sein «Bedauern», dass er von alldem nichts mitbekommen hatte. Jugendliche Gesichter sah ich ganz wenige.

Nach dem Vorlesen der Berichte meldeten sich die beiden Betroffenen mit ihren Erlebnissen zu Wort. Gerhard Roese und Dieter Grah. Dieter Grah erzählte, dass es 25 Jahre gedauert hatte, bis er hier sitzen und so sprechen konnte, wie er es an diesem Abend tat. 25 Jahre Arbeit an sich selbst, waren seine Worte. Seine Mutter, eine Kauffrau, hatte ausgerechnet, dass die Behandlung ihres Sohnes bereits 76 000 Euro gekostet hat. Er berichtete von den zwei Leben, die er an der Schule geführt hatte. Eins im Bett und eins im Wald. Das Bett stand in Wolfgang Helds Wohnung, und in dem fand der Missbrauch statt, im Wald ging Dieter Grah als Junge mit seinen Freunden zum Spielen. Und zu Hause lebte er nochmal ein anderes Leben. Er erzählte, wie er als Junge Heimweh hatte, wie Wolfgang Held ihn immer öfter zu sich in die Familie holte, ihm eine Schulter zum Anlehnen gab und ihn schlussendlich in die Familie aufnahm, obwohl der Junge eigentlich noch zu jung war, um außerhalb des Pestalozzi-Hauses zu wohnen. Wie er sich – trotz allem – in dieser Heimfamilie geborgen gefühlt hatte. Seine Eltern hatten irgendwann ein ungutes Gefühl und nahmen den Jungen von der Schule. Sein Vater, ein einflussreicher Mann, hatte von einem anderen einflussreichen Mann den entscheidenden Hinweis über den sexuellen Missbrauch erhalten. Schade, dass diese einflussreichen Männer nichts für die anderen Jungs getan hatten. Ob sie auch nachts von Dämonen gejagt wurden? Bei der Verabschiedung nahm Held ihn in den Arm, als verlöre er sein Kind. Bis vor ein paar Wochen hatte Dieter keine Hassgefühle gegenüber seinem alten Familienoberhaupt. Gerold Becker hatte er gehasst, der hatte ihn einfach «genommen», wie er es ausdrückte. «Wie eine Puppe.»

Johannes unterbrach das Hearing. Zwei Autos standen im absoluten Parkverbot. Uwe Lau kämpfte mit dem Mikrofon, bis er endlich hörbar wurde. Von 1971 bis 1976 war er an der Odenwaldschule Lehrer. Er sprach in seinem Beitrag von «wir». Er meinte seine Frau und sich. Lau nannte Beckers Leitungsstil «verantwortungslos» und «regellos». Lau verließ die Schule im Dissens.

Das Sprechen sei wichtig, aber auch das Zuhören, bemerkte Herr Weickert, der Psychologe. In früheren Jahren wurde auch gesprochen, aber eben nicht zugehört.

Mehr als eine Stunde war um. Ich musste aufstehen. Ich ging hinaus, um eine Zigarette zu rauchen, kam wieder herein und hatte das

Gefühl, dass ich mich allmählich mit Spannung auflud. Die saßen da oben und sprachen in einem Ton, als würden sie über die erfolgte Bergsträßer Weinlese berichten. Ich beschloss, etwas zu sagen, bevor mir der Kopf total zuging und ich mich nicht mehr verständlich äußern konnte. Es dauerte mir viel zu lange, bis ich das Mikrofon bekam. Als ich es endlich hatte, wusste ich noch gar nicht, was ich sagen würde. Also machte ich das Einzige, was ich wirklich gut kann. 100 Prozent Jürgen Dehmers sein. Pur. Ohne Farb- und Geschmacksstoffe. Nur echt mit dem Original Jürgen-Dehmers-Zorn. «Guten Abend», hörte ich meine Stimme über das Mikrofon. Diese Sekunden mussten reichen, um mich zu sammeln.

Ich bin heute ein bisschen später gekommen, das lag daran, dass ich in Straßburg im Stau stand, und die Wagen vor mir haben den Motor ausgemacht, weil es nicht mehr vorwärtsging und nicht mehr rückwärtsging. Ich war total sauer, weil ich unbedingt zu dieser Veranstaltung hier heute Abend kommen wollte, und stand auf der Autobahn und habe aufs Dach gehauen. Das war ein Moment, in dem ich nichts mehr tun konnte, was ich nicht schon getan hatte. So war es 1997 auch, als ich Becker anschrieb und ihn aufgefordert habe, zu seinen pädokriminellen Straftaten Stellung zu beziehen, so war es 98, als ich die Schule mit einem Freund zusammen angeschrieben habe und die Schule darüber in Kenntnis gesetzt habe, dass wir von Becker sexuell missbraucht wurden, so war es 99, nachdem es uns gelungen war, die ganze Geschichte in die Frankfurter Rundschau zu bringen, so war es 2008, als ich Frau Kaufmann anschrieb und sie gefragt habe, wie möchte sie eigentlich mit der Vergangenheit der Schule auf dem Jubiläum umgehen und Frau Kaufmann zunächst überhaupt-keine-Ahnung hatte, wovon wir reden.

Es ist heute Abend sehr, sehr viel vom «Verstehen» die Rede. Ich unterstelle mal, dass ganz viele Leute heute Abend hier sind, nicht der bloßen Sensationslust wegen, sondern weil sie gerne was verstehen würden. Ich sage an dieser Stelle immer, hört auf, etwas verstehen zu wollen, und fangt an, uns zuzuhören. Als wir 1998 die Schule anschrieben, hat uns niemand gefragt, was ist euch denn eigentlich passiert? Ihr redet da von sexuellem Missbrauch, was meint ihr denn damit? Wir haben uns ja dann 98 mit drei Vertretern der Odenwaldschule getroffen zu einem Ge-

spräch in Frankfurt, einer der Beteiligten ist heute Abend hier, der Peter Dehnert ist hier, und falls ich jetzt dummes Zeug rede, dann schreist du bitte gleich und sagst: Moment mal.

Ich schaute in seine Richtung, Peter Dehnert stand nur ein paar Meter von mir weg im selben Gang. Er schaute mich an und nickte.

Es ist nicht gefragt worden, was ist euch passiert. Es ist gesagt worden, wenn ihr das öffentlich macht, macht ihr die Schule zu. Daraufhin hat uns die Schule ein Jahr hingehalten, bis wir die Schnauze gestrichen voll hatten und zu den Medien gegangen sind. Daraufhin sind wir als Nestbeschmutzer beschimpft worden und Jörg Schindler als Sensations-journalist. Es hat immer noch niemand gefragt, was ist euch eigent-lich passiert. Ich habe später einen Lehrer angesprochen, mit dem ich ein freundschaftliches Verhältnis hatte, und habe gesagt, warum hast du mich nie gefragt, was ist euch eigentlich passiert, und er hat keine Ant-wort geben können, und ich habe gesagt, kann es sein, dass man das nicht hören will? Und dann habe ich ihm ungefragt erzählt, was ich er-lebt habe. Dass ich täglich von Becker angegangen wurde, dass ich nachts davon aufgewacht bin, als Dreizehnjähriger, dass ich nachts davon auf-gewacht bin, dass Becker mir am Schwanz lutscht. Und damit meine ich nicht eine Handlung, wie sie manche Erwachsene miteinander ma-chen, weil sie das erregend finden, sondern mir am Schwanz lutscht wie ein Berserker, dass ich dachte, Scheiße, der beißt mir den Schwanz ab. Das hättet ihr gehört, wenn ihr 97, 98, 99 gefragt hättet. Ich habe mich viel mit mir selbst beschäftigt; wenn ich mich nicht mit der Geschichte beschäftigt habe, hat sich die Geschichte mit mir beschäftigt, also habe ich den ersten Weg gewählt und habe irgendwann herausgefunden, dass man den Leuten sagen muss, w-a-s passiert ist. Es versteht sonst nie-mand, es kann sonst niemand anerkennen, es kann sonst nicht passie-ren. Und heute sind wir wieder an dem Punkt, dass wir hier sitzen und reden. Diese Woche habe ich von meinem Rechtsanwalt Herrn Kahl er-fahren, dass die Odenwaldschule keine Entschädigung leisten kann, und dann gab es eine Reihe von Begründungen, und wie alle Begründun-gen, waren sie relativ langweilig. Die Odenwaldschule sieht wieder sich selbst, und die Opfer sollen leer ausgehen. Das, was der Dieter angespro-

chen hat, dass er viel Geld in seine Genesung investiert hat, dass er nicht vorwärtsgekommen ist, das kann ich so einfach nur unterstützen. Seit 25 Jahren verfolgt mich diese Geschichte. Seit 25 Jahren kämpfe ich dagegen an, seit 25 Jahren suche ich Lösungen für die Schwierigkeiten, die daraus erwachsen sind. Ihr seht heute Abend drei von fünfzig, die sich gemeldet haben, ah, der Adrian ist draußen, vier, und als ich vor einem Jahr noch sagte, zum Schluss werden wir dreistellige Opferzahlen haben, haben die Leute den Kopf geschüttelt. Wir sind längst dreistellig. Und jeder hier weiß das. Und die anderen, die heute nicht hier sind, die anderen, die nicht reden, die können nicht. Ich weiß von Opfern, die sagen, ich werde nichts sagen, weil ich nichts sagen kann. Ich bin so am Arsch, ich kann einfach nicht. Bei uns sind vielleicht die Schäden etwas weniger sichtbar, aber noch vor einer Woche hat eine gute Freundin von mir gesagt, gut, dass alles rausgekommen ist, gut, dass wir jetzt reden können, gut, dass man euch zuhört, gut, dass ihr die Medien für euch gewinnen konntet. Und all das macht das ganze Leid, das hinter euren Geschichten steckt, nicht sichtbar. Ich fordere die Verantwortlichen heute auf, zu handeln, die Opfer angemessen zu entschädigen, angemessen mit dieser Geschichte umzugehen. Danke.

Sechs Minuten und drei Sekunden. Nachdem ich gesprochen hatte, war ich leer. Es hatte einen Effekt, das, was ich zu sagen hatte, hier auf der Odenwaldschule zu sagen, auf dieser geschundenen Erde. Niemand hatte mich unterbrochen. Niemand hatte versucht, mich zu beschwichtigen, niemand hat versucht zu relativieren.

Nichts. Kein Widerspruch.

Zum ersten Mal in dieser Angelegenheit.

Zum ersten Mal hatte ich auf diesem Gelände das Gefühl, eine Sekunde völlig bei mir sein zu können. Das war ein Fortschritt.

Ich ging raus, eine rauchen.

Unendlich viele Leute kamen zu mir und fingen einfach an zu sprechen, ohne sich vorzustellen, ohne zu sagen, was sie eigentlich wollten. Einfach drauflos. Odenwaldschule. Ich freute mich richtig, als Herr Eppelsheim von der *Frankfurter Allgemeinen* auf mich zukam, mir die Hand zum Gruß entgegenstreckte und sagte: «Eppelsheim, guten Abend, Herr Dehmers.» Wir kannten uns vom Telefon. Ich be-

grüßte ihn. Philip Eppelsheim als Gegengift zur verklebten Odenwaldschule. Wie erfrischend. Seine Kollegen wurden auch vorstellig. Nein,
ich mochte kein Tonmaterial von mir erzeugen. Ich bot ihnen das Gespräch nach dem Hearing an.

Als die Menschen nach dem Ende des Hearings aus der Halle
strömten, ging Regina Bappert, inzwischen im Vorstand der Schule,
wort- und grußlos an mir vorbei. «Hallo, Regina», sagte ich zu ihr von
hinten. Sie kam die wenigen Schritte zu mir zurück, und wir sprachen kurz miteinander. Bereits da formulierte sie eine Position, die sie
später wiederholen würde. Wenn Entschädigung dazu führen würde,
dass die Schule schließen müsste, werde sie sich dem in den Weg stellen. Regina Bappert war eines von den Kindern gewesen, für die die
Odenwaldschule eine rettende Insel vor ihrem Elternhaus war. Dass
sie auf der Odenwaldschule nur zufällig verschont geblieben war, dass
es auch genauso zufällig gerade sie hätte treffen können, spielte bei ihren Überlegungen wohl keine Rolle. Die Odenwaldschule hatte sie gerettet. Punkt, fertig, aus. Ich fand das zynisch.

Als es längst dunkel war, gingen viele der Hearings-Teilnehmer das Gelände hoch zum Laborgebäude, einem Gebäude aus Beton, keines dieser Hexenhäuschen. Funktionelle Bauweise. Hinter dem Laborgebäude
wurde an diesem Abend die Skulptur von Daniel Brenner eingeweiht.
Daniel ist auch ein Ex-Schüler. «Keimen und wachsen» heißt seine
Skulptur, die als eine Trilogie einige Meter emporragt. Die Vorlage für
das aus Stahl gefertigte Kunstwerk lieferte Daniels Vater, ein bereits in
den 1980er Jahren verstorbener Künstler, als einen Scherenschnitt.

Im Vorfeld des Jubiläums wurde die Installierung eines Kunst-
werks diskutiert, das an den Missbrauch auf der Odenwaldschule erinnern soll. Adrian Koerfer wurde vom Vorstand des Trägervereins
zum Kunstbeauftragten benannt. Es diskutierten alle mit. «Kann jetzt
hier jeder eine Skulptur aufstellen?», fragte jemand aus dem Trägerverein auf einer Sitzung. Der Ton wurde schärfer. Im Ergebnis stimmte
die Odenwaldschule der Skulptur Daniels zu. Johannes von Dohnanyi
und Michael Frenzel sicherten die Mehrheit für diesen Beschluss im
Vorstand des Trägervereins gegen die Widerstände der Eingesessenen.
Adrian Koerfer ging finanziell für das Material in Vorleistung. Daniel

machte sich an die Arbeit. Vier Wochen lang wohnte und arbeitete er in Ober-Hambach an der Skulptur. Zum Essen nahm er im Speisesaal der technischen Mitarbeiter Platz, der Speisesaal der Schüler weckte Erinnerungen in ihm, die er nicht dreimal täglich präsent haben wollte. Mitarbeiter sprachen in dieser Zeit wenig mit ihm. Anscheinend gab es Berührungsängste. Die Schule übernahm nicht die Kosten für die Skulptur. Die Schule würde ja schon das Bauland spenden, ließ Geschäftsführer Salijevic Daniel Brenner wissen. Meinte er Bauland für neue Gebäude? Wann wird aus Optimismus Realitätsverlust? Daniel Brenner hat bis heute noch kein Künstlerhonorar erhalten.

Menschen standen nun auf dem kleinen Platz vor der Skulptur in Grüppchen beisammen, jemand hielt eine Rede. Alles war sehr bescheiden gehalten, ganz untypisch für eine Veranstaltung an der Odenwaldschule. Ich bekam kaum etwas mit. Ich war erschöpft. Vom Abend. Von der Fahrt. Von den letzten Wochen und Monaten. Von den letzten 25 Jahren.

Der Platz war kaum erleuchtet. Ich legte mich etwas abseits ins Gras und schloss die Augen. Der Sender an meinem Hosenbund störte mich. Ich hörte meinem Atem zu. Mein Herz schlug ruhig. Irgendwann ging ich mit anderen ins Oberdorf. Frau Röder, eine Bäuerin aus Ober-Hambach und als Mitarbeiterin der Schulküche uns allen gut bekannt, ließ uns auf der Wiese neben ihrem Hof übernachten. Einige OSOs kamen mit dem Wohnmobil oder hatten ein Zelt dabei. Ich rollte meinen Schlafsack aus und legte mich unter einen Anhänger der Röders, der auf der Wiese stand, um vom Tau am Morgen nicht nass zu werden. Ich war fertig.

Samstag, 10. Juli 2010
Ich hörte Stimmen in meinem Schlafzimmer, zwei Frauenstimmen, die mir irgendwie bekannt vorkamen. Außerdem war es hell, ich hörte Vogelgezwitscher. Ich war total verpennt und hatte große Mühe, wach zu werden. Ich bekam die Augen kaum auf. Das Gespräch der beiden Frauen bekam jetzt richtig Fahrt, und ich hatte das Gefühl, so schnell gaben die auch keine Ruhe mehr. Mein Schlafzimmer war die Röder-Wiese, bemerkte ich nun. Also gut, wie spät war es denn? Ich hatte mein Handy mit in den Schlafsack genommen, da ich sonst keine Uhr

dabeihatte, und fummelte verpennt an der Tastatur herum. Acht Uhr! Sind die eigentlich irre, hier so einen Lärm zu machen?, dachte ich. Ich hatte also zwei Stunden geschlafen, und es war klar, dass ich hier kein Auge mehr zubekommen würde. Meine Ohrenstöpsel hatte ich in Geradmer in den Bergen liegenlassen, wahrscheinlich einem der ruhigsten Plätze in Mitteleuropa. Das Leben hat Humor!

Also krabbelte ich aus dem Schlafsack und begrüßte Luzia Schmid und Geli Czerny mit einem flotten Spruch, der etwas kraftlos meinen Unmut über deren zeitige Aktivitäten zum Ausdruck brachte. Eigentlich freute ich mich, die beiden zu sehen. Schlafen konnte ich auch noch wann anders. Am anderen Ende der Röder-Wiese sah ich Kathrin im Gespräch mit einer Kurzhaarfrisur mit Brille. Ich konnte aber nicht erkennen, um wen es sich dabei handelte. «Mit wem redet Kathrin denn da?», fragte ich Luzia. «Oliver.» Ich schaute fragend, obwohl mein Hirn bereits eifrig an der Vernetzung arbeitete. «Oliver Berendt», setzte sie nach. Jetzt war ich wach. Oliver Berendt hatte ich in guter Erinnerung. Als ich in der 8. Klasse in meinem ersten Jahr in der Becker-Familie war, war Oliver Berendt in der Abiturientenklasse und wohnte neben mir. Mit ihm habe ich gekifft und mir einmal Prügel androhen lassen, weil ich mit meinem Zimmerkameraden zusammen mit dem Fußball so lange gegen seine Tür gekickt hatte, bis er total sauer herauskam. Es brauchte eine ganze Menge, bis Oliver sauer wurde. Außerdem war er der Mann, von dem ich am Vorabend erfahren hatte, dass er Becker vor kurzem besucht hatte. Ich wusste nicht, was ich von dieser Begegnung zu erwarten hatte.

«Hey, Jürgen», rief er und stand auf, um mich zu begrüßen, nachdem ich mich auf den Weg zu den beiden hin gemacht hatte. Eine Umarmung. Eine lange, zärtliche Männerumarmung. Wir waren sofort im Gespräch, obwohl wir uns ziemlich genau 25 Jahre lang nicht gesehen hatten. Innerlich lachend, musste ich daran denken, dass ich auf der Fahrt nach Ober-Hambach eine meiner alten Kassetten gehört hatte, UB 40, «Present Arms», britischer Reggae. Ich hatte die Platte 1982 von Oliver aufgenommen, es war damals seine Lieblingsband, wie er mir später an diesem Morgen erzählen würde.

Oliver Berendt erzählte auf seine ruhige, unaufdringliche Art, wie er sich an ein Altschülertreffen in den 80ern erinnerte (er war damals bereits Ex-Schüler), als er mich gefragt hatte, wie es mir denn ginge, und ich geantwortet hatte: «Das ist eine lange Geschichte.» Diese Antwort hatte er nie vergessen und dachte von da an öfter an mich.

Er rief in mir mit seinen Erzählungen die Erinnerung wach, wie wir 1982 unsere Familienfahrt mit der Becker-Familie nach Holland ans Ijsselmeer machten, um dort mit einem gecharterten historischen, zum Touristenschiff umgebauten Segelschiff aus dem 19. Jahrhundert eine Woche lang von Ort zu Ort zu segeln. Auf der Rückfahrt machten wir einen Tagesausflug nach Amsterdam und einen weiteren kurzen Stopp in Brügge, um dann auf der Landstraße über einen kleinen Grenzübergang an der belgisch-deutschen Grenze zu fahren, den wir erst in der Dunkelheit passierten und der zu dieser Uhrzeit nicht besetzt war. Wir alle wunderten uns über diese seltsame Heimreise, und Becker antwortete mit ausweichenden Begründungen, wenn wir unverblümt fragten, was der Quatsch solle. Wir wollten heim, das heißt in die OSO. Ich schaute Oliver jetzt halb fragend, halb grinsend an, ich hatte für mich die seltsame Route dieser Heimreise längst begründet.

«Ja, klar hatte Becker Kinderpornos gekauft und wollte an der Grenze keinen Stress bekommen», hörte ich Oliver Berendt jetzt sagen. Mit einem diebischen Gesichtsausdruck erzählte er, wie er in Holland tatsächlich Haschisch gekauft und mühevoll in den Halterungen der Kopfstützen von Beckers VW-Bus untergebracht hatte, wobei er die Gesten dieser feinmotorischen Tätigkeit nachahmte. Plötzlich lachte Oliver auf.

«Ich habe es nie wieder herausbekommen, das muss da heute noch drin sein.»

Er fuhr fort: «Ich kann mich noch genau erinnern, wie damals der Frank Burger und du zu mir gekommen seid und gesagt habt: Hey, Oliver, wir haben bei Becker in der Wohnung Kinderpornos gefunden. Ich wusste überhaupt nicht, was ich machen sollte. Ich stand da jetzt als Dreizehntklässler vor diesen beiden Steppkes aus der Achten und war völlig ratlos. Ich hab dann gesagt: Packt diesen Scheiß weg, ich will damit nix zu tun haben, ich will das nicht sehen.»

Ich stand vor Oliver und konnte mich an diese Szene überhaupt nicht erinnern. Aber ich freute mich, ihn zu sehen, und darüber, dass er sich offensichtlich ebenso freute, mich zu sehen.

12. Juli 2010

Es war traumhaft schön in den Vogesen. Auf der Fahrt von Ober-Hambach nach Geradmer zeigte das Außenthermometer meines Autos 38,5 Grad an. Es war höllisch heiß auf der Fahrt, und ich merkte, dass ich in der Nacht zuvor nur zwei Stunden geschlafen hatte. Jetzt stand ich ziemlich müde in der Küche und wollte mir einen Kaffee machen, als ich feststellte, dass keine Milch mehr im Kühlschrank war. Ich hasse Spaghetti ohne Käse, Brötchen ohne Butter und Kaffee ohne Milch. Also, ab ins Auto, in kurzen Hosen und Schlappen. Ich schnappte mir noch auf dem Weg mein Handy und dachte: Mal schauen, ob es noch die eine oder andere Neuigkeit per SMS bis zu mir geschafft hat. Ich war ja nicht bis zum Ende beim Jubiläum geblieben, sondern bereits am Samstagmorgen gefahren. Das Auto rollte den Berg hinunter, und als mein Handy den französischen Provider gefunden hatte, hörte ich auch schon die Fanfare meines Handys, die eine SMS von Kathrin ankündigte, in der stand, dass Margarita Kaufmann in einer Zeitung zitiert wurde. Das Zitat beinhaltete Frau Kaufmanns Dank an Thorsten und mich für unseren Mut in dieser ganzen Geschichte. Als ich die SMS las, fiel mir fast das Handy aus der Hand. Der Journalist dieser Zeitung, Klaus Merich, hatte beim Zitieren von Frau Kaufmann unsere Klarnamen verwendet. Ein Adrenalin-Flash schoss mir durch den Körper. Über Merich wusste ich nur, dass er für eine Zeitung schrieb und an einem Buch über die Odenwaldschule saß. Ist der wahnsinnig geworden?, dachte ich, und vor meinem inneren Auge spielte sich nochmals die Szene bei dem öffentlichen Hearing ab, in der ich zu Matthias Bartsch vom *Spiegel* gegangen war, den ich fragte, ob es denn eine klare Absprache bezüglich der Nennung von Namen von Beteiligten mit den Veranstaltern des Hearings gegeben hatte, und Bartsch mir sagte, nein, die gebe es nicht. «Also kann es sein, dass mich jemand mit Namen nennt?», sagte ich zu ihm. Er dachte kurz nach und erwiderte: «Ja, das könnte sein.» Mein Puls war auf Touren gekommen, und ich hatte nach dem Mikrofon gestikuliert und ausdrücklich und unmissverständlich gesagt: «Ich möchte nicht meinen Namen in der Zeitung lesen.» Ich hatte sogar noch ausführlich begründet, warum das für mich so wichtig war. Im Laufe des Tages erfuhr ich dann über Kathrin, dass Tanjev Schultz von der *Süddeutschen* direkt hinter Merich gesessen hatte. Es war also klar, dass Merich meine Bitte gehört hatte. Nachdem ich auf dem Hearing das zweite Mal gesprochen hatte, sagte Johannes von Dohnanyi durchs Mikrofon vom Podium aus an die Adresse der Journalisten mit Nachdruck: «Keine Namen, daran müssen Sie sich halten.»

Für mich fühlte sich diese Grenzüberschreitung Merichs körperlich so an, als ob jemand nachts in mein Zimmer kommen würde, als ob jemand ganz massiv meine Grenzen missachten würde. Mein Herz raste, ich hatte Angst, ich fühlte mich ohnmächtig, weil ich nicht wusste, was ich jetzt tun sollte, ich fühlte mich hilflos, weil ich die Kontrolle über die Situation verloren hatte. Ich fühlte mich wie bei einem Übergriff. Meine Anonymität gefährdet zu sehen triggerte die ganzen alten Gefühle an, die ich während der Misshandlungen entwickelt hatte, wenngleich mir mein Verstand meldete, dass es sich nicht um die gleiche Situation handelte, sondern um eine niedrigschwelligere Überschreitung meiner Grenzen. Abgesehen davon, was das in mir auslöste, war es absolut nicht in Ordnung, was Merich gemacht hatte. Angeblich lernt man das als Journalist als Erstes, hatte ich mir von einem seiner Kollegen sagen lassen. Auch alle anderen Journalisten schüttelten nur den Kopf, wenn ich ihnen davon erzählte.

Ich war stinksauer und beschloss, vor dem Milchkauf noch in den See zu springen und ein paar hundert Meter zu schwimmen. Wettkampftempo. Puls 180. Noch schnaufend, schrieb ich per SMS an Kathrin:

An: Kathrin Heres
Merich ist ein Riesenarschloch.

12.11 Uhr
Von: Kathrin Heres
Ja, ist er. Gruß K.

Dann besorgte ich mir die Milch, kochte Kaffee und machte eine Reihenfolge, was jetzt zu tun war. Mein Körpergefühl war ganz eindeutig: Kriegsmodus. Sieben Dehmers. Anspannung. Geistig präsent.

Ich rief Kathrin an: «Kannst du bitte Dohnanyi sagen, er soll sich darum kümmern, dass mein Name aus dem Netz verschwindet?»

295

Meine Horrorvorstellung wurde gerade wahr: Irgendjemand googelt meinen Klarnamen und findet sofort den Eintrag, bei dem Merich mich als Initiator der Aufklärung benennt. Kathrin meinte: «Er stellt dich als Held dar, nicht als armes Opfer.» Der Trost kam nicht so richtig an. Wir brauchen keine Helden, wir brauchen Leute, die das tun, was gerade notwendig ist, dachte ich bei mir. An Merich, dessen Handynummer mir Kathrin inzwischen besorgt hatte, schrieb ich:

An: Klaus Merich
Herr Merich, ich erwarte von Ihnen, dass Sie meinen Namen umgehend aus der medialen Öffentlichkeit entfernen. Jürgen Dehmers

Prompt kam die Antwort-SMS:

Von: Klaus Merich
Läuft alles. Kann ich Sie kurz anrufen? Grüße Klaus Merich

Wenn du lebensmüde bist, kannst du das ja machen, dachte ich, und prompt klingelte mein Handy. Ich sah seine Nummer. Leck mich.

Dann rief ich Dr. Kahl an, und er versprach mir, sich um Merich zu kümmern. Johannes von Dohnanyi meldete sich nun in regelmäßigen Abständen und berichtete, wie er Merich zur Schnecke gemacht habe und dass dieser einfach nichts verstehe. «Der wollte dir was Gutes tun», hörte ich Johannes' Stimme. Ich hatte es befürchtet: Der Gutmensch Merich schlägt zu. In seiner Mail, die er mir später am Tag schrieb, teilte er mir mit, dass er gern mal mit mir darüber sprechen würde, wie ich denn in dem Buch genannt werden wolle, das er über die Odenwaldschule schreibe. Der Mann verstand offensichtlich tatsächlich nichts.

Elf Jahre lang hatte ich gute Erfahrungen mit Journalisten bezüglich meiner Anonymität gemacht, und jetzt, auf der Zielgeraden, schoss so ein Idiot völlig quer. «Wem nützt das? Seine Geschichte wird nicht dadurch besser, dass er meinen Namen nennt», sagte ich zu mir selbst. Sein Ruf schien ihm egal zu sein. Am Abend hatte ich im Ort in einem kleinen Hotel einen Hot Spot gefunden. Nachdem ich mich eingeloggt und etwas nervös bei Google Deutschland alle Variationen meines Na-

mens ausprobiert hatte, beruhigte ich mich wieder. Zwei Verweise waren noch zu dieser Zeitung und zu Twitter zu sehen, aber die Verlin-
kungen funktionierten schon nicht mehr. Die Verweise würden dann
ja auch in den nächsten Tagen verschwinden, dachte ich. Es dauerte
Monate. Wie viele Leute werden wohl die Print-Ausgabe dieser Zeitung gelesen haben?, fragte ich mich. Was sollte ich noch tun? Dieser Zwischenfall hatte mich ziemlich geschafft. Ich war gesundheitlich
in so einem schlechten Zustand, dass ich wieder den Rest der Woche
brauchen würde, um mich davon zu erholen.

17.48 Uhr
Von: Thorsten Wiest
Ich bin ganz stolz auf dich! Mach dir keine großen Sorgen wegen des Ar-
tikels. Online taucht dein Name nirgends auf …
LG und fahr vorsichtig mit deinem Rad in den Bergen – du bist auch
keine 20 mehr!

Manchmal sind E-Mails oder SMS-Botschaften ja irritierend, weil zwischen den Informationen die Stimmung fehlt, das, was «zwischen den
Zeilen steht». Thorsten und ich kannten uns so gut, dass es keine Zweifel für mich gab, dass sein «Ich bin ganz stolz auf dich» der reine Spott
auf die Heldenverehrung von Merich war. Thorsten findet so was genauso zum Kotzen wie ich. Dass mein Name doch online erschienen
ist, hat er wohl übersehen. Dennoch freute ich mich über seine SMS,
da sie dem Ganzen auch die Dramatik nahm. Erst vor wenigen Wochen hatte Thorsten sein unfreiwilliges Coming-out als Opfer in einer anderen Zeitung, weil der Redakteur ihn mit Klarnamen genannt
hatte. Thorsten war damals total sauer gewesen, weil es überhaupt
nicht abgesprochen war, dass er namentlich genannt wurde. Wenn der
Name in der Welt ist, ist er in der Welt. Solche Pannen lassen sich halt
nicht rückgängig machen.

Ich war froh, dass ich in den Vogesen war und somit auch einen
äußeren Abstand zu den Ereignissen rund um Ober-Hambach hatte.
Ich hielt mich hier für ein paar Wochen auf, schaute auf die hügeligen
Wälder, fuhr mit dem Mountainbike auf und ab und ging gelegentlich
an den Lac de Geradmer zum Schwimmen. Gespräche mit den Ein-

heimischen konnten mich nicht ablenken. Ich sprach praktisch kein Französisch. Ober-Hambacher Not-Abitur eben.

Wieder in Frankfurt, tat ich zweierlei. Ich legte Beschwerde gegen Merich beim Deutschen Presserat ein, und ich schrieb eine Rundmail mit der Bitte, nicht mit Merich über mich zu sprechen und ihm auch keine Informationen über mich zu geben. Ich wollte in seinem Buch nicht skizziert werden. In dem Schreiben vom 23. August 2010 an den Deutschen Presserat von Thorsten und mir schilderte ich die Vorfälle und schrieb: «Herr Merich verstößt nach unserer Auffassung gegen die Ziffer 8 des Pressekodex.» Die Ziffer 8 des Pressekodex bezieht sich auf die Persönlichkeitsrechte. Darin heißt es: Die Presse achtet das Privatleben und die Intimsphäre des Menschen.

In unserem Schreiben fuhr ich fort: «Wir finden es untragbar, dass Herr Merich uns als Missbrauchsopfer in der Öffentlichkeit bloßstellt, und erwarten eine Rüge durch den Deutschen Presserat.»

Recht schnell bekam ich eine Antwort. Das Schreiben sei eingegangen, und man werde den Fall prüfen.

Am 1. Dezember 2010 erhielt ich einen dreiseitigen Brief. Das Wichtigste stand gleich oben unter «Ergebnis». «Missbilligung, Ziffer 8.» Mein Puls beruhigte sich. Als er sich im Normalbereich eingependelt hatte, las ich weiter. Zuerst wurde der Sachverhalt zusammengefasst dargestellt und die Stellungnahme des Justiziars von Merichs Zeitung auszugsweise wiedergegeben. Der argumentierte so, wie es mir ein anderer Journalist bereits prophezeit hatte. Der Beschwerdeführer und Thorsten Wiest seien Personen der Zeitgeschichte. Sie hätten mit den Vorwürfen eine breite Öffentlichkeit gesucht und müssten nunmehr auch die von ihnen als negativ empfundenen Folgen in Kauf nehmen. Die Öffentlichkeit habe jedenfalls ein Interesse zu erfahren, von wem derart weitreichende Vorwürfe stammten, die eine der heftigsten Debatten in der Bundesrepublik ausgelöst haben.

Dann folgten die «Erwägungen des Beschwerdeausschusses». «Der Beschwerdeausschuss hat die Beschwerde anhand von Ziffer 8 des Pressekodex geprüft und hält sie für begründet», heißt es darin. Im folgenden Punkt «C Ergebnis» spricht der Presserat «gemäß § 12 Beschwerdeordnung eine Missbilligung aus».

«Nach § 15 Beschwerdeordnung besteht zwar keine Pflicht, Missbilligungen zu veröffentlichen. Als Ausdruck fairer Berichterstattung empfiehlt der Beschwerdeausschuss jedoch die Veröffentlichung unter Beachtung des Grundsatzes, dass die Persönlichkeitsrechte Betroffener durch den Abdruck nicht erneut verletzt werden.»

Ich habe nie ein Belegexemplar erhalten, in dem die Missbilligung veröffentlicht wurde.

In der folgenden Zeit saß ich immer wieder mit OSOs zusammen. Diese sprachen in wohlwollendem Ton von «Klaus». Klaus Merich war die Antwort auf meine Nachfrage, um wen es denn gehe. Wie gut sie sich mit ihm unterhalten hätten. Wie gut er sie verstehen würde. Wie gut er zuhören würde. Dass sie ihn immer anrufen könnten. Dass Klaus Merich einen der Ihren in die Pfanne gehauen hatte, schien sie überhaupt nicht zu interessieren. Die Zuwendung und das offene Ohr eines Journalisten zählten für diese Seelen, die in ihrer Kindheit nicht das bekommen hatten, was sie dringend gebraucht hätten, offensichtlich mehr als die Solidarität mit mir und die Möglichkeit, dass ihnen mit ihm das Gleiche widerfahren könnte. Die Aufwertung, die damit verbunden war, erschien ihnen wohl wertvoller als eine klare Haltung gegenüber dieser Grenzverletzung. Wenn ich in diesen Gesprächen von der Missbilligung durch den Deutschen Presserat berichtete, wurden meine Gesprächspartner oft ganz ruhig. Sie hatten wohl nichts dazu zu sagen. Merich schrieb mir irgendwann erneut, entschuldigte sich und suchte das Gespräch mit mir. No way.

Doch damit nicht genug. Bei einem Treffen mit anderen OSOs verteilte eine Ex-Schülerin Merichs Buch, nachdem dieses im Frühjahr 2011 erschienen war, aus einer großen Kiste heraus. Sie gab mir ein Exemplar in die Hand. Ich hielt es kurz, wusste nicht, was tun damit, legte es irgendwohin und setzte mich an den Tisch zu den anderen. Sogleich kam die Frau, die mir das Buch gegeben hatte, zu mir und trug es mir hinterher. Ich verstand gar nichts, nahm reflexartig das Buch und legte es zu meinen Sachen. Am nächsten Morgen sah ich das Buch auf meinem Schreibtisch liegen, und plötzlich fiel bei mir der Groschen. Vermutlich hatte der Autor eine Widmung hineingeschrieben. Ich schlug es auf, um zu sehen, ob meine Vermutung richtig war. Das, was ich da las, übertraf allerdings meine Erwartungen. «Für Jürgen», stand da.

Lachen oder kotzen? Ich lachte. Merich versuchte nicht nur, mich zum Dialog zu nötigen, er wollte auch die Spielregeln bestimmen, indem er mich duzte. Machtausübung durch Umarmung. Herr Merich, da müssen Sie früher aufstehen. Spontan dachte ich daran, ihm das Buch zurückzuschicken, und entschied mich dann dagegen. Das wäre der Beginn eines Dialogs, den ich gar nicht möchte.

Als ich Merichs Lektorin im Winter 2010 anrief, um ihr mitzuteilen, dass ich alle Rechtsmittel ausschöpfen würde, falls Merich meine Persönlichkeitsrechte erneut verletzen würde, hatte ich eine überraschte Frau am Telefon. Sie wusste von alldem nichts.

Doch vorher lenkte erst mal eine andere Nachricht meine Aufmerksamkeit auf sich.

Betreff: GUB
Von: Kathrin Heres
An: Dr. Dr. Philipp Sturz, Juergen Dehmers, Thorsten Wiest, Phil Scharlenz
Datum: 12. 07. 10   10:52:20

Jemand hat es im OSO-Forum das «Fuck-You» unter den Goethegedichten genannt.
Sehr treffend.
Viele Grüße
K.

Als ich die Mail las, musste ich lachen. Ich fand das gut auf den Punkt gebracht. Als Anhang schickte mir Kathrin die Todesanzeige Beckers aus der *Süddeutschen*. In der *Frankfurter Allgemeinen* war die Anzeige identisch abgedruckt. Als Begleittext bemühten die Hinterbliebenen ein Werk von Goethe, das sie für den eigenen Zweck abänderten. Manche sind in ihrer Rolle gefangen, dachte ich. Im Original heißt es: Die jüngst ich abgelegt.

> «Die Feinde, sie bedrohen dich,
> Das mehrt von Tag zu Tage sich;
> Wie dir doch gar nicht graut!»
> Das seh' ich alles unbewegt,

Sie zerren an der Schlangenhaut,
Die längst ich abgelegt.
Und ist die nächste reif genug,
Abstreif' ich die sogleich,
Und wandle neu belebt und jung
Im frischen Götterreich.

Na, dass passt ja, dachte ich. Ein Gedicht vom Säufer für den Säufer.
Nur dass Goethe der Überlieferung zufolge Rotwein trank und nicht
Mariacron.

Der Anzeige nach sollte es bei der Beerdigung keinen großen Bahnhof
für Becker geben. Die Kondolenzliste war mit fünf Personen ziemlich
kurz. Hentigs Name stand dort als letzter geschrieben.

Freitag, 16. Juli 2010
Mein Handy klingelte. An der Nummer erkannte ich, dass es Philip
Eppelsheim von der *Frankfurter Allgemeinen Sonntagszeitung* war. Wir
hatten im März schon ein paar Mal miteinander telefoniert. Ich hatte
versucht, ihn auf die Spur von Hentig zu bringen, über den ich bei
der 99er-Geschichte Hinweise bekommen hatte, die mich nachdenklich machten.

«Jürgen Dehmers», meldete ich mich.

«Guten Morgen, Herr Dehmers, Eppelsheim hier, ich hatte Ihnen
ja bereits geschrieben, dass wir uns mit der Todesanzeige für Becker
auseinandersetzen, und wir haben uns überlegt, dass wir das nicht un-
kommentiert lassen wollen. Es wäre allerdings stärker, wenn einer der
Betroffenen den Kommentar schreiben würde. Hätten Sie Interesse?»

«Ja klar», antwortete ich. Wozu kokettieren? Dann bemerkte ich
wieder die bereits bekannte Irritation bei mir selbst. Vor elf Jahren
wollte keiner etwas von uns wissen, und jetzt meldete sich ein Redakteur der renommierten *FAS* bei mir und bot mir die Seite 2 seiner Zeitung zum Kommentar an. «This world is totally crazy», würde eine
Freundin von mir an dieser Stelle wieder zu mir sagen und mit einem
schelmischen Lächeln hinzufügen: «Warum wunderst du dich darüber immer noch?»

«Ich war etwas überrascht, dass sich die *Frankfurter Allgemeine Zeitung* für diese Form des Nachrufs hergibt», setzte ich etwas spöttisch nach.

«Ja, mmh, wir haben das hier im Haus auch diskutiert» – das haben Sie aber schön gesagt, dachte ich –, «für die Annahme der Anzeigen ist die Anzeigenabteilung verantwortlich», beendete Philip Eppelsheim seinen Gedanken.

«Was denken Sie denn über die Anzeige?», fragte er mich. Ich fing an zu sprechen.

«Entschuldigung, ist es in Ordnung, wenn ich das Diktiergerät mitlaufen lasse?», fragte er dazwischen.

«Ja klar», und weiter ging's. Ohne Anlauf machte ich ein Telefonbrainstorming durch mein Handy in Frankreich in Philip Eppelsheims Diktiergerät in Frankfurt.

Wir klärten kurz das weitere Vorgehen. Eppelsheim schlug vor, dass er das Ganze schreiben und mir zur Autorisierung schicken bzw. vorlesen würde, da ich noch nicht wusste, ob ich vor Redaktionsschluss noch einmal die Gelegenheit hatte, ins Internet zu gehen. Wir vereinbarten, dass er mich um 20 Uhr anrufen sollte. Später überlegte ich es mir anders, bat ihn, mir den Text doch zu schicken, und überarbeitete ihn am Laptop. Irgendwie muss ich Texte sehen können. «Senden», klickte ich an, «Danke», kam prompt die Antwort. Jetzt wollte ich ein großes Eis. Es wurden zwei.

Sonntag, 18. Juli 2010
«Er verhöhnt sich nur noch selbst», hatte Philip Eppelsheim als Überschrift ausgewählt.

Als ich die Todesanzeige für Gerold Becker gesehen habe, dachte ich: armer, irrer, alter Mann. Und es hat mich sehr an den Artikel in der «Süddeutschen Zeitung» von Tanjev Schultz über Hartmut von Hentig erinnert. Dort und in der Todesanzeige hat man gemerkt: Bei Becker ist bis zu seinem Tod nichts angekommen, und bei Hentig kommt ebenfalls nichts an. Ich habe vor über einem Jahrzehnt aufgehört, darauf zu drängen, dass ich Becker mit dem, was ich sage und frage, erreiche. Ich habe den Kurs gewechselt und angefangen, mit Beckers und

Hentigs Umfeld zu kommunizieren und mit einer zunehmend größeren Öffentlichkeit. Es war einfach klar: Die hören vielleicht die Worte, aber die wollen oder können nichts verstehen.

Dann musste ich irgendwie auch lachen, als ich die Todesanzeige gesehen habe. Ich dachte: Becker selbst – ich nehme an, Becker hat das Gedicht selbst ausgewählt – wählt ein Goethe-Gedicht, sozusagen der Mariacron-Säufer wählt die Worte eines Rotwein-Säufers. Goethe aber hat als Dichter ohne Zweifel Großes geleistet. Ich denke, dass es zu Beckers Größenwahnphantasien und zu seiner völligen Fehleinschätzung von sich selbst gehörte, dass er sich wahrscheinlich für ähnlich groß gehalten hat. Oder für noch größer.

Im Original heißt es schließlich bei Goethe «die jüngst ich abgelegt». Becker hat daraus «längst» gemacht. Der alte Meister Goethe würde sich im Grabe umdrehen. Doch das passt zu Beckers Größenwahn. Goethe wird verbessert beziehungsweise spezifisch angepasst. Man könnte im Sinne von Becker sagen: «Danke, Goethe, dass du dieses Gedicht für mich geschrieben hast, aber ich muss es leider noch etwas präzisieren, damit es auf eine Größe wie mich exakt passt.» Gott, Becker, Goethe – so scheint Beckers Selbstbildnis gewesen zu sein. Und er hat noch einmal die Gelegenheit genutzt, sich ein letztes Mal selbst zu erklären. Unfreiwillig bizarr allerdings.

Die Frage ist natürlich, wie weit der Beobachter von außen diese unfreiwillig komische Selbstinszenierung durchdringt. Was ich sehe, ist ein Mann, der in völliger Verkennung der Rückmeldungen aus seiner Umwelt bis zu seinem Tod dabei geblieben ist, dass er selbst ein Großer ist. Ich habe mit jemandem gesprochen, der Gerold Becker vor vier Wochen gesehen hat. Gerold Becker lag auf seinem Sterbebett, hat die Hände hinter den Kopf gelegt und gesagt: «Ich hatte ein gutes Leben.»

Was wichtig für mich ist und was ich anderen empfehlen würde, um die eigene Genesung nicht zu behindern, ist, sich von Becker zu distanzieren. Also zu sagen: «Ich brauche nicht mehr das Schuldbekenntnis oder die Entschuldigung der Vaterfigur Becker. Ich mache mich davon unabhängig.» Als ich die Todesanzeige gelesen habe, spürte ich, dass ich frei davon bin, was Becker über sich und über seine Taten gedacht hat. Das ist für mich nicht mehr relevant. Im Gegenteil, es hat mich eher bestätigt, denn ich habe gesehen: Ja, ich habe es mit einem schwer gestörten Mann zu tun gehabt, der seinen psychischen Defekt kultiviert, beschützt und gelebt hat – viele Jahrzehnte gab es immer wieder Rückmeldungen aus der Umwelt, weil Menschen Beckers Fassade durchblickten und seine parallel errichtete Realität erkannten. Es gab immer wieder Rückmeldungen von Menschen aus Beckers Umfeld an ihn und an die Odenwaldschule. Leider hatte dies nie Konsequenzen, die dem Schutz der Kinder in Beckers Umfeld hätten dienen können.

Mit dem Gedicht hat Becker versucht, uns ein letztes Mal zu verhöhnen. Aber es ist nur ein ungelenker Versuch. Die Verhöhnung bleibt wirkungslos. Ich hoffe, dass andere Betroffene sich nicht damit belastet fühlen. Der Versuch Beckers ist kraftlos. Eigentlich hat sich Becker nur noch selbst verhöhnt. Er ist wie ein Ertrinkender auf den Weiten des Ozeans gewesen, der nach Luft schnappt und immer heftiger proklamiert, dass er das rettende Ufer erreichen wird. Das ist einfach nur noch bizarr, und Becker ist untergegangen. Ein armer Irrer. In unserer Kultur ist eine Todesanzeige ein Ausdruck von Trauer und Respekt. Ich wünsche mir eine solche Anzeige für die Opfer Beckers, die infolge ihrer schrecklichen Erlebnisse mit ihm nicht mehr am Leben sind.

Jürgen Dehmers (Pseudonym) war Schüler von Gerold Becker an der Odenwaldschule. 1999 machte er den Missbrauchsskandal an der Odenwaldschule öffentlich. Aufgezeichnet von Philip Eppelsheim.

So las ich also meinen Kommentar auf der Seite 2 der *Frankfurter Allgemeinen*, nachdem ich mir gegen Abend die Zeitung gekauft hatte. Es war für mich wichtig, das bedruckte Papier in der Hand zu halten, so als ob dadurch der Artikel erst Realität werden würde. Seite 2. Daneben das originale und das abgeänderte Gedicht von Goethe und ein kurzer Text zur Erläuterung, was es mit dem Verweis auf Tanjev Schultz und Hentig auf sich hat. Eine gedankliche Verlinkung sozusagen für diejenigen, denen der ungelenke Hentig noch nicht so bekannt war. Ich war zufrieden. Manchmal ist alles so einfach, dachte ich.

In den folgenden Tagen erhielt ich viele positive Rückmeldungen zu meinem Kommentar per SMS und E-Mail. In meiner Wohnung war die Telefonanlage ausgestöpselt. Ich war ja eh nicht da und sparte den Strom. Anrufer in dieser Zeit erhielten irrtümlicherweise ein Besetztzeichen. Ich wollte in der Causa Becker das letzte Wort haben. Ich hatte es bekommen.

29. Juli 2010

13:52 Uhr
Von: Christoph Röhl
Jürgen, könntest du mich bei Gelegenheit anrufen? LG Christoph Röhl

Ich rief ihn auf seinem Handy an, im Hintergrund hörte ich seine Tochter bei dem Versuch, Papa am Telefonieren zu hindern.

«3sat hat zugesagt», hörte ich ihn sagen. Seine Stimme klang gar nicht gut. Er war krank, und der Sender hatte ihm nur ein bescheidenes Budget für den geplanten Film über die Odenwaldschule bewilligt. Ich fand die Nachricht über die Zusage super! Christoph Röhl war am Vortag in Mainz gewesen und hatte einen Sendeplatz für die Dokumentation und Gelder für die Produktion des Films bekommen. Er wollte mir alles genauer erzählen, wenn wir in den kommenden Tagen auf dem Festnetz telefonierten. Das wird so schnell nichts werden, dachte ich. Ich verbrachte meine Zeit nach wie vor in den Vogesen. Immer wieder dachte ich, dass es super wäre, wenn ich hier einfach die nächsten ein bis zwei Jahre tagsüber auf dem Balkon und abends am Kamin sitzen könnte. Ich war so erschöpft, ich hatte so das Bedürfnis, einfach da zu sein und nichts Bestimmtes tun zu müssen. Ich hatte solche Probleme mit den Augen, dass ich immer wieder Pausen beim Schreiben machen musste. Wir beendeten das Gespräch nach dem Austausch der wichtigsten Neuigkeiten, und ich versprach, dass ich mich die nächsten Tage via Skype bei Christoph melden würde.

Wieder einmal war ich total überrascht über das Interesse am Komplex Odenwaldschule. Ich wollte meine Überraschung teilen und schrieb eine SMS an Thorsten.

Die ARD macht den Film mit Luzia, 3sat mit Christoph, ich habe wohl
eine Agentin für mein Buch. Wie viele Leute haben sich nach dem
17. 11. 99 bei dir gemeldet? Bye Jürgen

Thorsten schrieb mir zurück, freute sich mit mir und bestätigte noch
einmal, dass auch er 1999 keine Resonanz erfahren hatte.

Montag, 9. August 2010
Nachdem ich mich mit Salman Ansari in Ober-Hambach verabredet
hatte, rief ich in der Odenwaldschule an, um mit Heike Blach, einer
Verwaltungsmitarbeiterin, die ich schon als Schüler kannte, einen Termin auszumachen, wann ich meine Schülerakte kopieren könne. Wir
hatten darüber bereits vor Wochen telefoniert, und sie sagte mir schon
damals, dass sie mir die Akte heraussuchen werde; ich solle trotzdem vorher anrufen, damit sie dann auch da sei. Heike Blach war jedoch heute nicht im Büro. Stattdessen ging eine Frau Probst ans Telefon. Keine Ahnung, wer das war. Sie sagte auch gleich, dass sie mich
von früher kenne, und fügte hinzu: «Ich duze dich jetzt einfach mal.»
Das war OSO live. Dass ich mich nicht an sie erinnern konnte und
sie beharrlich weiter siezte, beeindruckte sie offensichtlich nicht besonders. Ich formulierte mein Anliegen mit dem Kopieren der Akte.
Frau Probst holte tief Luft und erklärte mir dann, dass laut hessischem
Schulrecht ich die Akte zwar in ihrem Beisein einsehen dürfe, sie mir
die Akte aber nicht aushändigen könne und ich sie mir erst recht nicht
kopieren dürfe:
    «Da gibt es Gesetze, und an die muss sich die Odenwaldschule hal-
ten.»
    «Das ist aber eine neue Regelung», entgegnete ich.
    «Nein, also seit ich hier bin, ist das so», erwiderte sie in vollem
Ernst.
    «Na, dann war ich auf einer anderen Odenwaldschule, zu meiner
Zeit waren Gesetze auf der Odenwaldschule unwichtig.»
    Sie verstand es nicht. Später in ihrem Büro erklärte sie mir, dass ich
einen Antrag beim Vorstand auf eine Kopie der Akte stellen müsse.
Das ließe mir der Geschäftsführer Herr Salijevic ausrichten.

Ich versuchte mit meinem Handy Dr. Kahl zu erreichen. Kein Empfang. Ober-Hambach ist ein Funkloch. Hatte ich vergessen. Das ist übrigens kein Witz. In Ober-Hambach hat man keinen Empfang. Das ist – finde ich – mehr als eine gelungene Metapher.

So saß ich dann gemeinsam mit Salman im Vorzimmer von Frau Götzinger und blätterte in meiner Akte. Die war echt interessant. Nur die Korrespondenz mit dem Jugendamt über meinen Intelligenztest konnte ich nicht finden. Komisch. Die Akte würde ich nochmal in Ruhe lesen. Um den Antrag beim Vorstand kam ich wohl nicht herum. Dr. Kahl hatte mir schon morgens am Telefon davon abgeraten, die Akte einfach mitzunehmen. Das sei Diebstahl.

Auf der Rückfahrt von Ober-Hambach landete ich im Stau. Die achtspurige A5 wird zwischen Darmstadt und Frankfurt seit über einem Jahr erneuert. Irgendwo vorn musste es gekracht haben, es ging gar nichts mehr. Mein Körper reagierte wieder mit beschleunigtem Herzschlag. Ich weiß, dass es eine alte Reaktion auf eine ausweglose Situation ist, auf die Ohnmacht, auf das Ausgeliefertsein. «Es ist nur ein Stau», sagte ich zu mir selbst. Mein Verstand weiß das. Mein Körper weiß das nicht. Er reagiert mit Stresssymptomen. Als ein Auto mit lauter Musik vorbeifuhr, fing mein linkes Auge so an zu zucken, dass ich fast nichts mehr sah. Ich steckte mir wieder die Stöpsel meines MP3-Players in die Ohren und hörte «What do you want from life» von den Tubes. «Cabel TV to watch it all night» oder «an indian guru, to show you the inner light», fragt der Sänger sich oder andere. Irgendwie nicht, Kabel habe ich außerdem schon ewig, die Platte ist schon ziemlich alt. «Someone to love and someone you can trust», setzt er fort. Schon eher.

An der Raststätte Gräfenhausen fuhr ich über den Lieferzugang von der Raststätte runter. Ist verboten. Ist mir egal. Ich stieg aus dem Scheißspiel aus. Mein Körper beruhigte sich.

Sonntag, 15. August 2010

Mittlerweile war ich mit der Medienagentur Graf & Graf über mein Buchprojekt im Gespräch. Graf & Graf hatte schon vor einer Weile bei Tanjev Schultz von der *Süddeutschen* angefragt, ob er denn nicht ein Buch über den Komplex Odenwaldschule schreiben wolle; er lehnte ab. Keine Kapazitäten. Er schrieb mir jedoch eine anerkennende Mail zu meinem Kommentar in der *Frankfurter Allgemeinen Sonntagszeitung* und sagte, dass mein Beitrag bei ihm «ein Schmunzeln erzeugt» hätte und dass ich hätte Publizist werden können. Ich freute mich über seine Anerkennung und schrieb ihm zurück, dass Jürgen Dehmers dabei sei, die ganze Geschichte aufzuschreiben. Umgehend schickte er mir die Kontaktdaten von Graf & Graf. Dr. Rebekka Göpfert, in der Agentur für Sachbücher zuständig, wollte mein Buch gern vertreten. Sie wusste offensichtlich über die Odenwaldschule gut Bescheid, und wir verblieben so, dass wir uns nach ihrem Urlaub in Berlin treffen wollten, um uns persönlich kennenzulernen und um Konkretes zu besprechen.

Dass sich mit dem Buch etwas wiederholen sollte, was ich schon gut kannte, wusste ich damals noch nicht. Frau Göpfert war davon überzeugt, dass wir einen Verlag finden würden. Es sollte ein guter sein. Sie vermutete, dass wir uns am Ende entscheiden müssten, welchem Verlag wir den Vorzug gaben. Doch dann war alles anders. Niemand wollte es machen. Viele waren interessiert. Ja, ein wichtiges Buch. Ja, starke Geschichte, stark geschrieben. Aber wir vielleicht lieber nicht. An die zwanzig Verlage prüften das Manuskript – und lehnten ab. Dass es zum Schluss Rowohlt werden würde, dass es zum Schluss der Spitzentitel im Herbstprogramm 2011 des Marktführers werden würde – das war im Herbst 2010 noch nicht absehbar.

Jetzt war es so weit, dass meine Berlin-Pläne konkret wurden. Ich rief Oliver Berendt an, um mich mit ihm in Berlin zu verabreden. Zuerst war seine Frau Claudia am Telefon, ebenfalls Ex-OSO-Schülerin und mir aus der Schulzeit gut im Gedächtnis. Wir plauderten, redeten über früher, ich fragte sie nach ihren Eindrücken des Jubiläums und ließ mir irgendwann nach einer längeren Weile Oliver ans Telefon geben. Er freute sich, mich zu hören, und sagte sofort für ein Treffen zu. Ich erzählte ihm vom Anlass meines Berlin-Besuchs. Wir kamen ins Reden. Er erzählte von seiner Zeit auf der Odenwaldschule. Wir hatten ja auf dem Jubiläum nur über unser gemeinsames Jahr in der Becker-Familie gesprochen, nach dem er mit dem Abitur die Schule verließ.

Oliver war fünf Jahre älter als ich und hatte die OSO also in der Phase vor mir erlebt. Er erzählte mir, wie er in den 90er Jahren von Berlin nach Frankfurt geflogen war, um ein Altschülertreffen der Odenwaldschule zu besuchen. In Berlin-Tegel traf er vor dem Abflug zufällig Gerold Becker. Auch er war auf dem Weg zur Odenwaldschule. Die beiden plauderten und setzten sich im Flugzeug nebeneinander. Becker saß am Fenster, Oliver am Gang. Als die beiden das Panorama von Wolken und Landschaft der DDR vor Augen hatten, begann Oliver Berendt damit, Namen von Jungs aufzuzählen, die die Odenwaldschule besucht hatten und zu diesem Zeitpunkt schon nicht mehr am Leben waren. Er war sehr gespannt auf die Reaktion Beckers. Doch er wartete vergeblich. Becker schaute aus dem Fenster.

Es wurde etwas ruhiger. Die Schlagzahl nahm ab. Es begann eine Zeit der Neuorientierung. Die Rahmenbedingungen für die beiden Dokumentarfilme wurden geschaffen, Glasbrechen e. V., ein Verein, der die Interessen der Opfer vertreten soll, befand sich in der Gründungsphase, Kontakte festigten sich oder brachen auch wieder ab. Ich schrieb an meinem Buch.

Wir haben die Mauern zwischen den Geschwistern zum Einstürzen gebracht. Wir haben aus den Parallelrealitäten eine einzige geformt. Jahrzehntelang eingekapselte Erinnerungen und Erlebnisse haben eine Sprache gefunden. Eine schmerzvolle Sprache. Eine Sprache, welche Dialoge führen kann. Die Zeit der einsamen Selbstgespräche war für viele von uns vorbei. Wir redeten miteinander.

Das, was ausgesprochen ist, kann in der Tiefe der Seele nicht mehr weiterwuchern. Wann wird die Vergangenheit aufhören, sich zu verändern? Ich weiß es nicht. Wann wird die Geschichte der Odenwaldschule vollständig aufgeklärt sein? Niemals. Zu viele Geschichten wurden bereits mit ins Grab genommen. Unter den Lebenden sprechen immer mehr. Und immer öfter. Und immer lauter. Das Tabu ist gebrochen.

Es ist gelungen, mit der Öffentlichkeit als Lösungsmittel den verklebten und verkrusteten Horror der Vergangenheit aufzuweichen. Jetzt können die Wunden verheilen, auch wenn es Jahre dauern wird. Die Wahrheit ist in der Welt!

Es wird allerdings mir und den anderen Opfern nichts anderes übrigbleiben, als mit den Schädigungen zu leben. So oder so. Weiterhin werden viele von uns zu früh an den Folgen des sexuellen Missbrauchs sterben. Weiterhin werden sich viele mit Betäubungsmitteln und Betäubungstaten weiterhin selbst schädigen, um irgendwie mit den Spätfolgen des Missbrauchs in ihrem Alltag zurechtzukommen. Manchmal sind die Phantomschmerzen nahezu unerträglich.

Dieses Buch handelt überwiegend von den Lebenden und den Sprechenden. Von denen, die ich getroffen habe und die mir ihre Geschichten in ihren Worten erzählt haben. Die Schweigenden und die Toten haben keine eigene Sprache, ich habe ihr Schicksal, so gut ich konnte, gewürdigt.

Manche haben gesprochen, aber nicht laut, manche haben weitere Täter benannt, aber können das nicht öffentlich tun, können nicht vor Gericht gegen ihre Peiniger aussagen, die gegen mich prozessieren würden, sobald sie ihre Namen, als Täter markiert, in diesem Buch lesen.

Mich erfüllt es mit Schmerz, zu sehen, wie Erwachsene Kinderseelen erst zerstört haben und nun, Jahrzehnte später, gewiss sein können, dass der Schaden, den sie den Kindern zugefügt haben, ihr bester Verbündeter beim Schweigen über diese schrecklichen Ereignisse sein wird.

Die, die sprechen, haben die Gewissheit der Täter zu einer Möglichkeit schrumpfen lassen. Kann sein, dass bisher unbekannte Opfer weiter schweigen. Kann sein, dass bisher unbekannte Opfer sprechen werden. Who knows?

Nur fürs Protokoll: Die Schweigenden schulden niemandem etwas, sie gehen den Weg, den sie gewählt haben. Die Schuld liegt bei den Tätern. Unentschuldbar.

Vielleicht wird der Skandal der Odenwaldschule die Schulen in Deutschland verändern. Vielleicht alle – außer der Odenwaldschule. Ich finde es unfassbar, wie es der Institution seit über einem Jahr gelungen ist, an ihren irrsinnigen Positionen festzuhalten.

Am 27. Januar 2011 gab es eine Pressemitteilung aus Wiesbaden. Kultusministerin Dorothea Henzler hat im Kulturpolitischen Ausschuss des Landtags eine neue Handreichung des Kultusministeriums zum Umgang mit sexuellen Übergriffen an Schulen vorgestellt. Das war eine Premiere.

Nach knapp einem Jahr andauernder Diskurse sollte Jörg Schindler mit mir darüber sprechen, dass er gern zum Jahrestag der Berichterstattung einen bilanzierenden Artikel schreiben wolle. Dazu wollte er mit mir ein Interview machen. Ich fand die Idee gut, noch besser fand ich es, auf das Interview zu verzichten und selbst einen Artikel zu schreiben. Jörg Schindler hielt Rücksprache mit der Redaktion der *Frankfurter Rundschau* und bekam das Okay für dieses Vorhaben. Ich setzte mich an meinen Rechner. «Acht- bis neuntausend Zeichen kannst du schreiben», sagte Jörg Schindler zu mir am Telefon. Es wurden 10 420. «Bittere Bilanz» hieß der Artikel, der am 5. März 2011, exakt ein Jahr nach «Im Wald», dem Startartikel der Berichterstattung im Jahr 2010, doppelseitig in der Samstagsausgabe der *Frankfurter Rundschau* erschien.

312

Vor einem Jahr begann mit dem Artikel der FR «Missbrauch an Elite-Schule» die nun seit einem Jahr konstante Berichterstattung über diesen Skandal. Als Untertitel stand dort in Anlehnung an die Ereignisse in den katholischen Einrichtungen: «Ein Skandal um den Missbrauch an Schülern bahnt sich nun auch an einer Reformschule im Odenwald an.» «Bahnt sich an» ist gut, dachte ich damals. Bereits 1998 hatten mein Schulfreund Thorsten Wiest und ich die Schule davon in Kenntnis gesetzt, dass sie über ein Jahrzehnt mit Gerold Becker einen pädokriminellen Schulleiter hatte, wir seine Opfer waren, und hinzugefügt: «Und wir sind nicht die Einzigen.» Das hat die Odenwaldschule (OSO) nicht besonders interessiert. 1999 leisteten wir unseren Beitrag dazu, dass in der FR der Artikel «Der Lack ist ab» erschien, welcher über die wesentlichen Informationen des sexuellen Missbrauchs und dessen Vertuschung und Bagatellisierung durch die Schule berichtete. Das hat die Bundesrepublik nicht besonders interessiert.

Seit 2008 forderten wir von der OSO, dass sie auf ihrer 100-Jahr-Feier 2010 das dunkelste Kapitel ihrer Geschichte thematisiert. Das hat die Vertreter der Odenwaldschule nicht besonders interessiert.

«Ich sehe mich in einer Erpressungssituation», sagte ein Vorstandsmitglied zu mir, als ich mein Anliegen vortrug. Manchmal höre ich die Hypothese, dass der Skandal in der OSO im Fahrwasser der aufgedeckten Missbrauchsfälle in der katholischen Kirche öffentlich werden konnte. Das ist Geschichtsfälschung. Auch Missbrauchsopfer der katholischen Kirche versuchten bereits vor Jahren, für ihre Geschichte Gehör zu finden. Es hat niemanden besonders interessiert.

Ich war froh, dass es uns gelungen war, 2010 noch einmal die FR dafür zu gewinnen, sich des Themas vor dem großen Fest in Ober-Hambach anzunehmen. Ich wollte den Verantwortlichen zumindest in die Suppe spucken. «Wenn der Artikel am Samstag erscheint, stehen die Ü-Wagen im Hambacher Tal», habe ich noch die Stimme meiner Mitstreiterin Kathrin Heres im Ohr, als wäre es gestern gewesen, inzwischen war unser Duo zu einem Team aus drei Ex-OSOs angewachsen. «Ach Quatsch», erwiderte ich damals, die Erfahrung von 1999 noch in den Knochen. «Wer interessiert sich denn schon für missbrauchte Kinder?», ergänzte ich. Für mich begann das Jahr der Überraschungen. Die Zeit war reif.

«Mach die Nachrichten an, die OSO ist drin», bekam ich am Abend des 6. März letzten Jahres einen aufgeregten Anruf. Ich machte die Tagesschau an und sah die Häuser der Odenwaldschule, untertitelt mit: «Missbrauchsfälle an hessischem Internat». Der Sprecher Jens Riewa listete die Fakten auf. Mir wurde klar, diesmal ist es anders als vor elf Jahren. Die Medien hatten angebissen und mit ihnen ehemalige Schüler der Odenwaldschule, die nun anfingen, über ihre Erlebnisse in Ober-Hambach zu sprechen.

Mein Internetblog «Misalla», von mir am Abend des 5. März freigeschaltet, um denjenigen eine Plattform zu bieten, die etwas zum Thema sagen wollten, lief heiß. Ich verstand die Welt nicht mehr. Innerhalb einer Woche verzeichneten wir über 1000 Einträge, Kathrin, Thorsten und ich schalteten die Beiträge im Schichtbetrieb frei. Für mich folgte eine Zeit, in der ich mich permanent mit meiner eigenen Geschichte befasste, in der ich unzählige grauenvolle Leidensgeschichten von Mitschülern hörte, eine Zeit ständiger Retraumatisierung und Aktivierung der alten Zorn- und Ohnmachtsgefühle.

Denn die Schule dachte nicht daran, die Opfer des Jahrzehnte andauernden sexuellen Missbrauchs finanziell zu entschädigen und ihnen auf der 100-Jahr-Feier einen angemessenen Platz einzuräumen. Die OSO beschädigte die Opfer ein weiteres Mal durch diese Unterlassungen. Die für die Opfer wirkungsvollen Veranstaltungen, wie das öffentliche Hearing, die Errichtung einer Gedenk-Skulptur und eine Ausstellung mit Original-Dokumenten, wurden von Ex-Schülern realisiert. Immer wieder hörte ich von Mitschülern, die auch Opfer von Übergriffen geworden waren und um deren Gesundheit es aus diesem Grund nicht gut bestellt war. Die Gespräche mit ihnen gehören zu meinen schmerzhaftesten Erfahrungen.

Seit einem Jahr bin ich froh darüber, dass die Mauern des Schweigens zwischen den Ex-Schülern eingerissen sind, dass wir miteinander reden, dass wir dem Grauen einen Namen geben konnten. Seit einem Jahr bin ich fassungslos und zornig darüber, wie die Schule versucht, die Situation auszusitzen. Und alle schauen zu.

Das Land blickt nach Ober-Hambach, auf die OSO, auf ein Internat mit etwa 200 Schülern. Eine Handvoll, verglichen mit den Schülerzahlen der Republik. Was ist interessant an einer Schule, die ihre besten Zeiten schon Jahrzehnte hinter sich gelassen hat und die heute Synonym ist für die sexuelle Ausbeutung von mehreren Generationen von Schülern und für ein System des Schweigens, des Bagatellisierens und für ein organisiertes Netzwerk von Pädokriminellen?

Die OSO ist Modellschule, und zwar inzwischen Modell dafür, ob es für eine Institution möglich ist, sich der Verantwortung zu entziehen und die eigene Zukunft über die Entschädigung von über hundert beschädigten Biographien zu stellen. Kommt die Schule damit durch, hat das Signalwirkung für alle anderen Organisationen, können alle sehen: Wir können so weitermachen wie bisher. Das sehen die Täter, die sich die Hände reiben, das sehen die Schulleiter, die wegsehen, die Lehrer, die vertuschen, die Eltern, die sich nicht auseinandersetzen wollen oder können. Das sehen auch die Politik und die Schulverwaltung.

Vertuschen muss genauso Konsequenzen haben wie selbst Täter zu sein. Die Kinder zu schützen muss gesellschaftliche Aufgabe werden. Versagen muss regresspflichtig werden. Ich möchte das Schulgeld für drei Jahre in der Heimfamilie eines Täters zurück. Dieses Programm hatten meine Eltern nicht gebucht. Das ist eine Berechnung exklusive Schadensersatz. Auf meinem Konto ist noch nichts eingegangen.

Mit welchen Tätern haben wir es denn zu tun? Mit Süchtigen. Mit Junkies, deren Stoff die Körper und Seelen der Kinder sind. Reichen Verführung und Manipulation nicht aus, wenden sie häufig blanke Gewalt an. Beschaffungskriminalität. Vor Einbruch und Diebstahl schützt dieser Staat, so gut er kann, warum nicht seine schwächsten Bürger vor der Gewalt von Kriminellen, die vor nichts zurückschrecken? «Nichts» ist an dieser Stelle keine Floskel.

Verantwortung zu übernehmen würde für die OSO bedeuten, die juristischen Voraussetzungen dafür zu schaffen, die Opfer angemessen zu entschädigen, auch wenn das dazu führen sollte, dass die OSO insolvent wird, einen Sozialplan für die Mitarbeiter zu entwerfen und Schulplätze für die Schüler in anderen Schulen zu suchen. In der gegenwärtigen Situation dürfte der Insolvenzverwalter keinen Euro an die Opfer auszahlen. Juristisch ist die OSO zu nichts verpflichtet. Moralisch allerdings absolut!

Im vergangenen Spätsommer fragte ich die Schulleiterin Margarita

Kaufmann, was denn eigentlich noch passieren müsse, dass sie sich nicht nur mit Worten, sondern auch mit Taten an die Seite der Opfer stellen würde und sich öffentlich für die Entschädigung derer einsetzen würde? Mit welchem Ziel sie noch Leiterin der Odenwaldschule bliebe? «Darüber muss ich nachdenken», antwortete sie mir. Ich hörte nichts mehr von ihr.

Stattdessen wirbt die OSO um neue Schüler und stellt neue Mitarbeiter ein. Um sie dann wieder als Geiseln gegen die Argumente der Schulschließung zu benutzen, wie im vergangenen Jahr? «140 Arbeitsplätze» war die Begründung des Vorstandes der OSO, warum keine Entschädigung gezahlt werden könne. Wie verzweifelt muss man als Eltern sein, wenn man heute sein Kind auf die OSO gibt?

«Jürgen Dehmers will die OSO kaputt machen», höre ich seit einem Jahr immer wieder, mantraartig heruntergebetet. Ich sitze dann da und schüttele den Kopf und fühle mich unverstanden. Ich möchte Anerkennung erreichen, Anerkennung für dieses große Leid, das meinen Schätzungen nach über 1000 jungen Menschen angetan wurde. Die Schule kaputt machen? Diese Menschen weigern sich beharrlich, meine Agenda auch nur ansatzweise nachzuvollziehen. So viel Kaltschnäuzigkeit macht mich wütend.

In der Presseerklärung der OSO vom 19. 2. 2011 wird die hässliche Fratze dieses Systems erneut sichtbar. Der Kommunikationsbeauftragte des Trägervereins, Philip von Gleichen, beschuldigt die Opfer: «In der jüngsten Vergangenheit war die Beschlussfindung und die Arbeit des Vorstandes zum Teil erheblich durch ungerechtfertigte Anwürfe und Anfeindungen von Seiten von Betroffenen erschwert. (…) Die Odenwaldschule zu schließen – wie es einige Betroffene gefordert haben – würde bedeuten, dass eine Aufarbeitung der Vergangenheit unmöglich wird.»

«Blödsinn», dachte ich, als ich das las. Der Täter wird zum Opfer, das Opfer wird zum Täter, so wie 1998, als uns der damalige Schulleiter Wolfgang Harder mitteilte: «Wenn ihr das öffentlich macht, schließt ihr die Schule.» Wenn die Schule zu ist, gibt es keinen Grund mehr, sie zu schützen – ich weiß um die ambivalenten Gefühle vieler Ex-Schüler in Bezug auf «ihre» OSO –, dann kann auch der letzte sprechen, ohne das Gefühl zu haben, «seiner» Schule den Todesstoß verpasst zu haben. Dann wird auch der letzte Betroffene aufhören können, Schönfärberei an seiner OSO-Biographie zu betreiben. Es wird dann sinnlos.

Dass die OSO gegenwärtig keine besseren Leute findet, die bereit sind, sich ehrenamtlich für dieses Totenschiff zu engagieren, wundert mich nicht. Wem sollte das nützen?

Ich kann heute sehen, was wir erreicht haben, aber auch, was wir nicht erreicht haben. Ich habe einen hohen Preis für mein Engagement gezahlt. Mein Körper signalisiert mir, dass meine Energie-Reserven aufgebraucht sind. Meine Ohren pfeifen, meine Hände zittern. Ich bin ausgebrannt. Ich wünsche mir für mich, einen guten Punkt machen zu können und meine zweite Lebenshälfte mit etwas weniger OSO zu füllen.

Die Schäden der Traumatisierung werden wohl nie ganz verschwinden, aber sie werden sich verändern. Ich wünsche mir, dass Becker aus meinen Träumen verschwindet und der Weg vor meinem inneren Auge frei wird für das Schöne auf der Welt. Ich ruhe heute etwas mehr in mir als noch vor einem Jahr. Ein seltenes Gefühl. Dann spüre ich, wie groß und unendlich das Leben ist und wie klein und kurzlebig ich bin. Dann bin ich achtsam und sage ganz leise zu mir selbst: «Ich tue, was ich kann» und danke allen, die ihr Teilchen zum Puzzle beigetragen haben.

Als ich den Artikel an die Redaktion schickte, spürte ich, wie viel Kraft mich dieses Jahr gekostet hatte. Ich spürte aber auch die Gewissheit, dass ich genau so wieder handeln würde. Nur dieses Mal würde ich mir vorher einen starken Kaffee kochen.

Samstags holte ich mir die *Frankfurter Rundschau* am Kiosk und schaute mir ganz ruhig meinen Text an. Wie gesagt, old school. Ich stand zu jedem einzelnen Wort. Die Redaktion hatte kein Zeichen gekürzt. Der Text lachte mich an. Neben dem Text von mir druckte die *Frankfurter Rundschau* ein Interview mit dem hessischen Landtagsabgeordneten Marcus Bocklet ab, der seinem Ärger und seiner Fassungslosigkeit über die Odenwaldschule Luft machte: «Es ist eine Unverschämtheit, wie die Schule mit den Opfern umgeht. Es wird alles getan, um die Schule zu schützen, und es wird ganz wenig getan, um zügig und schnell den Opfern finanzielle Hilfe zugute kommen zu lassen. Die Betroffenen haben ein Anrecht auf Entschädigung! Und die Schule hat alles zu tun, damit diese Entschädigung gezahlt wird. Das unterlässt sie bisher. Und das ist ein klarer Bruch eines Versprechens, das sie gegeben hat.»

Als ich das Interview las, schüttelte ich unentwegt zustimmend den Kopf. Bocklet formulierte glasklar seine Gedanken, und ich dachte – wie so oft seit einem Jahr: «Mensch, Leute, wo wart ihr alle vor zehn Jahren?»

Etwa zwei Wochen später rief ich Jörg Schindler an und fragte ihn, ob es denn Reaktionen auf meinen Artikel oder Leserbriefe gegeben habe. Er verneinte. Keine Häme. Keine Beleidigungen. Keine Anwürfe. Keine «Nestbeschmutzer»-Tiraden. The Times They Are A-Changing. Vielleicht meldeten aber auch die Schmerzrezeptoren der OSOs einfach keinen Alarm mehr.

Freunde und Bekannte schrieben mir E-Mails, gratulierten mir zu dem gelungenen Artikel – «verflixt gut» fand ihn jemand, und brachten mit einem Schmunzeln ihre Verwunderung über meinen «sanften Schreibstil» zum Ausdruck.

«Bist du ein Held?», fragte mich Regina Schilling im Interview zu ihrem Dokumentarfilm «Geschlossene Gesellschaft». Nein, ich bin kein Held. Ich will kein Held sein. Der Held hat eine Scheißrolle. Er steht in der ersten Reihe, hält den Kopf hin, schlägt sich eine Gasse durch die feindlichen Linien und macht den Weg frei für die, die ihm folgen. Wenn es gut läuft, jubeln ihm die anderen am siegreichen Ende zu, während er seine Wunden versorgt, falls er überlebt hat. Das Hauptproblem ist allerdings, dass der Abstand zwischen dem Helden und den anderen zunehmend unüberwindbarer wird. Der Held leistet etwas Außergewöhnliches, weil er ein Held ist und über übernatürliche Kräfte verfügt, die ihm seine Heldentaten ermöglichen. Das bedeutet für die anderen, dass sie von der Verantwortung zur Tat befreit sind, weil sie ja nicht über diese übernatürlichen Kräfte verfügen. Dann entsteht entspannter Voyeurismus. Dann schaut man dem Helden bei seinen Heldentaten zu und tut – nichts.

Nein, ich möchte kein Held sein. Ich bin einfach nur ein Beispiel. Ein Beispiel dafür, wie man mit so einer Geschichte umgehen kann.

Aber zurück zum Sommer 2010, zu dem Tag meiner Rückkehr aus Berlin. Ich stand spät am Abend auf der Friedensbrücke in Frankfurt, meiner selbstgewählten Heimat seit über zwanzig Jahren. Es war der 27. August 2010. Der Nieselregen produzierte kleine fliegende Spots im Licht der Straßenlaternen. Der Sommer war vorüber, die Vorboten des Herbstes waren als kühler Wind spürbar. Auf der Brücke windet es fast immer ein wenig. Hinter mir rauschte der Verkehr, ich schaute auf den Fluss und warf meine Zigarettenkippe in den Bauch eines Frachtschiffes. Ich zog den Reißverschluss meiner Jacke hoch und setzte die Mütze auf. Ich war müde. Ich war erschöpft. Von weitem hörte ich die Geräusche der Skater auf der Halfpipe unter der Friedensbrücke und erinnerte mich an die von Schülern selbstgebaute Konstruktion, die hinter dem Laborgebäude auf der Odenwaldschule stand und auf der ich meine ersten Versuche auf dem rollenden Brett unternahm. Später fuhr ich auf meinem Skateboard die Straße hinunter nach Heppenheim. Das war jetzt fast dreißig Jahre her.

Ich sang einen Song von den Red Hot Chili Peppers vor mich hin und gab mich meinen Gedanken hin, die als Erinnerungsfetzen durch meinen Kopf rauschten. Der Moment, in dem ich vor achtzehn Jahren aufwachte und die Bilder des Horrorkabinetts vor meinem inneren Auge sah, war plötzlich ganz präsent. Wie ich auf dem Boden meines Zimmers lag und der Schrecken in meinem Bewusstsein zur Realität wurde. Ich hätte nie gedacht, dass es eine so lange, so intensive Reise werden würde. So mühsam, so schmerzhaft, so verzweifelt. Mit so vielen Rückschlägen. Und am Ende mit so vielen furchtbaren und aber auch schönen Überraschungen. Ich dachte daran ganz ruhig. Ganz unaufgeregt. Ich werde diesen Abend nie vergessen. Die Vergangenheit war in diesem Moment – fast vorbei.

And I said Heee Hooo, listen what I saaaay ohhh
The more I see, the less I know, the more I like to let it go …